MW01633398

SIDA: entre el cuidado y el riesgo

SIDA: entre el cuidado y el riesgo

Alianza Éstudio

Ana Lía Kornblit
Ana María Mendes Diz,
Mónica Petracci, Mario Pecheny,
Jorge Vujosevich, Liliana Giménez,
Malena Verardi y Fabián Beltramino

# SIDA: entre el cuidado y el riesgo

Estudios en población general
y en personas afectadas

Alianza Editorial

301
KOR

Kornblit, Ana Lía
Sida: entre el cuidado y el riesgo: estudios en población
general y en personas afectadas. - 1ª ed. - Buenos Aires:
Alianza, 2000.
480 p.; 20x13 cm. - (Alianza estudio; 41)

ISBN 950-40-0170-X

I. Título - 1. Sociología

Cubierta: Pablo Barragán
Composición y armado: La Galera
Corrección: Luz Freire

# ÍNDICE

# PRÓLOGO

De acuerdo con los datos del Boletín sobre el SIDA en la Argentina (1999), había 16.259 casos acumulados de enfermos en diciembre de 1999. Las características adoptadas por la epidemia en el país son las siguientes: es concentrada (prevalencia del VIH en población con conductas de riesgo: mayor que el 5%), de localización urbana, con marginalización y pauperización de las personas afectadas. Se registra un predominio de usuarios de drogas por vía intravenosa (40,4%), seguidos por hombres que tienen sexo con otros hombres (25,6%). Por otra parte, se verifica un proceso de feminización, un aumento en la velocidad de transmisión entre los heterosexuales y un importante número de casos por transmisión vertical.

Estas cifras deben ser contextualizadas tomando como marco ciertos aspectos sociales que los explican. Los estudios acerca de los aspectos sociales del sida han tenido un desarrollo escaso en la Argentina, a pesar de que ellos han desempeñado un papel protagónico en el desarrollo de la epidemia.

Este libro contiene trabajos en tres de las líneas más importantes en las que dichos estudios se han realizado: los aspectos relativos a las representaciones sociales y actitudes que la población general tiene con respecto a la enfermedad y a los enfermos de sida, los relativos al modo en que se desarrolla la vida en sociedad de las personas que viven con el VIH y los que se vinculan con el estudio de la reacción social organizada frente a la enfermedad, ya sea de las ONGs que se ocupan del tema o de los mensajes comunicacionales diseñados con fines preventivos.

La primera parte del libro incluye, pues, estudios realizados en población general y la segunda estudios realizados en las personas afectadas. Como tal, se inscribe a la vez en dos campos disciplinarios: el de los estudios de opinión pública y de representaciones sociales, por un lado, y el de la sociología de las enfermedades crónicas desde la perspectiva de los actores, por otro. La tercera abarca temas de sociología de las organizaciones, de comunicación social y de derechos humanos.

Los primeros estudios que se hicieron en la primera de las perspectivas mencionadas se realizaron bajo el influjo de la sociología norteamericana y comprendieron un "paquete" de variables: información de la población acerca de la enfermedad, actitudes hacia los enfermos de sida, creencias con respecto al preservativo y conductas referidas a la adopción o no de medidas de protección en cuanto a la infección por el VIH. Se denominó a estos estudios con la sigla KAPB (*knowledge, attitudes, practices, beliefs*).

Hacia fines de la década del 80 numerosas voces críticas pusieron de manifiesto la insuficiencia de dichos estudios, basados en la pretendida ilusión acerca de que una mejor información, actitudes no discriminativas, en cuanto a aceptar que todos podemos padecer la infección, y creencias positivas con respecto al preservativo redundarían en mayor adopción por parte de la población de conductas de protección con respecto al VIH.

La nueva perspectiva que surgió desde las ciencias sociales, ante el escaso aporte de las variables estudiadas con respecto a la predicción de la conducta protectora, se basó especialmente en la importancia atribuida a la "construcción" del riesgo por parte de la población, vale decir, a los significados otorgados por ella a la enfermedad. Esta perspectiva se complementa con el poner atención en las desigualdades existentes entre los países y en el interior de los países, en detrimento de las poblaciones más vulnerables frente al riesgo, tanto en cuanto al acceso a la prevención como en cuanto al acceso a la asistencia. El análisis de los aspectos jerarquizados por la epidemiología biomédica se ha completado con análisis de tipo cualitativo que han puesto el énfasis en temas tales como el amor, el deseo, la intimidad, la comunicación y la negociación, la presencia o ausencia de apoyo social, que se consideran relevantes en relación con el VIH/sida.

A diferencia de los estudios norteamericanos, que han tendido a privilegiar los enfoques inspirados en la teoría de las elecciones racionales en relación con el riesgo, los enfoques holísticos, preferidos por los investigadores europeos, han resaltado los factores sociales estructurales que sobredeterminan los comportamientos de riesgo. Estos estudios insisten, por ejemplo, en las consecuencias de las desigualdades de género en detrimento de las mujeres, o en distintas formas de vulnerabilidad social, por ejemplo de los sectores sociales más desposeídos.

Desde los últimos años de la década del 90 las investigaciones sociales son menos simplistas en la explicación de los comportamientos frente al riesgo del VIH. No se apoyan en la causalidad lineal e intentan identificar los "nudos" existenciales en los que surgen los comportamientos de riesgo.

Sin embargo, existe un cierto consenso en cuanto a que el primer paso en el análisis de los aspectos sociales del sida referidos a la población general debe incluir un diagnóstico acerca de las variables comprendidas en los estudios KAPB. El primer capítulo del libro es un estudio en el que se analizaron dichas variables. Se trata de una investigación en la que se empleó una muestra representativa, realizada en las cuatro ciudades de mayor prevalencia de sida en el país: Buenos Aires y Gran Buenos Aires, Rosario, Córdoba y Mar del Plata.

El segundo capítulo se refiere a la "gestión" que la población general realiza frente al riesgo del VIH, vale decir, cuáles son las estrategias adoptadas en relación con dicho riesgo, ya sean éstas consecutivas a las indicaciones provenientes de los efectores de salud o espontáneas, es decir, surgidas en la población[1] como una síntesis propia a partir de la información y especialmente de sus creencias y actitudes. En este caso la muestra con la que se trabajó no fue probabilística, sino que se buscaron especialmente personas que hubieran atravesado la situación de plantearse concretamente el riesgo del VIH, ante el hecho de tener relaciones sexuales con diferentes parejas.

El capítulo 3 encara un aspecto especial de las motivaciones que justifican la adopción o no adopción de medidas protectoras

---

1. En esta investigación se trabajó con población heterosexual. Un enfoque dirigido a grupos específicos, como homosexuales masculinos, consumidores de drogas por vía endovenosa, trabajadoras del sexo y familiares de enfermos de sida puede encontrarse en A. Kornblit *et al.* (1997).

en relación con el VIH: el tipo de relación de pareja. Dado que la infección por el VIH supone siempre una relación con otro —aunque sea mediada por una jeringa, como en el caso de los consumidores de drogas— llama la atención que no se haya explorado más esta variable, que incluye la medida en que cierto tipo de vínculos torna difícil la prevención.

Los motivos aducidos como justificación para realizarse la prueba del VIH o para no realizarla es el tema del capítulo 4. Se exploran en él diferencias con respecto a la demanda de la prueba según clase social y se señalan algunos malentendidos vigentes en relación con ella, como el confundir su sentido diagnóstico con un sentido preventivo.

La segunda parte del libro incluye la gestión frente al sida como enfermedad, llevada adelante por las personas afectadas. Se entrevistaron en este caso tres tipos de personas que viven con el VIH, según cuál fue la vía de infección: consumidores de drogas por vía endovenosa, homosexuales masculinos y heterosexuales (hombres y mujeres). La decisión de constituir tres grupos, según la vía de transmisión, obedeció al supuesto de que ello permitiría comprender la dinámica social de la epidemia, tomando en cuenta los problemas sociales específicos para cada grupo, que pueden estar en el origen de la infección.

Los estudios que integran esta segunda parte se han desarrollado tomando como base la perspectiva de los actores. Nos referimos a que no se trata de investigaciones sobre la enfermedad en relación con ciertos factores sociales, sino acerca de la experiencia vivida en torno a la enfermedad de las personas involucradas. El análisis de los relatos de las personas afectadas acerca de su experiencia con la enfermedad se basa en poner de relieve cómo ha sido marcada cada una de las historias por la historia social y médica de la enfermedad. Cada relato se refiere a una historia individual, pero también colectiva, acerca de cómo cada persona ha construido su vida con el VIH/sida.

La sociología de las enfermedades crónicas es un campo disciplinar que ha venido creciendo en las últimas décadas. Los estudios desarrollados en este marco tienen en común el tomar en cuenta la enfermedad como una experiencia inevitablemente individual, pero que se interpreta socialmente (Augé, 1984). Éste es el principio general que guía los capítulos de la segunda parte del libro.

En la tercera parte se han reunido algunos de los trabajos realizados por el equipo de investigación en el campo de la comunicación, la prevención, las ONGs que actúan en el campo del sida y la discriminación. Si bien estos capítulos no tienen una coherencia temática, como ocurre en las dos primeras partes del libro, abordan aspectos que trascienden a las personas afectadas, involucrando otros actores sociales: los medios de comunicación, las organizaciones de la sociedad civil, los recursos legales contra la discriminación.

*Ana Lía Kornblit*

PARTE PRIMERA

# ESTUDIOS EN POBLACIÓN GENERAL

# INTRODUCCIÓN

*Ana Lía Kornblit*

Los primeros estudios sobre representaciones sociales del sida (Jodelet, 1989; Páez *et al.*, 1991a y b) pusieron de manifiesto que en su constitución se recurría a antiguas teorías sobre el contagio por los humores corporales o sobre la enfermedad como castigo, así como la existencia de dos "clusters" de representaciones sociales: el "liberal" y el "conservador". El primero ve al sida como menos contagioso que el segundo y rechaza su identificación con los grupos de riesgo. El segundo atribuye la causa de la enfermedad a la crisis social y moral actual y la liga a grupos marginales socialmente.

Una segunda "generación" de estudios sobre las representaciones sociales del sida tiene como objetivo poner en evidencia los principios organizadores que estructuran las representaciones acerca de la enfermedad, a través del análisis de qué asociaciones semánticas se realizan con el concepto sida. Ejemplos de este tipo de trabajos son los realizados en Francia por Morin y Vergès (1992).

El estudio de los términos más frecuentes asociados a una palabra estímulo es un muy buen indicador de los referentes privilegiados por los sujetos en torno a un objeto social, en este caso el sida. A partir de la co-ocurrencia de palabras se construyen "nubes léxicas" que muestran los contenidos semánticos principales ligados al tema en estudio. Tal enfoque permite integrar el tema del sida en un discurso que va más allá de los modos de transmisión de la infección y de los modos de protegerse de ella, enmarcándolos en una visión más abarcativa del mundo social en el que surgen.

Los pasos seguidos para el análisis de las representaciones

sociales sobre el sida han sido puntualizados por Páez *et al.* (1992a):

1) Extraer las dimensiones más importantes de esta representación para una población determinada, mediante métodos que analizan la co-ocurrencia de creencias, como el análisis factorial de correspondencias o el escalamiento multidimensional. Los estudios realizados hasta ahora en este sentido muestran que la dimensión más importante de las representaciones sociales con respecto al sida es la que se refiere a la distancia social aceptada con los que padecen la enfermedad o son seropositivos.

Este eje comprende en un polo las personas que consideran que el virus es fácilmente transmisible por contactos casuales y que mantienen una pronunciada distancia social con los infectados. En el otro polo se incluyen las personas que no consideran que la enfermedad sea fácilmente transmisible y que no temen la interacción con los sujetos infectados.

2) Analizar las asociaciones entre las respuestas a las indagaciones acerca de las creencias de las personas sobre el sida a través de la técnica del análisis de clusters permite entender la lógica de la representación y consecuentemente construir una tipología de las representaciones sociales acerca del sida. El análisis realizado de este modo permitió identificar dos tipos fundamentales de creencias:

a) el tipo conservador-corporativista; b) el tipo liberal. El primero adjudica a los enfermos la culpabilidad y la responsabilidad de haberse contagiado. Esto deriva en enojo hacia ellos y genera pocos deseos de ayudarlos, reacciones que no se encontraron cuando se identifica una causa no controlable por el sujeto, como una transfusión de sangre. El segundo define al sida como una enfermedad infecciosa que no se basa en un estilo de vida y que no exige medidas de aislamiento ni de coerción social dirigidas a los infectados.

3) Analizar la función social de las representaciones mediante técnicas estadísticas como el análisis discriminante o la regresión múltiple entre los indicadores del grado de acuerdo individual con las puntuaciones factoriales y los indicadores de status social y posición ideológica.

Se vio de este modo que las personas de mayor edad relativa, de bajo nivel educativo y de ideología conservadora correspondían en mayor medida al cluster conservador. Del mismo modo se puso en evidencia que las personas con actitudes negativas ante la homosexualidad sostenían creencias incorrectas con respecto al sida y actitudes discriminatorias hacia los enfermos.

4) Relevar la distribución de los elementos cognitivos más salientes que entran en la estructuración de la representación social sobre el sida, a través de evocaciones o asociaciones de ideas y de la utilización de tareas de clasificación de ítems que conducen a la atribución de significaciones en el campo semántico del sida.

Aplicando estos instrumentos, Morin y Vergès (1992) identificaron tres principios generadores de construcción del universo semántico del sida: a) los atributos médicos y el componente de transmisión de la enfermedad; b) la personalización de las vivencias despertadas por el sida, específicamente en cuanto a las asociaciones vinculadas con el miedo; c) los componentes "sociales" en cuanto a las categorías identificatorias de los enfermos vinculadas a la diferencia y a la marginación.

5) Relevar la estructura de la representación sobre el sida, distinguiendo entre el núcleo de dicha representación y los elementos periféricos, a través de las técnicas del análisis de frecuencia de las asociaciones y del análisis de su rango de ocurrencia.

Morin y Vergès (1992) encontraron en una investigación sobre las representaciones sociales acerca del sida en jóvenes franceses escolarizados, realizada con la técnica de evocación de palabras, que los dos temas figurativos que más aparecieron en las respuestas a sus preguntas fueron "la muerte" y "la enfermedad". Para dichos autores esto es el reflejo reificado de la noción de "enfermedad mortal", difundida por los medios a partir del discurso médico. De hecho, los jóvenes que mencionaban los dos términos juntos, en el sintagma "enfermedad mortal", habían tenido más contacto con instituciones médicas.

El sida tiene, pues, para los jóvenes franceses, una significación central doble: enfermedad y muerte, en la que tanto la sexualidad como la prevención resultan elementos periféricos.

A través de otra técnica de recolección de datos: la asignación diferencial de rasgos, que ayuda a mostrar la estructuración del objeto, los mismos autores obtienen resultados semejantes a los obtenidos en una investigación realizada en la Argentina (Kornblit *et al.*, 1997b): el cáncer es un referente esencial en la cognición del sida. Esta "objetivación" del sida como cáncer puede verse como una respuesta a las incertidumbres y temores despertados por la enfermedad. El acercar el sida al cáncer es así una posibilidad paradójica de "pensar lo impensable", porque lo presenta como una enfermedad grave, con respecto a la cual el cuerpo médico ha transmitido la idea de que, en algunos casos, es curable. En este proceso, "...las representaciones del sida y del cáncer ser neutralizan recíprocamente, cuando, gracias al sida, el cáncer deviene una enfermedad menos terrorífica y más banal, y cuando, gracias al cáncer, el sida deviene una enfermedad grave que no es más que provisoriamente incurable" (Morin y Vergès, 1992, p. 70).

La asociación entre cáncer y sida muestra también que el horizonte de la enfermedad se construye en torno a lo inevitable e incurable, o sea en torno a la enfermedad-destino, en términos de Herzlich y Pierret (1988), y no en torno a lo prevenible. Éste es, pues, un importante hallazgo a la hora de repensar la direccionalidad de los mensajes preventivos, que han acentuado hasta ahora en términos racionales la naturaleza evitable de la enfermedad.

La teoría de las representaciones sociales ha sido también aplicada al análisis del reconocimiento y recuerdo de los mensajes preventivos (Echebarría y Páez, 1989), a partir de la idea de que las desviaciones en el recuerdo actúan como mecanismos de defensa para garantizar la estabilidad de las representaciones preexistentes. Este hallazgo pone en tela de juicio las campañas preventivas basadas exclusivamente en la difusión de información.

Según Páez *et al.* (1992b) el enfoque de las representaciones sociales pone el acento sobre el hecho de que ellas están ligadas a la memoria colectiva y, más aún, que esta última constituye su núcleo. Estos autores recuperan los trabajos de Halbwachs (1950) y de Bartlett (1973) sobre la memoria colectiva, que plantean el carácter social y construido de la memoria individual. Así, los niveles elevados de reacciones emocionales a la evocación de hechos personales importantes del pasado se asocian con niveles altos de repetición social en el pasado. "La memoria es social porque las personas comparten sus recuerdos y los recuerdan juntos" (Páez *et al.*, 1992b) y porque nuestros puntos de referencia para nuestras evocaciones están por lo general definidos socialmente ·(fiestas, acontecimientos sociales, ceremonias).

Probablemente el sida activa recuerdos de epidemias y catástrofes pasadas y de cómo las personas reaccionaron frente a ellas. En la Argentina, por ejemplo, la epidemia que los adultos especialmente pueden recordar fue la de parálisis infantil, que afectó a la población en la década del 50. La convicción generalizada de que pronto surgirá una vacuna contra el sida puede vincularse a la rápida aparición de las vacunas Salk y Sabin para la parálisis infantil en aquellos años. En este aspecto, el sida no se asocia con el cáncer, al que sólo es parangonado en términos de la gravedad de ambas enfermedades.

Se ha planteado también que las personas anclan sus representaciones con respecto al sida como enfermedad recientemente aparecida en sus representaciones acerca de las enfermedades infecto-contagiosas que conocen. En un estudio llevado a cabo por Páez *et al.* (1991a) se vio que las personas utilizan sus conocimientos sobre los mecanismos de transmisión de las enfermedades infantiles comunes como base de su apreciación acerca de las vías de transmisión del VIH. Ésta sería la explicación acerca de por qué está tan difundida la creencia de que el sida se contagia a través de la saliva o el contacto físico.

En otra investigación llevada a cabo también por Páez *et al.* (1991b) se vio que las personas encuestadas tenían ya en 1988 un conocimiento bastante exacto de los mecanismos de transmisión del VIH, junto a una subvaloración de su riesgo personal de contraer la enfermedad y a una ausencia de medidas preventivas correctas. Resultados similares se han encontrado en la Argentina (Petracci, 1995; Kornblit, 1997b).

Los estudios sobre representaciones sociales en torno al sida permitieron confirmar el rol de las representaciones sociocognitivas con respecto a las prácticas sociales, aun cuando no se desconoce el hecho de que la interacción entre las prácticas y las representaciones es compleja. Morin y Vergès (1992) plantean que a nivel de la población general se ha dado un fenómeno de autonomización relativa de las representaciones del sida en relación con la hegemonía del discurso médico. Las primeras devienen componentes estructurados y específicos del mundo construido por los diferentes subgrupos poblacionales.

En cuanto a quiénes se percibe como más expuestos a la enfermedad, en un estudio realizado en la Argentina (Kornblit,

1997a), frente a las alternativas: *homosexual, bisexual* y *heterosexual,* el 20% de las personas encuestadas percibe como más expuestos a los homosexuales. El 69% afirma que es indistinto.

El discurso acerca de que el virus puede ser contraído por "cualquier persona" ha prendido en mayor medida en la ciudad de Buenos Aires, el más cosmopolita de los núcleos urbanos estudiados, y el porcentaje de personas que contesta de este modo es mayor también entre los que tienen *un amigo o conocido muerto de sida.*

Los así llamados "grupos de riesgo" son visualizados por la mayoría de la población como difusores de la enfermedad, pero no como blancos actuales privilegiados de la infección. No ocurre lo mismo con respecto a la categoría "jóvenes", a la que al menos la mitad de la población adjudica mayor riesgo de infección.

Como vemos, la producción de trabajos en torno al sida realizados desde la perspectiva de las representaciones sociales ha sido amplia, y ello se debe al carácter inusual de la enfermedad, en cuanto a su brusca aparición a comienzos de la década del 80, lo que determinó un fenómeno hasta entonces inédito: la construcción simultánea de conocimientos científicos sobre ella y la construcción que de ella hicieron los medios, que la transmitieron en sus orígenes como una enfermedad limitada a los "grupos de riesgo". La impronta que esta definición dejó en el imaginario social no puede ser fácilmente transformada, a pesar de los esfuerzos de las campañas comunicacionales posteriores que se realizaron en casi todos los países. Esta circunstancia creó una condición privilegiada para el desarrollo de estudios desde el modelo de las representaciones sociales, que confirmaron la vigencia de lo postulado por dicho modelo en cuanto a la construcción de los objetos sociales, en este caso la enfermedad sida.

# CAPÍTULO 1

## SIDA Y CONDUCTAS SEXUALES

Ana Lía Kornblit, Liliana Giménez, Ana María Mendes Diz, Mónica Petracci y Jorge Vujosevich*

* La investigación que dio pie a este capítulo fue subsidiada por el Programa de Transferencia de Tecnología del Banco Interamericano de Desarrollo-CONICET, para el período 1996-97, y tuvo sede en el Centro de Estudios Avanzados de la Universidad de Buenos Aires.

El trabajo de campo se realizó entre 1996 y 1997 (cfr. n. 1, p. 25).

Los lineamientos metodológicos de este estudio fueron elaborados de acuerdo con los objetivos propuestos, a saber:

* conocer el grado de información acerca de las formas de transimisión del VIH y de prevención del sida;
* analizar las actitudes, creencias y mitos en relación con el sida;
* relevar los comportamientos de riesgo en relación con la transmisión del VIH.

La investigación se realizó con una muestra de población en cuatro zonas geográficas del país: Buenos Aires, Rosario, Córdoba y Mar del Plata.[1]

Se llevó a cabo un estudio de tipo cuantitativo a través de encuestas. Las preguntas del cuestionario versaron alrededor de las siguientes áreas temáticas: estado de la preocupación; estado de la información; estado de la prevención; discriminación y representaciones sociales.

Se realizó también la triangulación de los datos a través de técnicas cualitativas: se realizaron ocho grupos focales, estratificados según edad y sexo.

1. Malena Verardi tuvo a su cargo la entrada de datos a computadora y las tareas de secretaría. Las siguientes personas colaboraron en diferentes etapas del trabajo: Azucena Bilyk, Carina Balladares, Eva Bombén, Alejandro Carbonari, Patricia Carbonari, Claudio Castro, Eduardo Coiro, Guillermo Chirino, Angélica De Sena, Paula Frías, Alicia Frusso, Sergio Guffanti, Carlos Kassman, Alejandro Lafleur, Graciela Montañez, Stella Maris Moreira, Pablo Muggeri, Antonio Nahum, Norma Parera, Mario Renzo Moyano y Julio César Rodríguez Castro. Agradecemos especialmente a las personas de Buenos Aires y de las ciudades de Córdoba, Mar del Plata y Rosario que nos abrieron las puertas de centros e instituciones para que se pudiera llevar a cabo el trabajo de campo, así como a todas las personas que accedieron a responder a los cuestionarios.

Ficha técnica del estudio

> Técnica de recolección de la información: encuesta con preguntas abiertas y cerradas.
> Universo: población entre 14 y 59 años.
> Ámbito: Buenos Aires, Córdoba, Rosario y Mar del Plata.
> Muestra: 312 individuos en Buenos Aires, 299 individuos en Córdoba, 299 individuos en Rosario y 305 individuos en Mar del Plata (total: 1215).
> Muestreo: polietápico. Probabilístico en la primera etapa con cuotas de sexo y edad.
> Márgenes de error: +/- 5% para un nivel de confianza del 95% y p=q=50% en estimaciones globales.[2]

## LAS REPRESENTACIONES SOCIALES ACERCA DEL SIDA

A partir de la obra de Moscovici (1961/76), el modelo de las representaciones sociales se ha convertido en un importante instrumento de la psicología social para entender cómo los grupos sociales se convierten en sujetos activos en la elaboración de "teorías" sobre diversos objetos sociales, a partir de diversas fuentes de información. El sida es uno de dichos objetos sociales.

La teoría intenta explicar cómo se estructura el conocimiento de sentido común. El propósito del proceso de las representaciones sociales es hacer familiar lo no familiar. Se diferencian en este proceso dos etapas: durante lo que se denomina "anclaje", una idea abstracta es asimilada a las concepciones preexistentes; durante lo que se denomina "proceso de objetivación" la nueva idea es transformada en un punto válido de referencia en sí mis-

2. Para determinar los errores de muestreo absolutos puede hacerse una aproximación, aunque éste no haya sido el diseño empleado, suponiendo muestreo aleatorio simple. Para proyectar las conclusiones al conjunto de las cuatro ciudades se consideró a cada una como un estrato y se ponderó cada estrato en función de la proporción que le corresponde en el conjunto según el Censo Nacional de Población de 1991.

mo. Estos procesos están teniendo lugar con referencia al sida.

Las representaciones sociales deben concebirse a la vez como filtros cognitivos y como factores que predisponen a la acción en sociedades o grupos sociales particulares (Paicheler, 1995). Constituyen sistemas de partición del mundo que organizan la percepción que los individuos tienen de objetos compartidos socialmente.

Este enfoque se opone a una visión mecanicista que ubica las actitudes en el lugar de las causas y las conductas en el de las consecuencias. Propone, en cambio, la hipótesis de que existe una interacción compleja de prácticas y de representaciones y considera esencial el rol de las mediaciones sociocognitivas en la explicación de la conducta (Morin y Vergès, 1992).

Para analizar este aspecto se presentó a la población una lista de 20 palabras que debían evaluar como vinculadas o no con la enfermedad.

En términos generales, por orden de frecuencia las menciones configuraron lo que podríamos denominar seis grupos de significaciones:

El primero está constituido por las palabras: *muerte, sangre, enfermedad, riesgo, sufrimiento* y *responsabilidad*. Concita entre el 95,3% y el 91,8% de los acuerdos en cuanto a su vinculación con la enfermedad. Las tres primeras palabras de esta lista muestran el consenso que existe en la población con respecto a la índole terminal de la enfermedad y su vinculación con la *sangre* como elemento significante clave.

El segundo está constituido por las palabras: *grave, hospitalización* y *análisis de laboratorio* (89,9% al 86,2%). Revela la importancia de los aspectos bio-médicos asociados a la enfermedad.

El tercer grupo está compuesto por las palabras *amenaza* y *medios de comunicación* (70,4% y 70,3%). La co-ocurrencia de estas expresiones coincide con la apreciación de muchos entrevistados con respecto al sensacionalismo con que los medios han tratado el tema.

El cuarto grupo está compuesto por las palabras *soledad, amor* y *esperanza* (69,2% a 61,9%) y muestra la empatía con los afectados por la enfermedad.

El quinto grupo está compuesto por las palabras *aislamiento, contaminación* y *vergüenza* (58,8% a 50,6%) y revela la preocupación (no sabemos si a favor o en contra) por los aspectos vinculados con la discriminación de los enfermos de sida.

Finalmente, un sexto grupo, compuesto por las palabras *herencia* y *moda* (34,5% y 23,5%), muestra dos elementos más periféricos en cuanto a la representación de la enfermedad.

En consecuencia, puede decirse que a pesar del deslizamiento hacia la significación del sida como enfermedad crónica que se instaló en los últimos años a consecuencia de las terapias antirretrovirales, para el grueso de la sociedad el significado del sida sigue siendo el de enfermedad mortal transmitida por la sangre, con la particularidad de que se imputa su transmisión a la irresponsabilidad de algunas personas.


## LAS REPRESENTACIONES SOCIALES ACERCA DE LA DIFUSION DE LA ENFERMEDAD

Otro de los modos de aproximarse a las representaciones sociales acerca de la enfermedad es la indagación acerca de a qué grupos o qué conductas se perciben como ligados a la enfermedad.

Para la población estos grupos son, según los porcentajes que los mencionan:

|                          | %    |
|--------------------------|------|
| adictos que se inyectan  | 77,6 |
| prostitutas              | 67,4 |
| prácticas médicas        | 63,6 |
| bisexuales               | 63,6 |
| heterosexuales           | 59,4 |
| homosexuales             | 53,4 |
| lesbianas                | 35,6 |

Base: total de entrevistados: 1215; % de respuestas muy/bastante de acuerdo en cada línea.

El ordenamiento presenta diferencias que no son significativas entre las ciudades estudiadas, salvo el hecho de que las prácticas médicas son mencionadas en segundo lugar después de los adictos en Córdoba y Mar del Plata, ciudades en las que la transmisión por sangre infectada adquirió especial resonancia en épocas recientes.

Las personas de mayor edad de la muestra (40 a 59 años) adjudican en mayor proporción a los adictos el haber contribuido a la diseminación de la enfermedad (88,9%). Lo mismo ocurre con las personas de nivel educativo primario (82,3%).

La percepción de los anteriormente llamados "grupos de riesgo" como agentes en la difusión de la enfermedad es, pues, bastante fuerte, lo mismo que la identificación de las prácticas médicas en este sentido: entre seis y siete personas de cada diez consideran que los adictos, las prostitutas, las prácticas médicas y los bisexuales contribuyeron a difundir la enfermedad.

En algunos casos la creencia en la existencia de los "grupos de riesgo" se refuerza con argumentos de fe:

*Tiene sida o está en riesgo quien no sigue la moral única de Dios* (mujer, 45 años).

Llama la atención que en esta adjudicación de responsabilidades los homosexuales como grupo aparezcan por debajo de los heterosexuales. Este dato sólo puede interpretarse pensando que la "difusión de la enfermedad" se entiende como difusión hacia la población no homosexual, dado que si se piensa a los homosexuales como grupo cerrado, a lo sumo puede creerse que se contagian entre ellos, sin que esto implique mayor riesgo hacia otros grupos. Esto explicaría que los bisexuales aparezcan en la escala de frecuencias por encima de los homosexuales como difusores del virus.

Los consumidores de drogas, que encabezan la lista, son concebidos como grupo, más abiertos a personas que no consumen, especialmente a través de las relaciones sexuales, y por ende más "riesgosos". Es posible también que encabecen la lista a partir de una mayor condena moral del consumo de drogas que de ciertas prácticas sexuales.

Paicheler (1994) plantea que el riesgo percibido refleja en general bastante bien los datos de la epidemiología. En la presente investigación esto se confirma con respecto a los consumidores de drogas en la Argentina, pero no en el resto de las alternativas.

Podríamos plantear que la construcción de prioridades en cuanto a la visualización de quiénes "difunden" la infección es un proceso complejo en el que interviene información acerca de la prevalencia local y percepciones de los grupos en cuestión como "cerrados" o "abiertos" en sus relaciones con el resto de la sociedad, más la condena moral a las prácticas de cada uno de ellos.

Llama la atención también que más de un tercio de la población encuestada adjudique a las lesbianas haber difundido el virus, cuando las posibilidades de infección a partir de esta práctica sexual son mínimas. El que sean consideradas en este porcentaje como difusoras del virus sólo puede entenderse por la reprobación moral del lesbianismo y por la caracterización del sida como una enfermedad ligada a lo moralmente condenable. El hecho de que en Córdoba, que se caracteriza a lo largo de los datos como una sociedad más tradicional, el porcentaje de atribución a las lesbianas en la difusión del virus ascienda al 42,1% confirma esta presunción.

Richardson (1994) plantea también que las lesbianas son estigmatizadas en relación con el sida por un mecanismo de "asociación" con los homosexuales masculinos.


## REPRESENTACIONES SOCIALES ACERCA DE LAS PERSONAS MÁS EXPUESTAS A CONTRAER EL VIH

Frente a la alternativa acerca de si los *hombres* o las *mujeres* están más expuestos a contraer el virus, el 75,2% de la población afirma que es indistinto. No ocurre lo mismo cuando la alternativa presentada es *joven* o *adulto*. En este caso, el 41,7% de los encuestados afirma que los jóvenes tienen más posibilidades, y el 56,1% que es indistinto.

Frente a las alternativas: *homosexual, bisexual* y *heterosexual*, el 20,4% percibe como más expuestos a los homosexuales, acentuándose este porcentaje en Córdoba (24,4%). El 68,7% afirma que es indistinto.

El discurso acerca de que el virus puede ser contraído por "cualquier persona" ha prendido en mayor medida en Buenos Aires y el porcentaje de personas que contesta de este modo es mayor también entre los que tienen *un amigo o conocido muerto de sida*.

En síntesis: los así llamados "grupos de riesgo" son visualizados por la mayoría de la población como difusores de la enfermedad, pero no como blancos actuales privilegiados de la infección.

No ocurre lo mismo con respecto a la categoría "jóvenes", a la que al menos la mitad de la población adjudica mayor riesgo de infección.


## PERCEPCIÓN DEL RIESGO DE LA INFECCIÓN POR EL VIH Y PREOCUPACIÓN EN TORNO AL SIDA

Una variable importante para comprender por qué las personas adoptan o no cambios de conducta en relación con el sida es la percepción del riesgo de infectarse que ellas tengan. En particular, una cuestión a tener en cuenta es la evaluación de las personas acerca de sus posibilidades de infectarse.

Sin embargo, se ha visto que la relación entre percepción del riesgo y adopción de conductas preventivas no es lineal.

En la revisión realizada al respecto por Páez *et al.* (1994a) se ve que la percepción de riesgo ha demostrado estar asociada con conductas preventivas en algunas investigaciones y en otras no. La falta de asociación se ha explicado por la tendencia de las personas a percibirse superiores a sus pares en cuanto a atributos deseables socialmente, lo que se ha dado en llamar la sensación de ser *primus inter pares*. En una investigación realizada por nuestro equipo de trabajo con jóvenes (Kornblit y Mendes Diz, 1994), se ve que a pesar de que los encuestados evalúan el riesgo del sida en general como muy alto para la población en general, cuando se indaga acerca de su percepción con respecto a estar en riesgo ellos mismos, el porcentaje de los que así se consideran baja en un 50%.

La noción de riesgo se relaciona con la de toma de decisiones en una situación de incertidumbre. Si bien en psicología la toma de decisiones se ve como un acto individual, Mary Douglas (1992), desde la antropología, ha renovado el enfoque con que se aborda el riesgo en las ciencias sociales, situándolo en una perspectiva cultural. Para esta autora, el riesgo es una manera de encarar el peligro, atribuyéndole una evaluación probabilística en un contexto de incertidumbre. En todas las sociedades los riesgos que se perciben como tales son seleccionados; los peligros están socializados y también las formas de protegerse de ellos. La conformidad a las normas consensuales, por ejemplo, es vivida como protectora. La desviación es percibida como riesgosa (Paicheler, 1994).

Tomando en cuenta la no-percepción del riesgo, pueden plantearse dos hipótesis: esta falta de percepción implica una *negación* y en este caso las explicaciones psicológicas apuntan especialmente a un peligro subjetivo o a un deseo interior que es el objeto de la negación, o, por el contrario, dicha falta de percepción obedece a una falta de confrontación con la enfermedad (Giami, 1995).

Como veremos más adelante, la variable *contacto personal con enfermos de sida*, que puede considerarse un indicador de confrontación con la enfermedad, incide positivamente en cuanto a una mayor percepción de riesgo en un porcentaje de las personas.

En la medida en que esta variable influye en algunos individuos y no en otros, puede pensarse que ambas explicaciones acerca de la no-percepción de riesgo son válidas.

El concepto de riesgo ha sido considerado en salud desde dos perspectivas: desde la epidemiología se habla de un "riesgo objetivo", ligado a ciertas prácticas, en el caso del sida, de no protección de la infección por el VIH, que colocan a determinados sujetos o grupos en una situación de mayor vulnerabilidad a la infección. Por otro lado, la psicología social ha insistido en la *construcción* que los individuos realizan de lo que para ellos es riesgoso. En el último caso se trata de identificar las lógicas que conducen a los individuos a construir el riesgo como una eventualidad que les concierne (Bajos y Ludwig, 1995).

Siguiendo esta última perspectiva, la percepción de riesgo fue estudiada en la presente investigación a partir de dos indicadores: la percepción del sujeto en cuanto a su riesgo de contagiarse la infección por el VIH en relación con el riesgo de la población y la frecuencia con que se ha preguntado acerca de la posibilidad de haberse contagiado.

Con respecto a la primer pregunta, algo más de la mitad de la muestra (el 53,2%) considera que tiene el *mismo riesgo* de contagiarse que cualquier persona.

Un porcentaje significativo de la población (tres de cada diez personas) consideran que tienen un riesgo de contagiarse *menor* que el de cualquier persona.

Habría que preguntarse, frente a este dato, si realmente estas personas atraviesan por menos situaciones de riesgo (por ejemplo, no tienen relaciones sexuales) o consideran que están exentas de la posibilidad del contagio porque siguen visualizando a los "grupos de riesgo" como los expuestos, y no a sí mismos.

Reforzando esta última hipótesis es importante destacar que el 39,5% de las personas de la muestra (el 52,2% en Rosario) *no se preguntaron nunca por la posibilidad de haberse contagiado.* Si bien el porcentaje aumenta entre los que *no mantuvieron relaciones sexuales en el último año* (51,7%), es significativo que cuatro de cada diez personas hayan logrado evitar formularse la pregunta con respecto a sí mismos, en una situación de carga informativa sobre el tema a través de los medios como la que hemos vivido en los últimos tiempos.

El 41% de los encuestados, en cambio, respondieron haberse preguntado *algunas/muchas veces* acerca de esta posibilidad. El porcentaje es mayor entre las personas de 26 a 39 años (49,7%).

Las personas que contestaron haberse preguntado por la posibilidad de haberse infectado pensaron que la situación posible de infección pudo haber sido por:

- ❏ relaciones sexuales:                    51,5%
- ❏ prácticas médicas:                      42,3%
- ❏ haber trabajado con enfermos:    5,2%
- ❏ haber sido drogadicto:                 1,3%

Base: personas de la población que contestaron haberse preguntado algunas/muchas veces por la posibilidad de haberse infectado (494).

Quienes se han preocupado más por la posibilidad de haberse contagiado a través de *relaciones sexuales* son en mayor porcentaje personas solteras (65,0%) y separadas (57,5%), las que tienen conocidos enfermos o muertos de sida (60,5%), los jóvenes (60,4%), los varones (67,4%), los de nivel socioeconómico medio alto y los que residen en Rosario (56,4%) y en Mar del Plata (56,2%).

Entre quienes se han preocupado más por la posibilidad de

haberse contagiado a través de *prácticas médicas* (transfusiones o haber sido intervenidos quirúrgicamente), es mayor el porcentaje de las personas casadas (54,4%), las mujeres (53,5%), los que tienen nivel educativo primario (60,3%) y los de nivel socioeconómico bajo (48,1%).

Tomando en cuenta en forma conjunta las respuestas a las dos preguntas encontramos que:

* el 22,6% de las personas no percibe el riesgo para sí mismas en forma absoluta
* el 46,6% lo percibe en forma relativa
* el 30,8% se percibe en riesgo

En cuanto al *sexo* y la percepción de riesgo: los varones se perciben algo más en riesgo que las mujeres, como puede verse en el siguiente cuadro:

Nivel de percepción de riesgo en la población por sexo (en %)

|  | varones | mujeres | total |
|---|---|---|---|
| bajo nivel de percepción de riesgo | 21,2 | 23,8 | 22,6 |
| nivel de percepción medio de riesgo | 45,0 | 48,0 | 46,6 |
| alto nivel de percepción de riesgo | 33,7 | 28,2 | 30,8 |

Base: total de entrevistados (1215).

Esta relación se profundiza entre los jóvenes, entre quienes los varones tienen una percepción de riesgo alta en el 45,2% y las mujeres en el 31,1%.

El *nivel socioeconómico* de los encuestados muestra una baja incidencia en la percepción de riesgo, si bien puede advertirse una tendencia a un nivel de percepción de riesgo más bajo en el nivel socioeconómico bajo y un nivel de percepción de riesgo más alto especialmente en el nivel socioeconómico medio bajo, seguido del medio alto.

El *nivel educativo* incide en mayor medida sobre el nivel de percepción de riesgo: las personas que han alcanzado niveles educativos inferiores muestran proporcionalmente un nivel de percepción de riesgo más bajo, como puede verse en el siguiente cuadro:

Nivel de percepción de riesgo en la población
por nivel educativo (en %)

|  | Hasta primaria completa | Sec. incompleta o completa | Terciaria incompleta o completa | Total |
|---|---|---|---|---|
| Niv. de percepción bajo | 36,1 | 24,0 | 15,9 | 22,6 |
| Niv. de percep. medio | 45,7 | 46,9 | 46,6 | 46,6 |
| Niv. de percepción alto | 18,3 | 29,1 | 37,2 | 30,8 |

Base: total de entrevistados (1215).

Con respecto a la *edad* puede observarse que el nivel de percepción de riesgo bajo crece a medida que aumenta la edad de las personas, mientras que el nivel de percepción de riesgo alto es mayor especialmente en el rango de 26 a 39 años, seguido del rango de 14 a 25 años, y disminuye considerablemente en el rango de 40 a 59 años.

                    Sida y conductas sexuales

Nivel de percepción de riesgo de la población por edad (en %)

|  | 14 a 25 años | 26 a 39 años | 40 a 59 años | Total |
|---|---|---|---|---|
| Niv. de percepción bajo | 17,9 | 19,4 | 29,1 | 22,6 |
| Niv. de percepción medio | 48,4 | 44,3 | 47,8 | 46,6 |
| Niv. de percepción alto | 33,7 | 36,3 | 23,1 | 30,8 |

Base: total de entrevistados (1215).

En cuanto a las *ciudades de residencia,* el nivel bajo de percepción de riesgo se da en mayor proporción en Rosario y el alto en mayor proporción en Buenos Aires, como puede verse en el siguiente cuadro:

Nivel de percepción de riesgo en la población
por ciudad de residencia (en %)

|  | Cap. Fed. | Rosario | Córdoba | Mar del Plata | Total |
|---|---|---|---|---|---|
| Niv. de percep. de riesgo bajo | 16,9 | 32,4 | 23,4 | 18,0 | 22,6 |
| Niv. de percep. de riesgo medio | 46,2 | 44,5 | 45,8 | 54,1 | 46,6 |
| Niv. de percep. de riesgo alto | 36,9 | 23,1 | 30,8 | 27,9 | 30,8 |

Base: total de entrevistados (1215).

Con respecto al *estado civil,* las personas solteras y separadas o divorciadas son quienes en mayor proporción muestran un nivel alto de percepción de riesgo.

Lo contrario ocurre con las personas casadas, y en mayor proporción, con las viudas:

Nivel de percepción de riesgo en la población
por estado civil (en %)

|  | Solteros | Casados | Separados | Viudos | Total |
|---|---|---|---|---|---|
| Grado de percep. de riesgo bajo | 17,7 | 27,5 | 15,4 | 31,3 | 22,6 |
| Grado de percep. de riesgo medio | 44,6 | 48,5 | 46,1 | 41,2 | 46,6 |
| Grado de percep. de riesgo alto | 37,7 | 23,9 | 38,5 | 27,5 | 30,8 |

Base: total de entrevistados de población (1215).

El *conocer personalmente a alguien enfermo o muerto de sida* eleva la percepción de riesgo, tal como se ve en el siguiente cuadro:

Nivel de percepción de riesgo en población según
quienes tienen o no un amigo o conocido enfermo
o muerto de sida (en %)

|  | sí conoce | no conoce | total |
|---|---|---|---|
| Nivel de percepción de riesgo bajo | 15,1 | 25,8 | 22,6 |
| Nivel de percepción de riesgo medio | 46,8 | 46,8 | 46,8 |
| Nivel de percepción de riesgo alto | 38,1 | 27,4 | 30,6 |

Base: total de entrevistados (1215).

Es significativo también que el 86,6% de las personas que mantuvieron relaciones sexuales en alguna oportunidad y no usaron preservativo (total 408), *no pensaron en esa situación en el riesgo de la infección por el VIH.* Este porcentaje se reduce entre los jóvenes (66,7%).

La razón fundamental por la que las personas que contestaron de este modo afirman no haber pensado en el riesgo es el *tener una pareja estable* (94,2%).

El 80,2% de las personas piensan que tomando medidas de prevención el riesgo *puede ser reducido, pero no eliminado.* Si bien desde el punto de vista científico esto puede considerarse válido, la sensación de incertidumbre en cuanto a que a pesar de adoptar medidas preventivas persiste un cierto nivel de riesgo puede constituirse en contraproducente con respecto a la motivación para adoptarlas.


## GRADO DE PREOCUPACIÓN EN TORNO AL SIDA

Se preguntó a los entrevistados *cuánto se sentían preocupados respecto al sida,* en una escala de cinco grados: nada, poco, algo, bastante y muy preocupado.

Agrupando las dos primeras categorías y las dos últimas la distribución de frecuencias es la siguiente.

|                          | %    |
|--------------------------|------|
| nada/poco preocupado     | 15,3 |
| algo preocupado          | 24,6 |
| bastante/muy preocupado  | 60,1 |

El porcentaje de las personas que están bastante/muy preocupadas es mayor entre las de nivel educativo terciario (63,9%), las personas que no conviven con una pareja (66,9%) y las que tienen hijos (64,0%).

El tener un amigo/conocido enfermo de sida aumenta también la preocupación.

Algunos entrevistados manifiestan adoptar una postura de despreocupación en los siguientes términos:

*Si me lo agarro, me lo agarro* (varón, 19 años).

Otros se amparan en la fe:

*Todo depende de Dios* (mujer, 35 años).

Puede decirse a partir de estos datos que el nivel de preocupación de la población es alto: 6 de cada 10 entrevistados están muy/bastante preocupados con respecto a él. No hay diferencias por ciudad de residencia en este aspecto.

Comparando el nivel de percepción de riesgo y el grado de preocupación vemos que proporcionalmente las personas están más preocupadas de lo que se consideran en riesgo, como surge del siguiente cuadro.

Nivel de percepción de riesgo y grado
de preocupación en la población

|  | % |  | % |
|---|---|---|---|
| nivel de percepción de riesgo bajo | 22,6 | nada/poco preocupado | 15,3 |
| nivel de percepción de riesgo medio | 46,6 | algo preocupado | 24,6 |
| nivel de percepción de riesgo alto | 30,8 | muy/bastante preocupado | 60,1 |

Base: total de entrevistados (1215)

Cruzando estas dos variables obtenemos la siguiente información:

Nivel de percepción de riesgo según
grado de preocupación (en %)

|  | nada/poco preocupado | algo preocupado | bastante/muy preocupado |
|---|---|---|---|
| nivel. percepción de riesgo bajo | 27,3 | 21,1 | 51,4 |
| nivel. percepción de riesgo medio | 14,9 | 28,0 | 56,9 |
| nivel. percepción de riesgo alto | 6,7 | 22,1 | 71,1 |

Base: total de entrevistados (1215).

Como se ve, si bien el 71,1% de las personas que tienen un nivel de percepción de riesgo alto están bastante/muy preocupadas con respecto al sida, también el 51,4% de las que tienen un nivel de percepción de riesgo bajo y el 56,9% de las que tienen un nivel de percepción de riesgo medio están bastante o muy preocupadas, por lo que el grado de preocupación es en parte independiente de la percepción de riesgo.

Considerando en forma conjunta el grado de preocupación y el nivel de percepción de riesgo obtuvimos una variable que sintetiza ambas, y que hemos denominado *grado de involucramiento respecto al sida*.

En relación con ella:

- el 9,8% de la población está poco involucrado con respecto al sida,
- el 57,4% está medianamente involucrado y
- el 32,8% está muy involucrado.

Las personas que están proporcionalmente más involucradas son las solteras (35,8%), las de 26 a 39 años (36,1%), las de nivel educativo terciario (40,6%), las que tienen un conocido enfermo de sida (40,4%) y las que residen en Buenos Aires (39,8%).

Las que están poco involucradas son en mayor proporción las de nivel educativo primario (20,5%) y las que residen en Rosario (12,7%).


## EL GRADO DE INFORMACIÓN DE LA POBLACIÓN EN RELACIÓN CON EL SIDA

El conocimiento sobre el sida es, obviamente, una variable de importancia a tener en cuenta a la hora de investigar la adopción por parte de la población de medidas preventivas. Sin embargo, a pesar de que las encuestas desarrolladas hasta ahora en diferentes países muestran un nivel alto de conocimientos acerca del sida en la población, por lo menos en cuanto a los aspectos esenciales de las vías de transmisión del VIH y de los modos de protección, se ha visto que esta información probablemente crea una condición necesaria pero no suficiente para producir los cambios de conducta necesarios.

Pueden plantearse varios interrogantes acerca de esta cuestión: ¿ha llegado el nivel de conocimientos en la población a un techo, de modo de producir modificaciones de conducta a partir de esa información en quienes estaban dispuestos a hacerlo, pero no en otras personas?, ¿es insuficiente el nivel de información con que cuenta la población en general con respecto al que sería necesario para cambiar la conducta?, ¿cuál es el manejo de la información que hace la población, vale decir, cuál es el mecanismo que hace que aun conociendo las conductas de riesgo no las evite?

Las vías de acceso a la información pueden también tener importancia, según la credibilidad que se les adjudique.

Para introducirnos en esta problemática, en el presente estudio analizamos el conocimiento por parte de las personas encuestadas de las vías de transmisión del VIH y el conocimiento de los modos de protección frente al mismo.

Con respecto al conocimiento de las *vías de transmisión*:
- el 9,3% de la población tiene un grado bajo de conocimientos,
- el 38,0% tiene un grado de conocimiento medio y
- · el 52,6% tiene un grado de conocimiento alto.

Casi la totalidad de las personas mencionan como vías de transmisión las aceptadas como que implican mayores riesgos:
- prácticas médicas (96,1%);
- compartiendo jeringas en el hábito drogadictivo (96,0%);
- prácticas sexuales sin preservativo (95,8%) y
- madre-hijo (94,8%),

Sin embargo, subsisten en la población errores con respecto a las vías de transmisión del virus, que se han encontrado también en investigaciones realizadas en otras partes del mundo. Merece la pena detenerse a considerar cuáles son estos errores, que pueden denominarse "constantes".

La respuesta errónea que concita un porcentaje mayor es la *donación de sangre*: casi la mitad de las personas encuestadas (45,2%) suscriben esta idea. Curiosamente, un porcentaje similar responde del mismo modo en encuestas realizadas en Inglaterra (Moreno, 1987) y en Francia (Morin y Vergès, 1992).

Cabría preguntarse si ello se debe al desconocimiento en cuanto a que sólo la "incorporación" de sangre infectada puede entrañar el riesgo de infección, o a otros dos factores: el que se desconfíe del uso de jeringas esterilizadas para la extracción de sangre y el que se subsuma en un mismo rubro el "recibir" y el "dar" sangre, de modo que al hablar de "donación de sangre" los sujetos piensen en la transfusión como operación que las engloba. Se trata de un tema a profundizar en futuras investigaciones, dada su importancia en términos de la oferta de dadores de sangre.

La hipótesis del "contacto" en general, no sólo genital, como vía de transmisión, está presente en las personas que acuerdan con las afirmaciones de que el virus se transmite *en un baño público* (12,7%), *besándose en la boca* (8,0%), *en una pileta de natación* (4,4%), *por la comida en un restaurante* (3,0%), *mediante un abrazo* (0,5%), *dando la mano* (10%), *bebiendo del mismo vaso* (2,6%) o *tomando mate* (3,4%).

Un alto porcentaje cree también que las *prácticas odontológicas* implican un importante riesgo de contagio (79,8%).

Estas respuestas muestran que existe la idea, por lo menos en una parte de la población, de que estamos en presencia de una enfermedad no sólo infecciosa, sino también "contagiosa", al modo de las enfermedades contagiosas más conocidas, como la gripe, el resfrío o la hepatitis A.

S. Watney (1988) plantea en este sentido que así como se ha producido en la población en general una condensación entre las fases *portador del VIH* y *enfermo de sida*, por lo que las personas hablan del "virus del sida", se ha producido también una condensación entre lo "infeccioso" y lo "contagioso" en relación con la enfermedad. La creencia en la posibilidad del contagio a través de contactos casuales deriva de la consideración del sida como una enfermedad causada por "miasmas".

Como dicen Gloss y Adam-Smith (1995), "la lógica del manejo tradicional de las infecciones, desarrollada en respuesta a enfermedades fácilmente contagiosas, se ha aplicado con excesiva estrictez a un virus que exhibe un nivel muy específico y generalmente bajo de contagiosidad" (p. 30).

Estas concepciones no deben tomarse como mitos irracionales, sino como parte de la labor de las personas por intentar comprender el complejo fenómeno del sida.

Un capítulo aparte está dado por la creencia de que el virus puede contagiarse también a través de otros fluidos corporales, como la *saliva* (7,7%) o las *lágrimas* (2,0%). Estas respuestas están relacionadas con la información de que el virus está presente en ellos, sin tomar en consideración que su presencia allí es muy baja, de modo que la transmisión a través de estos fluidos es altamente improbable.

Hay que destacar también que el 15,2% de las personas está de acuerdo en que el virus puede transmitirse a través de *picaduras de mosquitos o de insectos en general*, lo que confirma la hipótesis de que las personas tienden a asimilar un dato nuevo de la realidad, como es la infección por el VIH, a sus conocimientos previos de aspectos semejantes (en este caso infecciones "familiares" como el paludismo o el Chagas).

En cuanto a los *modos de prevención de la transmisión del VIH,*

- el 7,8% de la población tiene un grado de conocimiento bajo;
- el 47,3% tiene un grado de conocimiento medio;
- el 44,8% tiene un grado de conocimiento alto.

El mayor porcentaje de respuestas en cuanto a acuerdo con los modos de protección es *el estar bien informado* (85%), seguido por *el descartar jeringas ya usadas* (83%).

Estos dos modos se privilegian con respecto a la temática sexual, que aparece en tercer lugar, bajo la forma de *tener siempre la misma pareja sexual* (77,2%) y *mantener sexo con preservativo* (77,0%).

Puede verse en estas respuestas que la percepción de la necesidad de protección a nivel sexual no figura en primer plano y que cuando surge, lo hace a partir de la invocación a la monogamia en el mismo porcentaje que el uso de preservativos.

Este dato confirma, pues, que para la población aún no está totalmente clara la necesidad de incorporar el uso del condón como modo de protección ineludible en la prevención de la infección.

Es importante destacar que además de los modos seguros de protección como el *uso de preservativos* y el *descartar jeringas usadas*, una parte importante de la población está de acuerdo con el poner en práctica otras estrategias: el 59,2% de las personas encuestadas está de acuerdo en que un modo de protección es el *tener cuidado en la elección de las parejas*, porcentaje que se eleva al 64,6% entre las personas con nivel educativo primario. El 46,9% está de acuerdo con que el *relacionarse con pocas parejas* es otro modo de protegerse de la infección y este porcentaje sube al

55,5% entre las personas con nivel educativo primario y al 52,2% entre las personas de 40 a 59 años.

Existen dos modos de pensar estas estrategias en las que las personas confían como preventivas: por un lado, puede considerarse que implican la posibilidad de que sean tratadas como seguras cuando no lo son, incrementándose así un riesgo potencial. Por otro lado, es también cierto que implican una menor exposición al riesgo, en la medida en que disminuyen las posibilidades de mantener relaciones sexuales con personas VIH positivas y que se trata de alternativas puestas en práctica de un modo espontáneo por las personas, como estrategias de vida que deben valorarse, aunque no impliquen una alta seguridad.

En este sentido, Giami (1995) plantea que la preferencia por las parejas "conocidas" que son percibidas como de "menor riesgo", que surge como dato en las investigaciones realizadas en Francia en la presente década, puede interpretarse como la jerarquización de una sexualidad de tipo "relacional" en detrimento de una sexualidad de tipo "recreacional", según la terminología empleada por DeLamater (1987).

Existe también otro tipo de respuestas dadas como "modos de protección", que implican claros errores de conocimientos: *usar diafragma* (10,3%, porcentaje que aumenta al 15,3% entre las personas de 14 a 25 años); *utilizar cremas espermicidas* (11,8%, porcentaje que aumenta al 16,7% entre los jóvenes); *lavarse después del acto sexual* (8,2%); *tomar pastillas anticonceptivas* (4,1%). En estas respuestas se hace evidente la confusión entre la prevención del embarazo y la de la infección por el VIH, hecho como es obvio altamente preocupante.

Merecen mencionarse algunos testimonios relacionados con este tema expresados por los encuestados:

*Hay que evitar tomar agua de las canillas* (mujer, 17 años).

*No hay que sentarse en el colectivo en un asiento si fue desocupado recién. Hay que esperar que se enfríe* (varón, 24 años).

*El jabón de la ropa con vaselina mata los espermatozoides y todo otro bicho* (mujer, 26 años).

*Uso una crema con un fuerte bactericida* (mujer, 32 años).

Un aspecto importante que se deriva del consenso que existe en la población, a raíz de la divulgación de ciertos mensajes que magnifican las posibilidades del contagio, es la necesidad de protegerse en situaciones en las que el riesgo aparece totalmente magnificado. Algunos testimonios de los entrevistados dan cuenta de esto:

*Mi marido es guardiacárcel y para trasladar a los presos que tienen sida se ponen guantes* (mujer, 45 años).

*En la peluquería no paso la navaja sino la máquina* (varón, 48 años).

*No uso más aros de los que son para agujero si no son los míos* (mujer, 32 años).

Las consecuencias que esta exageración de los riesgos puede acarrear son imaginables:

*Ante un accidente pensar antes que ayudar* (varón, 35 años).

*En el colegio cuando alguien se lastima no correr, primero ir a buscar los guantes* (mujer, 30 años).

Sim (1992) plantea con respecto a esto que a menudo las personas evalúan riesgos poco frecuentes como más comunes de lo que realmente son, particularmente si han recibido noticias acerca de ellos presentadas dramáticamente. Se focaliza así la atención sobre la magnitud del riesgo, sin prestar igual atención a sus probabilidades de ocurrencia.

Paicheler (1994) plantea que estos escenarios —a los que denomina "catastróficos"— imaginados por algunas personas, podrían representar el esfuerzo de conciliar la premisa: *"el sida puede afectar a todo el mundo"*, a través de la deducción: *"ésta es la manera como podría afectarme"*, en personas alejadas de prácticas de riesgo.

Calvez (1995) sostiene que las personas que ven el peligro por doquier no poseen recursos culturales que les permitan diferenciar y jerarquizar los riesgos a los que podrían estar expuestas. Es éste un terreno propicio a las teorías del contagio por contacto. En este contexto, es probable que los sujetos sostengan una actitud fatalista sobre la infección por el VIH, que esté presente también en el modo como encaran sus relaciones sociales.

Tomando en cuenta ambos indicadores en forma conjunta en-

contramos que es bajo el porcentaje de las personas que tienen
un nivel pobre de conocimientos acerca de estos temas:
- el 4,6% tiene un nivel bajo de conocimientos,
- el 52,2% tiene un nivel medio de conocimientos y
- el 43,3% un nivel alto de conocimientos.

Estos datos indican que en la población el grado de información con que se cuenta, por lo menos acerca de los temas mencionados, es entre medio y alto. Sin embargo, como puede verse,
algo más de la mitad de la población tiene un nivel de conocimientos medio, lo que considerando la importancia de la información precisa en lo que hace a la prevención de la transmisión del
VIH, puede pensarse como algo preocupante.

Como veremos a continuación, algunas variables influyen sobre el nivel de conocimientos. Del siguiente cuadro se desprende
que es mayor entre las personas de nivel socioeconómico bajo el
porcentaje de las que tienen un nivel de conocimientos bajo y medio. Recíprocamente las personas de nivel socioeconómico alto
tienen en mayor proporción un nivel de conocimientos alto.

**Nivel de conocimientos en la población
según nivel socioeconómico (en %)**

|                           | bajo | medio bajo | medio alto | total |
|---------------------------|------|------------|------------|-------|
| Nivel de conocimientos bajo  | 6,2  | 3,7  | 3,0  | 4,6  |
| Nivel de conocimientos medio | 58,5 | 49,6 | 43,9 | 52,2 |
| Nivel de conocimientos alto  | 35,3 | 46,7 | 53,1 | 43,3 |

Base: total de entrevistados (1215).

En este aspecto el *nivel educativo* se superpone al nivel socioeconómico, dado que la distribución de frecuencias coincide
en todos los casos, según niveles bajo-educación primaria, medio
bajo-educación secundaria y medio alto-educación terciaria.

En cuanto al sexo, las mujeres tienen un nivel de conocimientos algo mayor: existe un porcentaje más alto que muestra un nivel de conocimientos alto (46,7%).

Esta diferencia se profundiza entre los hombres y mujeres jóvenes. Las mujeres jóvenes tienen en un 55% un nivel de conocimientos alto (varones: 40,1%).

Los *jóvenes* de 14 a 25 años tienen un mayor conocimiento acerca del tema (49,5% tiene un nivel informativo alto), pero esto se debe especialmente al mayor porcentaje de jóvenes de nivel socioeconómico alto que responde de este modo (67,5%).

Con referencia al *lugar de residencia* existen algunas diferencias en el nivel de conocimientos según la ciudad de residencia. Los habitantes de Mar del Plata (49,5%) y de Buenos Aires (46,2%), muestran en mayor proporción un nivel alto de conocimientos. Los de Rosario, a la inversa, muestran en mayor proporción un nivel de conocimientos bajo (8,0%).

Puede concluirse, pues, que la zona de residencia es una variable que influye algo en el nivel de conocimientos en la población, resultando Buenos Aires y Mar del Plata las ciudades en las que existe una mayor proporción de personas con un nivel alto de información.

Comparando el grado de *conocimiento de las vías de transmisión* y el de *conocimiento de los modos de protección* se observa que el conocimiento de los primeros es muy superior al de los segundos: mientras que es mayor el porcentaje de los encuestados que muestra un nivel de conocimientos alto sobre las vías de transmisión, los que contestan de este modo sobre los modos de protección alcanzan un porcentaje que es casi la mitad de los anteriores.

Por otra parte es mayor el porcentaje que contesta con un nivel de conocimientos bajo en cuanto a los modos de protección:

Conocimiento de vías de transmisión y de modos de protección
en la población según niveles de información (en %)

|  | Conocimiento vías de transmisión | Conocimiento modos protección |
|---|---|---|
| Nivel de información bajo | 9,4 | 13,1 |
| Nivel de información medio | 30,8 | 55,8 |
| Nivel de información alto | 59,8 | 31,1 |

Base: total de entrevistados (1215).

El desagregar la variable información en los dos indicadores
analizados muestra que el optimismo en relación con el grado alto de conocimiento de la población acerca de la infección por el
VIH debe atemperarse, teniendo en cuenta que, por ejemplo en
el caso de los jóvenes, si bien el 74,8% de los que pertenecen al
nivel socioeconómico medio alto tienen un grado alto de información sobre vías de transmisión, este porcentaje baja entre ellos al
47,3% en relación con los modos de protección.

## PROCEDENCIA DE LA INFORMACIÓN ACERCA DEL SIDA

El 81,4% de los encuestados manifiesta haberse informado
acerca de la enfermedad a través de la *televisión*. Este porcentaje
es aún más alto en las personas pertenecientes al nivel socioeconómico bajo (86,2%). Tomando en cuenta las distintas ciudades
estudiadas, este medio es más mencionado como fuente de información en Córdoba y Mar del Plata.

Casi la mitad de la población (49,5%) responde haberse informado a través de *diarios y revistas*, siendo este porcentaje mayor
en Buenos Aires (56,4%) y Córdoba (55,5%) y entre las personas
de 40 a 59 años (59,7%) y con educación terciaria (56,4%).

El 32,5% de las personas responde haberse informado a través de la *radio*, especialmente en Capital (38,2%) y en Mar del Plata (38,0%).

El 20,5% responde haberse informado en sus *ambientes laborales*, lo que es un dato importante a la hora de diseñar campañas preventivas.

Entre los jóvenes el 51,3% contesta haber tenido información a partir de sus *docentes*.

La *pareja* es reconocida como fuente de información por un porcentaje bajo de las personas encuestadas: el 4,1%, pero éste aumenta especialmente entre los jóvenes (17,4%) y entre las personas de nivel educativo terciario (20,5%).

El 12,8% ha asistido a *charlas o talleres sobre el tema*, especialmente en las tres ciudades del interior del país, entre los más jóvenes (17,4%) y los que tienen educación terciaria (20,5%).

Un dato interesante es que los *profesionales consultados especialmente o por otro motivo* son citados como fuente de información sólo en el 5,8% y el 6,8%, lo que muestra que la medicalización del discurso sobre el sida ha partido fundamentalmente de los medios más que de los profesionales del arte de curar.

En consecuencia, podemos decir que la información que la población posee sobre el sida proviene básicamente de los medios de comunicación de masas, pero la comunicación personal, a través del contacto con personas expertas o con pares, es también importante, especialmente para los jóvenes.

Como conclusión, y siguiendo a Paicheler (1994), podemos decir que el conocimiento de los modos de transmisión del VIH es lacunar, a pesar del hecho de que las vías principales de contagio son conocidas. Las investigaciones cualitativas realizadas sobre el tema y los comentarios recogidos en los grupos realizados en esta investigación muestran que en la mayor parte de la población surgen frecuentemente dudas y contradicciones.


PERCEPCIÓN DEL TRATAMIENTO
PÚBLICO DEL TEMA DEL SIDA

Para indagar sobre este aspecto se inquirió a los encuestados su grado de acuerdo con respecto a las siguientes frases: *los me-*

*dios de comunicación exageran los riesgos del sida* y *se habla lo suficiente sobre el sida.*

La distribución de las frecuencias con respecto a estas frases fueron (en %):

|  | Medios de comunicación exageran los riesgos del sida | Se habla lo suficiente sobre el sida |
| --- | --- | --- |
| muy/bastante de acuerdo | 15,9 | 17,1 |
| ni acuerdo ni desacuerdo | 9,4 | 10,6 |
| muy/bastante desacuerdo | 74,1 | 71,3 |
| no sabe/no contesta | 0,6 | 1,0 |

Base: total de entrevistados (1215).

Las mujeres de la muestra están en mayor porcentaje *muy/ bastante en desacuerdo* con ambas proposiciones (77,9% y 76,0% respectivamente) y las personas de nivel educativo primario están en mayor proporción *de acuerdo* (26,4%) con que se habla lo suficiente.

En consecuencia, puede decirse que para algo menos de la cuarta parte de la población el tema del sida está "sobredimensionado" en cuanto a su tratamiento público, pero la mayor parte no sostiene una visión crítica acerca del modo como es encarado en los medios, aunque espera un mayor tratamiento del tema.

Algunos entrevistados señalan que el tema no es tratado adecuadamente porque *no está en la agenda del Estado.* Muchos se quejan de la falta de campañas de prevención, y algunos del modo sensacionalista con que se informa en los medios.


PERCEPCIÓN ACERCA DE LA NECESIDAD
DE IMPARTIR INFORMACIÓN SOBRE EL SIDA
Y EDUCACIÓN SEXUAL EN LAS ESCUELAS

El 91,9% de la población encuestada está de acuerdo en que el sistema educativo debería incorporar la educación sexual, además de la información sobre el sida. Este acuerdo es aún mayor entre los jóvenes (96,5%).

Éste es un dato a tener en cuenta en las iniciativas para introducir el tema en las escuelas. Si bien no sabemos en qué tipo de educación sexual están pensando las personas que responden afirmativamente, nuestra experiencia indica que el abordar el tema a nivel escolar representa un alivio para los padres, más que algo a lo que se oponen.

## CONDUCTAS EN RELACIÓN CON LA PREVENCIÓN DE LA TRANSMISIÓN DEL VIH

Las primeras etapas del proceso por el que las ciencias sociales aceptaron el reto de diseñar estudios que sirvieran de insumos para políticas de prevención de la transmisión del VIH, se caracterizaron por poner en evidencia que, además de las variables demográficas, existe toda una gama de otras variables que inciden sobre el cuidado de la salud, así como circunstancias especiales.

El estudio de la conducta sexual se ha visto obstaculizado por el prejuicio de considerar la vida sexual como un ámbito privado que las personas no están dispuestas a develar.

Es sintomático que los estudios que Kinsey realizó en la década del 50 no dieran pie a relevamientos posteriores, que si tuvieron lugar, fueron puntuales.

Recién en los años 90, y probablemente a raíz de la amenaza del sida, se realizaron estudios en Francia y en Estados Unidos con un alcance de representatividad de la población, que aportaron valiosos datos sobre la conducta sexual, incluso de modo detallado.

Antecedentes de estas investigaciones fueron los estudios sobre gays y lesbianas que se desarrollaron especialmente en Inglaterra, Francia y Estados Unidos desde los años 80.

En la Argentina no contamos con investigaciones que puedan parangonarse en cuanto a su envergadura con las realizadas en Francia y Estados Unidos.

El presente estudio es, a nuestro entender, el primero que se realiza sobre la temática, con una muestra representativa en cuatro ciudades del país, por lo que los datos que aporta trascienden el tema del sida y pueden considerarse una contribución al estudio de las conductas sexuales en la Argentina.

Analizaremos a continuación las conductas sexuales de la población en relación con la adopción o no de medidas de protección de la infección por el VIH.

Debemos partir en este análisis del hecho de que el 81,8% de las personas encuestadas *mantuvieron relaciones sexuales en el transcurso del último año*. Este porcentaje aumenta en las personas de 26 a 39 años, entre las que llega al 94,4% y es mayor entre los varones (88,8%) que entre las mujeres (75,4%). El porcentaje aumenta al 86,1%[3] si se amplía el plazo considerado a *cinco años*.

Tomando en cuenta el *número de veces* que los entrevistados mantuvieron relaciones sexuales por mes, la distribución es la siguiente:

|                         | %    |
|-------------------------|------|
| hasta 4 veces:          | 27,7 |
| de 5 a 9 veces:         | 31,1 |
| de 10 a 15 veces:       | 26,6 |
| más de 16 veces         | 8,9  |
| no sabe/no contesta     | 5,7  |

Base: total de entrevistados que mantuvieron relaciones sexuales (1062).

En cuanto a si mantuvieron estas relaciones *con la misma persona o con diferentes personas:*

el 90,0% mantuvo relaciones con la misma persona.
el 10,0% mantuvo relaciones con distintas personas.

Cabe señalar que los varones afirman mantener relaciones con distintas personas en un porcentaje mayor: 17,3%.

En cuanto al *número de personas distintas* con las que manifiestan haberse relacionado sexualmente:

3. Tomamos este dato en los cuadros sucesivos en los que se considera el número de personas que mantienen relaciones sexuales.

|                       | %    |
|-----------------------|------|
| hasta 4 personas      | 77,5 |
| de 5 a 9 personas     | 5,6  |
| 10 y más personas     | 3,7  |
| no sabe/no contesta   | 13,2 |

Base: total de entrevistados que mantuvieron relaciones con personas distintas (122).

Es interesante destacar el relativamente alto porcentaje de las personas que no contestan a esta pregunta, que aumenta al 20,4% entre las casadas, lo que hace suponer que existieron ciertos tabúes para hablar del tema, por lo que puede considerarse que los porcentajes no reflejan totalmente la realidad.

Con respecto al sexo de las personas con las que mantuvieron relaciones sexuales, el 98,8% manifiesta mantenerlas con el sexo opuesto, 0,5% con el mismo sexo y 0,5% con ambos sexos.

El porcentaje de los varones que manifiestan tener relaciones con personas del mismo sexo y con ambos sexos es ligeramente superior al de las mujeres: 0,7% y 0,7% respectivamente, contra 0,3% y 0,2% en estas últimas.

El porcentaje de los que afirman mantener relaciones con ambos sexos aumenta en Buenos Aires a 1,4% y el de los que afirman mantener relaciones con el mismo sexo aumenta a 1,2% en Rosario.

Si bien puede pensarse que ha habido con respecto a esta pregunta ocultamiento en algunas personas de sus prácticas sexuales con el mismo sexo, la encuesta realizada en Francia recientemente sobre una muestra de 20.055 personas de 18 a 69 años, obtuvo un porcentaje de 1,38% de respuestas positivas con respecto a prácticas homosexuales entre los hombres (Messiah y Mowret-Fourme, 1995). De estas personas, 1,08% se reconocen bisexuales y 0,3% homosexuales exclusivos.

En Estados Unidos, en una encuesta realizada sobre 2058 personas de más de 18 años, el 2% admitió haber tenido relaciones con personas del mismo sexo alguna vez a lo largo de su vida (Leigh *et al.*, 1993).

Como puede verse, son porcentajes bastantes semejantes a los encontrados en la presente investigación.

Se indagó también acerca de los *métodos anticonceptivos* que las personas que mantienen relaciones sexuales usan más frecuentemente. La distribución de las respuestas a esta pregunta es la siguiente:

|                                      | %    |
|--------------------------------------|------|
| preservativo masculino               | 43,2 |
| pastillas                            | 23,6 |
| espiral (DIU)                        | 13,1 |
| métodos naturales (días fértiles)    | 12,7 |
| coito interrumpido                   | 4,1  |
| diafragma                            | 2,2  |
| óvulos                               | 1,5  |
| jalea                                | 0,4  |
| preservativo femenino                | 0,2  |
| otros                                | 4,9  |
| no utiliza                           | 13,9 |

Base: total de entrevistados que mantienen relaciones sexuales (1062).

El *condón*, como se ve, es el método anticonceptivo más usado en general, pero su uso es mayor porcentualmente entre las personas solteras (64,1%), las que tienen entre 14 y 25 años (70,3%) y las de nivel educativo terciario (52,2%).

Las *pastillas*, segundo método anticonceptivo mencionado por orden de frecuencias, son usadas en mayor proporción por los más jóvenes (28,8%) y por las personas de nivel socioeconómico bajo (28,0%).

El *espiral*, en cambio, es más usado proporcionalmente por las mujeres casadas (18,4%), las separadas (18,3%), las que están en la franja etaria de 26 a 39 años (20,7%) y las de nivel socioeconómico medio alto (20,6%).

## EL CAMBIO EN LAS CONDUCTAS SEXUALES A PARTIR DE LA APARICIÓN DEL SIDA

Siete de cada diez personas de la muestra (67,7%) manifiestan no haber cambiado sus conductas sexuales como consecuencia del sida; este porcentaje es mayor entre las personas casadas (84,3%).

Dos de cada diez (22,2%) manifestaron haber cambiado en este aspecto; este porcentaje aumenta entre las personas solteras (32,9%) y entre las que tienen de 26 a 39 años (27,7%).

Hay que tener en cuenta que los más jóvenes, al haberse iniciado sexualmente en la "era del sida", no registran haber modificado sus conductas como consecuencia de la enfermedad.

Los *motivos* dados por las personas que manifestaron *no* haber cambiado sus conductas fueron:

| no necesita cambiar porque: | % |
|---|---|
| no corre riesgos | 88,9 |
| no ha podido cambiar | 4,4 |
| no sabe/no contesta | 2,2 |

Base: entrevistados que no cambiaron sus conductas sexuales con la aparición del sida (719).

La primera respuesta es dada en mayor porcentaje por las personas casadas (94,3%) y con nivel educativo primario (94,2%).

La segunda es dada en mayor porcentaje por personas solteras (13,1%) y por los jóvenes (17,6%).

Los *cambios adoptados* por las personas que respondieron haber modificado sus conductas sexuales a raíz de la aparición del sida son:

| | % |
|---|---|
| tener más cuidado en la elección de compañeros sexuales | 67,8 |
| reducir el número de parejas sexuales | 53,4 |
| tener sexo sólo con una pareja | 52,0 |
| tener relaciones sólo con preservativo | 38,7 |
| tomar medidas de higiene | 38,1 |
| reducir las relaciones con prostitutas | 31,2 |
| evitar el sexo con homosexuales | 27,2 |
| disminuir el número de relaciones sexuales | 20,9 |
| practicar el sexo sin penetración | 14,5 |
| pedir a la pareja que se haga la prueba del sida | 13,2 |

Base: total de entrevistados que respondieron que cambiaron sus conductas sexuales como consecuencia del sida (235), en cada fila.

En relación con la *prueba del VIH*, el 27,1% de la muestra respondió habérsela realizado. El porcentaje aumenta entre las personas de 26 a 39 años al 42,2%, siendo algo mayor entre los varones (29,6%) que entre las mujeres (24,9%), entre los de nivel educativo terciario y entre los que residen en Buenos Aires (32,8%).

Estos resultados son algo más altos que los hallados en una encuesta realizada por Gallup en 1995 en Buenos Aires y el Gran Buenos Aires, en la que para una muestra de 18 a 49 años, el 21,6% había realizado la prueba.

Como vemos, los cambios más mencionados por la población en sus conductas sexuales a raíz de la aparición del sida son las estrategias que se refieren a la persona con la que se mantienen relaciones.

El *uso de preservativos* en forma regular aparece mencionado sólo en cuarto lugar y en la misma proporción que *el tomar medidas de higiene*.

Hay aquí presente una lógica del sentido común que se impone a los enunciados provenientes de la lógica científico-médica, que como es obvio preconiza el uso regular de preservativos.

Aun la vivencia cercana de la enfermedad, a través del tener un amigo/conocido enfermo o muerto de sida, no alcanza para atravesar la barrera interpuesta por las estrategias legas, dado que esta variable hace que aumente el porcentaje de personas que manifiesta haber adoptado cambios relativos a la elección de las parejas o a la cantidad de relaciones sexuales que se mantienen, pero no aumenta el porcentaje de los que manifiestan haber usado *siempre* preservativo en sus relaciones sexuales.

El *uso no regular de preservativos* a partir de la aparición del sida es suscrito por un porcentaje mayor de entrevistados. De las personas que mantuvieron relaciones sexuales (1062), el 61,3% manifestó haberlos usado algunas veces. Este porcentaje es algo mayor en Buenos Aires y bastante menor en Rosario (55,6%); es mayor el porcentaje en los jóvenes (87,1%), en las personas solteras (84,8%) y con nivel educativo terciario (69,9%).

Los *motivos* por los que las personas usaron preservativos fueron:

|                                        | %    |
|----------------------------------------|------|
| sólo por evitar el sida                | 7,6  |
| por evitar el sida y el embarazo       | 45,7 |
| sólo para evitar el embarazo           | 4,7  |
| no sabe/no contesta                    | 2,0  |

Base: total de entrevistados que mantuvieron relaciones sexuales y usaron preservativos algunas veces (651).

Entre las personas que usaron condones *sólo por el sida*, las separadas alcanzan un porcentaje más alto (19,8%).

En cambio es más alto el porcentaje de personas solteras (65,8%) y de jóvenes (67,7%) que manifiestan haberlos usado con *ambos propósitos.*

Es mayor el porcentaje de residentes de Rosario y Córdoba que contestan haber usado condones sólo *por el embarazo.*

Es interesante a esta altura comparar el porcentaje de personas que responden usar preservativo como anticonceptivo y el porcentaje de las que responden usarlo como prevención del sida, y diferenciarlos según la población general y los jóvenes.

Uso del preservativo como anticonceptivo y como prevención del sida en forma irregular y regular según población general y jóvenes (en %)

|                                              | población general | jóvenes |
|----------------------------------------------|-------------------|---------|
| Uso de preservativo como anticonceptivo 1    | 43,2              | 70,3    |
| Uso irregular de preservativo como prevención del sida 2 | 61,3  | 87,1    |
| Uso regular de preservativo como prevención del sida 3   | 38,7  | 53,0    |

1. Base: total de entrevistados que mantuvieron relaciones sexuales (1062).

2. Base: total de entrevistados que mantuvieron relaciones sexuales y usaron preservativos algunas veces (651).

3. Base: total de personas que manifestaron usar el preservativo en forma regular (235).

Como vemos, el preservativo se usa más como anticonceptivo que como prevención del sida en forma regular, y esta diferencia se ahonda entre los jóvenes, quienes parecen haber reincorporado el uso del condón como anticonceptivo y "de paso" usarlo para la prevención del sida.

Este es un importante elemento a tener en cuenta en términos de las campañas preventivas en las que sectorialmente podría privilegiarse este uso del condón entre los jóvenes, dado que para ellos no rige la desvalorización del preservativo en relación con la anticoncepción, presente en las generaciones anteriores. Para ellos se impondría en este caso, el privilegiar el uso del preservativo como anticonceptivo teniendo como mira la prevención del sida.

Además del uso del preservativo, las *medidas de prevención* adoptadas por las personas a raíz de la aparición del sida son:

|                                                          | %    |
|----------------------------------------------------------|------|
| no adoptó ninguna medida                                 | 39,6 |
| se cuidó más en la elección de sus parejas               | 35,9 |
| se hizo la prueba para saber si era portador             | 27,1 |
| se cuidó de no frecuentar lugares de homosexuales        | 18,0 |
| evitó usar baños públicos                                | 15,9 |
| evitó donar sangre                                       | 11,4 |
| otras medidas                                            | 6,7  |

Base: total de entrevistados de población (1215) en cada línea.

Las personas solteras (42,8%) y divorciadas (54,5%) manifiestan en mayor proporción haberse *cuidado en la elección de sus parejas*, al igual que las de 26 a 39 años (41,6%), los varones (46,1%) y los que residen en Córdoba (44,1%).

Las personas de 40 a 59 años manifiestan en mayor proporción haber *evitado usar baños públicos* (22,2%), al igual que las de nivel educativo primario (22,4%) y los residentes en Córdoba (20,4%).

Los jóvenes manifiestan en mayor proporción *no haber adoptado ninguna medida de prevención* (49,3%), al igual que los residentes en Rosario (46,2%). Esto refuerza la idea de que la adopción del preservativo, en el caso de los jóvenes, responde en buena medida a la intención anticonceptiva.

Las personas separadas manifestaron en mayor proporción haberse hecho la *prueba del VIH* (36,2%), lo mismo que las que tienen un conocido enfermo de sida (39,3%), las de 29 a 39 años (42,2%), las de nivel educativo terciario (33,0%) y las que residen en Buenos Aires.

Para profundizar en la percepción de riesgo de contraer la infección por el VIH ante una relación sexual no protegida, se preguntó a las personas que manifestaron no usar *nunca* preservativos (408 sujetos) si *pensaron* en esas oportunidades, posteriormente a la relación, en el *riesgo de contraer el sida*.

De esas personas, el 12,4% respondió afirmativamente y el 86,6% negativamente.

Entre las que contestaron afirmativamente es mayor el porcentaje de solteros (37,0%), de jóvenes (33,3%) y de personas de nivel educativo terciario (18,7%).

Entre los que contestaron negativamente es mayor el porcentaje de personas casadas (92,4%) y con nivel educativo primario (94,7%).

Los *motivos* por los que estas personas *no pensaron en dicho riesgo* son:

|                                   | %    |
| --------------------------------- | ---- |
| tener una pareja estable          | 94,2 |
| no poder pensar en el momento     | 4,4  |
| no sabe/no contesta               | 3,6  |

El argumento de *no poder pensar en el momento* aumenta significativamente entre los jóvenes (23,3%), para quienes la situación del encuentro sexual puede generar mayores ansiedades, entre otros motivos por inexperiencia, que en el resto de la población.

A pesar de que el argumento de la pareja estable parecería contundente en la medida en que en palabras de los entrevistados *"confían en ella"*, frente a la pregunta acerca de si *tuvieron temor* en las oportunidades en las que no usaron preservativos:

• el 32,5% manifiesta no haber tenido ningún temor;

- el 54,2% manifiesta haber tenido un poco de temor;
- el 9,0% manifiesta haber tenido bastante/mucho temor;
- el 4,3% manifiesta no saber o no contesta.

Frente a la pregunta acerca de los *motivos por los que no se cuidó*, la distribución de frecuencias es la siguiente:

|                            | %    |
|----------------------------|------|
| • quita placer             | 18,4 |
| • lo planteé sin éxito      | 10,5 |
| • a mi pareja no le gusta   | 6,6  |
| • me dio vergüenza plantearlo | 6,1 |
| • no tenía preservativo      | 4,8  |
| • no sabe, no contesta       | 63,6 |

El argumento *quita placer en la relación* es planteado en un porcentaje mucho más alto por los varones (30,3%) y por las personas de nivel socioeconómico medio bajo (32,8%).

Las personas separadas responden en un porcentaje más alto *haberlo planteado sin éxito* (24,7%), al igual que las personas de 40 a 59 años (15,5%), las mujeres (17,6%), las personas de nivel socioeconómico medio bajo (19,0%) y las que residen en Córdoba (15,4%).

Las personas solteras, en cambio, responden en mayor proporción haber tenido vergüenza de plantearlo (12,4%) al igual que los más jóvenes (28,5%) y los de nivel socioeconómico bajo (16,9%).

El argumento *a mi pareja no le gusta* es planteado en mayor proporción por los jóvenes (14,2%) y las personas de nivel educativo primario (13,1%).

El *no tener preservativo* es planteado en un porcentaje más alto por las personas solteras (12,0%), por los jóvenes (17,0%), por los varones (11,9%) y por las personas de nivel educativo primario (34,7%).

Es particularmente importante en esta pregunta el porcentaje de la categoría *no sabe/no contesta*, que se hace aún mayor entre las personas de 26 a 39 años (70,8%), entre las mujeres (71,3%) y los pertenecientes al nivel medio alto (77,6%).

Estos porcentajes son parangonables al 63,0% de personas que manifiestan haber tenido relaciones desprotegidas, amparadas en la confianza en la pareja estable.

Parecería que existe un importante sector de personas que no saben por qué no incorporan el preservativo en sus relaciones sexuales, escudadas por relaciones cuya estabilidad no alcanza tal vez en muchos casos para hacerlos sentir a salvo del riesgo de la infección.

En las personas de mayor edad de la muestra es común el dar como razón del no uso:

*No tengo ganas de cambiar a esta altura de mi vida* (varón, 49 años).

El argumento de la *no disponibilidad* del condón en la situación en la que tiene lugar la relación, así como el *no poder pensar en el momento*, son aspectos que caracterizan la imprevisión y la tal vez mayor impulsividad de los jóvenes, cuyos motivos de no uso del preservativo son, como vimos en muchos casos, diferentes de los de los adultos: ellos perciben en mayor proporción el riesgo y están más dispuestos a cuidarse usando condones aunque fallan en cuanto a la dosis de planificación necesaria para poder cumplir sus intenciones.


## EVALUACIÓN DEL RIESGO
## DE LAS DIFERENTES PRÁCTICAS SEXUALES

Para profundizar en el riesgo atribuido por la población a las diferentes prácticas sexuales se preguntó acerca del *grado de seguridad-riesgo* del *sexo vaginal*, el *sexo anal*, el *sexo oral* y el *tener muchas relaciones sexuales*, cada una de ellas *con y sin preservativo*.

Las frecuencias de respuestas fueron:

|  | Seguro/completamente seguro % |
| --- | --- |
| sexo vaginal con preservativo | 72,4 |
| sexo anal con preservativo | 56,2 |
| sexo oral con preservativo | 67,2 |
| muchas relaciones sexuales con preservativo | 50,2 |

|                                          | Extremadamente riesgoso/ riesgoso % |
| ---------------------------------------- | ----------------------------------- |
| sexo vaginal sin preservativo            | 92,1                                |
| sexo anal sin preservativo               | 89,2                                |
| sexo oral sin preservativo               | 68,9                                |
| muchas relaciones sin preservativo       | 94,6                                |

Base: total de entrevistados que mantuvieron relaciones sexuales (1062).

Si bien en Buenos Aires es algo mayor el porcentaje de personas que contesta que las distintas prácticas sexuales *con preservativo* son seguras/completamente seguras, es importante verificar que existe en general un porcentaje importante de personas que considera que el preservativo no otorga seguridad con respecto a la infección por el VIH. Esto se profundiza en el caso de la "promiscuidad", a la que la mitad de las personas considera como práctica riesgosa aun mediando el uso del preservativo. Lo mismo ocurre con el sexo anal, concebido como de mayor riesgo (esta vez de acuerdo con lo planteado desde la medicina). En este caso se conserva el elemento de riesgo planteado desde el saber médico, negándose el valor del preservativo como protector, también preconizado desde dicho saber.

El hecho de que la promiscuidad alcance un porcentaje semejante al sexo anal como potencialmente riesgosa hace pensar en que ambas prácticas son percibidas desde el "pánico moral", como ofensivas.

Llama la atención que el sexo oral, que es considerado desde el saber médico como potencialmente algo menos riesgoso, sea percibido como menos seguro que el sexo vaginal, por lo que puede pensarse que en alguna medida corre la misma suerte que las dos prácticas anteriormente mencionadas.

El mismo planteo puede hacerse con respecto al ranking de atribución de extremadamente riesgoso/riesgoso a las prácticas sexuales *sin preservativo,* entre las que nuevamente la "promiscuidad" es considerada por el mayor porcentaje de las personas como tal, mientras que el sexo anal es visto de ese modo por un porcentaje algo menor de sujetos.

Pensamos, pues, que en ambos rankings de atribuciones de seguridad y riesgo están presentes a la vez criterios impuestos por la falta de información y por lo que se ha dado en llamar "pánico moral".


## EL USO DEL PRESERVATIVO SEGÚN EL TIPO DE PAREJA

Para evaluar las posibles diferencias en cuanto al uso del preservativo según la característica de la pareja como "*estable*" o "*casual*" se preguntó en primer lugar a los encuestados si tenían pareja "estable".

El 81,0% contestó en forma afirmativa y el 18,3% en forma negativa.

Como es lógico, el porcentaje de jóvenes que no tiene pareja estable es más alto (35,8%). Lo mismo ocurre, aunque en menor proporción, con los varones (21,4%), con las personas de nivel educativo terciario (21,5%) y con los que residen en Mar del Plata y en Buenos Aires (21,5% y 20,9% respectivamente).

Se preguntó a las personas que mantienen una relación de *pareja estable* acerca del uso del preservativo. Las frecuencias de respuestas fueron las siguientes:

|                                                   | %    |
|---------------------------------------------------|------|
| ni se plantean el tema                            | 43,9 |
| ninguno de los dos quiere usarlo                  | 16,4 |
| quieren usarlo y lo usan siempre                  | 16,1 |
| quieren usarlo pero lo usan de vez en cuando      | 13,4 |
| uno de los dos no quiere usarlo                   | 3,3  |
| otras respuestas                                  | 6,2  |
| no sabe/no contesta                               | 0,8  |

Base: total de entrevistados que tienen pareja estable (868).

El porcentaje de personas que manifiestan que *ni se plantean el tema del preservativo* es mayor en Rosario (56,4%) y menor en Buenos Aires (35,9%). Dicho porcentaje aumenta también entre las personas casadas (51,3%), entre las personas entre 40 a 59 años (56,9%) y entre las de nivel educativo primario (59,8%).

El porcentaje de respuestas *ninguno de los dos quiere usarlo* es mayor entre los varones (20,3%), las personas de nivel educativo primario (19,3%), los que residen en Buenos Aires (21,5%) y en Mar del Plata (20,4%).

El porcentaje de personas que *usan siempre preservativo* es mayor entre los solteros (31,5%), los jóvenes (36,2%) y los que residen en Mar del Plata.

El porcentaje de respuestas: *quieren usarlo pero lo usan de vez en cuando* es mayor entre las personas de 26 a 39 años (18,5%) y de 14 a 25 años (17,7%), de nivel educativo terciario, y los que residen en Córdoba (19,3%).

El porcentaje de respuestas *uno de los dos no quiere usarlo* es mayor entre los jóvenes (6,0%), las mujeres (4,4%) y los que residen en Córdoba (5,3%).

Se preguntó también a las mismas personas *en qué momento plantean el tema del preservativo,* en relación con el mantenimiento de la relación sexual. La distribución de frecuencias es la siguiente:

|  | % |
|---|---|
| nunca discutieron el tema | 47,5 |
| un tiempo antes de tener relaciones | 36,0 |
| en el mismo momento | 11,1 |
| otra respuesta | 2,8 |
| no sabe/no contesta | 2,7 |

Base: total de entrevistados que mantienen una relación de pareja estable (868).

Se preguntó también la *intención del uso del preservativo* diferenciándola según una *relación de pareja estable, la primera relación sexual con alguien, una pareja extramatrimonial y una casual.* La distribución de frecuencias es la siguiente:

Alternativas en el uso del preservativo
según tipo de pareja (en %)

| | Pareja estable | Primera relación sexual c/ alguien | Relación extramatrimonial | Relación casual |
|---|---|---|---|---|
| Tiene relaciones sólo con preservativo siempre | 20,4 | 60,6 | 66,3 | 67,9 |
| Se niega a tener relac. sin preservativo | 3,8 | 21,6 | 16,2 | 19,8 |
| *(subtotal)* | 24.2 | 82.2 | 82.5 | 87.7 |
| Sugiere el uso del preservativo pero no lo usan | 15,3 | 7,6 | 5,4 | 2,5 |
| No se plantean el uso del preservativo | 52,1 | 4,9 | 5,2 | 2,4 |
| Otras respuestas | 5,0 | 1,4 | 1,9 | 2,3 |
| No sabe/no contesta | 3,4 | 3,9 | 5,0 | 5,1 |

Base: total de entrevistados que mantuvieron relaciones sexuales
(1062).

Como puede verse en estos porcentajes, las tres categorías de
parejas planteadas que difieren de una pareja estable concitan respuestas semejantes entre sí, aun cuando la *relación casual* es aparentemente considerada como la más riesgosa, en la medida en
que concita mayores porcentajes de respuestas en las categorías
"uso de preservativo".

Los jóvenes son nuevamente quienes en mayor porcentaje
manifiestan usar preservativos, tanto con una pareja estable
(39,0%), como con las restantes formas de pareja (alcanzan el
91,8% en la intención de uso en una relación casual).

Las mujeres contestan en mayor proporción que se *niegan
sin preservativo* tanto en una relación casual (26,0%) como la pri-

mera vez que tienen relaciones con alguien (29,0%), pero los varones contestan en mayor proporción *usar siempre preservativo* (63,0% y 73,5% respectivamente en ambas situaciones)

Las personas pertenecientes al nivel socioeconómico medio alto contestan en mayor proporción que *se niegan sin preservativo* en la situación de una pareja casual (24,0%).

El "*conocimiento*" previo de una persona es un factor que lleva en muchos casos al convencimiento de la no necesidad de uso del preservativo, tal como lo expresa uno de los entrevistados:

> *Hay que conocer el sendero de la mujer, si es buena, entonces no uso preservativo; primero averiguo su vida sexual* (varón, 30 años).

> *Si conozco bien a la persona no necesito usar* (mujer, 28 años).

Esto nos lleva a plantear una distinción entre las relaciones "puramente sexuales", a las que se atribuye mayor riesgo de infección del VIH, y las relaciones "amorosas", representadas como más seguras. Cada una de estas relaciones se rige por códigos diferentes, que es preciso reconocer, y que las campañas preventivas habitualmente saltean, en la medida en que no parten del hecho de que el uso del preservativo no es independiente de las estrategias relacionales.

Según las situaciones y según las etapas de la relación se recurre a diferentes estrategias preventivas, que derivan de diferentes lógicas. En ciertos casos, la salud es una preocupación presente, pero en otros no lo es.

Bastard y Cardia-Vonèche (1995) otorgan otro significado al mayor uso de preservativos en las relaciones "casuales" respecto a las "estables". Plantean que una relación casual ofrece a las parejas un espacio de negociación que permite plantear el tema del sida, o introducir directamente las medidas preventivas. Cuando la sexualidad es considerada como la expresión de la relación amorosa, en cambio, estamos en presencia de un modelo "fusional", con una fuerte proximidad entre los miembros de la pareja y poco espacio de negociación para discutir problemas como el sida.

En resumen, vuelve a plantearse en estos datos el gran obstáculo que implica para la adopción regular del preservativo el que se trate de una pareja estable, en la que la percepción de riesgo es disminuida por la "confianza" en el otro:

*No lo uso porque conozco bien a mi pareja* (mujer, 37 años).

*Los dos confiamos en el otro, estamos acostumbrados* (varón, 42 años).

*Usaría preservativo hasta conocer bien a mi pareja* (mujer, 28 años).

*No necesito plantear el tema porque confío en ella* (varón, 35 años).

*En una pareja estable y fiel como la mía no es necesario* (mujer, 23 años).

Frente a la pregunta si *conversó con su pareja acerca del sida,* el 82,2% de las personas encuestadas contestaron afirmativamente y el 17,6% negativamente.

Las personas con nivel educativo terciario contestan en mayor proporción haber conversado (88,6%), igual que las residentes en Buenos Aires (87,6%) y que las mujeres (85,0%).

A diferencia de lo hallado en otras respuestas a preguntas sobre conductas sexuales que venimos analizando en este aspecto, los jóvenes responden, en menor proporción que las otras categorías etarias, haber conversado (72,8%; 26 a 39 años: 82,9%; 40 a 59 años: 86,2%).

En cuanto a las *razones que los llevaron a no plantear el tema* la distribución de frecuencias es la siguiente:

|  | % |
|---|---|
| no cree que pueda contagiarse | 47,6 |
| no es pertinente porque usan preservativo | 11,2 |
| timidez | 6,8 |
| la pareja se ofendería | 1,5 |
| otras respuestas | 32,9 |

Base: entrevistados que mantuvieron relaciones y no conversaron con sus parejas sobre sida (187).

Las personas casadas dan como razón en mayor proporción *no creer que puedan contagiarse* (59,6%), al igual que las mujeres (53,1%) y las de nivel educativo primario (54,6%).

Las personas solteras dan como razón en mayor medida *usar preservativo* (21,8%), al igual que los jóvenes (23,3%).

La timidez es invocada en mayor medida por los jóvenes (11,6%), por las personas con nivel educativo primario (11,7%) y por las que residen en Córdoba (11,5%).

Algunos varones plantean también el temor a hablar del tema con sus posibles parejas, por *"miedo a espantarlas"*.

Puede verse a partir de estos datos que a algunos jóvenes, especialmente varones, parece resultarles más fácil adquirir el hábito del uso del preservativo que plantear el tema del sida, y en esta dificultad la timidez es una de las variables que incide.

Vuelve a repetirse en las respuestas el importante porcentaje de personas que no creen que puedan contagiarse el VIH a través de sus relaciones sexuales (casi el 50%), a lo que se suman las respuestas *"no me interesa el tema"* de la categoría "otras respuestas".

El alto porcentaje de respuestas en la categoría *otra respuesta* comprende expresiones como: *no me interesa, confiamos el uno en el otro, no se me ocurre plantearlo.*

Una estrategia a la que recurren algunas mujeres para evitar plantear el tema del sida es *introducir el uso del preservativo como anticonceptivo.* El 52,6% de los encuestados contestan que están de acuerdo con la frase: *para evitar hablar del sida muchas mujeres piden usar el preservativo como método anticonceptivo.* El porcentaje de los que están de acuerdo es mayor entre las personas de 26 a 39 años (58,5%) y curiosamente entre los varones (57,3%), quienes registran esta estrategia en mayor proporción que las mujeres, al igual que las personas con nivel educativo primario (55,2%).

El 50,3% de la población está también de acuerdo en que *los hombres no quieren usar preservativos,* aunque este porcentaje es bastante menor entre los jóvenes (34,6%) y aumenta entre las personas de 26 a 39 años (58,2%) y en las de nivel educativo primario (59,4%).

Por otra parte, el 42,4% de los encuestados está de acuerdo en que *el sexo sin penetración no se disfruta,* siendo los varones (50,2%), las personas de 40 a 59 años (49,4%) y las de nivel educativo primario (52,0%) quienes están más de acuerdo con la proposición.

En consecuencia, en la población heterosexual la valoración otorgada a la penetración vaginal por casi la mitad de la población deja poca esperanza para la intención de abandonar esta práctica como alternativa a la utilización del preservativo (Messiah *et al.*, 1995), aunque por supuesto ella debe ser contemplada como parte del "sexo más seguro".

El discurso del "sexo más seguro", que alienta, además del uso regular del preservativo, conductas sexuales que incluyen otras prácticas más allá de la penetración, ha prendido poco, como vemos, en la población en general.

En este aspecto, pues, puede decirse que las personas que han incorporado menos el mensaje preventivo son los adultos, los varones y los de menor nivel educativo.

Se profundizó en el estudio la perspectiva de género a partir de la pregunta acerca de *quiénes toman la iniciativa para el acercamiento sexual y quiénes la toman para plantear el uso del preservativo* (en %):

|  | Iniciativa en la relación sexual | Iniciativa en cuanto al uso del preservativo |
|---|---|---|
| hombre | 35,4 | 11,7 |
| mujer | 6,7 | 42,3 |
| ambos | 42,4 | 28,2 |
| otra | 0,6 | 0,4 |
| no sabe/no contesta | 15,0 | 17,4 |

Base: total de entrevistados (1215).

Puede verse que existe una relación cruzada en cuanto a la asunción de roles según género para ambos aspectos: mientras que con respecto a la relación sexual un mayor porcentaje de personas percibe a los hombres como los que la inician, en cuanto al uso de preservativos es mucho mayor el porcentaje de personas que percibe que la iniciativa la toman las mujeres.

Las personas solteras perciben en menor proporción que *ambos* miembros de la pareja toman la iniciativa en los dos aspectos (28,9% y 23,2%, respectivamente).

Los varones se perciben a sí mismos tomando la iniciativa en los dos aspectos en mayor proporción (39,2% y 15,8%), al igual que lo hacen las personas de nivel educativo primario (47,2% y

16,7%) y los que residen en Rosario (43,1% y 16,1%). Las de nivel educativo terciario contestan en mayor proporción que *ambos* miembros de la pareja toman la iniciativa en los dos aspectos (49,3% y 33,2%).

Las mujeres se perciben en mayor proporción a sí mismas tomando la iniciativa en cuanto al uso del preservativo (46,5%).

Con respecto a la edad, los jóvenes contestan en menor proporción en los dos casos que *ambos miembros de la pareja toman la iniciativa* (25,3% y 20,2%). Las personas de 26 a 39 años, en cambio, contestan a la vez en mayor proporción que *ambos toman la iniciativa* en los dos casos (51,2% y 32,0%), pero también contestan en mayor proporción que las mujeres toman la iniciativa en cuanto al uso de preservativos (48,6%).

Vuelve a aparecer en estas respuestas, pues, la dificultad de los jóvenes, planteada en ítems anteriores, en cuanto a poder plantear de un modo más libre y compartido temas que hacen a la relación sexual.

A través de los datos se vislumbra también que persiste en buena parte de la población una actitud machista (tanto en hombres como en mujeres), con respecto al rol de iniciar una relación, si bien el rol de cuidadora de la salud (y/o de prevención del embarazo) es asumido en mayor proporción por las mujeres.

Para resumir diremos, siguiendo a Bastard y Cardia-Vonèche (1995) que el tema del sida es tan polifacético porque funciona en las parejas, más allá de su vínculo con la salud, como un revelador, como un "test" de la relación en sí misma.


ÍNDICE DE CONDUCTAS POSITIVAS
O NEGATIVAS EN RELACIÓN CON LA PREVENCIÓN
DE LA INFECCIÓN POR EL VIH

Tomando en cuenta algunas de las preguntas analizadas anteriormente construimos un índice con respecto a la adopción o no de conductas preventivas en cuanto a la infección por el VIH. La distribución de frecuencias en este sentido es:

                                                                    %

personas que adoptan regularmente
conductas de prevención                                            17,9
personas que adoptan irregularmente
conductas de prevención                                            67,8
personas que no adoptan conductas de prevención                    14,3

Base: total de entrevistados que mantuvieron relaciones sexuales (1062).

Las personas solteras adoptan en mayor proporción conductas de prevención *regularmente* (37,1%), al igual que los jóvenes (38,7%), los varones (24,4%) y las personas de nivel educativo terciario (21,2%).

Las personas de 40 a 59 años *no adoptan medidas preventivas* en mayor proporción (20,8%), al igual que los de nivel educativo primario (21,7%).

El tener un amigo o conocido enfermo o muerto de sida aumenta la proporción de personas que adoptan de forma regular medidas protectoras (42,5%).

Las personas con un sentido positivo de la autoestima muestran también en un mayor porcentaje adoptar regularmente medidas de protección (27,5%).

Inversamente, las personas con autoestima negativa en mayor proporción no adoptan conductas de protección (22,2%).

En consecuencia, la juventud y en menor proporción el ser soltero y el nivel educativo alto condicionan la *adopción de conductas de prevención* en relación con la infección por el VIH.

El contacto directo con enfermos de sida modifica positivamente la conducta en el sentido de una mayor prevención; en cambio, la autoestima negativa y el bajo nivel educativo son condiciones que influyen en la *no adopción de conductas de prevención.*


## LAS CREENCIAS CON RESPECTO AL PRESERVATIVO Y EL SIDA

Puede decirse que el Modelo de Creencias de Salud, desarrollado por Becker (1974) y por Rosenstock (1975) es uno de los más importantes marcos teóricos para la comprensión del cambio en las conductas vinculadas con la salud.

Aunque ha sido ampliamente criticado por autores posteriores (cf. Páez *et al.* 1994b) la consideración de los "costos" y "beneficios" planteados por dicho modelo en relación con la conducta preventiva es un factor a tener en cuenta a la hora de entender su adopción o no.

Los "costos" se refieren a las barreras percibidas para ejecutar la conducta preventiva, que incluyen las estimaciones que el sujeto realice, como costos físicos, psicológicos, económicos y de otro tipo, ligados a la ejecución de la conducta.

Para analizar las actitudes positivas o negativas de la población con respecto al preservativo, se presentaron una serie de proposiciones con respecto a las cuales los entrevistados debían manifestar su grado de acuerdo o desacuerdo.

Se intenta evaluar así las ventajas y desventajas percibidas con respecto al uso del preservativo como profiláctico en relación con el sida.

Presentaremos a continuación los indicadores según los porcentajes del *muy/bastante de acuerdo* recibidos por cada uno de ellos cuando se trata de aspectos positivos y de aspectos negativos:

| *Acuerdos con aspectos positivos* | % |
|---|---|
| Los preservativos son fáciles de obtener | 94,6 |
| Los preservativos son fáciles de usar | 75,7 |
| Personalmente me ocuparía de comprar los preservativos | 62,6 |

| *Acuerdos con aspectos negativos* | % |
|---|---|
| El problema del preservativo es que a veces uno no lo tiene cuando lo necesita | 54,2 |
| Con los preservativos la relación deja de ser natural | 48,5 |
| Los preservativos se rompen fácilmente, son frágiles | 45,2 |
| Proponer el uso del preservativo es difícil | 40,0 |
| Si llevás preservativos encima da la sensación de que tenés relaciones con cualquier persona | 28,9 |
| Me daría vergüenza comprar preservativos | 26,4 |
| Los preservativos son caros | 8,2 |

Puede verse que con respecto a los aspectos positivos, los mayores acuerdos se refieren a la accesibilidad del preservativo y a la facilidad de su uso.

Con respecto a los aspectos negativos, los porcentajes de acuerdos son menores, pero se refieren también a un aspecto de su accesibilidad, a la atribución de falta de naturalidad que introducen en la relación, a la desconfianza en cuanto a su soporte material y a las dificultades comunicacionales con la pareja vinculadas al hecho de proponer su uso.

Los dos indicadores vinculados a una cierta reprobación moral: *el llevarlos encima hace pensar en que se tienen relaciones con cualquier persona* y *me daría vergüenza comprarlos* reciben un acuerdo de alrededor de un cuarto de la población. Si bien esto puede pensarse como un signo alentador, hay que tener en cuenta que el indicador referido a la aceptación del preservativo como incorporación en el juego erótico es suscrito también sólo por una cuarta parte de la población.

Algunas variables demográficas inciden sobre los porcentajes de acuerdos.

Los varones contestan en mayor proporción que los *preservativos son fáciles de usar* (81,8%), y que *personalmente los comprarían* (78,3%), pero también están en mayor proporción de acuerdo con que con ellos *la relación deja de ser natural* (57,6%).

Los jóvenes, en cambio, expresan un porcentaje de acuerdo menor con esta última proporción (41,3%).

Las personas de nivel educativo primario piensan en mayor proporción que *los preservativos se rompen fácilmente* (56,3%) y que *proponer su uso es difícil* (48,8%).

Las personas de 40 a 59 años piensan en mayor proporción que *llevar preservativos encima hace pensar que se tienen relaciones con cualquier persona* (33,5%), al igual que las personas con nivel educativo primario (38,5%).

Las mujeres están de acuerdo en mayor proporción en que les *daría vergüenza comprar preservativos* (39,8%), al igual que las personas de nivel educativo primario (38,3%).

Para sintetizar estos datos realizamos un *índice de creencias con respecto al preservativo,* que dividimos en creencias positivas, ni positivas ni negativas y negativas.

La distribución de frecuencias correspondiente resultó:

|                                        | %    |
|----------------------------------------|------|
| creencias positivas                    | 37,8 |
| creencias ni positivas ni negativas    | 49,5 |
| creencias negativas                    | 12,7 |

Las personas solteras tienen en mayor proporción *creencias positivas* hacia el preservativo (41,0%), al igual que las que tienen de 14 a 25 años (41,4%) y las de 26 a 39 años (41,5%), los varones (41,9%), las de nivel educativo terciario (46,1%) y las que residen en Buenos Aires (43,0%).

En cambio, tienen en mayor proporción *creencias negativas* las personas casadas (15,5%), de 40 a 59 años (17,5%), las mujeres (17,0%), las de nivel educativo primario (24,9%) y las que residen en Mar del Plata (16,7%) y en Córdoba (15,4%).

La distribución de frecuencias con respecto a las creencias hacia el preservativo coincide en buena medida con la correspondiente a los porcentajes de personas que adoptan medidas de prevención frente al sida, tal como se ve en el siguiente cuadro:

Adopción de conductas de prevención del sida
y creencias hacia el preservativo (en %)

| | |
|---|---|
| adopción regular de conductas de prevención del sida | 36,0 |
| creencias positivas hacia el preservativo | 37,0 |
| adopción irregular de conductas de prevención del sida | 54,5 |
| creencias ni positivas ni negativas hacia el preservativo | 49,5 |
| ausencia de adopción de conductas de prevención del sida | 9,4 |
| creencias negativas hacia el preservativo | 12,7 |

Base: total de entrevistados que mantuvieron relaciones sexuales (1062).

Cruzando ambas variables se obtiene la siguiente distribución de porcentajes:

Adopción de conductas preventivas según creencias positivas
o negativas con respecto al preservativo (en %)

|  | creencias negativas hacia el preservativo | creencias ni negativas ni positivas hacia el preservativo | creencias positivas hacia el preservativo |
|---|---|---|---|
| no adopción de conductas preventivas | 15,7 | 66,3 | 18,0 |
| adopción irregular de conductas preventivas | 6,8 | 59,2 | 34,0 |
| adopción regular de conductas preventivas | 3,6 | 50,5 | 45,9 |

Base: total de entrevistados que mantuvieron relaciones sexuales
(1062).

Como se ve, existe una clara tendencia de relación entre ambas variables, si bien ésta no es unívoca. Se desprende de esta relación la necesidad de trabajar sobre las creencias respecto al preservativo, como modo probable de incrementar la adopción de
conductas de prevención del sida.


ACTITUDES RESPECTO A LOS ENFERMOS DE SIDA

Como se sabe, desde que fue identificado, en 1981, las actitudes de la población con respecto al sida se han asociado fuertemente con grupos marginales o temidos: consumidores de drogas, prostitutas y homosexuales masculinos.

Las actitudes hacia el sida se han nutrido, pues, en temores ligados a lo que se define como "pánico moral", que busca chivos
expiatorios en los grupos que han sufrido originalmente la enfermedad en mayor medida.

Normalmente, las personas que sufren de una enfermedad

grave evocan simpatía. En el caso del sida, en cambio, las víctimas son estigmatizadas.

A pesar de que en las últimas décadas han ocurrido en la sociedad occidental cambios en el sentido de una mayor liberalización de las costumbres en lo que se refiere a la vida sexual y de una mayor aceptación de las diferencias en muchos sentidos, estos cambios "han dejado profundos residuos de ansiedad y miedo de los que el sida como fenómeno social se ha alimentado y en los que se ha reafirmado" (Weeks, 1988).

No puede negarse que algunos grupos de personas están más en riesgo de contagiarse la infección por el VIH que otras, pero es equivocado asignar "categorías de riesgo" predeterminadas a dichos grupos.

Esto conduce a la creencia de que se trata siempre de la enfermedad de "otros".

En la identificación de ciertos grupos con el riesgo de infección se confunde el hecho de que no es el consumo de drogas en sí, o la "promiscuidad" como tal lo que implica riesgos, sino el modo como se llevan a cabo estas prácticas.

Herek y Glunt (1991) elaboraron una tipología acerca de las actitudes hacia los enfermos de sida en base a dos ejes: compasivas-coercitivas y moralísticas-pragmáticas.

El cruce de estos dos ejes da por resultado las siguientes categorías de actitudes:

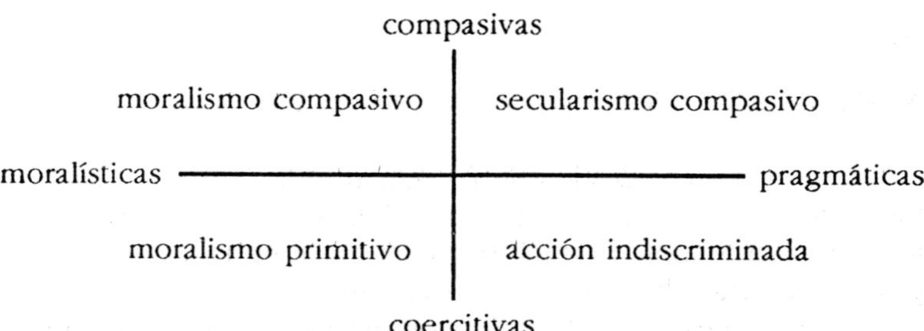


El patrón de *secularismo compasivo* se caracteriza por el apoyo a políticas como la distribución de preservativos y jeringas estériles y la oposición a medidas coercitivas, como el aislamiento de los enfermos o la obligatoriedad de la prueba del VIH.

El patrón de *moralismo compasivo* se refleja en la postura de la Iglesia católica: compasión para con los enfermos de sida, pero rechazo a la educación sexual.

El patrón de *moralismo primitivo* apoya las medidas coercitivas y rechaza las políticas de prevención basadas por ejemplo en la distribución de preservativos y jeringas descartables. Es sostenido por la derecha política.

El patrón de *acción confusa* refleja la ambivalencia con respecto al sida: se ve a los enfermos a la vez como peligrosos y como merecedores de compasión. Preconiza a la vez la educación sexual a nivel preventivo y el control represivo sobre los enfermos.

A pesar de que los datos recogidos en este estudio no permiten la identificación precisa de los sujetos en las categorías de esta tipología, podemos decir que en la población estudiada están presentes todas ellas, aunque en distintos porcentajes.

Sólo algunas personas podrían clasificarse en las categorías *moralismo primitivo, secularismo compasivo* y *moralismo compasivo*; la mayor parte se ubicaría en la categoría *acción confusa*.

Para indagar acerca de las actitudes de discriminación hacia los enfermos de sida se preguntó a la población encuestada si *debería prohibirse que los niños enfermos de sida concurran a escuelas comunes* y si *debería aislarse a los enfermos de sida del resto de los enfermos*.

Con respecto a la primera proposición, el 9,9% de la muestra está *muy/bastante de acuerdo*. Este porcentaje asciende al doble en Mar del Plata (18,7%).

Las personas de 40 a 59 años están en mayor proporción *de acuerdo* (14,0%), al igual que las de nivel educativo primario (17,2%). Las de 14 a 25 años están algo en menor proporción de acuerdo (7,3%).

El 80,7% está *en desacuerdo*, aunque a veces con dudas al respecto. Uno de los entrevistados planteó, por ejemplo:

*Depende de la conducta que tenga el chico para con los demás y siempre con las prevenciones necesarias* (varón, 45 años).

Con respecto a la segunda proposición, el porcentaje de personas que está *muy/bastante de acuerdo* es mayor: 19,5%, siendo como en el caso anterior bastante mayor en Mar del Plata (29,5%). Los que están *muy/bastante en desacuerdo* alcanzan a 70,0%.

Los jóvenes en este caso, están en menor proporción de acuerdo (14,1%) y algo en mayor proporción en desacuerdo (73,2%).

Las personas de nivel educativo primario están en mayor proporción *muy/bastante de acuerdo* (29,9%).

Para profundizar en el análisis de las actitudes de la población respecto a los enfermos de sida aplicamos también una *escala de distancia social,* en la que se preguntaba *si una persona conocida suya estuviera enferma de sida: continuaría frecuentándola; trabajaría con ella; saldría de vacaciones con ella; dejaría a sus niños en su compañía; iría a comer con ella; mantendría relaciones sexuales sin preservativo; mantendría relaciones sexuales con preservativo.*

La distribución de frecuencias fue la siguiente:

|  | % |
|---|---|
| trabajaría con ella | 98,1 |
| continuaría frecuentándola | 97,2 |
| iría a comer con ella | 94,7 |
| saldría de vacaciones con ella | 87,2 |
| dejaría a sus niños en su compañía | 56,9 |
| mantendría relaciones sexuales con preservativo | 30,4 |
| se casaría con ella | 20,3 |
| mantendría relaciones sexuales sin preservativo | 1,2 |

Las respuestas a la escala muestran que en la sociedad argentina las imágenes del enfermo de sida como necesitado de aceptación y tolerancia priman, por lo menos en el discurso, sobre las del enfermo-amenaza, salvo en lo que respecta al referente de los niños, alrededor de los cuales y en cuanto a la proximidad de los enfermos, sí surge un grado de desconfianza que aconseja mantener distancia.

En este caso las variables demográficas no inciden en las respuestas, que son homogéneas en general, salvo en lo que respecta al *tener o no un amigo o conocido enfermo o muerto de sida.* Las personas que lo tienen muestran porcentajes mayores en las categoría *dejaría a sus niños en su compañía* (63,6%), *se casaría con él/ella* (27,8%) y *mantendría relaciones sexuales con preservativo* (40,3%).

Lo mismo ocurre en Buenos Aires, donde los porcentajes de respuestas a estas tres categorías son semejantes a como contestan las personas que conocen personalmente a un enfermo (63,9%, 26,1% y 39,4%).

En consecuencia, podemos decir que el conocimiento en forma directa de la enfermedad contribuye a una mayor aceptación de los enfermos. El mayor porcentaje de aceptación en Buenos Aires podría pensarse como una consecuencia de lo anterior, en la medida en que es en la Capital donde, al existir una mayor prevalencia de la enfermedad, las personas pueden tener mayores contactos con quienes la padecen, o como un corolario del mayor nivel de información acerca del tema y en general de menores prejuicios existentes.

Es interesante destacar que si bien el grado de aceptación de la población —por lo menos en lo que se manifiesta— es alto en relación con las alternativas que implican contacto social, baja casi a la mitad cuando se inquiere acerca de la posibilidad de dejar lo que se considera más "vulnerable" y más querido de una persona: sus niños.

Para el 43,0% de personas que contestan que no los dejarían, los enfermos de sida constituyen aparentemente un peligro que si bien puede ser controlado por uno mismo como adulto, se vuelve más amenazante cuando se trata de lo que "podrían hacerles" a los niños en ausencia de la vigilancia paterna.

Podría decirse, pues, que se acepta a los enfermos de sida en las alternativas de la vida cotidiana, siempre que se los pueda controlar.

Para aclarar más este tema, realizamos un *índice de actitudes hacia los enfermos de sida*, tomando en cuenta algunos de los indicadores analizados anteriormente (las dos proposiciones y algunos de los ítems de la escala de distancia social).

Tomando en forma conjunta estos indicadores hallamos que la población:

|                                                                | %    |
| -------------------------------------------------------------- | ---- |
| tiene una actitud positiva hacia los enfermos de sida          | 26,2 |
| tiene una actitud en parte positiva y en parte negativa        | 41,3 |
| tiene una actitud negativa                                     | 32,6 |

Las personas con *actitudes positivas* son más proporcionalmente en Buenos Aires (32,2%), entre las personas solteras (32,2%), entre las de 14 a 25 años (31,2%), las de nivel educativo terciario (30,3%) y entre las que tienen un amigo o conocido enfermo o muerto de sida (32,9%).

Las personas con *actitudes negativas* son más proporcionalmente entre los residentes en Córdoba (38,1%), Mar del Plata (37,7%), las personas de 40 a 59 años (40,1%) y de nivel educativo primario (38,8%).

En forma general, pues, un tercio de la población tiene actitudes negativas hacia los enfermos de sida, lo que explica las quejas de estos enfermos en cuanto a sentirse discriminados.

## PERCEPCIÓN DE LOS DERECHOS HUMANOS EN RELACIÓN CON EL TEMA DEL SIDA

Para evaluar en qué medida la población percibe el tema de la intromisión en el mundo privado que implica la realización inconsulta de la prueba del VIH, se preguntó el grado de acuerdo de los encuestados con respecto a la siguiente frase: *para realizar la prueba del VIH debería ser indispensable que la persona acepte hacérsela.*

Las distribuciones de frecuencias para esta pregunta fueron:

|                                            | %    |
| ------------------------------------------ | ---- |
| muy/bastante en desacuerdo                 | 24,9 |
| ni de acuerdo ni en desacuerdo             | 8,3  |
| muy/bastante de acuerdo                    | 65,5 |

El porcentaje de las personas que están *muy/bastante de acuerdo* con la proposición es algo mayor en Buenos Aires (70,4%) y entre los jóvenes (70,2%).

Como vemos, para una cuarta parte de la población la cuestión del consentimiento personal no es un requisito clave para la realización de la prueba, en la medida en que supuestamente privilegien el bien público.

Por otra parte, el 69,2% de la población está de acuerdo con que la *prueba del VIH debería ser obligatoria para todos*, siendo las mujeres las que están en mayor proporción de acuerdo con esta proposición. Sin embargo, si pensamos que el 65,5% está de acuerdo con que *la persona acepte hacérsela* para poder realizarla, probablemente el acuerdo con respecto a la obligatoriedad tiene el sentido de que debería tratarse de un procedimiento estandarizado, al modo en que se aplican por ejemplo las vacunas, que si bien son "obligatorias", su aplicación depende de la intencionalidad de los sujetos (o de los que están a cargo de ellos, en el caso de los niños).

La idea de la *obligatoriedad de la prueba del VIH* puede entenderse desde el deseo del "policiamiento", especialmente sobre quienes son percibidos como perturbadores de la moral pública, o como el deseo de una mayor ingerencia del Estado en los asuntos ligados a la salud. La primera interpretación es abonada por el hecho de que los grupos estigmatizados (homosexuales, consumidores de drogas), están en menor proporción de acuerdo con dicha obligatoriedad.

## EL GRADO DE AUTOESTIMA EN LA POBLACIÓN EN RELACIÓN CON EL SIDA

Se ha sostenido que los efectos de elevar la percepción de riesgo y los niveles de conocimiento acerca del sida en la población pueden ser limitados si no se acrecienta también la creencia de que algo puede hacerse para evitar el sida y que las personas son capaces de hacerlo (Fitzpatrick *et al.*, 1989).

El supuesto implícito en esta afirmación es que los individuos con un alto nivel de lo que se ha denominado *locus interno del control* (la percepción de que lo que les sucede depende de ellos y no de factores externos), encontrarán menos dificultades en adoptar los cambios de conducta recomendados para la prevención de la transmisión del VIH.

Esta variable se refiere al poder percibido, definido como la capacidad de negociación sexual, que incluye la posibilidad de comunicarse con la pareja acerca de cuestiones ligadas a la sexualidad. El grado de autoestima se evalúa aquí a través del control sobre la conducta sexual.

De los varios indicadores en los que habitualmente se operacionaliza la variable hemos elegido dos: la incapacidad de negarse a proseguir la relación sin métodos de autocuidado, adjudicada al sentimiento de amor por parte de una persona y la percepción de la capacidad de control en relación con la excitación sexual intensa.

Las frases presentadas fueron:

*Una persona enamorada tiene igualmente relaciones sexuales aunque su pareja no quiera usar preservativos y hay veces que me siento tan metido personal y emocionalmente que puedo tener relaciones sexuales incluso sin cuidarme.*

Con respecto a la primera frase:
- el 48,2% está de acuerdo
- el 20,9% está en desacuerdo
- el 17,2% no sabe

Los jóvenes están en menor proporción de acuerdo (32,1%), al igual que las mujeres (43,4%); las personas de nivel educativo primario están en mucho mayor proporción de acuerdo (60,1%).

Con respecto a la segunda frase:
- el 37,5% está de acuerdo
- el 9,8% no está ni de acuerdo ni en desacuerdo
- el 35,2% está en desacuerdo
- el 17,4% no sabe

En relación con las variables independientes, ocurre lo mismo que en el caso anterior: los jóvenes están en menor proporción de acuerdo (25,0%). Los varones están en mayor proporción de acuerdo (42,8%), al igual que las personas de nivel educativo primario (48,7%).

Tomando en cuenta estos indicadores en forma conjunta clasificamos a las personas como teniendo un *grado de autoestima alto, medio y bajo.*

Con respecto a lo preguntado:
- el 39,4% de las personas encuestadas tiene un grado alto de autoestima;

- el 47,1% tiene un grado medio;
- el 13,5% tiene un grado bajo de autoestima.

Las *mujeres* tienen en mayor porcentaje un grado alto de autoestima.

Con respecto a la *edad* es algo mayor el porcentaje de jóvenes entre 14 y 25 años con un grado alto de autoestima (16,9%) y menor el porcentaje entre ellos de autoestima baja (21,0%).

Considerando la *zona de residencia*, los habitantes de Buenos Aires tienen en mayor proporción un grado de autoestima alto (23,1%), mientras que los habitantes de Mar del Plata tienen en mayor proporción un grado de autoestima bajo (37,7%).

Los encuestados en Córdoba y Rosario, en cambio, muestran en mayor proporción un grado de autoestima medio (54,2% y 55,5%, respectivamente).

Esta relación se profundiza al introducir la variable género; las mujeres de Buenos Aires tienen en mayor porcentaje que el resto un grado de autoestima alto y las de Rosario tienen en mayor porcentaje un grado de autoestima bajo.

Con respecto a los jóvenes, llama la atención el alto porcentaje de esta categoría de edad residentes en Córdoba, con un grado bajo de autoestima. Si consideramos que estamos definiendo autoestima como la capacidad de autocontrol en el plano sexual, es posible que este dato se explique por el mayor grado de "tradicionalidad" de la sociedad cordobesa, que podría hacer que los jóvenes se sientan con menor capacidad para explicitar sus derechos, en la medida en que el clima social propicie una actitud de mayor recato y represión.

Con relación al *nivel socioeconómico*, las personas de nivel socioeconómico medio bajo y medio alto muestran en un mayor porcentaje un grado de autoestima alto, mientras que las personas de nivel socioeconómico bajo muestran mayores porcentajes en el grado medio y bajo de la autoestima.

Estas diferencias se acentúan en el caso de las mujeres, por lo que puede concluirse que las mujeres de clase baja son las que están más en riesgo de infección por el VIH, en cuanto a que son más proclives a incurrir en conductas que implican sometimiento a la pareja y ausencia de autocuidado a este nivel.

En el caso de los jóvenes existe un porcentaje significativamente alto de jóvenes de nivel socioeconómico bajo que muestran un grado de autoestima bajo en relación con los jóvenes del nivel socioeconómico medio alto.

Se da también claramente una relación positiva entre grado de autoestima y *nivel educativo*, de modo que a mayor nivel educativo corresponde un mayor grado de autoestima. Las personas de nivel educativo terciario tienen en mayor porcentaje un grado alto de autoestima (21,9%). Las personas de nivel educativo primario tienen un nivel medio de autoestima en mayor proporción (44,4%).

La autoestima está relacionada con la adopción de la conducta preventiva, si bien, al igual que con las restantes variables analizadas, la relación no es unívoca. Sin embargo, puede decirse que las personas que adoptan conductas preventivas tienen en mayor proporción autoestima alta; recíprocamente, las personas que no adoptan conductas preventivas tienen en mayor proporción autoestima negativa, tal como surge del siguiente cuadro:

Adopción de conductas preventivas
según tipo de autoestima (en %)

| | Grado alto de autoestima | Grado medio de autoestima | Grado bajo de autoestima |
|---|---|---|---|
| adopción regular de conductas preventivas | 29,7 | 42,0 | 28,3 |
| adopción irregular de conductas preventivas | 18,9 | 47,3 | 33,8 |
| no adopción de conductas preventivas | 8,3 | 35,9 | 55,8 |

Base: total de entrevistados que mantuvieron relaciones sexuales (1066).

## CONOCIMIENTO DIRECTO
## DE ALGUIEN ENFERMO O MUERTO DE SIDA

La variable conocimiento directo de alguien enfermo o muerto de sida tiene importancia en cuanto "acerca" la enfermedad, apartándola del contenido de enfermedad "massmediática". Conocer a alguien enfermo es ubicar el riesgo, concretizarlo.

Frente a la pregunta acerca de si las personas *tienen algún conocido enfermo o muerto de sida*, el 70,4% de la población contesta negativamente y el 29,6% positivamente.

Es algo mayor el porcentaje de personas solteras que contestan conocer a alguien (32,8%), de personas entre 26 y 39 años (33,1%), con nivel educativo terciario (33,0%) y residentes en Buenos Aires (41,7%) y en Mar del Plata (37,7%). En Córdoba, por el contrario, sólo el 12,0% de las personas contestan de esta forma.

Esta variable se ha revelado como influyente en relación con la percepción de riesgo: el porcentaje de las personas que conocen a alguien enfermo de sida que tienen un nivel alto de percepción de riesgo es mayor.

Si bien ocurre lo mismo con respecto a las personas que están bastante/muy preocupadas por el sida, en este caso el porcentaje es sólo levemente mayor.

También es mayor el porcentaje de personas que conocen enfermos de sida que tienen actitudes positivas hacia ellos y que tienen creencias positivas hacia el preservativo.

Lo mismo ocurre con respecto al nivel de información con respecto al sida, especialmente en cuanto al conocimiento de los modos de protección: las personas que tienen un conocido enfermo de sida tienen un nivel más alto de información acerca de los modos de protección de la infección por el VIH.

Por último, las personas que conocen a alguien enfermo de sida adoptan en mayor proporción conductas de prevención de la infección por el VIH.

**Personas que conocen personalmente a un enfermo
de sida según las diferentes variables estudiadas (en %)**

|  | Conoce a un enfermo de sida | No conoce a un enfermo de sida |
|---|---|---|
| alto grado de preocupación | 62,8 | 58,9 |
| alto nivel de percepción de riesgo | 38,1 | 27,4 |
| alto nivel de información sobre sida | 40,9 | 35,8 |
| actitudes positivas hacia los enfermos de sida | 32,9 | 23,3 |
| creencias positivas hacia los preservativos | 41,7 | 36,2 |
| sentido de la autoestima positiva | 15,1 | 8,9 |
| adopción regular de conductas de prevención | 42,5 | 33,2 |

(El complemento a 100% es en cada una de las respuestas SÍ, las respuestas NO, y en cada una de las respuestas NO, las respuestas SÍ).


## RESUMEN Y CONCLUSIONES

Resumiremos a continuación los principales aspectos que surgen de los datos relevados.

El análisis de las *representaciones sociales* acerca del sida permite conocer el mapa de los significados que la población construye en torno a él.

Los factores encontrados a través de la técnica de vinculación de palabras al estímulo "sida" revelan que el sida es caracterizado fundamentalmente como una *enfermedad mortal*, en la que la conducta personal —la *responsabilidad*— juega un importante papel, con el referente de la *sangre* como identificador principal.

Los restantes factores están ligados a los aspectos médicos, al tratamiento que los medios masivos han hecho del tema, a la empatía con los enfermos y a la preocupación por la discriminación social de que son objeto.

En cuanto a la expansión de la epidemia, los *adictos*, las *prostitutas*, las *prácticas médicas* y los *bisexuales* (en ese orden) son percibidos como los grupos a partir de los cuales se difundió el VIH en la población.

Por otra parte, algo más de la mitad de la muestra considera que el virus puede atacar indistintamente a *cualquier persona*. El resto mantiene la perspectiva de los así llamados "*grupos de riesgo*".

Alrededor de la mitad de la población se percibe "algo" en *riesgo* con respecto a la infección por el VIH, mientras que un tercio se percibe "muy en riesgo". En cambio, el grado de *preocupación* en torno al sida es más alto: seis de cada diez personas están muy/bastante preocupadas acerca de él.

Podemos preguntarnos frente a este dato qué significa "estar preocupado" y qué "sentirse personalmente en riesgo".

Una aproximación a esta respuesta es considerar qué tipo de personas se perciben más en riesgo y qué tipo de personas se sienten más preocupadas. Además de ciertas variables que inciden tanto en el nivel de percepción de riesgo como en el grado de preocupación, hay dos perfiles que caracterizan en mayor proporción a cada uno de estos aspectos: a) los varones y las personas de 26 a 39 años tienen en mayor proporción una percepción de riesgo alta; b) las mujeres casadas, las personas de 40 a 59 años y las que tienen hijos están en mayor proporción bastante/muy preocupadas.

A partir de estos datos, puede pensarse que la preocupación es más preocupación acerca de otros, y que la percepción de riesgo atañe específicamente al sujeto y que está más relacionada con conductas específicas, a diferencia de la preocupación, que sería más difusa y más abarcativa.

El sexo, la edad, el nivel educativo, la situación de convivencia, el tener un conocido o amigo enfermo de sida y el lugar de residencia son variables que inciden en el nivel de percepción de riesgo de infección por el VIH: los varones, las personas con nivel educativo terciario, los menores de 40 años, los residentes en Buenos Aires y los que no conviven con una pareja, tienen en mayor proporción un nivel alto de percepción de riesgo.

El sexo, la edad, el nivel educativo, la situación de conviven-

cia y el tener hijos son variables que inciden en el grado de preocupación acerca del sida: las mujeres, las personas de 40 a 59
años, las personas de nivel educativo terciario y las que tienen hijos están en mayor proporción más preocupadas.

A pesar de que el 43% de la población tiene un nivel alto
de *conocimientos sobre el sida,* desagregando la variable según
*conocimiento de vías de infección* y de *modos de protección,* se
ve que el nivel de conocimiento alto de los modos de protección es bastante menor que el de las vías de transmisión, lo que
obviamente puede tener importantes implicancias para la prevención.

Persisten en la población "errores" constantes en cuanto al
conocimiento de las vías de infección que derivan de concepciones acerca de la "contagiosidad" del virus por la hipótesis del contacto casual.

Con respecto a los modos de protección, puede verse que la
aceptación del preservativo como dispositivo seguro está lejos de
ser general, y que la población sostiene que existen otras estrategias preventivas, como las "centradas en la pareja".

Se verifica que las variables nivel educativo, nivel socioeconómico y lugar de residencia inciden en el nivel de información
que posee la población sobre vías de transmisión y modos de protección del virus del VIH: las personas de nivel educativo terciario, las de nivel socioeconómico alto, y las que residen en Mar del
Plata y Buenos Aires tienen en mayor proporción un nivel de conocimiento alto.

Los jóvenes saben más en teoría y menos sobre las prácticas
que la población en general.

Los medios de comunicación de masas, y especialmente la televisión, son las principales fuentes de información en la población aunque los escenarios de comunicación personal son también importantes.

Con respecto a la *adopción de conductas preventivas,* el aspecto más relevante del estudio en este aspecto es la comprobación de que los jóvenes han incorporado el uso del preservativo
en sus relaciones sexuales en mayor proporción de lo que lo hacen los adultos, si bien están presentes en ellos, en mayor medida que en la población general, inhibiciones para plantear el tema sexual y el del sida en particular, en la relación de pareja. Se

ha comprobado también lo que aparece en otros estudios: el escenario romántico en la relación de pareja es antitético del sida y del preservativo, mientras que los escenarios hedónicos, vistos como menos comprometidos afectivamente, son más proclives a que se tenga presente el riesgo de la infección por el VIH.

Podemos plantear a partir de esto que el preservativo continuará siendo de difícil aceptación, si se lo plantea desde un marco racional y como "barrera", en un contexto en el que lo que se busca es, precisamente, que no haya barreras, como en el amor romántico.

Hay que recordar también que la mayor aceptación del preservativo en jóvenes ocurre especialmente en las primeras etapas de una relación, y que existe una fuerte tendencia a abandonar su uso con el afianzamiento de la relación.

Las estrategias de protección del VIH centradas en la pareja son una parte importante del repertorio de conductas de protección que adopta la población, por lo que, si bien no ofrecen la seguridad que otorga el uso del preservativo, deben ser tomadas en cuenta como alternativas espontáneas que han surgido en la regulación del juego amoroso entre las personas, aunque no alcancen el ideal de "riesgo cero" presente en la utopía de la salud pública.

La edad, el nivel educativo y la autoestima son las variables que inciden en mayor proporción sobre la conducta preventiva: los jóvenes, las personas de nivel educativo primario y con grado alto de autoestima adoptan en mayor proporción de modo regular conductas de protección frente al VIH.

El análisis de las *creencias con respecto al preservativo* revela que más de la mitad de la población tiene respecto a él creencias en parte positivas y en parte negativas, mientras que un tercio tiene creencias positivas.

En la distribución de frecuencias en esta variable inciden la edad, el sexo, el nivel educativo, el lugar de residencia y el estado civil: las personas menores de 40 años, los varones, las personas de nivel educativo terciario, los residentes en Buenos Aires y los solteros muestran una aceptación mayor del condón. Las personas de mayor edad de la muestra, las mujeres y los de nivel educativo primario son quienes en mayor proporción mantienen una cierta reprobación moral ligada a su uso.

Es probable que la mayor aceptación del preservativo entre las personas de nivel educativo terciario esté ligada a un mayor hábito de su parte a adoptar una lógica racional en sus acciones, capaz de tomar en cuenta beneficios a largo plazo.

En cuanto a las *actitudes hacia los enfermos de sida*, un tercio de la población tiene actitudes negativas con respecto a ellos, expresadas a través de su acuerdo con la idea de que debería prohibirse que los *niños enfermos de sida concurran a escuelas públicas* y con la idea de que *debería aislarse a los enfermos de sida del resto de los enfermos*, así como a través de su intención de mantener cierta distancia social con ellos.

Las variables que inciden en estas actitudes son el estado civil, el lugar de residencia, la edad, el nivel educativo y el tener un amigo/conocido enfermo de sida: los jóvenes, las personas de nivel educativo terciario y los que conocen personalmente a un enfermo de sida tienen en mayor proporción actitudes positivas hacia los enfermos de sida.

Por otra parte, tres cuartas parte de la población suscribe el requisito de la *conformidad* de la persona para la realización de la prueba del VIH y una proporción similar: el 69%, está de acuerdo con la obligatoriedad de la prueba del VIH.

Esta aparente contradicción puede pensarse a partir del deseo difundido en la población de una mayor injerencia del Estado en la prevención de la enfermedad, sin que esto implique la falta de consentimiento del individuo para la realización de la prueba.

Alrededor de la mitad de las personas encuestadas tiene un grado medio de *autoestima*, definida en este contexto como la capacidad de control sobre la conducta sexual. El 31% tiene un grado bajo de autoestima. El 17% tiene un grado alto.

Inciden sobre esta variable el lugar de residencia, el género, la edad, el nivel socioeconómico y el nivel educativo: los varones, las personas que residen en Mar del Plata, las de nivel educativo primario y de nivel socioeconómico bajo, tienen en mayor proporción un grado bajo de autoestima.

El 30% de los encuestados *conoce personalmente a una o más personas enfermas o muertas de sida*.

Este conocimiento influye positivamente en relación con mayores niveles de percepción de riesgo, preocupación, información, actitudes positivas hacia los enfermos, creencias positivas con respecto al preservativo y, en alguna medida, en la adopción de conductas preventivas de un modo regular.

El conocimiento personal, pues, "acerca" el problema del sida sacándolo de su connotación de "enfermedad massmediática", alejada de la vida cotidiana de los sujetos, y esto contribuye en parte a la adopción de conductas de prevención y en mayor medida a evitar actitudes de rechazo hacia los enfermos de sida.

Presentaremos a continuación un resumen de los datos más importantes según cada una de las ciudades estudiadas.

### Principales resultados de Rosario

*Estado de la preocupación:* el 59,9% de los rosarinos se encuentra *muy/bastante* preocupado por el sida. Si bien es cierto que el nivel de preocupación es elevado, la percepción del riesgo no lo es: cinco de cada diez entrevistados (52,2%) *nunca* se preguntaron por la posibilidad de haberse contagiado y dos de cada diez personas (19,1%) creen no correr riesgo alguno (ambos porcentajes son superiores al total del país: 39,5% y 12,9% respectivamente). En síntesis, Rosario presenta una percepción de riesgo menor que el resto del país.

*Nivel de conocimiento:* el 51,2% de los rosarinos tiene un conocimiento alto de las vías de transmisión de la enfermedad. El 42,8% tiene un conocimiento alto de las medidas de prevención. Entre ellas se mencionan: 1. tener siempre la misma pareja sexual; 2. descartar jeringas ya usadas; 3. estar bien informado; 4. mantener relaciones sexuales con preservativo. La principal fuente de información son los medios de comunicación, en especial la televisión (77,3%).

*Estado de la prevención:* desde que apareció el sida, la mayoría (77%) de los rosarinos conversó con su pareja; aun así, este porcentaje es ligeramente menor que en el país total (82,2%). Una amplia mayoría —siete de cada diez entrevistados— no cambiaron sus conductas sexuales por el sida porque estiman no correr riesgos. Los que sí, adoptaron los siguientes cambios: 1. redujeron el número de parejas; 2. tuvieron más cuidado en la elección de compañeros sexuales; 3. redujeron las relaciones con prostitutas, dato este último que diferencia a Rosario del resto del país, en el que el porcentaje de personas que menciona esta alternativa es menor.

Sólo dos de cada diez —el número más bajo en relación al resto del país (38,7%)— tuvieron siempre relaciones sexuales con preservativo como cambio en su conducta sexual. Por otro lado, cuando se consultó, de manera más general, si se había usado preservativo desde que apareció la enfermedad, el 44,4%, porcentaje superior al del total del país (38,4%), contestó negativamente. En esta ciudad se da también el mayor porcentaje de personas que expresa no usar ningún método anticonceptivo.

Si bien es cierto que el preservativo es el método anticonceptivo más utilizado (34,4%), las pastillas (29,7%) registran un porcentaje levemente superior que el promedio del país (23,6%) y tienen, también, un alto nivel de confiabilidad (41,5%) en relación al resto del país (28,1%).

Rosario es la zona geográfica más preocupante desde el punto de vista de la prevención: a la falta de relaciones sexuales protegidas se une un fuerte "machismo". Es el único lugar en que una mayoría de entrevistados considera que la iniciativa para comenzar una relación es masculina (para el resto es mutua) y es la zona en que decrece la iniciativa femenina para solicitar el uso del preservativo (32,1% vs. 42,3% para el total del país).

Es también la ciudad con el mayor porcentaje de respuestas categorizadas como autoestima baja.


*Principales resultados de Córdoba*

*Estado de la preocupación:* el 57,2% de los cordobeses se encuentra *muy/bastante* preocupado por el sida. Si bien es cierto que el nivel de preocupación es elevado, la percepción del riesgo no lo es tanto: cuatro de cada diez entrevistados (34,8%) *nunca* se preguntaron por la posibilidad de haberse contagiado y una de cada diez personas (14,0%) cree no correr riesgo alguno.

*Nivel de conocimiento:* el 53,2% de los cordobeses tiene un conocimiento alto de las vías de transmisión de la enfermedad. El 42,1% tiene un conocimiento alto de las medidas de prevención. Entre ellas se mencionan: 1. estar bien informado; 2. tener siempre la misma pareja sexual, porcentaje mayor en Córdoba que en el total del país; 3. mantener relaciones sexuales con preservativo. Todas aquellas medidas de prevención que dan cuenta de una sexualidad más tradicional (cuidado en la elección de las parejas, sexo sólo con una pareja, relacionarse con pocas parejas) se enfatizan en la ciudad de Córdoba. A semejanza de otros lugares, la medida considerada más segura en la prevención del sida, el mantenimiento de relaciones sexuales protegidas, se ubica en cuarto lugar en el conjunto de las medidas de prevención.

La principal fuente de información son los medios de comunicación, en especial la televisión (88,0%), si bien la información a través de los medios gráficos —diarios, revistas— crece ligeramente con respecto al total del país (55,5% vs. 49,5% respectivamente).

*Estado de la prevención:* el 79,1% de los cordobeses manifestó haber hablado con su pareja acerca del sida; aquellos que no hablaron consideraron que tal conversación era innecesaria dado que no creían en un contagio posible. No obstante el no hablar por "timidez" (11,5%), que alcanza a uno de cada diez cordobeses, crece ligeramente con respecto al total (6,8%).

En relación con el cambio de las conductas sexuales, siete de cada diez residentes en Córdoba (68,8%) manifestaron no haberlas variado desde la aparición del sida. Las medidas que tomaron tienen que ver con el mayor cuidado en la elección de la pareja (73,7%) y mantener relaciones sexuales sólo con una pareja (66,7%). Dichas cifras son más altas que en el total del país.

Seis de cada diez entrevistados usaron preservativo desde la aparición del sida, fundamentalmente para la prevención del embarazo.

Existe un alto porcentaje de jóvenes cordobeses con un grado bajo de autoestima.


*Principales resultados de Mar del Plata*


*Estado de la preocupación:* el 62,6% de los marplatenses se encuentra *muy/bastante* preocupado por el sida. Si bien es cierto que el nivel de preocupación es elevado, la percepción del riesgo no lo es tanto: cuatro de cada diez entrevistados (43,9%) *nunca* se preguntaron por la posibilidad de haberse contagiado. Quienes se preguntaron con alguna frecuencia (63 personas) consideran que la vía de transmisión sería la sexual (56,2%). Esta tendencia es ligeramente superior en esta ciudad con relación al total del país (51,5%). Una amplia mayoría (62,6%) —superior al promedio (53,2%)— considera que su riesgo *es el mismo que el de cualquier persona.*

Las prácticas médicas son percibidas como vía posible de infección del VIH en mayor proporción que en el resto de las ciudades estudiadas.

*Nivel de conocimiento:* el 49,8% de los marplatenses tiene un conocimiento alto de las vías de transmisión de la enfermedad. El 37,7% tiene un conocimiento alto de las medidas de prevención. Entre estas últimas se mencionan: 1. estar bien informado; 2. descartar jeringas ya usadas; 3. mantener relaciones sexuales con preservativo, y 4. tener siempre la misma pareja sexual.

La principal fuente de información son los medios de comunicación, en especial la televisión (84,6%). No obstante, en esta ciudad aparecen diferencias con relación a las vías de acceso a la información, ya que se destacan sobre el total del país: la recepción de radio, la comunicación interpersonal a través de familiares, gente del trabajo y la pareja, y la publicidad mural. Es sabido que la costa atlántica —en especial Mar del Plata— es un lugar de despliegue de campañas de organizaciones no gubernamentales y gubernamentales durante la temporada veraniega.

*Estado de la prevención:* el 84% de los marplatenses manifestó haber hablado con su pareja acerca del sida; aquellos que no hablaron consideraron que tal conversación era innecesaria dado que no creían en un contagio posible.

Con respecto al cambio de las conductas sexuales, seis de cada diez (61,1%) manifestaron no haberlas variado desde la aparición del sida. Las medidas que tomaron tienen que ver: 1. con el mayor cuidado en la elección de la pareja; 2. con tener relaciones sexuales sólo con una pareja; 3. con reducir el número de parejas sexuales; 4. con practicar el sexo con preservativo (28,3%).

Seis de cada diez entrevistados usaron preservativo desde la aparición del sida para la prevención del sida y del embarazo (48,8%). Una amplia mayoría (71,5%) opina que en el futuro la gente usará más preservativo. El 60,7% de los marplatenses estima que *los hombres no quieren usar preservativo*, cifra que aumenta considerablemente en relación al conjunto del país (50,3%).

El porcentaje de personas con creencias negativas hacia el preservativo es mayor que en el resto de las ciudades, del mismo modo que el porcentaje de las que expresan actitudes negativas hacia los enfermos de sida.

## Principales resultados de Buenos Aires

*Estado de la preocupación:* el nivel de preocupación de los habitantes de Buenos Aires es alto (61,8% se encuentra *muy/bastante* preocupado), manteniéndose porcentajes similares a los obtenidos en estudios previos. Dicha preocupación crece entre las personas con hijos, con un alto nivel educativo y socioeconómico. Si bien es cierto que el nivel de preocupación es alto, el 33,1% de la muestra *nunca* se preguntó por la posibilidad de haberse contagiado, especialmente en el menor nivel educativo (52,5%).

*Nivel de conocimiento:* el nivel de conocimiento sobre las vías de transmisión (alto 55,1%) y los modos de prevención (alto 51,6%) es elevado, en especial en el primer aspecto. Que dicho conocimiento sea elevado no significa que sea parejo para toda la población ni que por saber se adopten conductas preventivas.

El principal modo de acceso a la información es la televisión (77%). Aun así, la totalidad de las alternativas cara a cara planteadas por los entrevistados alcanzan porcentajes nada desdeñables.

*Estado de la prevención:* desde que apareció el sida, el 87,6% de los entrevistados conversó con su pareja acerca del tema a partir de una iniciativa mutua. Quienes no hablaron (12%) no lo hicieron porque no consideraban que podían llegar a contagiarse.

Siete de cada diez personas residentes en Buenos Aires manifiestan no haber cambiado sus conductas sexuales desde la aparición del sida ya que, a semejanza de otros resultados obtenidos, no creen necesitar cambiar sus conductas porque no creen correr riesgos de contagio. Los principales cambios, entre quienes manifestaron haber cambiado, son "el cuidado en la elección de la pareja", "la disminución del número de parejas" y, en tercer lugar, "la utilización de preservativos".

Tres de cada diez entrevistados manifestaron no haber usado preservativos en sus relaciones sexuales desde la aparición del sida, porcentaje elevado dada la cobertura temporal de la pregunta, que crece entre las personas con pareja, con menor nivel educativo, con una edad entre los 40 a 59 años. El 88% de las 113 personas que no usaron preservativos contestó *"no haber pensado en el riesgo del sida en esos momentos"*.

La mujer es visualizada como la persona que toma la iniciativa para pedir el uso del preservativo y, a su vez, existe una amplia coincidencia entre hombres y mujeres en cuanto a que a los hombres no les gusta usarlos y a que quita naturalidad a la relación sexual.

En resumen, en Buenos Aires existe mayor percepción de riesgo y mayor proporción de personas que se sienten involucradas en relación con el sida, así como un nivel más alto de conocimientos acerca de la enfermedad y un mayor porcentaje de personas que adoptan medidas de precaución con respecto a la infección por el VIH. Las actitudes negativas hacia los enfermos de sida son porcentualmente menores.

CAPÍTULO 2

# LA GESTIÓN DEL RIESGO FRENTE AL VIH[1]

ANA LÍA KORNBLIT, ANA MARÍA MENDES DIZ Y MÓNICA PETRACCI

1. Una versión de este trabajo se publicó en DESIDAMOS, 1999, VII, 2:11-16. La investigación que dio lugar al capítulo fue financiada por la Agencia Nacional de Investigaciones Científicas y Técnicas (Proyecto BID 802-OC/AR-PICT 00021). La Lic. Liliana Giménez colaboró en el trabajo de campo.

Se presentan los datos obtenidos en una investigación sobre la gestión del riesgo de la infección por el VIH en la población general, cuyos objetivos fueron analizar las estrategias adoptadas por las personas que mantienen una vida sexual con respecto al uso o no uso del preservativo y/o otras formas de protección frente al VIH y ahondar en las razones dadas por los sujetos para fundamentarlas. El trabajo comprendió la realización de 124 entrevistas en profundidad a personas entre 18 y 55 años, de diferentes niveles educativos. Los datos obtenidos fueron categorizados en las razones por las que se usan preservativos y las razones por las que no se los usa. Estas últimas pudieron agruparse en dos factores fundamentales: el factor de negación del riesgo y el factor de dependencia de la pareja. Las conclusiones apuntan a que debería adoptarse un enfoque más realista acerca de la prevención de la infección por el VIH, que tome en cuenta otras alternativas protectoras, más allá del uso del preservativo, dadas las importantes barreras para su incorporación sostenidas por una gran parte de la población.

Se ha dicho (Paicheler, 1996) que la adopción del preservativo como práctica preventiva se dificulta por su inscripción en una triple temporalidad, cuyas presiones se entrecruzan: a) la generacional, b) la correspondiente a las trayectorias individuales y de pareja, c) la de los "guiones idealizados".

Con respecto a la dificultad "generacional", una investigación llevada a cabo por nuestro equipo de trabajo (Kornblit *et al.*, 1997) mostró claramente que existe una diferencia marcada entre la disposición a adoptar el preservativo como conducta preventiva entre los jóvenes y los adultos. Las personas que iniciaron su vida sexual en la "era del sida" han incorporado en mayor grado el preservativo como práctica regular en sus relaciones sexuales que los que se iniciaron en épocas anteriores.

Con respecto a la dificultad dada por las "trayectorias individuales", la misma investigación evidenció que los gays han incorporado de modo regular el preservativo en sus prácticas sexuales en mayor medida que las personas heterosexuales. En relación con la "trayectoria de la pareja", también se evidenció que los jóvenes tienden a abandonar el uso regular del preservativo cuando consideran que llegan en su vida de pareja a un estadio considerado como "estable", momento en que "se pasan" a "las pastillas" anticonceptivas, dejando de lado así la consideración del riesgo de la infección por el sida, sin evaluar la posible relatividad de la "estabilidad" o de la condición de "fidelidad".

La dificultad ofrecida al uso de los preservativos se vincula especialmente con los prejuicios y normas ejemplificados en mitos como: "el preservativo rompe el clima"; "llevar encima preservativos da la impresión de que uno tiene relaciones con cualquiera"; "los preservativos se rompen fácilmente"; "los preservativos disminuyen las sensaciones placenteras", etcétera. Estos mitos configuran "guiones" (en el sentido de Gagnon, 1990), que normatizan la conducta sexual como una situación de confianza mutua, en la que el "amor" aleja los riesgos provenientes del campo de las enfermedades. Dichos guiones pautan también la conducta amorosa esperable según el género, de modo tal que la "negociación" tendiente a lograr el uso del preservativo es particularmente difícil para las mujeres, entrampadas en el guión de la "docilidad" y la "receptividad".

La posibilidad de que las personas se protejan del riesgo de la infección por el VIH no depende solamente de la naturaleza del riesgo tal como lo describe la ciencia médica, sino de las percepciones y de las capacidades de las personas involucradas en dicho "riesgo". Dichas "capacidades" dependen de variables demográficas como sexo, edad y nivel socioeconómico, pero también de variables interpersonales (las trayectorias de pareja) e individuales (autoestima, sentimiento de estar respaldado/a por otros, etcétera).

Denominamos "gestión del riesgo" a las estrategias tanto individuales como interactivas puestas en práctica de un modo sistemático en relación con la protección frente al riesgo de infección por el VIH. Una estrategia se considera sistemática cuando es constante o casi constante o cuando es puesta en práctica en situaciones bien tipificadas (por ejemplo, relaciones fuera de la pareja). A la inversa, puede ser errática, cuando se adopta por demanda del otro, o solamente la primera vez.

Fundamentalmente las modalidades de gestión del riesgo comprenden:

1. la utilización del preservativo

2. otras formas de protección como la abstinencia, la selección de las parejas, la realización de la "prueba del sida".

3. formas combinadas de 1. y 2.

Exploraremos a continuación especialmente la primera de estas modalidades, con el objetivo de indagar en el uso o no uso del preservativo y profundizar en las razones argumentadas por los sujetos para adoptar o no medidas de prevención frente al riesgo a nivel sexual de la infección por VIH. Con este fin seleccionamos una muestra no probabilística de población general (por cuotas), de personas entre 18 y 55 años, de diferentes niveles educativos, que hubieran tenido en el transcurso de los últimos cinco años por lo menos dos relaciones de pareja que incluyeran relaciones sexuales. El instrumento de recolección de datos fue un cuestionario con preguntas cerradas y abiertas, lo que permitió realizar análisis cuantitativos y cualitativos.

Los resultados a los que arribamos con respecto al uso del preservativo son consistentes con los obtenidos en otros estudios realizados en nuestro medio (Pantelides *et al.*, 1995; Kornblit *et al.*, 1997; Gogna *et al.*, 1997; Bianco *et al.* 1998; Petracci, 1998).


## ¿CUÁNDO Y QUIÉNES USAN PRESERVATIVO?

Con respecto a si usaron preservativos en el *primer encuentro sexual* (o el único) con una pareja, casi las dos terceras partes de los encuestados contestan afirmativamente, siendo esta proporción bastante mayor entre los jóvenes y algo mayor entre las personas de nivel educativo más alto, tal como se observa en el siguiente cuadro:

## Uso de preservativo en una primera relación sexual según sexo, edad y nivel educativo

|        | Fem. | Masc. | Jóv. | Adult. | < niv. ed. | > niv. ed. | Total % |
|--------|------|-------|------|--------|------------|------------|---------|
| Sí     | 70,5 | 66,7  | **77,8** | 61,4 | 65,6 | 71,4 | 68,5 |
| No     | 29,5 | 27,0  | 20,4 | 34,3   | 31,1 | 25,4 | 28,2 |
| Ns/nc  | —    | 6,3   | 1,9  | 4,3    | 3,3  | 3,2  | 3,3  |
| Total %| 49,2 | 50,8  | 43,5 | 56,5   | 49,2 | 50,8 | 100,0 |
| Total N| (61) | (63)  | (54) | (70)   | (61) | (63) | (124) |

Nota: (jóvenes: de 18 a 30 años; adultos: de 31 a 55 años; < nivel educativo: hasta secundario incompleto; > nivel educativo: secundario completo y más).

Por otro lado, el porcentaje de personas de este estudio que responden que usan *regularmente* preservativos —a diferencia de su uso exclusivo en la primera relación sexual— desciende al 39%, siendo los jóvenes los que más los siguen usando (48,1%), más allá de los primeros encuentros sexuales.

En consecuencia, tres de cada diez entrevistados —especialmente quienes tienen más de 30 años— no usaron preservativo en un primer contacto sexual con una pareja y seis de cada diez lo usan irregularmente.

Si bien sería deseable que futuros estudios refinen la medición de las variables relacionadas con el uso del preservativo, podemos concluir —por los resultados del conjunto de las investigaciones realizadas— que el preservativo se ha ido instalando en las primeras relaciones sexuales, especialmente entre los jóvenes. En 1997, un 46,4% de personas entrevistadas telefónicamente en la ciudad de Buenos Aires sostenía haber usado preservativo durante el último año, tendencia significativamente creciente a medida que disminuía la edad (Petracci, 1998).

En lo que sigue analizaremos las razones dadas por las personas entrevistadas en este estudio a favor del uso o del no uso del preservativo, especialmente como protección frente al riesgo de infección por el VIH, dejando de lado su uso como anticonceptivo, que es mencionado por alrededor de la mitad de las personas que manifiestan usarlo.

## ¿POR QUÉ SE USA EL PRESERVATIVO?

La *desconfianza* es una de las razones clave para la protección en la primera relación sexual con alguien:

*Una vez conocí a una chica en un boliche y durante un mes nos encontrábamos los sábados en ese boliche, y tuvimos relaciones y en el momento de tener la relación yo justo tenía uno solo y dije: vamos a conseguir, por las dudas, y no encontraba, no encontraba, y ella me dijo: no, si yo tomo pastillas. Y ahí dudé, porque ¿cómo sabía ella si iba a pasar o no?, ¿la viene tomando hace un mes?, ¿ella sabía que ese día lo íbamos a hacer? Ahí entré a dudar porque como yo, una semana atrás podría haber sido otro. Y bueno, no..., porque para colmo tenía un tatuaje en la espalda, una pantera... o sea que por las agujas del tatuaje..., y entonces dije que no, y justo después encontré* (varón, 20 años, educación secundaria incompleta).

Algunos entrevistados afirman que se cuidan usando preservativos porque no toleran la carga de angustia y preocupación con que viven los momentos posteriores a una relación sexual, en la que no se han cuidado, ante la idea de un posible contagio.

Solamente un entrevistado mencionó haber recordado las "propagandas" en el momento en que iba a tener relaciones, lo que lo llevó a procurarse preservativos y usarlos.

Algunas personas, especialmente varones jóvenes, refieren haber incorporado el preservativo como parte del juego sexual y usarlo sin experimentar molestias.

En otros casos el uso del preservativo aparece como una condición para acceder a tener relaciones sexuales. Esta postura, típicamente femenina, es expresada por algunas mujeres que manifiestan un nivel de convencimiento tal del tema que las lleva a plantear frente al varón que, sin su uso, no hay relación. En un caso, el no adherir a este principio en una ocasión es explicado por el hecho de tener en ese momento *"la autoestima por el piso; no cuidarme fue un boicot que me hice"* (mujer, 30 años, educación secundaria incompleta) de lo que se deduce, por contraposición, que exigir el uso del preservativo forma parte, para este grupo de mujeres, de lo que consideran la afirmación de sí mismas, como parte de un proceso constructivo de su identidad de género.


## ¿POR QUÉ NO SE USA EL PRESERVATIVO?

El siguiente cuadro muestra, en orden decreciente, la distribución adoptada por las respuestas de los entrevistados acerca de los motivos de no uso del preservativo frente a un conjunto de razones —señaladas por la bibliografía— que fueron presentadas en una pregunta de formulación guiada:

Razones para no usar preservativo. Porcentajes de acuerdo a una batería de preguntas cerradas

| | % |
| --- | --- |
| *Tenerse confianza* | 59,7 |
| *Pensar que no corría ningún riesgo en general* | 52,4 |
| *Pensar que el preservativo disminuye el placer* | 40,3 |
| *No pensar para nada en el riesgo del sida* | 37,9 |
| *Pensar que lo esencial es el lazo amoroso con la pareja* | 33,1 |
| *Que la pareja no quiera usarlo* | 33,1 |
| *No cuidarse como prueba de amor* | 14,5 |
| *Pensar que contagiarse el sida es una cuestión de mala suerte* | 11,3 |
| *Temor a la impotencia* | 11,3 |
| *No querer hablar del tema* | 9,7 |
| *Pensar que la relación era ya bastante difícil como para complicarla más con el tema del sida* | 8,9 |
| *Temor a perder a la pareja* | 5,6 |

Base: total de entrevistados en cada fila.

Como puede verse, el *tenerse confianza mutuamente, la negación del riesgo y el estereotipo acerca de que el preservativo res-*

*ta placer* son las razones que concitan mayores porcentajes de respuestas afirmativas. El análisis factorial realizado sobre los ítems propuestos mostró que ellos se agrupan en dos factores: uno de ellos incluye los ítems referidos al rechazo real o supuesto de la pareja al uso del condón y el deseo o la necesidad de no contrariarla (lo hemos denominado *factor de dependencia de la pareja*) y el otro, los ítems vinculados a no tomar en cuenta el riesgo, comprendiéndose en este factor la confianza en la pareja (lo hemos denominado *factor de negación del riesgo*). De estos dos factores el que ostenta un mayor peso es el segundo. El primero es sostenido en mayor proporción por las mujeres y por las personas de más de 30 años.

Para complementar el análisis de las razones de no uso de preservativo, se recurrió también a preguntas abiertas que permitieron alcanzar un mayor refinamiento y comprensión de los resultados del análisis de factores. De la información recogida se arribó a la siguiente sistematización de razones:

### Factor de negación del riesgo

Se establece una diferencia muy marcada entre las relaciones ocasionales y las estables, según la cual el uso del preservativo es una práctica que se acepta sin mayor conflicto en las primeras y no en las segundas, en las que el amor y la confianza ganan los espacios a las prácticas preventivas, basadas en la racionalidad médica. El ganar *confianza* en la pareja surge al conocerse más, con lo que ella aparece como alejada de la representación del riesgo. Esta confianza se refiere tanto a la depositada en la pareja como a la que ésta deposita en la persona del entrevistado. En ocasiones este último aspecto se convierte en un elemento de presión que impide que se gestione el uso del preservativo, como se ve en algunos testimonios, especialmente de mujeres:

> *Porque él no quería cuidarse conmigo, porque él transmitía mucho amor hacia mí y había una relación estable, y me pareció entonces que era una cuestión de confianza, que tenía que aceptarlo* (mujer, 28 años, educación primaria).

> *Cuando yo volví a la relación le dije que había tenido re-*

*laciones de riesgo y lo que él me dijo fue: no me interesa, yo con vos no uso preservativo, pero yo no quería, no quería porque estaba muy enamorada de él, lo quería mucho, todavía lo quiero mucho y no quería joderle la vida... y esa insistencia de él me conmovió bastante* (mujer, 27 años, educación universitaria incompleta).

La confianza se plantea también como una cuestión de fe: se trata de *"creer el uno en el otro"*, lo que constituye otra de las razones para poner entre paréntesis otro tipo de cuestiones, basadas en otras lógicas.

El cuidado, cuando aparece como necesidad en las relaciones sexuales, surge asociado con mucha mayor frecuencia al riesgo del embarazo, y esto se da tanto en mujeres como en hombres. En estos casos el preservativo es usado como anticonceptivo y como tal es muchas veces reemplazado por las pastillas, a menudo recomendadas por los ginecólogos.

Sólo dos de los entrevistados (varones) mencionan el uso del preservativo asociado con la prevención de las ETS en general, y uno de ellos a raíz de la recomendación del ginecólogo frente a la infección por el virus del papiloma por la pareja. Como se ve, éste es un tema que está prácticamente ausente en la consideración que los entrevistados realizan de los riesgos de los que protegerse.

En los casos en que los entrevistados expresan que usan habitualmente el preservativo en sus relaciones genitales, ninguno de ellos afirma usarlo ni en las relaciones orales ni en las anales, cuando las tienen. Algunos de ellos manifiestan desconocer el riesgo de la infección por el VIH en estas prácticas, y otros no lo tienen en cuenta, aun usando el preservativo en las relaciones genitales, porque lo emplean como anticonceptivo, por lo que está de más en estas otras prácticas sexuales.

Algunas entrevistadas afirman no usar preservativo porque buscan embarazarse. En estos caso el sida no existe en su horizonte, dado que el proyecto del embarazo supone una compenetración con la pareja en la que no cabe el tenerlo en cuenta.

En muchos casos no se considera la alternativa del uso del preservativo porque se niega la posibilidad de la infidelidad, tanto pasada como actual o futura. En relación con la infidelidad pasada, en reiterados testimonios se observa la negación de las posibles "otras" relaciones de la ex pareja del/la actual compañero/a. El "confiar" en él/ella se extiende así a las ex parejas, en un juicio que las engloba acríticamente. En relación con posibles infidelidades en la actual pareja se dan tres situaciones posibles:

• Se plantea una relación en la que se está seguro de que no surgirán terceros posibles, como se ve en el siguiente testimonio, en el que se advierte la presencia de más de un discurso sobre la cuestión:

Entrevistado: *Nuestra relación iba a ser ideal para siempre, nos sentíamos como un matrimonio y dejamos de cuidarnos.*

Entrevistador: *¿El matrimonio no requeriría usar preservativo?*

Entrevistado: *Siempre y cuando se fuese fiel.*

Entrevistador: *¿Se puede tener la seguridad de eso?*

Entrevistado: *No* (mujer, 52 años, educación universitaria incompleta).

• Se establece un compromiso entre ambos miembros de la pareja para que, en el hipotético caso en que uno o los dos mantengan relaciones con otra persona, usen preservativo, como garantía de cuidado de la pareja.

• Se establece un compromiso en una pareja abierta, por el que se acepta que cada uno de los miembros puede mantener relaciones con otras personas, con la salvedad de cuidarse siempre.

En muchos casos los entrevistados afirman dejar de usar preservativos después de hacerse ambos miembros de la pareja la prueba del VIH, que se convierte así en un salvoconducto en relación con los riesgos corridos con anterioridad. Obviamente se ponen entre paréntesis en tal decisión posibles infidelidades actuales o futuras.

Algunos entrevistados sostienen frente a la evidencia de situaciones que no son controlables, como por ejemplo el pretender que se sienten seguros de las personas a las que conocen, que aceptan asumir una cierta dosis de riesgo, como se pone de manifiesto en la siguiente secuencia:

Entrevistado: *No lo voy a hacer con cualquiera, de eso estoy bien seguro.*

Entrevistador: *¿Y cómo estás tan seguro?*

Entrevistado: *Y, porque las conozco, las conozco bien*

Entrevistador: *¿Las conocés y por eso no te cuidás?*
Entrevistado: *Sí.*
Entrevistador: *¿Y de dónde las conocés?*
Entrevistado: *Del barrio, del colegio, del trabajo.*
Entrevistador: *¿Y eso te da garantía?*
Entrevistado: *Y, totales no, digamos que me arriesgo un poco.*
Entrevistador: *¿Te gusta arriesgarte o creés que no estás en riesgo?*
Entrevistado: *Sí, me arriesgo un poco* (varón, 22 años, educación secundaria incompleta).

La circunstancia de haber consumido alcohol en exceso es una de las causas aducidas para el no uso de preservativos:

*Si estoy con tragos no me importa nada; es un flash, se da y listo, sobre todo si la mujer no me lo pide* (varón, 18 años, educación secundaria incompleta).


*Factor de dependencia de la pareja*

El temor a herir a alguien que se muestra muy afectivo, planteándole el uso del preservativo, lleva a poner en un segundo plano el temor a la infección por el VIH. El afecto y el cuidar al otro en cuanto a sus sentimientos se privilegian así, como típico rasgo genérico femenino, frente al cuidado de la salud.

*Porque él me lo planteó de entrada, no quería usarlo porque no disfrutaba y yo lo acepté a pesar de tener miedo al sida. No se lo comenté por no herirlo. No le dije nada porque tenía miedo a herirlo, como nos habíamos conocido cuando era muy jovencita... tenía mucho cariño por él y no lo quería herir, pero sabía que él había tenido muchas parejas, muchísimas* (mujer, 49 años, educación universitaria completa).

La pérdida del goce, al adjudicarse al preservativo el provocar una disminución del placer en el acto sexual, o aun el hacer perder la erección, es una de las razones esgrimidas tanto por mujeres como por varones para dejar de usarlo. En algunas mujeres el goce es identificado con la entrega amorosa, como se ve en el siguiente testimonio:

*Yo siento por él tanto amor que no puedo concebir el sexo con preservativo, quiero disfrutar a todo nivel... Esto parte de un sentimiento, porque con mi pareja anterior yo era obsesiva de la limpieza, de la higiene, y con este hombre lo único que pienso es en disfrutar cuando estoy con él* (mujer, 44 años, educación universitaria incompleta).

La valoración que algunos entrevistados realizan de la adopción de medidas preventivas en relación con la infección por el VIH la ubica en un lugar muy por detrás de la valoración del goce sexual, tal como se observa en los siguientes testimonios:

*En un momento de pasión y locura los forros están allá y no te vas a levantar para buscarlos* (varón, 46 años, educación secundaria incompleta).

*No te vas a quedar con las ganas porque no tenés preservativo. En el momento es todo pasión y estás con la cabeza en otra cosa, o no tenés a mano o no compraste* (mujer, 27 años, educación terciaria completa).

## CONCLUSIONES

Como se desprende de la categorización presentada, el uso del preservativo es considerado legítimo por la mayor parte de las personas estudiadas sólo en tres tipos de vínculos amorosos:

1. En los primeros encuentros sexuales, en los que no se conoce suficientemente bien a la pareja como para que se instaure la "confianza" que aleja la percepción de riesgo.
2. En los encuentros sexuales ocasionales, en los que el riesgo es percibido por muchas de las personas entrevistadas.
3. En las relaciones de pareja poco comprometidas, en las que es posible mantener una lógica "racional", que anteponga el protegerse de los riesgos a lo afectivo.

Enfocar el tema del uso del preservativo teniendo en cuenta las importantes limitaciones para su incorporación por parte de la mayoría de la población, como surge de éste y de otros estudios, implica adoptar un enfoque más realista acerca de la prevención, que tome en cuenta otras alternativas preventivas, aunque ellas no conduzcan al deseable nivel de riesgo cero. Estas alternativas comprenden las distintas estrategias de protección desarrolladas espontáneamente por la población, que incluyen básicamente la realización conjunta de la prueba del VIH en una pareja considerada como estable y el compromiso del uso de preservativo en posibles parejas circunstanciales.

# CAPÍTULO 3

# LAS "LÓGICAS" DEL AMOR EN RELACIÓN CON LA PREVENCIÓN DE LA TRANSMISIÓN DEL VIH[1]

ANA LÍA KORNBLIT Y ANA MARÍA MENDES DIZ

1. Una versión de este trabajo apareció en *Acta Psiquiátrica y Psicológica de América Latina*, 2000, 46:1. La investigación que dio lugar al capítulo fue financiada por la Agencia Nacional de Investigaciones Científicas y Técnicas (Proyecto BID 802-OC/AR-PICT 00021). La Lic. Liliana Giménez colaboró en el trabajo de campo.

A pesar de las numerosas investigaciones realizadas en torno al tema de la asunción por parte de la población de conductas de riesgo ligadas al ejercicio de la sexualidad (básicamente el riesgo del embarazo no deseado y la infección por el VIH), las variables explicativas que se han explorado hasta ahora no han logrado aclarar qué es lo que lleva a las personas a incurrir en tales conductas, aun cuando en la mayoría de los casos tienen información acerca de los riesgos que corren. Una dimensión que no se ha explorado suficientemente hasta ahora es la posible influencia del tipo de pareja en la asunción de las conductas de riesgo, lo que está avalado por el hecho de que las decisiones que están en su base deben ser tomadas forzosamente entre dos (aunque no necesariamente en forma conjunta).

Una cantidad considerable de estudios, entre los que se cuentan investigaciones anteriores llevadas a cabo por nuestro equipo de trabajo (por ejemplo Kornblit *et al.*, 1997) han mostrado que existe una gran discrepancia entre el conocimiento que las personas tienen acerca de la necesidad de adoptar conductas preventivas en el plano sexual (especialmente en relación con el sida) y la adopción efectiva por su parte de tales conductas. Estas diferencias entre lo que podríamos denominar teoría y práctica se han estudiado a partir de una serie de factores que han intentado explicarlas, tales como variables demográficas, grado de información, actitudes, creencias, percepción de riesgo, etcétera, sin que se hayan logrado avances significativos en cuanto a su comprensión. Es posible que este relativo fracaso se deba a que la mayor parte de los trabajos se han desarrollado partiendo de modelos sobre el individuo, y no sobre la pareja y su particular dinámica interactiva, que configura un sistema social relativamente autónomo y autorregulado. Así, es posible hablar de la "racionalidad de la relación", que torna comprensibles conductas que pueden parecer inexplicables a la luz de la perspectiva individual.

Nuestros estudios han confirmado también lo hallado en investigaciones realizadas en otros países, en cuanto a la estrategia preventiva del sida llevada a cabo por un porcentaje importante de jóvenes, que consiste en el uso del preservativo con parejas casuales y en las primeras etapas de una pareja, y su abandono posterior, cuando el vínculo se considera "estable". El pasaje a la "píldora" como método anticonceptivo en esta segunda etapa de las parejas evidencia que se aleja la percepción de un posible riesgo del sida, en estrecha relación con el aumento de la "confianza".

Los programas educativos sobre el sida que han sido evaluados muestran que ellos inciden más sobre la información y las actitudes que sobre la modificación de la conducta (DiClemente, 1993). Se impone entonces dirigir los esfuerzos investigativos en direcciones diferentes de las que se han seguido hasta ahora. Entre esas direcciones hay que tener en cuenta los enfoques antropológico y sociológico sobre el riesgo, que suponen que las evaluaciones acerca de las posibilidades de riesgo están basadas en múltiples racionalidades, que son dependientes de situaciones y contextos específicos. Uno de estos contextos es el tipo de relación de pareja.

La dinámica de la relación y la adopción o no de conductas preventivas son el resultado de un proceso de negociación entre los miembros de la pareja a lo largo del tiempo. Dicho proceso se desarrolla teniendo en cuenta las líneas de poder con respecto a los recursos disponibles para ambos miembros. Dichos recursos, siguiendo la teoría de Bourdieu (1972), pueden clasificarse en sociales (redes sociales de apoyo), económicos (pueden determinar relaciones de dependencia de un miembro con respecto al otro), culturales (adquiridos a través de la educación y la experiencia) y simbólicos (habilidad para explotar los tres tipos de recursos precedentes) (Bastard y Cardia-Vonèche, 1995).

Las estrategias de protección en las que las opciones de conductas son negociadas abiertamente, como la comunicación directa respecto a temas sexuales, parecen ser la excepción más que la norma (Hart y Boulton, 1996). Las reglas varían, pero la identificación de tales reglas no puede alcanzarse en investigaciones que tomen como unidad de análisis a los individuos aislados. Como dicen estos últimos autores, la apertura a la investigación de la díada implica la posibilidad de mejorar la apreciación de "lo social en el corazón de lo sexual".

El tipo de comunicación prevaleciente en una pareja se vincula con el sistema normativo, que a su vez crea expectativas con respecto a la conducta y a los sentimientos de ambos miembros. Dichas normas, que se entretejen de modo particular en cada pareja, son también su nexo con el sistema social más amplio. El obstáculo para el análisis de las normas es que a menudo están tan intrincadamente tejidas en la textura del lenguaje y en lo que es considerado "normal", que son difíciles de detectar.

La interacción social íntima demanda la creación de una "realidad erótica" compartida que se aparta de la realidad cotidiana. En la medida en que esta realidad erótica es altamente frágil, las intromisiones en ella por parte de la realidad cotidiana son a menudo rechazadas y éste puede ser uno de los motivos por los que se evite el tomar en consideración los mensajes preventivos, percibidos como externos al sistema íntimo.

En una investigación desarrollada por D. Peto *et al.* (1997) se describen las estrategias que las personas ponen en práctica con sus parejas para encarar el riesgo de la transmisión del VIH. Los autores mencionan en este sentido que existen diferentes tipos de estrategias, comprendidas entre dos polos: 1) la confianza ciega y 2) la gestión racional del riesgo. Lejos de tratarse de tipos verificables a nivel individual, los autores los plantean como aspectos multifacéticos que pueden activarse en diferentes situaciones de pareja. Postulan que cada uno de los tipos de protección que adoptan las parejas tiene su propia *lógica de acción*. Denominan de este modo a la consistencia de una serie de prácticas de adaptación al riesgo del VIH que han identificado y que se vinculan con determinadas situaciones vitales de las personas. Por ejemplo, la lógica de la afectividad puede ser prioritaria frente a la del cuidado para las personas que se sienten solas y anhelan cariño. La noción de modos de adaptación al riesgo supone la modificación de la conducta de modo tal de tener en cuenta dicho riesgo por lo menos en alguna medida.

En este capítulo se presentan los datos surgidos a partir del análisis longitudinal de cada una de 124 entrevistas realizadas a personas entre 18 y 55 años, de diferentes niveles educativos, que hubieran tenido en el transcurso de los últimos cinco años por lo menos dos relaciones de pareja que incluyeran relaciones sexuales. El modelo para el análisis de los datos consistió en la categorización de los mismos según la asignación de los sujetos a diversas "lógicas", que fueron surgiendo a partir de la lectura del corpus. El análisis posterior de los sujetos ya agrupados permitió caracterizar dichas estrategias o *lógicas* adoptadas por los sujetos en lo que hace a la prevención del sida, según sus rasgos más importantes y según las variables demográficas de las personas incluidas en cada una de ellas. Las estrategias detectadas constituyen un continuo cuyos polos están representados en un extremo por quienes transitan por lógicas no preventivas y en el otro por aquellos que adoptan el uso del preservativo de manera constante en sus encuentros sexuales.

Describiremos a continuación las *lógicas* adoptadas en relación con el riesgo de infección por el VIH y también en relación con el embarazo no deseado, que hemos podido detectar en las personas entrevistadas, a partir del análisis cualitativo de los datos recogidos.


## LÓGICAS ADOPTADAS POR LOS QUE NO SE CUIDAN DE LA INFECCIÓN POR EL VIH

### 1. *La lógica de la confianza*

El sentimiento de familiaridad y de intimidad que surge rápidamente a partir de la formación de una pareja está ligado al vínculo sexual, que acerca a las personas a raíz de las imágenes de compenetración que implica y al mutuo develamiento de emociones e historias personales que se da entre ambos integrantes. Es comprensible así que se instale en muchas parejas esta lógica, que hemos llamado "de la confianza". Esta lógica comparte rasgos con el denominado "amor romántico" caracterizado por Giddens (1992) como una atracción instantánea; en él se idealiza a la persona amada, se lo asocia con el matrimonio y se lo vincula con la responsabilidad mutua de proyectar una historia compartida a largo plazo.

Según la tipología del amor romántico de Hendrick y Hendrick (1992) la lógica de la confianza se incluiría en el tipo "storge", o sea, aquel que surge de un proceso evolutivo y que implica un sentimiento de afecto desprovisto de excitación, con fuertes componentes de compañerismo y amistad con alguien que es visto como semejante en términos de actitudes y valores.

En las personas que asumen este patrón, la "lógica de la relación" prevalece sobre la "lógica de la prevención". En este sentido se visualiza el sida como riesgo menor y la pérdida de la relación como riesgo mayor, ya que es considerada como "lo más importante en la vida de una persona".

Se observa en parejas en las que se suele establecer una relación de fusión con base en el reconocimiento de compartir "todos los aspectos de la vida". Podría pensarse que esa fusión es percibida como un escudo que los protege de una posible transmisión del virus.

Dentro del marco de confianza que constituye la base de esta lógica se pueden distinguir tres "sublógicas": a) la que se basa en una confianza sin ningún tipo de condicionantes, que podemos denominar "lógica de la confianza absoluta"; b) la que se basa en acuerdos explicitados por ambos miembros de la pareja, a la que podemos llamar "lógica contractual"; c) la "lógica de la anticoncepción", que se basa en la prevención del embarazo más que en la prevención de la infección por el VIH.

a) La lógica de "la confianza absoluta" supone una confianza ciega en la pareja en base a criterios de conocimiento, de características personales, de tipo de pareja, de proximidad social, o simplemente de la "magia de la pareja", entre otros:

*Yo sé con quién estoy... eso me da seguridad... confío plenamente en él... pongo las manos en el fuego...* (mujer, 30 años, educación secundaria completa).

*En el primer tiempo nos cuidamos, después no porque somos pareja, ya no hay riesgo...* (varón, 55 años, educación terciaria completa).

Los que adhieren a esta lógica califican su pareja como "estable", sin evaluar la relatividad de esa eventual "estabilidad" o "fidelidad". Podría pensarse, además, que hay una evitación del tema, ya que no se habla de la cuestión del sida ni tampoco se han hecho la prueba del VIH.

b) La "lógica de la confianza contractual" implica un compromiso a realizarse la prueba del VIH y a utilizar el preservativo en caso de que ocurran episodios de infidelidad. Esta lógica supone la aceptación de una dosis de riesgo, aunque se trata, como dijimos, de un riesgo asumido por ambos integrantes de la pareja, de ahí su caracter contractual:

> *Nosotros no nos cuidamos con preservativo, pero si tuviéramos un desliz de lo primero que hablamos es de cuidarnos... desgraciadamente no hay mucha fidelidad ni entre los jóvenes ni entre los más grandes...* (mujer, 22 años, educación secundaria incompleta).
> *Yo no le acepto que vaya con otra... pero si va ya sabe... usa preservativo...* (mujer, 25 años, educación primaria incompleta).

c) Los que adhieren a la "lógica de la anticoncepción" utilizan el preservativo sólo como anticonceptivo y no con miras a prevenir la infección por el VIH, cuestión que no está instalada: estos sujetos no hablan del tema ni piensan que corren riesgos, ni se han hecho la prueba del VIH. El riesgo está colocado en el embarazo y no en el sida a partir de argumentos propios de la lógica de la confianza absoluta. Esta lógica puede considerarse de carácter transitorio, ya que las parejas que la asumen ya conviven o están dispuestas a hacerlo en el corto plazo y desean tener hijos en algún momento no lejano. Esto podría llevar a que cese esta conducta de cuidado, abriéndose un interrogante acerca de la conducta preventiva futura a asumir:

> *El tema del sida no es para nosotros un tema cotidiano, tengo una relación estable... ahora usamos preservativo porque ella tenía un DIU y se lo sacó... tenía problemas...* (varón, 39 años, educación secundaria completa).
> *Lo uso porque si no hay ningún tipo de anticonceptivo ella puede quedar embarazada, cuando tomaba pastillas no usábamos...* (varón, 45 años, educación secundaria completa).

## 2) La lógica del "pasatismo"

Esta lógica se apoya en una actitud pasatista frente a la vida, según la cual se vive el presente sin mayores preocupaciones ni asunción de compromisos. Los que adoptan esta lógica conjugan un estilo amoroso que podría incluirse en "ludus", uno de los tipos descriptos por Hendrick y Hendrick (1992) como un amor que se vive como juego caracterizado por una búsqueda de sensaciones, de experiencias, de goce sin ningún intento de trascender esta perspectiva.

En nuestro estudio esta lógica es transitada por varones con estudios secundarios, sin distinción por edad, que no piensan ni hacen nada para cuidar su salud, ni tampoco asumen conductas preventivas frente al sida: no hablan del tema, ni se han hecho la prueba del VIH. Como los que acuerdan con la "lógica de rechazo al preservativo" que ya veremos, estos sujetos ponen el énfasis en el placer que puedan obtener en sus encuentros sexuales, por lo que tienen una actitud desfavorable hacia el preservativo y de no compromiso con sus parejas, lo que les permite, sin cuestionamientos, alejarse de la monogamia:

> *Dicen que por un descuido te podés jugar la vida a la marchanta, pero bueno, hay que divertirse, para mí la vida es una marchanta* (varón, 37 años, educación secundaria completa).

Algunos se plantean la cuestión del sida pero lo hacen minimizando la gravedad de la enfermedad:

> *En realidad no es tan importante el sida, no hay que tenerle tanto miedo. También uno puede morirse de cólera... Tengo un conocido que tiene sida y está saliendo con una chica y está todo bien. En realidad sólo te baja las defensas, uno puede vivir bien con el sida. No es para tanto* (varón, 20 años, educación secundaria completa).

## 3) La lógica del alcohol

Las personas que eligen esta lógica atribuyen al alcohol su falta de adopción de medidas preventivas con respecto a la infección por el VIH. Discursivamente están a favor del *"cuidado"*, pero en los hechos no lo hacen, como surge a partir de un análisis global de cada uno de los casos.

Estos sujetos aclaran que cuando consumen alcohol *"se descuidan"*, y reconocen que siempre lo hacen antes de sus encuentros sexuales, los cuales ocurren con parejas ocasionales, no son planeados y en ellos sólo se comparte lo sexual:

> *Si estoy con tragos no me importa nada, no es que trato de no usarlo* (el preservativo)... *se da de improviso... y yo nunca ando con preservativos encima...* (varón, 18 años, educación secundaria completa).

> *Me ocurre que hay momentos que me ha pasado que no me cuidé por no controlarme con el alcohol, si estoy lúcido me cuido* (varón, 37 años, educación terciaria completa).

Podríamos decir que esta lógica plantea contradicciones entre la intención manifiesta de asumir una conducta preventiva y la conducta que se lleva a cabo.

Es asumida por varones sin distinción de edades ni nivel educativo.


## 4) La lógica del fatalismo

Se parte de una conceptualización del sida como algo inevitable, basada en el convencimiento de que todo lo que pueda hacerse para prevenirlo es inútil: el contagio depende de la fatalidad. Este tipo de razonamiento lleva a trabar toda lógica preventiva. La fuente de los riesgos se ubica en el contexto y no se perciben recursos personales para afrontarlos.

> *Todo es peligroso, todo tiene algo de riesgo, no se puede vivir cuidándose...* (varón, 22 años, educación secundaria completa).

> *Por miedo, si no puedo hacer nada, prefiero ignorarlo...* (mujer, 44 años, educación universitaria incompleta).

> *Si a uno le van a pasar las cosas, le van a pasar, tu vida era ésa... bueno, es inevitable...* (varón, 37 años, educación secundaria completa).

Los sujetos que transitan por esta lógica no hacen nada para cuidar su salud en general, ni tampoco particularmente con respecto al sida. Son personas que no desean hijos y cuyas parejas no son conocidas por familiares, amigos ni compañeros de trabajo, independientemente del tiempo transcurrido de la relación, lo cual podría estar implicando, además, una ausencia de compromiso con la pareja.

### 5) La lógica del rechazo al preservativo

En esta lógica, que también podría incluirse en el estilo amoroso "ludus" en la tipología de Hendrick y Hendrick (1992), el tema del sida parece no estar instalado, ya que los sujetos que adhieren a ella no hablaron del tema con sus parejas, no piensan que corren riesgos, ni se han hecho la prueba del VIH.

Los argumentos que la avalan se orientan al "objeto preservativo", desviando el foco de preocupación del "objeto prevención". Podría decirse que se justifica el "no cuidado" a partir de una actitud negativa hacia el preservativo. Apoyan sus argumentos a favor de la no utilización del preservativo en uno de los mitos más frecuentes en torno a él: la disminución del placer que provoca su uso:

*Sin preservativo sentimos más profundo al amor... al colocarme el preservativo para mí el deseo no es el mismo...* (varón, 45 años, educación terciaria incompleta).
*Para mí usar preservativo es horroroso, me inhibe... Tiene que ser natural. Es hacerlo a medias...* (varón, 21 años, educación secundaria incompleta).

Algunos refuerzan su argumentación refiriéndose a la inseguridad que sienten a partir de alguna experiencia negativa que han tenido usando preservativo:

*Cuando lo usamos se rompió, era para reivindicar lo que me pasa... no puedo usarlo... además no sirve...* (varón, 21 años, educación secundaria incompleta).

Podría pensarse que la salud no constituye un valor orientador de las acciones de quienes siguen esta lógica, sino que más bien lo es la búsqueda de placer. Sin embargo, ésta se plantea de modo unilateral por parte del integrante masculino de la pareja. Se trata de parejas construidas en un marco asimétrico, en las que el varón detenta un grado de poder mayor por cumplir todas o algunas de las siguientes condiciones: provenir de un medio social superior, tener mayores ingresos, tomar las decisiones importantes y/o convencer a la pareja cuando quiere lograr algo y ella no está decidida.

Esta lógica es adoptada por varones sin variaciones por edad ni educación, que mantienen relaciones asimétricas, en las que concentran un mayor poder que sus parejas. Éstas, por su parte, se sienten imposibilitadas de negociar por no reconocer recursos propios suficientes para afrontar la asimetría de la relación.

### 6) La lógica de la pasión

Esta lógica se apoya en un componente muy fuerte de atracción física, aunque quienes la eligen dicen compartir "todos los aspectos de su vida y no sólo lo sexual". Cuando Giddens (1973) hace referencia al amor apasionado habla de una conexión entre el amor y la atracción sexual, denotando la urgencia que lo sitúa aparte de las rutinas de la vida cotidiana, lo que desarraiga al enamorado de lo mundano. Los que adhieren a esta lógica viven una compulsión erótico-sexual propia del estilo amoroso descripto por Hendrick y Hendrick (1992) como "manía". Este estilo está representado por mujeres que tienden a fusionarse con sus parejas aun a costa de perder su propia identidad; viven por y para la pareja.

En nuestro estudio, esta lógica es adoptada por mujeres de cualquier edad y educación que ponen un especial énfasis en el logro de relaciones sexuales muy intensas y satisfactorias, por lo que el preservativo es percibido como barrera o separación entre los cuerpos más que como obstáculo al placer.

A pesar de que subyacen argumentos provenientes de la lógica de la confianza absoluta, el tema del sida está instalado. Son mujeres que cuidan su salud, hablan del tema del sida, se sienten en riesgo y se han hecho la prueba del VIH; sin embargo, la ilusión de semejanza y afinidad total con aquellos a quienes aman es responsable de confusiones y "empastes" que llevan a confundir amor con entrega incondicional:

*Es una de las relaciones más íntegras... yo con él acepto cosas o hago cosas que con otra gente no hacía. El preservativo corta mucho todas las variantes que podés te-*

*ner... limita mucho. De todos modos le tengo plena confianza* (a la pareja)... (mujer, 24 años, educación secundaria completa).

*Me guío mucho por lo que siento, por la pasión que siento... en una relación estable hay mucha resistencia; si realmente amás a alguien te entregás absolutamente... es mucho más lindo sin nada. No es fácil por un lado entregarse a la pasión y por otro prevenir...* (mujer, 28 años, educación terciaria incompleta).

En muchos casos descalifican la seguridad del preservativo para reforzar sus argumentos:

*Supongo que cuando las relaciones son así apasionadas uno sabe que el preservativo no da un 100% de seguridad...* (mujer, 37 años, educación universitaria completa).

Puede decirse que el altruismo es un rasgo constitutivo de esta lógica, ya que quienes adhieren a ella reconocen hacer cualquier cosa por mantener la relación, aun a costa de poner en riesgo sus vidas. Se trata de vínculos establecidos en forma unidireccional, en los que la persona altruista es capaz de "entregarse" sin esperar ni reclamar retribución alguna; la incondicionalidad es la particularidad más saliente de este tipo de relaciones. El tema es, justamente, ofrecer "todo" a cambio de "nada":

*Es demasiado grande lo que me está pasando... yo me entregué toda... no dudo. El preservativo es una barrera, es como decir: estoy con vos pero hasta ahí... El no usarlo, ni siquiera proponerlo, es una manera de asegurarlo a él, de decirle que estoy con él... Es muy loco lo que digo, porque una cuestión es que tenga el sida, que me lo haya contagiado y yo estoy diciendo esto... es algo muy loco. Pero hasta te diría —estoy mal de la cabeza— pero si él tiene sida no me importaría a mí tener sida, lo amo tanto que bueno... si él se va a morir, bueno, yo también* (mujer, 32 años, educación secundaria incompleta).


*7) La lógica del deseo de un hijo*


Puede decirse que esta lógica está a mitad de camino entre las que suponen conductas no preventivas y las que no, dado que los que la siguen son personas que piensan y actúan con miras a cuidar su salud, que han hablado del tema con sus parejas, que se consideran en riesgo y que se han hecho la prueba del VIH. A juzgar por los datos tienen una actitud positiva hacia la salud, por lo que cabría suponer entonces que esta lógica podría tener un carácter transitorio y que una vez logrado el embarazo estas parejas asumirían alguna lógica preventiva posteriormente.

Según este razonamiento, se desvía el foco de preocupación del "objeto prevención" hacia otro objeto "el hijo". Subyace, además, la "lógica de la confianza", ya que también se argumenta en este sentido:

*Ahora dejamos de usarlo* (el preservativo) *porque queremos tener un hijo. Yo tengo confianza en que él no me va a engañar o por lo menos si me engaña supongo que se va a cuidar...* (mujer, 38 años, educación secundaria completa).

Transitan por esta lógica mujeres entre los 30 y 40 años de nivel secundario que transcurren por una relación estable con una gran compenetración entre los integrantes de la pareja y que visualizan la maternidad no sólo como realización personal sino como completud de la pareja.


## LÓGICAS ADOPTADAS POR LOS QUE SE CUIDAN DE LA INFECCIÓN POR EL VIH


### 1) La lógica del no compromiso

Se apoya en una concepción del amor como juego de seducción, de no asumir responsabilidades y, en muchos casos, de escaso compromiso afectivo, ya que no desean hijos ni tampoco sus parejas son conocidas por el entorno inmediato de familiares, amigos y compañeros de trabajo. Dicen transitar por una relación a la que consideran no demasiado importante y admiten que si se interrumpiera, les resultaría facil entablar otra relación:

*Ninguno de los dos busca un compromiso. Lo que menos quiero es ponerme de novia o estar en pareja en algo serio... No queremos nada formal. Él no me exige nada a mí y yo tampoco le exijo nada...* (mujer, 27 años, educación secundaria completa).

En este tipo de pareja el uso del preservativo parece indiscutible:

*En una pareja ocasional uno no lo ve* (al preservativo) *como traba porque no pone los sentimientos...* (mujer, 26 años, educación secundaria incompleta).

*Y... la persona no te atrae por otra cosa que no sea física. Con estas relaciones circunstanciales no se me ocurre no usarlo* (varón, 21 años, educación terciaria incompleta).

Podría pensarse en una actitud individualista por parte de quienes adhieren a esta lógica, ya que además hay en ellos un reconocimiento de ausencia de redes sociales, al admitir que no han recibido influencias de nadie en lo que concierne a la prevención del sida:

*No escucho a nadie, no soy de escuchar. Me cuido porque depende de mí... me escucho a mí misma para todo lo que hace a cuidados...* (mujer, 27 años, educación secundaria completa).

Esta lógica podría considerarse de carácter transitorio, ya que mirando retrospectivamente muchas de las parejas que actualmente siguen la lógica de la confianza, han iniciado su relación apoyándose en esta lógica del no compromiso:

*Nos cuidamos por prevención, como yo no lo conocía muy bien a él y él no me conocía muy bien a mí... para estar seguros...* (mujer, 32 años, educación primaria completa).

## 2) La lógica de la salubridad

Se basa en una aparente "obsesión" por la salud propia y la de la pareja. La prevención del sida se encuadra en esta percepción de vulnerabilidad corporal que los hace sentirse en riesgo constante:

*De todas las maneras que me puedo cuidar me cuido, soy bastante obsesiva con mi persona, pero también con la gente que quiero...* (mujer, 20 años, educación secundaria completa).

Esta lógica se observa en parejas que dicen estar transitando por una etapa de deterioro y que han entablado una relación asimétrica en la que el integrante de la pareja —sea el varón o sea la mujer— "obsesionado" por la salud, es el que convence al otro cuando quiere algo, y la prevención de la infección por el VIH es uno de los motivos de discusión y hasta de ruptura, en algunos casos:

> *Yo me cuido mucho y soy bastante pesada con él con el tema del sida, siempre le insisto que se cuide pero me estoy cansando y voy a decir basta...* (mujer, 27 años, educación secundaria completa).

En todos los casos se trata de sujetos que se sienten menos comprometidos afectivamente de lo que lo están sus parejas.


### 3) La lógica del temor

Las que adhieren a esta lógica son mujeres que han tenido contacto directo con amigos y/o familiares enfermos o que han muerto de sida. En ellas se observa una percepción de vulnerabilidad social, o sea que se perciben en riesgo en mayor medida que otros por la proximidad concreta de la enfermedad que las ha enfrentado con la muerte:

> *Yo le tengo pánico a la muerte y no sólo a la muerte sino al sufrimiento por la enfermedad. Me dan muchísima lástima los amigos que tengo que tienen sida...* (mujer, 38 años, educación universitaria completa).

> *Tengo dos amigos y el hermano de mi ex novio que murieron de sida, ahí me di cuenta que existía y que estaba cerca... muy cerca...* (mujer, 36 años, educación universitaria completa).

> *Durante el transcurso de esta relación se murió el que era casi mi mejor amigo... Yo no usaba preservativo... ahora lo tengo en la mesa de luz...* (mujer, 28 años, educación universitaria incompleta).

Incluso muchos de ellos tienen más presente el tema de una eventual infidelidad de la cual quieren protegerse:

> *Después de esa muerte me di cuenta que teníamos que recapacitar en el tema del sexo... No podés confiar tu vida*

*a la fidelidad de tu pareja...* (mujer, 28 años, educación universitaria incompleta).

Los que adhieren a esta lógica no hablan del tema en lo cotidiano pero sí se hacen periódicamente la prueba del VIH. Transitan por una relación de pareja que denominan "estable" con una gran familiaridad entre ambos integrantes de la pareja.

### 4) La lógica de la protección del otro

Esta lógica se apoya en el cuidado y la protección del otro, siendo el cuidado de uno mismo una consecuencia. El objeto de la conducta preventiva no es el sujeto mismo sino la pareja, aunque las personas que se incluyen en esta lógica reconocen también cuidar su propia salud; hablan del tema del sida con sus parejas y se han hecho la prueba del VIH:

*Cuando estás con alguien con una relación muy fuerte te cuidás para cuidarlo... Está toda la cosa del afecto... y por eso uno se tiene que cuidar...* (varón, 30 años, educación universitaria completa).

*Cuido a los que me quieren, no quiero provocarles dolor... Me odiaría de por vida si les provocara algún dolor...* (varón, 36 años, educación terciaria completa).

Eligen esta lógica varones universitarios entre los 30 y 40 años con una concepción altruista del amor. Se trata de varones que asumen un rol protector con sus parejas resguardándolas, o al menos intentando hacerlo, de todo riesgo.

### 5) La lógica del "empoderamiento"

Esta lógica se instala en parejas que transitan por una relación asimétrica favorable a la integrante femenina, por cumplir todas o algunas de las siguientes condiciones: provenir de un medio social superior, tomar las decisiones importantes, tener mayores ingresos, convencer a la pareja cuando quiere algo y el otro no está decidido. Se trata de mujeres que, apoyadas en la posesión de mejores recursos en relación con su pareja, han podido negociar un "sexo sin riesgos" sin temor a ser incriminadas o abandonadas por ello.

Por lo general, hablan del sida con sus parejas, se han hecho la prueba del VIH y tienen asumido el uso del preservativo hasta el punto de mencionarlo espontáneamente cuando se les pregunta si hacen algo para cuidar su salud. Cabría señalar que este razonamiento está orientado a la prevención no sólo de la infección por el VIH sino del embarazo:

*Yo creo que lo usa porque tiene miedo de que yo quede embarazada y le haga algún lío... pero aparte de eso también por la enfermedad... Él sabe que estoy sola y puedo salir con otras personas... que tengo más libertad que él que está casado...* (mujer, 47 años, educación primaria incompleta).

Esta lógica se ve reforzada en los casos en que la mujer reconoce no estar muy comprometida afectivamente, por lo que se siente más libre de poder solicitar el uso del preservativo sin temor a ser abandonada por su pareja:

*A veces no quiere* (colocarse el preservativo) *pero yo se lo pongo igual... si no... nada...* (mujer, 25 años, educación secundaria incompleta).

*Piensa que si muestra los dientes todo el mundo arruga, pero yo tengo más dientes... Entonces hablamos... y entra en razones y se lo pone. Aprecio mucho mi vida para jugármela en una cama...* (mujer, 37 años, educación primaria completa).

Una entrevistada que actualmente ha adoptado el uso del preservativo en sus encuentros sexuales se refiere a las razones por las que no se cuidó en otras oportunidades:

*Me convencía, sabía cómo seducirme y lograr lo que quería... Creo que no cuidarme fue un boicot que me hice, creo que tenía la autoestima por el piso. Ahora... si me dicen que no... pego la vuelta y me voy...* (mujer, 44 años, educación universitaria completa).

El siguiente comentario se realiza en el mismo sentido desde la perspectiva masculina:

*Por ahí me pasó que yo no tenía ganas de usarlo y les da igual..., la mujer no lo pide, o tiene miedo a decir que no, que sin preservativo no. No sé si es miedo a perder la pareja, la relación o qué pero... No sé cómo será con las mujeres más grandes, yo estoy hablando de chicas que te-*

*nían 21 y 19 años...* (varón, 22 años, educación secundaria completa).

Las *lógicas adoptadas por los que no se cuidan del riesgo de la infección del VIH* y *las adoptadas por los que sí se cuidan* revelan dos tipos de escenarios de pareja. El primero se caracteriza por un sistema íntimo fuerte, en el que la devoción al otro o la idea misma de la pareja son rasgos prioritarios. Se busca en él la fusión con el otro, aunque ella sea fugaz. Los que adhieren a estas lógicas de no cuidado constituyen un continuo en cuyos polos podemos encontrar características propias de dos estilos amorosos caracterizados por Hendrick y Hendrick (1992): "manía" (amor pasión) en un extremo y "ludus" (amor juego) en el otro extremo.

El segundo escenario, constituido por las lógicas adoptadas por los que sí se cuidan, se caracteriza por un sistema íntimo débil, que coexiste por lo menos en un pie de igualdad con otros intereses sociales y otras valoraciones. Como caso extremo se hace un culto en él de la autorrealización y de la preservación de la diferenciación. También se observa heterogeneidad entre los que adhieren a estas lógicas de cuidado, particularmente en lo que se refiere al compromiso afectivo entre los integrantes de la pareja. Por un lado, tenemos a quienes asumen un compromiso de tal intensidad que el cuidado de uno mismo es una mera consecuencia del cuidado de la pareja; por el otro, la relación ha alcanzado tal deterioro afectivo que el cuidado surge como protección con respecto al riesgo que implica la propia pareja para sí mismo. Podría decirse que los primeros se protegen *para* el otro y los últimos se protegen *del* otro.

El análisis de las "lógicas" desarrolladas por los entrevistados en relación con el riesgo de infección por el VIH pone de relieve que la modificación de la conducta en el sentido de la prevención tiene lugar o no según cuál sea el sistema social íntimo que se da en la pareja. Es ese sistema el que regula la entrada o no entrada de estímulos del afuera referidos a la necesidad de protección frente al riesgo.

En la medida en que el sistema social íntimo se define como amoroso más que como sexual se tenderá a rechazar el preservativo, asociado con lo puramente sexual, como se desprende de los datos, y se admitirá el riesgo en todo caso como un resabio del pasado, a través del reconocimiento de la existencia de parejas anteriores potencialmente riesgosas.

La invasión de la realidad cotidiana, representada por la posibilidad del riesgo actual vía la infidelidad, no puede entrar en el horizonte del sistema social íntimo más que a costa de tornarlo frágil. En consecuencia, debe apartarse la idea del riesgo posible, en salvaguarda del sistema social íntimo.

Los datos recogidos han permitido comprender mejor los puntos de vista de las personas y el peso del tipo de interacción en la pareja sobre la decisión de adoptar o no medidas de protección frente a la infección por el VIH. Abonan, también, por la necesidad de cambiar el abordaje de la temática desde un enfoque individual a un enfoque orientado social e interaccionalmente, que privilegie los elementos contextuales de las decisiones en torno a lo sexual.

La posibilidad de admitir el riesgo de la infección por el VIH como proveniente de experiencias pasadas abre el resquicio para proponer un contrato que resguarde el sistema social íntimo: la realización de la prueba del VIH por ambos miembros de la pareja como requisito contractual para abandonar el uso del preservativo, que se acepta en la primera fase de una relación.

CAPÍTULO 4

# LA PRUEBA DEL VIH COMO ESTRATEGIA DE LA POBLACIÓN FRENTE AL RIESGO DE INFECCIÓN[1]

ANA LÍA KORNBLIT Y ANA MARÍA MENDES DIZ

1. Una versión de este trabajo se presentó en las Terceras Jornadas Nacionales de Debate Interdisciplinario sobre Salud y Población, Buenos Aires, septiembre de 1999. La investigación que dio lugar al capítulo fue financiada por la Agencia Nacional de Investigaciones Científicas y Técnicas (Proyecto BID 802-OC/AR-PICT 00021). La Lic. Liliana Giménez colaboró en el trabajo de campo.

En este capítulo se analizan los datos referidos a un aspecto de la gestión frente al riesgo del sida por parte de la población general: la realización de la prueba del VIH. Para ello, además del análisis de los datos que se recogieron a partir de la aplicación de un cuestionario con preguntas cerradas y abiertas,[2] se agregó la realización de cuatro grupos focales seleccionados según sexo y niveles socioeconómicos, en los que se reflexionó específicamente acerca de las ventajas y desventajas que percibían los participantes respecto de la realización de la prueba del VIH. Se realizaron cuatro grupos, conformados del siguiente modo:

1.  Grupo de 9 mujeres de clase media: 5 con estudios universitarios completos y 5 con estudios universitarios incompletos. Intervalo de edad: entre 25 y 32 años. En cuanto al estado civil: 6 solteras, 1 separada y 2 unidas.
2.  Grupo de 8 varones de clase media: 3 con estudios universitarios completos, 3 con estudios universitarios incompletos y 2 con estudios terciarios. Intervalo de edad: entre 25 y 40 años. En cuanto al estado civil: 6 solteros y 2 unidos.
3.  Grupo de 11 mujeres de clase baja: 7 con estudios secundarios incompletos y 4 con estudios primarios completos. Intervalo de edad: entre 25 y 40 años. En cuanto al estado civil: 3 solteras, 6 unidas y 2 separadas.
4.  Grupo de 10 varones de clase baja: 1 con estudios secundarios incompletos y 9 con estudios primarios completos. Intervalo de edad: entre 27 y 40 años. En cuanto al estado civil: 4 solteros, 3 unidos y 3 separados.

2. Datos comentados en los capítulos 2 y 3.

El estudio confirmó resultados de otras investigaciones realizadas dentro y fuera del país, en cuanto a que el uso del preservativo por parte de la mayoría de la población se limita a algunas situaciones específicas: las primeras relaciones, las relaciones con parejas circunstanciales, las relaciones en las que interviene el dinero y las relaciones fuera de la pareja estable.

Sin embargo, la preocupación por el sida existe y lleva a que muchas personas adopten otras formas de cuidado, aunque ellas pueden representar en ocasiones protecciones imaginarias o protecciones que brindan sólo un cierto margen de seguridad.

Una de estas "otras" formas de protección a las que la población recurre es la realización de la prueba del VIH, que consiste, como se sabe, en la comprobación serológica de la presencia o ausencia de anticuerpos contra el virus.

Nuestro interés por el tema surgió a partir de la comprobación, en estudios anteriores, del alto porcentaje de personas que manifestaban haberse realizado la prueba, que alcanzó en el Área Metropolitana de Buenos Aires a más del 27% de las personas sexualmente activas de 18 a 50 años.[3]

El propósito en este trabajo es analizar tanto las razones para no hacerse la prueba como las motivaciones para realizarla por parte de las personas entrevistadas, cuyo resultado fue negativo. Si bien ese porcentaje incluye a las personas que realizaron la prueba no voluntariamente (por ejemplo al donar sangre, a raíz de una operación o en exámenes médicos laborales), un porcentaje importante declaró haberse realizado el test voluntariamente (alrededor del 20%).

Muchas veces la prueba es incorporada al chequeo médico de rutina o se realiza como parte de los controles de salud en el ámbito laboral. Respecto de este punto se acepta el hecho de que la prueba sea realizada sin que la persona sea consultada previamente, como si se desconociera la ley al respecto, que establece la obligatoriedad de tal consulta. En algunos casos se supone que se realiza como parte de dichos controles y que en el caso de que resultara positiva, la persona sería notificada.

3. El estudio de referencia fue realizado con una muestra representativa de la población, en 1997, cuyos resultados se presentan en el capítulo 1.

La donación de sangre es usada en ocasiones como subrogante en relación con la prueba del VIH, dado que se supone que ella es realizada como parte de los análisis para verificar que la sangre es usable. Aquí el supuesto pasa por suponer que de existir infección, la persona sería puesta sobre aviso:

*No me preocupé por averiguar, pero no me avisaron nada* (hombre, 38 años, clase media).

Hay que tener en cuenta que la realización voluntaria de la prueba del VIH implica pensar en la posibilidad de haber contraído la infección. Por lo tanto, la decisión supone como condiciones: a) tener información acerca de las situaciones de riesgo con respecto a la infección; b) asumir que se ha protagonizado alguna de esas situaciones de riesgo; c) querer saber si esa/s situación/es de riesgo llevaron a la infección; d) plantearse a partir del resultado cambios para el futuro vinculados a la repetición de las situaciones de riesgo o simplemente evaluar las situaciones pasadas, sin extraer de ellas implicaciones para otras situaciones futuras.

En las personas entrevistadas que realizaron voluntariamente la prueba se cumplían las cuatro condiciones planteadas previamente, con la particularidad de que en la mayor parte de los casos la prueba tenía el significado de un diagnóstico referido a situaciones pasadas, más que implicar cambios con respecto a situaciones futuras.

Esta comprobación nos llevó a plantearnos los significados posibles de la realización de este procedimiento diagnóstico, así como el interrogante de cuáles son los episodios de riesgo en relación con la infección por el VIH que llevan a las personas a querer evaluar su seroprevalencia.

Del análisis de las respuestas a este interrogante surgió la siguiente tipología:

I. SIGNIFICADOS DE LA PRUEBA DEL VIH
PARA LAS PERSONAS QUE ESTÁN A FAVOR
DE LA REALIZACIÓN DE LA MISMA


1. *La prueba como evaluación de un posible
remanente de una relación pasada valorada
en la actualidad negativamente*

Los episodios que llevan a realizar la prueba son en este caso fundamentalmente el haber mantenido relaciones sexuales sin preservativo, y particularmente con personas con las que la relación se ha interrumpido. Parecería, pues, que la prueba surge en un momento en el que se instala la reflexión acerca del riesgo posible de un vínculo, cuando éste ha finalizado. Tendría así el significado de averiguar hasta qué punto dejó "marcas" biológicas una experiencia pasada, examinada las más de las veces críticamente, como surge de los siguientes comentarios:

> *Mi pareja me dejó y era bastante embromada, entonces ahora me gustaría hacerme un análisis para ver si no estoy enferma* (mujer, 35 años, clase baja).
> *Cuando me separé me enteré que me corneaba, el desgraciado, y ahí me hice la prueba* (mujer, 40 años, clase media).


2. *La prueba como pasaporte para una nueva relación*

En otros casos (especialmente en la clase media) la prueba se propone a partir de una relación nueva, y en este caso la realizan en general ambos miembros de la pareja. Si ambos resultados son negativos se establece un contrato en el que, además de hacer algo así como "borrón y cuenta nueva", los dos se comprometen a "cuidar al otro", usando preservativos en una eventual relación fuera de la pareja (*"en el caso de un momento de flaqueza"*; *"por algún desliz"*; *"un accidente"*; *"una aventurita"*).

Se trata así de un pacto en relación con el futuro y de un blanqueo en relación con el pasado que se toman como garantías para una mayor libertad sexual en el presente, en el escenario de la pareja estable.

*Yo, por ejemplo, si conozco a un tipo me parece una forma de prevenirse hacerme el análisis yo y que se lo haga él, si consideramos que vamos a empezar algo* (mujer, clase media, 30 años).

Se trata también de plantear la equiparación de ambos miembros de la pareja en cuanto a las experiencias pasadas, lo que hace que en ocasiones uno de ellos se someta a la prueba aun cuando puede estar seguro de no tener motivos para realizarla.

*Yo lo acompañé y me la hice yo también. Yo sabía que no tengo nada ni tengo nada pero... por si dudás de mí acá tenés... A mí me parece lo más correcto* (mujer, clase media, 28 años).

Es interesante que sólo raramente surge en el imaginario el escenario en el que, al hacerse los dos miembros de la pareja la prueba, el resultado es positivo para uno de ellos. La expectativa es en estas personas que los resultados sean negativos, por lo que podría pensarse que sería como un "reaseguro" frente a la secreta seguridad de que el virus no está presente en ninguno de los dos.

En los pocos casos en que se plantea la posibilidad de la serodiscordancia, surge claramente la disyuntiva de continuar o no la pareja, en cuyo caso el procedimiento diagnóstico adquiere el peso de gravitar fuertemente sobre la vida afectiva, que se pone por detrás de la valoración de la salud.

*Si se detecta que uno es portador le sirve para tomar la decisión de continuar o no la pareja...* (mujer, clase baja, 31 años).


## 3. La prueba como procedimiento preventivo y no diagnóstico

Se advierte que en el imaginario de algunas personas la prueba equivale a un procedimiento preventivo y no diagnóstico, lo que lleva a pensar en la existencia de una confusión, producto de considerar el diagnóstico como un elemento en sí mismo preventivo, en lugar de poner el acento en el eventual riesgo presente en ciertas prácticas. Uno de los entrevistados, por ejemplo, expresó:

*Me la hago habitualmente una o dos veces al año. Quie-*

*ro mucho a mi gente, a los que me quieren, y no quiero
provocarles dolor... y yo me odiaría de por vida por provocarles dolor* (hombre, 29 años, clase media).

El planteo no parece ser en este caso dejar de realizar prácticas que puedan provocar daños capaces de perjudicar la salud y
de ese modo perjudicar a los que se ama, sino simplemente realizar el diagnóstico para *saber* si esto ocurrió o no, y así, aparentemente, exorcizar el mal.

Lo mismo se observa en los siguientes testimonios:

*¿Hasta qué punto somos todos conscientes y nos hacemos
la prueba en forma responsable, es decir, cada tres o
cuatro meses? Creo que nadie, que la gran mayoría no lo
hacen. Todos caemos en eso de no hacerla consecuentemente* (hombre, 32 años, clase media).

*Puede llegar a ser eficaz si uno lo plantea con una determi-
nada periodicidad, no hay que dormirse en los laureles, si
no termina no funcionando* (mujer, 27 años, clase media).

En estos ejemplos se observa claramente que se pierde el en-
lace entre la prueba y las posibles situaciones de riesgo vividas,
lo que llevaría a que se cuestionaran las prácticas que originan tales situaciones de riesgo. En cambio, al autonomizarse en relación
con ellas, la prueba se transforma en un instrumento de control
del tipo de un examen de laboratorio común, de sangre o de ori-
na, por ejemplo, para los que las prácticas del sujeto son en buena medida indiferentes. Este significado de chequeo de rutina, di-
vorciado de las situaciones de riesgo vividas, se ejemplifica en los
siguientes testimonios:

*Yo me la hago cada año y medio o cuando me acuerdo*
(hombre, clase media, 39 años).

*Me hago la prueba periódicamente, por control, aunque
me cuide siempre* (mujer, clase media, 31 años).

*La forma de prevención es justamente controlándote con
la prueba, para prevenir* (mujer, 35 años, clase baja).


*4. La prueba como diagnóstico de aptitud para tener hijos*


Para algunos entrevistados es importante conocer su estado
serológico con miras a la posibilidad de ser padres, en la medida

en que permite conocer el diagnóstico de seroprevalencia que, en el caso de ser positivo, podría transmitirse a un hijo:

> *No quiero traer hijos enfermos a este mundo* (hombre, 34 años, clase media).

El hecho de que los entrevistados no hicieran en este aspecto diferencias en cuanto a que para estos fines debería ser la mujer la que se hiciera la prueba, hace pensar que no se tiene en cuenta el hecho de que la transmisión del VIH es por vía materna. Se trata, como en muchas otras instancias, de que se posee seguramente la información, pero cuando se salta a la involucración directa de los actores dicha información se torna difusa.

### 5. La prueba como acto de amor/responsabilidad

En algunos casos la prueba se plantea como necesidad de conocer el propio diagnóstico para que, en el caso de que sea positivo, no transmitir la infección a la pareja:

> *Yo si estoy infectada no quisiera que mi marido se infecte; yo tendría terror de que él se infecte* (mujer, 42 años, clase baja).

> *El hecho de hacerse un test implica el amor y la pasión por alguien; el temor de que alguien se infecte* (varón, 31 años, clase media).

Una variante de esta motivación para realizar la prueba es la responsabilidad de no contagiar a otros (en general, no necesariamente la pareja estable) en el caso de ser VIH positivo. Este argumento surgió con mayor fuerza entre las mujeres y en los grupos de la muestra de clase baja.

> *Sería mejor hacerse la prueba y saber, para poder luchar contra la enfermedad; yo tengo hijos...* (mujer, clase baja, 40 años).

> *Si vos tenés sida tenés que tratar de que no lo tengan los demás, no contagiarlos...* (mujer, clase baja, 34 años).

### 6. *La prueba como diagnóstico precoz*

En esta significación, que surge pocas veces, la prueba es vista no en relación con la pareja, como en la mayoría de los significados anteriores, sino como elemento diagnóstico que, en el caso de mostrar una seroprevalencia positiva, permita iniciar un tratamiento precoz. Se pone el énfasis en este caso en los avances médicos, que han posibilitado una mayor expectativa de vida y una mejor calidad de vida para las personas que viven con el VIH.

> *Con los adelantos que hay si lo detectás en un principio podés seguramente hacer mejores tratamientos* (mujer, clase media, 38 años).

Pensamos que este significado de la prueba surge con menos frecuencia en la muestra del estudio porque se trata de personas que no pertenecen a los grupos más vulnerables a la infección, por lo que aun cuando buena parte de los que pertenecen a los sectores medios la ha realizado o está dispuesto a realizarla, el horizonte de la posibilidad cierta de un diagnóstico positivo para el VIH permanece alejado.


## II. SIGNIFICADOS DE LA PRUEBA PARA LAS PERSONAS QUE ESTÁN EN CONTRA DE LA REALIZACIÓN DE LA MISMA

### 1. *La evitación de la prueba por las emociones negativas ligadas a ella*

El *temor* vinculado a la posibilidad de un diagnóstico de seropositividad, en el que se combinan el temor a la muerte y al sufrimiento físico y psíquico es el principal rechazo a la idea de hacerse la prueba.

No deja de estar presente en este rechazo la consideración del tiempo de espera que demanda la obtención del resultado, que se percibe como una espera que puede tornarse demasiado angustiante.

El *no saber* se convierte para algunas personas en una protección, como si un diagnóstico positivo tuviera una capacidad destructora:

*Le mandaron a hacer el VIH y le dio positivo. Ahí se deprimió muchísimo y al año falleció, pero muy relacionado con la depresión, y si ella no se lo hubiera hecho no sé si se moría* (hombre, 29 años, clase media).

Obviamente para estas personas el tratamiento médico no ofrece esperanza alguna, y más bien sería inocuo, cuando no perjudicial, dado que se desprende del testimonio anterior que si los médicos no hubieran indicado la necesidad de realizar la prueba, la persona aún seguiría con vida.


### 2. La evitación de la prueba por el temor a la discriminación

Especialmente en los sectores sociales bajos el diagnóstico de seropositividad trae aparejado un fuerte temor a la "muerte social", más allá de la muerte física, que recuerda además de las enfermedades que históricamente provocaron el ostracismo de las personas que las sufrían, como la lepra, otras situaciones social y moralmente censuradas:

*El miedo por el qué dirán; mucha gente puede llegar a decir que por algo fue, que uno anda escondiendo algo* (mujer, clase baja, 28 años).

Así como la subversión fue algo a esconder en nuestro pasado reciente, otros aspectos ligados a identidades o prácticas no aceptadas por el orden moral vigente y en esa medida reprobadas, como la prostitución o la homosexualidad o simplemente la infidelidad, serían aspectos delatados por el VIH. La discriminación de las personas que viven con él sería así un aspecto del control social, vivido más descarnadamente en los sectores populares, cuyas varias precariedades hacen que sus integrantes tengan una mayor necesidad de sentirse parte de un colectivo que los acepte. El temor a la "contaminación" física se extiende a la "contaminación" social, como se observa en el siguiente testimonio:

*El año pasado murió un nene de sida y el colegio se paralizó, pero nadie fue al velorio. Inclusive vemos a los familiares y nos da vergüenza mirarlos a la cara y hablar de eso* (mujer, clase baja, 44 años).

### 3. La evitación de la prueba por temor a la pérdida de la pareja

Especialmente entre las mujeres plantear a la pareja la posibilidad de realizar la prueba implica en algunas ocasiones introducir un elemento conflictivo lo que, en una relación percibida como inestable, se tiende a evitar. Se trata por lo general de mujeres que anteponen la pareja a otras necesidades y por lo tanto están dispuestas a correr riesgos antes que poner en peligro la continuidad de la relación. De hecho, el tema de la prueba implica la aparición en el escenario de la pareja de un tercero virtual: un espectro del pasado que puede haber dejado una marca que se actualiza con el diagnóstico o un temido triángulo presente que se oculta. Como tal, puede ser vivida con el suficiente tenor de conflicto como para evitarla:

*...en el medio de una pareja es difícil decir: bueno, nos vamos a hacer el análisis. Hay gente que lo toma muy mal...* (grupo de mujeres de clase media).

*Vos podés saber lo que hacés con tu sexualidad pero no qué hace el otro. Podés confiar en tu pareja pero...* (grupo de varones de clase media).

En los hombres de clase baja surge con mayor intensidad el temor de perder la oportunidad de un encuentro amoroso si plantean el tema, que aparece así en el contexto de relaciones ocasionales y en referencia a la competencia con otros hombres:

*Si vos agarrás una mujer y le pedís el análisis, cuando se lo pedís ya se fue con otro* (grupo de varones de clase baja).

*Lo que pasa es que por ahí estás emocionado en el momento y no podés... no la querés perder* (grupo de varones de clase baja).

Estos testimonios dan cuenta también de un sentido de la temporalidad diferente para estas personas, para las que el amor se juega más en términos de vivencias presentes que futuras.


### 4. La evitación de la prueba por desconfianza en el sistema de salud

Especialmente en los sectores populares la desconfianza en el sistema de salud hace que se extienda la idea acerca del riesgo de transmisión por el compartir jeringas, entre los consumidores de drogas, a las prácticas hospitalarias:

*Hay lugares que hay falta de higiene, no sabés si las agujas son descartables, uno desconfía... por ahí al hacerte el análisis* te inyectan *con una aguja que ya usaron* (grupo de varones de clase baja).

En los sectores medios la desconfianza está más orientada a la relatividad de los resultados de la prueba:

*Te puede dar un falso positivo y ¿entonces qué?* (grupo de mujeres de clase media).

*Tenés que seguir cuidándote porque la enfermedad puede estar y es mentira el resultado del estudio* (grupo de mujeres de clase media).

La crítica al sistema de salud se extiende también a la forma en que se transmite el resultado de la prueba, a la que califican de despersonalizada. Esta falta de contención por parte de dicho sistema es otro de los motivos que no alientan su realización:

*Yo me enteré por teléfono del resultado* (grupo de mujeres de clase media).

*Yo llegué a mi casa y estaba el sobre arriba de la mesa. Por suerte era negativo* (grupo de mujeres de clase media).


*5. La no realización de la prueba por su falta de accesibilidad*

Especialmente en los sectores populares surgen como motivos para la no realización de la prueba barreras basadas en factores económicos, de tiempo y hasta geográficas.

*Por ahí vas a una salita y te dicen que no, que la prueba te va a salir tanto y bueno... uno trabaja y no alcanza para eso* (grupo de varones de clase baja).

*En realidad es mejor no enterarse si tenés VIH porque total no vas a poder pagar los remedios* (grupo de varones de clase baja).

*Para hablar de la prueba hay que hablar de los hospitales, que tenés que esperar horas y encima corrés el riesgo de atravesar toda una villa para llegar al hospital* (grupo de mujeres de clase baja).

Como se ve a partir de estos testimonios, la realidad cotidiana de estas personas se les impone a tal punto con sus restricciones que les impide plantearse la inversión necesaria de dinero, tiempo y energía para un procedimiento diagnóstico acerca de un mal hipotético, que como tal no está enmarcado en las exigencias del presente. En efecto, la prueba representa el deseo de averiguar si en el futuro aparecerán los síntomas de una enfermedad que en la actualidad es virtual y en esa medida puede ser vivida como una digresión con respecto al deber hacer cotidiano.

*6. La no realización de la prueba por negación
o desestimación del riesgo pasado o presente*

La negación del posible riesgo corrido en relaciones sexuales sin protección se basa en cinco argumentos:

a)   El haber tenido siempre relaciones estables: se niega en este caso la posibilidad de la infidelidad de las parejas anteriores
*Yo tenía aventuras, pero estoy segura que mi ex marido
no las tenía y como yo me cuidaba...*(mujer, 40 años, clase media).

b)   La atribución de seguridad a la pareja a partir del prejuicio de suponer la ausencia en ella de conductas de riesgo, basándose en una cierta identidad o ciertos factores protectores:
*Yo estoy seguro que ni yo ni ella, por la familia de ella,
mi familia. La familia de ella yo veo que se ocupan todo
el tiempo de ella* (hombre, 29 clase media).

c)   La confianza depositada en la pareja, aunque en ocasiones se observan contradicciones no advertidas por los entrevistados con respecto a ella, como en el siguiente testimonio:
*No me hago la prueba porque sé que él se la hace una vez
por año y porque creo que me es fiel; estoy tranquila, sé
que está conmigo y me siento segura, confío en él* (mujer,
35 años, clase media).

d)   En otros casos la prueba no se realiza porque se establecen diferencias en cuanto al riesgo según distintas circunstancias y personas, sin que se entiendan bien sus fundamentos, como se observa en la siguiente frase:
*Él era una persona que no estaba muy expuesta. Empezó
a tener parejas afuera cuando dejó de funcionar la pa-*

*reja de él, o sea la esposa. No era una persona como mi marido, que yo tenía miedo porque tenía varias* (mujer, 45 años, clase media).

e)  Por otra parte, el riesgo puede ser desestimado, no tenido en cuenta por *"la atracción por el afecto"*, como lo expresa una entrevistada:

*Él hace unos años tuvo una relación con una mujer y ella murió de sida. Después se hizo un Elisa y dio negativo, pero supuestamente se tendría que hacer otro, por eso no quería tener relaciones conmigo, porque es como que me quiere y no quiere que me pase nada, pero yo me entregué toda, no dudo* (mujer, 31 años, clase media).

En estos casos la afectividad y específicamente el anhelo de ser amada, característico de la subjetividad femenina, empañan toda otra consideración que atañe a otras preocupaciones, como la salud.

## 7. La no realización de la prueba por errores en la información

La prueba no se realiza por errores de información en relación con la diferencia entre la seropositividad y la enfermedad sida, como se observa en los siguientes testimonios:

*...la manifestación del sida vendría en pocos meses y si uno tiene una pareja estable varios años tendría una manifestación de sida y va y averigua y confirma si lo tiene o no. Si estuviste con una pareja estable y no tenés manifestación exterior del sida, no lo tenés* (hombre, 28 años, clase baja).

*...yo no creo tener nada, no tengo ningún síntoma de sida; es una enfermedad que puede estar latente muchos años, pero siempre se manifiesta de alguna manera... las manchas y eso y yo no tengo ninguno de esos síntomas* (mujer, 32 años, clase baja).

Del análisis de las motivaciones a favor y en contra de la realización de la prueba del VIH surge claramente que ella adquiere significaciones diferentes para los sectores poblacionales medios y bajos. Para los primeros la prueba tiene un significado muchas veces positivo, en cuanto a que abre las puertas para el ejercicio de una sexualidad más libre con una pareja estable. El diagnóstico de seronegatividad remite entonces a una época en la que el cuidado en las relaciones sexuales se limitaba a la anticoncepción, desprovisto de las connotaciones de enfermedad y muerte que el sida ha instalado en las relaciones no protegidas. Se trata, pues, en este caso, de un salvoconducto para una sexualidad más libre en el seno de la pareja, aunque limitada en cuanto a posibles terceros.

Para los sectores populares, en cambio, es claro que no está dada la accesibilidad a la prueba, que se convierte en un procedimiento diagnóstico conocido pero no practicado, debido a las restricciones vinculadas con el sistema de salud, en cuanto a que se presupone que la prueba no es gratuita cuando se la busca voluntariamente, y a otras limitaciones dadas por factores de tiempo, lejanía, etcétera.

Por otra parte, en estos sectores está muy presente la idea del diagnóstico como necesidad para evitar la transmisión del virus, mientras que en los sectores medios adquiere mayor fuerza la idea de la necesidad del diagnóstico precoz con miras a una mejor evolución de la enfermedad y el logro de una mayor calidad de vida.

Podría vincularse esta diferencia con una mayor vigencia de la comunidad en los sectores sociales más bajos, evidenciada también en el énfasis puesto en estos sectores en relación con el temor a la estigmatización que trae aparejado el diagnóstico de seropositividad, como si fuera un fantasma más temido que la muerte biológica.

En términos generales, y tal como lo plantean Lupton *et al.* (1995), pueden identificarse dos tipos de discursos diferentes en torno a la prueba del VIH:

1   ella se vincula con sentimientos de vulnerabilidad personal y con la necesidad de mantener la integridad corporal;
2   ella se vincula no con la aceptación del individuo de su riesgo personal sino con otras razones, entre las que figuran:
    - el haber sido exhortado por otros, por lo que es vivida casi como algo administrativo;
    - el considerar la prueba como una medida "sensata" en términos de la negociación de contratos sexuales;
    - el considerarla como un acto "responsable", cumpliendo con ella como un control médico más.

En consecuencia, como dicen los mismos autores, puede decirse que la prueba se ha transformado en un ícono cultural que sirve para simbolizar el compromiso y la fidelidad en algunas situaciones, como evidencia de la integridad corporal y como ritual para reducir la ansiedad generada por un riesgo percibido como fuera de control, en otras.

Finalmente, el estudio confirma la vigencia de lo expresado por el modelo de las representaciones sociales acerca del anclaje de nuevos conocimientos y prácticas en los esquemas existentes en un momento dado en una sociedad dada, por lo que la prueba del VIH se enraiza en una red de significaciones previas otorgadas a otras prácticas médicas diagnósticas. En esa medida en ocasiones no se distingue su especificidad, que consiste, a diferencia de algunas de esas otras prácticas, en que anticipa el conocimiento acerca de un proceso que tiene lugar en el organismo mucho antes de que este proceso se exprese sintomáticamente, siendo dicho proceso una consecuencia de conductas que podrían haber sido evitadas (por lo menos en su gran mayoría).

Esta especificidad se integra cognitivamente al conjunto de conocimientos "médicos" preexistente de los individuos, es interpretada en función de los marcos más amplios de su particular concepción del mundo y orienta su conducta en los aspectos atinentes a la decisión de realizar o no la prueba y a las decisiones posteriores al resultado de la misma. Esperamos haber mostrado que las diferentes significaciones descriptas que se le otorgan surgen en relación con las identidades individuales y de género y con las posiciones sociales de los sujetos que las forjan.

# CAPÍTULO 5

# ALGUNAS CONCLUSIONES

Ana Lía Kornblit

Como es obvio, los datos que acabamos de presentar en los anteriores capítulos tienen sentido especialmente si sirven como insumos para intervenciones preventivas.

En torno a la prevención del sida, la pregunta clave es ¿qué es lo que hace que las personas, conociendo las vías de transmisión del VIH y los modos de protegerse, adopten comportamientos que pueden calificarse objetivamente como riesgosos? Planteado de otro modo la pregunta podría formularse del siguiente modo: ¿qué es lo que hace que se aparten de la lógica sanitaria? (Bajos y Ludwig, 1995). Desde estos interrogantes la conducta de riesgo es categorizada como "irracional" con respecto al cuidado de la salud.

En esta conceptualización se presupone que la protección de la salud es lo más importante para un individuo. Se dejan de lado así otras "racionalidades" posibles que pueden explicar tal conducta, como el temor a la soledad, la presión del grupo de pares, etcétera. Estas otras racionalidades provienen de procesos interactivos de los que se desgranan valoraciones y normas. Éste es el aporte más importante de la psicología social al estudio de las "conductas de riesgo en relación con el VIH". Solamente jerarquizando las "apropiaciones" que los grupos sociales realizan de las prescripciones sanitarias, reinterpretándolas, es posible comprender, y de ahí intentar modificar, las así llamadas "conductas de riesgo".

Las lógicas preventivas que desarrollan los individuos provienen de los contextos relacionales en los que se desarrolla su vida.

Es posible así aceptar que, aunque metodológicamente la variable "conducta preventiva" sea analizada dicotómicamente, como uso o no de preservativo o compartir o no jeringas, existe toda una gama de estrategias de adaptación al riesgo que deben tenerse en cuenta. En el análisis de estas estrategias de prevención, como lo hace notar Calvez (1992), el enfoque cultural permite comprender que en determinados contextos, especialmente en aquellos en los que se verifica una acumulación de marginalidades sociales, económicas, sexuales y/o afectivas, la salud no sea la opción número uno.

En estos casos, la persistencia de comportamientos de riesgo no es el producto de la falta de percepción de riesgo o de información, sino de la presencia de otros códigos, construidos ya sea en oposición a los aceptados por la mayoría (sería el caso de las cofradías de consumidores de drogas) o a partir del aislamiento (sería el caso de actitudes fatalistas con respecto a la transmisión del VIH).

Los capítulos precedentes han puesto de relieve, concordando con otros estudios, la importancia de tener en cuenta diferentes tipos de estrategias que los individuos adoptan como modos de protección de la infección por el VIH. Ellas comprenden fundamentalmente:

1) las estrategias que intentan evitar una relación sexual que podría ser riesgosa; incluyen la elección de las parejas y la disminución de su número. La abstención sexual ha surgido como propuesta en muy pocos casos;

2) las estrategias que intentan evitar la transmisión del VIH en el marco de una determinada relación sexual y cuya adopción depende de la interacción entre los miembros de la pareja (uso del preservativo, abandono de la penetración); prevalecen entre los jóvenes;

3) la estrategia de reasegurar al sujeto, después de haber adoptado alguna conducta de riesgo, a través de la realización de la prueba del VIH; prevalece entre algunos grupos, particularmente entre las personas de 26 a 40 años, de clase media.

Bajos y Ludwig (1995) señalan que a esta diversidad interindividual debe agregarse la diversidad intraindividual, que consiste en que un mismo individuo puede adoptar estrategias distintas, dependiendo de las características de la interacción sexual, por ejemplo, según se trate de una pareja "estable" o casual.

La definición de una pareja como "estable" varía, como es obvio, también interindividualmente, en ocasiones según diferencias generacionales.

Mendes-Leite (1995) ha introducido en este aspecto una diferencia entre protecciones *imaginarias* y *simbólicas*. Las primeras se ponen en juego en contextos relacionales, y comprenden mecanismos sociopsicológicos conducentes a disminuir la desconfianza en el otro como extraño. Ellas engloban fundamentalmente el "conocimiento" de la pareja como requisito de la relación sexual.

Las protecciones *simbólicas*, en cambio, juegan el rol de *exorcismos* de la enfermedad. Surgen de una asimilación de las recomendaciones preventivas que se separan de su objetivo original. Comprenden el *exorcismo por la prueba del VIH* —que implica la creencia en la inmunidad a partir de pruebas reiteradas de resultados negativos—, el *exorcismo por la posesión del preservativo* y el *exorcismo por la reducción de parejas*.

Estos exorcismos están también al servicio de brindar al sujeto la sensación de que puede "controlar" o "manejar" lo que le sucede.

En lugar de negar todas estas estrategias, aferrándose a la línea de conducta que preconiza el "sexo más seguro" como única práctica posible, las políticas preventivas deben tratar de entender la lógica que subyace a estas "otras" maneras de *gestión del riesgo*.

Por ejemplo, se ha visto que en parejas estables la estrategia de "responsabilidad compartida", que consiste en el compromiso del uso del preservativo en la eventualidad de una relación extra-pareja, implica una apreciación más realista del riesgo que la basada en el compromiso de fidelidad (Schiltz y Adam, 1995).

En resumen, así como las ciencias sociales están llamadas a desarrollar aportes que se constituyen en insumos para políticas de prevención de la infección por el VIH eficaces, también es cierto lo recíproco: el sida ha conducido a redescubrir importantes aspectos relacionados con la educación para la salud, que si bien en su mayoría ya habían sido teóricamente formulados, no estaban tan claros y presentes como lo están en la actualidad.

Por ejemplo, la evidencia de que el conocimiento de los peligros no es suficiente para adoptar cambios en la conducta en dirección a la prevención, o la idea de que la conducta no está regida por la racionalidad con respecto al ajuste entre fines (protección de la persona frente a una amenaza de muerte) y medios (supresión de las prácticas de riesgo) (Calvez *et al.*, 1996).

Se ha puesto en evidencia que varios fines pueden estar presentes en un mismo momento; que hay prioridades que pueden no ser la salud; que hay diferentes modos de percibir el riesgo; que el riesgo puede ser definido de diferentes modos; que las "normas ideales" pueden colisionar con las "normas prácticas"; etcétera.

También surge claramente la importancia de las normas grupales en la adopción de la conducta preventiva.

Ellas están presentes en el grupo que surge en la presente investigación como aquél en el que se ha verificado un cambio más importante en la adopción regular de conductas preventivas: los jóvenes. Si esto es así, estamos frente a la dificultad de lograr cambios en la misma dirección en los casos en que no exista una subcultura capaz de transmitir y hacer vigentes las normas preventivas. En estos casos, se impondrá realizar previamente un trabajo comunitario a partir del cual la comunidad haga suyas normas que de otro modo se perciben como ajenas.

También a nivel metodológico el sida ha venido a afianzar la idea de la necesaria complementariedad entre técnicas de investigación cuantitativas y cualitativas. Si bien los estudios de tipo descriptivo, que se conocen en general como estudios KABP, se consideran insuficientes en cuanto a un conocimiento exhaustivo en torno a los componentes sociales del sida, se ha visto que ellos constituyen el primer y necesario paso de la investigación, que debe luego proseguir en los desarrollos en profundidad capaces de ser alcanzados con las técnicas cualitativas.

Siguiendo el modelo de las representaciones sociales, podemos plantear que la noción no familiar de protección del VIH se ha anclado en el uso del preservativo como método anticonceptivo. Dado que el condón no es visto como un método apropiado de anticoncepción en parejas estables, se dificulta la aceptación de su uso continuado como protección de la infección por el VIH.

Por otra parte, la información proveniente de la medicina en cuanto a la necesidad del uso continuado del preservativo es reemplazada por las teorías del sentido común en cuanto a la posibilidad de clasificar a las personas en una tipología de "seguras" o "inseguras", en base a su cercanía con grupos o prácticas de riesgo.

Morin (1994) señala que el análisis de las dimensiones socioculturales de la gestión de los riesgos asociados al sida puede englobarse en las siguientes tres perspectivas teóricas:

a) la tesis de la necesidad de contextualización de las decisiones y de las prácticas: presupone el esfuerzo de analizar las reglas que imponen las normas socioculturales a las acciones, según en qué momentos, lugares e instituciones ellas tengan lugar;

b) la tesis de la construcción socializada de las actitudes y las representaciones: los diferentes modelos teóricos actuales alrededor de este tema (construccionismo, constructivismo, teoría de las representaciones sociales) suponen que los actores se hacen cargo de las representaciones y prácticas vigentes en sus grupos y realizan un proceso de negociación con respecto a ellas;

c) la tesis de la importancia de los marcos identitarios toma en cuenta el proceso de asimilación-diferenciación, por el cual la adhesión a ciertas normas y el rechazo de ciertos valores son modos de definición de las identidades.

Por otra parte, enfocar el tema de la adopción o no de conductas preventivas en relación con la transmisión del VIH desde modelos teóricos centrados en la gestión del riesgo que realice el individuo, aun incorporando variables no sólo cognitivas, sino incluyendo también los factores socioculturales que impregnan sus decisiones, implica desconocer que en el tema del sida, especialmente cuando pensamos en la transmisión vía sexual, no se trata sólo de que el individuo se protege a sí mismo, sino que su comportamiento implica al otro. En este aspecto el individuo no es autónomo, interactúa con otro y puede ser más o menos capaz de encarar la protección con ese otro.

Con respecto a la información, ha surgido claramente que si bien la población tiene en una alta proporción un conocimiento básico acerca de las vías de transmisión y de los modos de protección, se trata de un conocimiento superficial, con el que coexisten importantes lagunas informativas.

En particular llama la atención la creencia de que las relaciones anales y orales son menos riesgosas que las genitales. Éste es uno de los aspectos, pues, que las intervenciones preventivas en nuestro medio deberían retomar.

Tal como lo plantean Ludwig y Touzard (1990) estamos en condiciones de afirmar que las variables que definen el apoyo social, la red de relaciones y las normas, son las que más influyen sobre la adopción de la conducta preventiva. Se confirma así lo que ya había planteado K. Lewin en la década del 50, cuando estudiaba el rol determinante del grupo sobre los cambios de conducta individuales, especialmente en situaciones de incertidumbre.

Las respuestas a la epidemia dadas por los jóvenes muestran la importancia de las redes comunicacionales, pero también de la variable nivel educativo, dado que el nivel educativo alto ha mostrado estar relacionado con la mayor adopción de conductas preventivas.

Newman *et al.* (1991) distinguen además tres tipos de variables que influyen sobre la conducta de riesgo:

❏ *las variables próximas o cercanas* a la variable en estudio, como por ejemplo el número de parejas sexuales;

❏ *las variables intermedias*, que son condiciones que se requieren para que aparezcan las conductas en estudio, por ejemplo un estilo de vida en el que se adoptan riesgos corrientemente;

❏ *las variables contextuales*, que se refieren a factores culturales y normativos que permiten comprender los significados de las conductas y visualizar posibles áreas de resistencia a su modificación. Incluyen las variables relacionales, que abarcan las normas en una pareja relativas a la asunción de los roles de género, la aceptación o el rechazo de la comunicación en la pareja y de la negociación en las relaciones sexuales.

Son estas variables contextuales las que han surgido, a partir de la presente investigación, como más relevantes en relación con la adopción de conductas preventivas, y sobre las que, en consecuencia, se debería trabajar con miras al logro de cambios en las conductas en el sentido preventivo.

Podemos concluir que el sida se desarrolla en varios escenarios que tienen cierta autonomía entre sí.

En el caleidoscopio de representaciones sociales acerca del sida, se acepta la simultaneidad de representaciones teóricamente incongruentes: el sida es por un lado una enfermedad de los "otros", los que asumen prácticas de riesgo, pero al mismo tiempo es visto como una enfermedad de fácil contagio, a través de contactos casuales. Es un "problema de todos", pero afecta a los "otros". El amor y la confianza salvaguardan contra el riesgo de la infección, mientras que el sexo, la droga, la homosexualidad y las prácticas médicas que incluyan la sangre son escenarios que implican riesgos.

Esto comprueba que los individuos no son receptores pasivos de datos e informaciones sino que, como dice Moscovici (1981), piensan autónomamente y producen sus propias explicaciones y teorías sobre los hechos que los afectan.

Como afirman Morin y Vergès (1992), el saber-preventivo es asimilado por la población, pero se transforma en estrategias que incluyen la selección de parejas o de prácticas y no el saber-preservativo. Esta transformación de un tipo de saber en otro no está suficientemente estudiada, a partir de que es rechazada por el discurso "higienista", pero es en ella donde se imprime la influencia de los factores culturales, sin cuya valoración no se podrá avanzar hacia una mayor eficacia de las intervenciones preventivas.

# INTRODUCCIÓN

*Ana Lía Kornblit*

*El primer paso para orientarse hacia las narraciones de
la vida cotidiana es escuchar lo que dice la gente. No
necesariamente para volverlo a contar en términos exactos,
sino para averiguar cómo es posible que digan eso.*
STUART CLEGG

Los siguientes tres capítulos contienen el análisis de los relatos de personas afectadas por el sida acerca de sí mismos y de su enfermedad. Están divididos según la vía por la que se infectaron: el consumo endovenoso de drogas, las prácticas homosexuales y las prácticas heterosexuales en hombres y en mujeres.

Hemos elegido ordenar el análisis de las entrevistas según vía de transmisión, no por el hecho de privilegiar este dato, sino porque a través de él supusimos que podíamos delimitar experiencias diferentes en relación con la experiencia de la enfermedad. Creemos que los resultados de los análisis realizados confirman esta presunción.

Por otra parte, los *relatos de vida* nos parecieron un recurso apropiado para poner en evidencia lo que nos interesaba explorar: la experiencia de las personas afectadas por el sida, en relación con sus trayectorias vitales y con los significados atribuidos por ellas a una serie de aspectos que relacionan dichas trayectorias, en cuyo transcurso sucedieron, en un determinado momento, la infección por el VIH, el diagnóstico de seropositividad y el tratamiento para el sida.

Esta metodología se vincula con el supuesto acerca de la identidad como un esfuerzo organizado reflexivamente, que consiste en el "sostenimiento de narrativas biográficas coherentes pero continuamente revisadas" (Giddens, 1991). En dichas narrativas biográficas la sexualidad es una de las temáticas privilegiadas.

Si bien forman parte del enfoque biográfico (Sautú, 1999), estos "relatos" se definen como formas más concisas que, por ejemplo, las "historias de vida", dado que, si bien son respuesta a la demanda que se formula a los entrevistados de que describan sus trayectorias vitales, existe en ellos un hilo conductor implícito, dado por el objeto de estudio, en este caso: la experiencia subjetiva del sida.

En la presente investigación los sujetos fueron contactados planteándoles nuestro interés por entrevistarlos como personas afectadas por el sida, si bien en la entrevista misma la consigna fue mucho más laxa y amplia: *"contáme quién sos"*.

El rol del entrevistador consistió en realizar preguntas que permitieran aclarar ciertos aspectos, concretar otros, o simplemente acompañar empáticamente el relato.

El tema del sida surgió en algunos casos muy al principio del relato, y en otros siguiendo la secuencia cronológica en cuanto al momento de su aparición en la vida de los sujetos.

Tener en cuenta la dimensión biográfica permitió situar el significado otorgado a la enfermedad en relación con las significaciones conferidas por los entrevistados a otros hechos clave de su trayectoria vital, como el inicio en el consumo de drogas, la formación de la identidad homosexual o el tipo de elección de las parejas heterosexuales.

Estos sentidos no son unívocos, ni se presentan a los sujetos como dados, sino que son construidos por ellos en el intento de fijar un sentido al flujo de los acontecimientos de sus vidas, entre la multiplicidad de sentidos posibles. En esta construcción intervienen elementos extraídos de la historia individual, de las experiencias compartidas y de los sistemas de creencias y valores de los grupos que los circundan.

Reconstruir, en la medida en que "la opacidad intrínseca a las relaciones sociales" (Laclau, 1991) lo permita, los supuestos y los mundos posibles en los que los relatos se producen, es el objetivo de los análisis que siguen. Esta tarea será siempre parcial y mediatizada por la propia implicación de los investigadores en los relatos, dado que formamos parte de la realidad social que pretendemos estudiar.

La elección de la metodología cualitativa, por otra parte, se vincula con el supuesto de que en el mundo posmoderno, siguiendo a Foucault (1990), coexisten en un mismo espacio un gran número de mundos posibles fragmentados o que se yuxtaponen o superponen entre sí. Esa "heterotopía" mal puede ser reconstruida a partir de una meta-narrativa, como dice Lyotard (1985), que aspire a dar cuenta de totalidades.

La "sociedad es imposible", dicen Laclau y Mouffe (1985), en el sentido de que no existe una sociedad como totalidad compleja y fija.

Al mismo tiempo, la "crisis de representación en el pensamiento contemporáneo" de la que habla Jameson (1985) cuestiona la epistemología realista que concibe la representación de una objetividad que está afuera, y privilegia otros modelos, como el de la narrativa, a través del análisis de pequeños relatos que den cuenta de un fragmento de lo social.

"Así como en el siglo XIX el elemento clave en la descripción de la subjetividad era la alienación del individuo, concepto que presupone un yo coherente, del que se está separado, el elemento clave para describir la subjetividad en el final del milenio es la fragmentación" (Jameson, 1985). Uno de nuestros entrevistados, Daniel, lo expresa del siguiente modo:

*Mi vida es muy cambiante, tiene muchas etapas, viví en muchos lugares, cada vez todo distinto… yo mismo todo distinto.*

La fragmentación de lo social en múltiples experiencias posibles y la fragmentación de la identidad individual también en múltiples aspectos, no siempre englobados coherentemente en un yo, hacen que los relatos de los individuos deban ser interpretados. Como dicen Demazière y Dubar (1997): "Comprender el sentido de lo que se dice no es solamente estar atento y 'hacer suyas' las palabras del entrevistado, sino también analizar los mecanismos de producción de sentido, comparar las palabras diferentes, desnudar las oposiciones y las correlaciones más estructurantes" (p. 28). Se trata, pues, de una postura analítica que parte del supuesto de que la palabra no es transparente.

El procedimiento de análisis de las entrevistas que adoptamos es la metodología inductiva propuesta por Glaser y Strauss (1967). Según estos autores, la comparación progresiva de los datos permite pasar de las primeras categorizaciones que se hacen de ellos a la formulación de categorías y propiedades formales, que son lo específico de la teorización sociológica.

Las primeras categorizaciones del análisis implican el pasar de las palabras de los entrevistados a las del sociólogo. Este pasaje es conflictivo, en la medida en que siempre persiste el temor, para este último, de "traicionar" el sentido de las formas verbales en estudio.

Demazière y Dubar (1997) plantean que este conflicto ha sido históricamente resuelto en la disciplina de tres maneras:

a)   el modo *ilustrativo*: en este caso las palabras de los entrevistados son tomadas para ejemplificar las categorías armadas por el analista a partir de la lectura del material, y según su propio criterio de ordenamiento, que es el que se considera válido;

b)   el modo *restitutivo*: el prurito de introducir en el análisis el propio modo de organización de los temas y no el de los individuos entrevistados hace que en este caso las palabras de estos últimos sean citadas *in extenso*. Se privilegia la descripción y se inhibe toda hipótesis previa, como en la etnometodología, o se transcriben relatos de vida o entrevistas biográficas como "documentos brutos". La clásica obra de Thomas y Znaniecki (1918) sobre las cartas de los campesinos polacos emigrados a Estados Unidos es un ejemplo de esta modalidad. Recientemente, en *La miseria del mundo*, Bourdieu (1999) transcribe sesenta entrevistas a diferentes tipos de personas en Francia, limitándose a ordenarlas y a ponerles títulos. Se deja al lector el trabajo de análisis y de síntesis del material. "Los sociólogos se tornan en este caso portavoces del sufrimiento de los sin-palabras, [...] se borran frente a las palabras de las personas entrevistadas" (Demazière y Dubar, 1997, p. 32);

c)   el modo *analítico*: el punto de partida de esta modalidad es que el discurso de los entrevistados muestra construcciones que ellos hacen del tema del que se habla (en este caso de ellos mismos y el sida), pero también una serie de otros sentidos que forman parte del acerbo cultural en el que se han socializado, que pueden estar presentes explícitamente o ausentes, pero que en este último caso se deducen de la estructura de los opuestos de los enunciados manifestados. El sentido reconstruido por el investigador es entonces la estructura de las categorías que organizan el relato. Este sentido será siempre reconstruido de forma inacabada, porque la totalidad de la estructura escapa tanto a los entrevistados como al analista. Diferentes investigadores pueden descubrir sentidos diferentes, partiendo del énfasis en el descubrimiento de nuevas conjunciones y oposiciones. En palabras de Jameson (1985), esto implica "...el cuestionamiento de una epistemología realista que concibe la representación como la producción de una objetividad que está afuera y proyecta una teoría especular del conocimiento y del arte, cuyas principales categorías de evaluación son las de adecuación, precisión y Verdad" (p. VIII). Sin embargo, la sociología existe, según Mumby (1997), como un esfuerzo por reconstruir ese objeto imposible que es la sociedad total.

En ese esfuerzo la construcción de la teoría, según Glaser y Strauss (1967), se realiza inductivamente a partir de los datos, y esto lleva a la formulación de una teoría "sustantiva" y luego de una teoría "formal", siguiendo un proceso que va desde las categorías usadas por los entrevistados a las que el investigador propone como "categorías emergentes" del discurso. Para la construcción de estas últimas el analista utiliza sus propias categorías, surgidas de su experiencia de vida y de su saber teórico. Las "categorías emergentes" son transformadas en "categorías conceptuales", todavía "pegadas" a los datos, que luego son integradas en teorías más amplias y de mayor nivel de abstracción.

Todo este proceso puede ser descripto, como lo hace Passeron (1991), como la producción de esquemas descriptivos e interpretativos que permiten revelar la lógica práctica del material al que se aplican. Esto permite introducir "islotes de inteligibilidad" en la realidad social, con la ayuda de las comparaciones entre los datos y la integración de los conceptos que surgen de ellos en teorías más abstractas.

El punto más oscuro del modelo de Glaser y Strauss es cómo las categorías teóricas del investigador se vinculan con los datos. Demazière y Dubar (1997) se preguntan cómo pasar de las esquematizaciones sobre los datos a las teorías formales que intentan dar cuenta de los procesos sociales que estructuran los fenómenos que se estudian. Una respuesta posible a este interrogante es tomar en cuenta la propuesta de R. Barthes (1966) para el análisis de los relatos, según la cual todo relato puede ser analizado en tres niveles diferentes, que se articulan necesariamente entre sí:

a)   el nivel de las secuencias en las que se despliegan los episo-
     dios del relato;
b)   el nivel de los "actantes", es decir, los personajes que juegan
     un rol en el relato;[1]
c)   el nivel de los argumentos proporcionados —en este caso por
     los entrevistados— para "defender" sus puntos de vista, que
     encadenan las secuencias y están destinados a "convencer" al
     interlocutor —en este caso el entrevistador—.

Estos tres niveles pueden analizarse estructuralmente al ar-
ticular los episodios de una historia (sus secuencias), con la estructura de los personajes que aparecen en ella (los actantes),
para descubrir la lógica del discurso, teniendo en cuenta al destinatario (los argumentos) (Demazière y Dubar, 1997).[2]

El objetivo de este tipo de análisis no es clasificar a los individuos, sino clasificar, de un modo comprensivo, las estructuras
de relatos para poner en evidencia sus semejanzas y sus diferencias (Dubar, 1996). El análisis estructural se propone poner en evidencia las articulaciones y tensiones de ciertas dimensiones y así
"...poder evidenciar los contenidos implícitos, las grandes oposiciones, las estructuraciones fundamentales que organizan la relación de la persona con el mundo y aclarar la organización de su
estructura socio-afectiva" (Delor, 1997, p. 56).

En este modelo se proponen algunas estructuras elementales
de significación, elegidas por el investigador como las que a su
juicio representan los aspectos más importantes del relato y, de
acuerdo con la propuesta de Greimas (1970), analizarlas transfor-
mándolas en un sistema de oposiciones de sentidos.

Siguiendo a Demazière y Dubar (1997) hemos aplicado el es-

---

1. Siguiendo a Greimas (1970), se retoma en esta clasificación el término *actante* para denotar el carácter de "subordinación de la representación antropomórfica del agente a su posición de operador de acciones
en el recorrido narrativo" (Ricœur, 1986).

2. Somos conscientes de que el análisis estructrural "no está de moda" intelectualmente, y que ha sido criticado en nombre de la condena a
la ideología estructuralista, que se pretende totalizadora y unívoca. Pero
a nosotros el modelo nos ha sido de utilidad para superar el momento
de parálisis frente al polimorfismo de los datos y sus múltiples significados posibles.

quema de análisis anterior a los relatos recogidos, especificando que:

*Secuencias:* son todas las unidades que describen acciones o situaciones presentadas como informaciones sobre hechos.

*Actantes:* son todas las unidades que hacen intervenir un personaje calificado por el locutor y que ponen en escena relaciones.

*Proposiciones argumentativas:* son todas las unidades que contienen un juicio o una apreciación sobre un episodio o un objeto, que proporcionan el sentido subjetivo dado por el locutor a lo que dice.

En lo que sigue resumimos el modelo de análisis de las entrevistas que hemos seguido, que implica una simplificación del propuesto por Demazière y Dubar. El procedimiento consistió en analizar longitudinalmente cada entrevista, en términos de las oposiciones encontradas para cada uno de los tres tipos de unidades mencionadas, para luego sintetizarlas en un cuadro para cada caso.

Para la construcción de estos cuadros se analizaron por separado las listas de las oposiciones de unidades, que fueron resumidas luego según sus reiteraciones y según la interpretación del investigador de su grado de importancia para el relato. Esto constituye una base común del análisis estructural, tal como ha sido desarrollado en distintos ámbitos por los maestros del modelo (Propp para el análisis de cuentos; Greimas y Barthes para el análisis de relatos literarios; Lévi-Strauss para el análisis de mitos, etcétera).

Se intenta luego relacionar, para cada relato, los opuestos de secuencias, actantes y proposiciones argumentativas.

Esto proporciona una síntesis del relato que da cuenta de sus aspectos más importantes, a la vez que pone en descubierto los valores y normativas culturales sobre los que se edifica. El análisis así desarrollado permite realizar un resumen de cada relato, construido por el investigador, que trata de teorizar sobre el caso. Estamos acá en presencia de la "teoría sustantiva" de la que hablan Glaser y Strauss. El paso a la "teoría formal" se realiza intentando resumir el juego de oposiciones y las síntesis de los relatos, construyendo con ellos, en la medida de lo posible, una tipología. Para su elaboración los relatos se reagrupan alrededor de algunos de ellos, elegidos como "nodales" o "típicos" en algún aspecto clave. La agregación de los relatos siguiendo a los "nodales" implica también una operación algo arbitraria de parte del investigador, pero se trata de encontrar, sin forzar los datos, ese "islote de inteligibilidad" de que habla Passeron (1991), para lo cual se construyen teorías "abstractas", que sin embargo no "llegan a paliar —según el mismo autor— la nostalgia de teoría general".

El análisis y síntesis de los cuadros correspondientes a las entrevistas de los tres grupos entrevistados (drogadictos, homosexuales y heterosexuales) permitió realizar el análisis transversal de las entrevistas de cada uno de dichos grupos y elaborar síntesis de secuencias, actantes y proposiciones argumentativas que se presentan y analizan en cada uno de los capítulos.

En cada capítulo se desarrollan los resultados del análisis transversal pero también los del análisis longitudinal (se resume cada caso y se muestra el cuadro de oposiciones construido para cada relato, además de una breve síntesis interpretativa de cada uno).

Como dijimos antes, los opuestos de un elemento (ya sea secuencia, actante o proposición argumentativa) pueden surgir del mismo relato o de la estructura reconstruida por el analista, a partir de las categorías culturales.

Los "tipos" constitutivos de la tipología remiten, en nuestro caso, a "formas identitarias", reveladas por los relatos. Una forma identitaria es, según Dubar (1991), un conjunto de aspectos referidos a secuencias, actantes y proposiciones argumentativas que tienen aspectos comunes.

Cada una de ellas representa, siguiendo al mismo autor, lo "social interiorizado: una forma de socialización construida en el curso de un camino típico y en relaciones de un cierto tipo". El atender a la "marca del Otro en sí mismo" ya había sido señalado como fundamental por autores tan disímiles como G. Mead (1936) y Bakhtine (1929) y sigue siendo "la clave para la entrada en el análisis del discurso en situación de entrevista" (Demazière y Dubar, 1997).

En el análisis de los relatos hemos tenido en cuenta el concepto de *dinámica identitaria* (Dubar, 1991), definido como el modo como los entrevistados presentan sus recorridos vitales. Hay que tener en cuenta que el concepto de *identidad* puede llevar a pensar en una concepción esencialista, dado que supuestamente ella es única y continua a lo largo del tiempo. Ésa es la razón por la que el mismo autor propone el empleo del concepto de *formas identitarias*, que se deducen en este caso de las formas simbólicas y lingüísticas expresadas en los relatos. Ellas pretenden dar cuenta de los *tipos* diferentes de vivir situaciones semejantes, en los que se articulan valores y creencias.

La *forma identitaria dominante* en el relato de un individuo no es estática, ni construida de una vez para siempre. Es cambiante a lo largo de la vida y el pasaje de una a otra es aprehensible a través del mismo relato, por un procedimiento de reflexión del sujeto sobre sí mismo, al dar cuenta de los puntos de inflexión que identifica a lo largo de su recorrido vital.

En los tres capítulos que siguen[3] presentamos el análisis transversal de las entrevistas realizadas a personas cuya vía de transmisión fue el consumo de drogas por vía endovenosa, las relaciones homosexuales y las relaciones heterosexuales, y la tipología resultante en cada caso. A continuación, en el ANEXO de cada capítulo, figura la síntesis de los relatos analizados y el análisis longitudinal de cada uno de ellos.

3. La investigación que dio lugar a los tres capítulos siguientes fue financiada por la Agencia Nacional de Investigaciones Científicas y Técnicas (Proyecto BID 802-OC/AR-PICT 00021). Las personas que realizaron el trabajo de campo fueron los Lics. Liliana Giménez, Stella Maris Moreira y Antonio Bruno Nahum.

# CAPÍTULO 6

# LAS PERSONAS AFECTADAS POR EL CONSUMO DE DROGAS

Ana Lía Kornblit

> *Una toxicomanía es eso: preferir la droga*
> *para evitar lo que todavía es más amenazante.*
> Aucremanne, 1992

> *La crisis consiste en que lo viejo muere y lo nuevo no*
> *puede nacer: en este interregno se verifican los fenómenos*
> *patológicos más variados.*
> Gramsci, 1975.

Las ocho entrevistas que se analizan a continuación fueron tomadas a personas cuya vía de infección del VIH fue el consumo de drogas por vía endovenosa. Todas ellas están o han estado en tratamiento por alguna/s enfermedad/es marcadora/s del sida. El plazo transcurrido a partir del diagnóstico de seropositividad varía desde uno a trece años.[1]

Los entrevistados fueron reclutados de maneras diversas: a través de conocidos, de la técnica de *bola de nieve* y de servicios hospitalarios de atención de sida. Son todos varones debido a la imposibilidad que tuvimos de reclutar mujeres que afirmaran haber sido contagiadas por esta vía.

ANÁLISIS TRANSVERSAL

Los relatos de los entrevistados cuya vía de infección fue el consumo de drogas ponen el énfasis en una conflictiva relación con su familia de origen y una progresiva entrada en el "mundo de la droga", y en algunos casos del delito, como búsqueda de una socialización secundaria que ofreciera alternativas que no vislumbraban a partir de su socialización primaria. En lo que sigue presentamos el análisis más detallado de este proceso, así como el del camino de la "recuperación".

1. La tabla que figura en el ANEXO contiene las características demográficas y otras variables descriptivas de los casos.

I

| oposiciones de secuencias | oposiciones de actantes | oposiciones de proposiciones argumentativas |
|---|---|---|
| ser querido *o* no ser querido | padres afectuosos *o* padres rechazantes / grupo de consumo / líderes grupales | crítica a la familia *o* recuperación de los valores familiares |

En *Sociologíe de la famille contemporaine* De Singly (1993) caracteriza a las familias actuales del mismo modo como lo había hecho Durkheim (1888) un siglo atrás, por un doble movimiento: la privatización, dada por una mayor atención a la calidad de las relaciones intrafamiliares, y a la vez una mayor intervención del Estado, en su carácter de controlador del funcionamiento familiar (Donzelot, 1977). La familia es cada vez más un ámbito en el que los sujetos aspiran a proteger su individualidad, a la vez que les preocupa la gestión de sus territorios personales al interior de la vida doméstica, vale decir, se esfuerzan por delimitar un ambiente que sea protector con respecto al afuera y al mismo tiempo no invasivo en cuando a los espacios de cada uno.

Si para los seguidores de Durkheim la característica de la familia actual es el énfasis en lo relacional, la tesis de Ph. Ariès, (1960) publicada en su libro: *L'enfant et la vie familiale sous l'Ancien Régime*, es, por el contrario, que es la escuela la que instaura una nueva relación con el niño y con la familia. La familia actual sería incomprensible, para este autor, fuera de la historia de la escolaridad. El "sentimiento de familia" y el "sentimiento de la infancia", surgidos de la ideología escolar, dan forma a una mayor preocupación por lo interpersonal y por gestionar las condiciones para una buena socialización de los niños. El cambio de la familia "antigua" a la "moderna" se opera por mediación de un cambio de relación con el niño. La familia se transforma profundamente en la medida en que modifica sus relaciones internas con el niño. Hay que tener en cuenta también que la escolaridad extendida actual promueve la cohabitación de las generaciones.

Las estrategias educacionales, de las que las estrategias escolares forman parte, se sitúan en el centro de las estrategias de reproducción social. Según Bourdieu (1980) se da un "modo de reproducción familiar a componente escolar", que privilegia el rol determinante del "capital escolar" en la fijación del valor de los individuos.

Ahora bien, reconstruyendo los grupos familiares de los entrevistados, ninguna de estas condiciones se cumple: no existe en ellos ni una preocupación por el desarrollo de las individualidades en un ambiente protegido, ni un énfasis en las estrategias escolares. Estos aspectos parecen corresponder a las familias de clase media. Uno de los dos entrevistados de clase media, Julio, es el único que menciona la importancia acordada por él al estudio, durante la escuela secundaria, *"tal vez por influencia familiar"*.

Sin embargo, si bien estas características familiares están ausentes especialmente en las familias de clase baja de los entrevistados, existe un consenso social que hace que en los relatos surja una fuerte crítica al hecho de que no se cumpla con estas reglas, como si el modo de funcionamiento de las familias de clase media, por lo menos en estos aspectos, fuera el modelo vigente para todas, aun las de clase baja.

¿Cómo son según el relato de los entrevistados sus grupos familiares?

En todos los casos, y sin que esto implique ubicar a la familia de origen como agente causal en la "carrera" del drogadicto, existe una caracterización del núcleo familiar como carencia afectiva. Estamos planteando aquí la incidencia de la *imagen* de los entrevistados acerca de su familia de origen como un grupo social en el que "faltaba algo", lo que influye sobre la búsqueda de su parte, a través del consumo de drogas, de un algo indefinido que llene ese vacío.

Llegar a sentirse uno mismo y al mismo tiempo pertenecer a un grupo es la doble dimensión que subyace al proceso de constitución de la identidad. Plantear la drogadicción como una práctica relacionada con la búsqueda de esa doble dimensión equivale a relacionarla, aunque no en una causalidad mecánica, con dicho proceso.

Independientemente de las características "reales" de desprotección que pueden haber estado vigentes en los núcleos familiares de los entrevistados, asumimos aquí el punto de vista de que la práctica del consumo implica la creencia en la posibilidad de lograr a través de ella una posible protección imaginaria frente a las sensaciones dolorosas de fracasos psico-socio-afectivos (Delor, 1997).

Las familias de los entrevistados son descriptas en todos los casos como conflictivas. Dicho conflicto se asocia a distintos aspectos: muertes, separaciones que llevan en algunos casos a la separación también de los hermanos, familias ensambladas mal integradas, violencia física y verbal, alcoholismo, son todos aspectos que redundan en la sensación de soledad, abandono y falta de continencia afectiva vivida por los entrevistados.

En dos de los casos (José y Jorge), el pasaje de un consumo esporádico a un consumo compulsivo se produce frente a la muerte del padre, situación que emblematiza la sensación de indefensión ante una ausencia irrecuperable, que lleva a la búsqueda de la autodestrucción.

> *La muerte de mi viejo fue inaceptable para mí porque no había otro, lo pierdo. Cuando mis padres se separaron yo me quedé solo, a mí me crió mi abuela... entonces da toda una vuelta la vida, empiezo a trabajar con mi viejo, él tenía un bar, empezamos a hacernos amigos, a conocernos, y el momento en que ya encontrás a tu viejo como lo querías cuando eras chico, se pincha y se muere, y eso me hizo mierda, hasta el día de hoy, no lo pude... y ahí ya era consumir, consumir, vendí el bar, hasta las chapitas de la Coca-Cola, cualquier cosa... (José).*
>
> *Cuando fallece mi papá automáticamente me agarró un ataque de locura [...] me quedé así, medio nulo [...] empecé a darme todos los días, sin parar (Jorge).*

Puede pensarse que estas muertes producen en José y en Jorge la certidumbre de la imposibilidad de una unión protectora con el Otro, que no deja lugar a la expectativa de uniones parciales con otros, igualmente satisfactorias. Se produce así un vacío frente al que surge el recurso del consumo descontrolado.

En el resto de los casos se trata de padres ausentes, ya sea física o afectivamente, especialmente después de las rupturas conyugales. Como dice De Singly (1993) hay que tener en cuenta que "la inversión más débil de los hombres en sus hijos después del divorcio refleja su no compromiso anterior" (p. 40).

Raúl se debate ante la figura de un padre despótico, que le inicia causas penales y lo interna en el manicomio. Esto, según el entrevistado, hace sentir feliz a su padre.

Esta imagen conflictiva del padre coincide con la representación social acerca de los padres (varones) (*cf.* Kornblit *et al.*, en prensa). A pesar de que se rechaza la imagen autoritaria del *pater familia*, se los acusa en general de debilidad e impotencia, y de no estar a la altura de la "gran tarea paternal", caracterizada por una especial exigencia en la que deberían a la vez seguir constituyendo la "columna vertebral de la familia" y ser afectivos con los hijos pequeños y contenedores con los hijos adolescentes.

La representación social de las madres se ha mantenido a lo largo del tiempo con menos modificaciones. La función materna se piensa como asumida por alguien que ha deseado al niño. El deber ser referido a su rol sigue estando vinculado con el afecto incondicional a los hijos, independientemente de su edad.

Entre los entrevistados, ninguna de las madres, sin embargo, cumple con esta expectativa, con excepción de la de Javier, quien interviene, *a pedido de su hijo*, para ayudarlo a dejar el consumo de cocaína, aunque no el de las otras drogas. Esta no asunción por parte de las madres de los entrevistados de la expectativa acerca de su rol es fuertemente reprochada por ellos, apoyándose en algunos casos en la comparación con otras personas que cumplieron con dicha expectativa de amor sin límites, por ejemplo, en algunos casos, las abuelas paternas.

En todos los relatos surge la imagen de la familia de origen como desprotectora y la búsqueda que se establece, a partir de esta vivencia, de espacios contenedores. En casi todos ellos surge una persona recordada como opuesta a esta falta afectiva. En algunos casos se trata de una abuela, en otros de un padre que se recupera después de una ausencia, pero estas experiencias afectivas no alcanzan para paliar la desazón por la falta percibida. En algunos de los entrevistados este espacio es llenado —si bien limitadamente en el tiempo— por una pareja.

El grupo de consumo es descripto como lo que permite arribar a una sensación a la vez de libertad y de comunión con otros. La oposición entre la familia de origen y el grupo de consumidores es, en los primeros momentos de la adicción, equiparada a la oposición entre la insatisfacción y el placer. Es importante en la caracterización del polo del placer, el aspecto de aprendizaje en el consumo, vehiculizado en general por un personaje al que se caracteriza como líder porque es más grande, más experimentado, más arriesgado, etcétera. Este "héroe", citado por casi todos los entrevistados, alimenta su influencia sobre ellos en la inseguridad de los seguidores. Como dice Moscovici (1996) "cuanto más insegura se siente una persona en sus aptitudes sensoriales e intelectuales, más dispuesta está a aceptar la influencia de alguien a quien atribuye capacidades sensoriales e intelectuales superiores" (p. 50). Estas capacidades superiores son descriptas en todos los casos como el *"ser canchero", "ser piola", "tener calle"*, en suma, cualidades admiradas a partir de la sensación de inexperiencia de jóvenes que salen de una socialización primaria que los marca con la incertidumbre de no saber si son queribles o son capaces (recordemos los frecuentes fracasos escolares que anteceden al inicio en el consumo). El mismo Moscovici afirma, y esto se aplica estrechamente al tema que nos ocupa: "El individuo que tiene un entorno a su favor [...] es capaz de resistir las presiones sociales y de escapar a la incomodidad resultante de su interacción con otros [...] La noción de incertidumbre desempeña en psicología social un papel análogo al de norma en antropología o al de escasez en economía [...] La certeza es un recurso difícil de obtener y para lograrla las personas se asocian o se someten a otros" (p. 53).

La decepción frente a la falta de reconocimiento afectivo durante la socialización primaria puede pensarse como uno de los factores explicativos que según los entrevistados los empuja a la búsqueda de gratificaciones (afectivas y sensoriales) o de continencia en el grupo de pares, donde se inician en el consumo.

> *Y, yo empecé porque cuando vivía con mi mamá, como para escaparme del clima, me iba a la calle, con mis amigos* (Daniel).

> *Yo no la entiendo a mi vieja, un día estaba bien, otro mal, fría, y yo me acostumbré a buscar a mis amigos, me sentía mejor ahí* (José).

Sin embargo, llama la atención que tras el impacto producido por el diagnóstico de seropositividad, vivido en el mismo momento o después como la consecuencia de haberse volcado a la subcultura juvenil, los entrevistados recuperan, en la mayor parte de los casos, el discurso de los valores familiares.

Salvo los dos entrevistados de clase media, Julio y Raúl, y Sergio, que elige la música como su proyecto de realización personal, el resto concibe a la familia como un medio para alcanzar la "felicidad", a través de un modelo de fusión entre los cónyuges y de amor hacia los hijos. Este planteo en lo ideal se acompaña a veces por un intento de acercamiento a la familia de origen, intentando recuperar vínculos que en algunos casos están muy debilitados.

Puede tomarse en cuenta para analizar este hecho la clasificación que realizan Hall y Jefferson (1983) acerca de los escenarios que influyen en las subculturas juveniles:

a) la cultura hegemónica, que implica la distribución del poder cultural en la sociedad en sentido amplio, en sus relaciones con las instituciones laborales, educativas, etcétera;

b) las culturas parentales, que incluyen las normas de conducta y los valores vigentes en el medio social de origen de los jóvenes;

c) las culturas generacionales, que se refieren a los valores y patrones de conducta que los jóvenes adquieren a través de sus experiencias, particularmente en sus espacios de ocio.

Los significados del trabajo, de la escuela y de las instituciones sanitarias son algunas de las referencias a la *cultura hegemónica* que surgen en los relatos de los entrevistados. Estas referencias implican, en especial con respecto a los dos primeros ámbitos, atributos negativos, en la medida en que la mayoría expresa la sensación de haber sido expulsados de dichos espacios.

En el caso de Sergio a estos espacios no contenedores se suma la Iglesia católica, institución de la que dice haberse desilusionado después de palpar la *"hipocresía de los curas"* y a la que reprocha no haberlo ayudado, cuando *"se desubicó en la vida".*

*Me dejaron colgado de última, sin tirarme una soga... yo pienso que si se hubieran copado..., darme una mano, una ayuda, hablarte, nada, si hasta me dieron vuelta la cara, hasta me echaron..., quizá no me hubiera picado.*

Hemos puntualizado también la imagen de la familia de origen como núcleo del que la mayoría de los entrevistados se queja, en la medida en que no ha satisfecho sus necesidades de afecto y pertenencia.

Las *culturas generacionales*, transmitidas en este caso por el grupo de consumo, que es en general el grupo del barrio, representan la alternativa que los jóvenes entrevistados encuentran frente a la sensación de dificultad de inserción en los espacios "oficiales" y de desamparo con respecto a la familia de origen.

La vuelta a las *culturas parentales* a partir del sida se produce tras la condena de las culturas generacionales, en la medida en que han representado para ellos la amenaza de la muerte. Esta revalorización se acompaña en algunos casos del proyecto de un desempeño de roles, por ejemplo como padres, que mejore el de sus progenitores.

Es lo que se observa en el relato de José, quien lucha por prolongar su vida *"porque no puedo traicionar a mi hija dejándola sola"* (como lo dejó solo su madre al elegir vivir con la hermana y no con él al separarse del padre).

La valorización de la familia se realiza sobre la base de la imagen de la "familia monolítica" (Langellier y Peterson, 1997), en la que se otorga prioridad al núcleo unido por lazos de amor, protegido en un hogar, y organizado por la división social del trabajo. Se proyecta así una norma invariable, homogénea, que no toma en cuenta las desigualdades de género ni los efectos de las condiciones socioeconómicas sobre los grupos domésticos. Hareven (1991) ha insistido en este sentido que esta imagen corresponde al modelo burgués de mediados del siglo XIX, desconociéndose otros modelos familiares distintos.[2]

La primera regla esencial de la vida familiar según dicho modelo consiste en que frente a algún padecimiento se puede contar con la familia (Stone, 1988). La falta de cumplimiento de esta expectativa es precisamente lo que reprochan casi todos los entrevistados a sus grupos familiares.

La reivindicación de los valores implícitos en las culturas parentales hace que, ateniéndonos a los desarrollos de los estudios culturales,[3] pueda hablarse de una subcultura de la droga y no de una contracultura en relación con dicho mundo. Las contracultu-

2. En la explicación de cómo se ha llegado a que dicho modelo permanezca idealmente vigente, aun para sectores sociales alejados del "mundo burgués", es de especial utilidad el concepto de *hegemonía* de Gramsci (1971), definido como la capacidad de dirección ético-política ejercida a través del consenso y del control ideológico del uso de la fuerza.

3. *Cf.*, por ejemplo, los trabajos de la escuela de Birmingham reseñados en Hall y Jefferson (1983).

ras, estudiadas por Moscovici (1996) como "minorías activas", construyen sus posiciones en oposición a la cultura hegemónica y las convierten en propuestas de cambio. Las subculturas transgresoras, en cambio, se sitúan dentro del marco de la visión mayoritaria, aun cuando sus sostenedores se vivan como excluidos del sistema. Los teóricos de la escuela de Birmingham, como por ejemplo Ph. Cohen (1972), planteaban que "la función latente de las subculturas juveniles es expresar y resolver, aunque sea mágicamente, las contradicciones que permanecen escondidas e irresueltas en el seno de la cultura parental, por ejemplo los elementos de cohesión social destruidos por ellas" (p. 23).

Los relatos de nuestros entrevistados muestran que, como dice Feixa (1999), el recurso de la subcultura de la droga no ofrece una resolución de tales contradicciones, sino la vuelta a lo mismo de lo que se partió, si bien en versiones que se intentan corregir. El potencial de resistencia de la subcultura de la droga frente a la cultura hegemónica se invalida, pues, a partir del recorrido de los entrevistados, que muestra que la comunión lograda en el grupo, uno de los valores reivindicados, es ilusoria y efímera. No obstante, a pesar de esta reivindicación de los valores de las *culturas parentales*, en algunos casos el grupo de consumo es mencionado como el espacio social en el que aún en la actualidad es posible para los entrevistados experimentar el sentimiento de comunión y solidaridad vivido en las *"buenas épocas"*.

Imaginarse el asombro, el temor y el dolor al ver diezmarse ese grupo por obra del sida lleva a comprender mejor la ambivalencia entre el rechazo de dicho grupo por la identificación con un estilo de vida unido a lo ominoso y su defensa como sostenedor del apoyo social, no encontrado en la familia de origen.

> *...Y es de años, nos conocemos de años... es una cosa rebuena, compartir... nos vamos comunicando: en tal lado el CD4 te sale mejor, son cosas positivas que nos ayudan realmente, eso es bárbaro, y se hace una cadena* (José).

No obstante, para otros entrevistados:

> *Nada bueno puede esperarse de la calle* (Héctor).

> *Nadie pone alerta a nadie, en el momento de la droga son pocos los que ponen alerta al otro* (Javier).

La revalorización de la familia, especialmente por los entrevistados de clase baja, coincide con la preeminencia de valores de tipo tradicional en los jóvenes en general, pero en especial en los de dicho origen social. Diversas investigaciones dan cuenta de este hecho. Así, Percheron (1980), por ejemplo, señala que en una encuesta realizada en Francia en 1973 las actitudes de los jóvenes muestran grandes cambios en lo que concierne a las libertades personales, pero están marcadas por el conservadurismo en el dominio de los valores y de las normas. Iguales resultados se hallaron en la investigación realizada por Kornblit y Mendes Diz (1994) en nuestro medio.

II

| oposiciones de secuencias | oposiciones de actantes | oposiciones de proposiciones argumentativas |
|---|---|---|
| estudiar / trabajar *o* consumir | escuela / ámbito laboral *o* calle / ocio / grupo de consumo | poder hacer / ser *o* no poder hacer / no ser |

La alternativa del consumo surge en casi todos los casos frente a lo que se considera "normal": estudiar o trabajar. Hay que tener en cuenta que la edad de inicio en el consumo es en la mayoría de los casos 14-15 años, momento en que, salvo Héctor, que se define a sí mismo como *"un chico de la calle"*, y que abandona la escolaridad en 5º grado, los entrevistados cursan los primeros años de la escuela secundaria.

La mitad de los casos termina el ciclo secundario, aunque con dificultades. Julio, por ejemplo, cursa cada año en otro colegio, por sus *"problemas de conducta"*. Los otros entrevistados abandonan la escolaridad para ingresar en el mercado laboral o para pasar a integrar el grupo de *"los que no hacen nada más que consumir"*, como en el caso de Jorge, para quien sin embargo la escuela sigue siendo el referente: iba a esperar a sus ex compañeros a la salida, para consumir con ellos.

Los relatos de los entrevistados confirman que puede mantenerse para ellos el concepto de "carrera del drogadicto", en la

medida en que se mencionan etapas y circunstancias muy semejantes a lo largo de sus trayectorias. Salvo dos casos, que lo han
hecho a los 18 y 19 años, los demás se han iniciado en el consumo antes de los 15. Todos, salvo Héctor, para quien la primera
droga de consumo fue el *Poxirán*, como es típico en los "chicos
de la calle", se iniciaron con "pastillas"[4] y marihuana, especialmente con las primeras. La progresión al consumo de cocaína por
vía endovenosa es en algunos casos muy rápida (un año después
del inicio) y en otros después de alcanzar edades algo mayores
(después de los 18 años). A partir de este paso todos caen en algún momento en el consumo compulsivo (consumir todos los
días), al que se llega en función de la disponibilidad económica
o de la pérdida de una figura que imponía ciertos límites (como
el padre en los casos de José y Jorge). Todos han intentado dejar de consumir en algún momento *("cuando el cuerpo no da
más")*. Algunos han seguido un tratamiento de recuperación para adictos que han finalizado, pero han recaído en el hábito al salir de la internación. En el momento actual todos afirman no
mantener la práctica del consumo endovenoso, aunque consumen esporádicamente, algunos sólo marihuana y otros también
otras drogas.

La escuela es un actante descripto como una institución que
o bien expulsa, especialmente a los jóvenes de clase baja, o bien
no logra transmitir el interés por el aprendizaje. Cuando se logra
terminar el ciclo secundario, ello es visto más bien como un trá-
mite cumplido. Como dice Willis (1988), la escuela cumple una
función paradójica en relación con los jóvenes de los sectores sociales más bajos, al promover en ellos su desinterés por los contenidos del aprendizaje y expulsarlos a la calle y al ocio, donde
reafirman su condición de *outsiders*.

El *"no ser menos que los demás"*, entendido como la necesidad de "conservar el rango ante los otros" (Cohen, 1972) es cita-
da como una de las explicaciones que dan los entrevistados del
inicio en el consumo. Javier, por ejemplo, menciona que su pri-

4. Las "pastillas" (fundamentalmente *rohypnol*) eran la droga de
elección en el momento en que los entrevistados se iniciaron en el consumo. Han sido sustituidas después por la marihuana como droga de inicio.

mera novia, en su primera relación sexual, a los 14 años, le *"puso una pastilla en la boca"*.

El dejarse influir es algo cantado en una situación como ésa, en la que se precipitan tantas incertidumbres e inseguridades, si ellas son además vividas por un joven tambaleante con respecto a sus apoyos sociales.

Moscovici señala también que existe una doble fuente en la predisposición a ser influido: la necesidad motivacional de ser incluido en el grupo y la necesidad de recibir información de los otros acerca de uno mismo, para reducir la incertidumbre acerca de las propias características. Ambas necesidades están presentes en los relatos de los entrevistados referidos al momento del inicio en el consumo.

El *poder hacer* es equiparado por casi todos los entrevistados con la identidad, mientras que el *no poder hacer*, identificado con el consumir (*no hacer nada*), es descripto como lo que lleva a la pérdida de la identidad, en la medida en que la práctica del consumo descontrolado los sume en un magma indiferenciado.

Con referencia a la escolaridad, ninguno de los entrevistados hace referencia a algo que denote interés por el aprendizaje. Los aspectos que son mencionados con nostalgia en cuanto a haber perdido el interés son la música —el rock— y el fútbol, que los hacían sentirse en comunión con otros. Sin embargo, a pesar de que son rescatados como intereses perdidos en la vorágine del consumo descontrolado, son también mencionados como situaciones proclives al consumo. Raúl dice, por ejemplo, al explicar una de sus recaídas en el hábito: *"empecé a hacer cosas que no debía: ir a la cancha, ir a recitales"*.

El trabajo regular, equiparado junto con el estudio como capacidad de los que no consumen, es planteado en algunos de los casos como el horizonte perdido a causa a la vez de la reducción del mercado laboral y de la condición de seropositividad. Los relatos de José y de Sergio muestran dramáticamente sus vicisitudes en este sentido:

*Me sacaron sangre un montón de veces... en ese momento yo trabajaba por agencia, te contratan, estás seis meses y te echan... pero puede ser también por ese motivo... si yo tuviera un laburo copado donde tenga una obra social [...] pero el problema del laburo es general ahora, no*

*sólo para el portador, no hay laburo... pero si yo tuviera
un laburo copado... y no puedo, me entendés, porque no
podés trabajar y sacar un turno, estar dos horas, tres horas viajando... lo podés hacer una, dos veces, a la tercera te echaron, no te justifica y si vas con la justificación
de adónde vas te echan a la mierda, eso es obvio... (José).
En el 87 tuve hepatitis y me duró ocho meses. Yo trabajaba en Siam. Falté a la fábrica con parte médico y cuando me quise reincorporar me hicieron análisis y me dijeron que tenía tuberculosis, que me cuide, y me echaron,
pero era mentira. Yo fui a un médico y me dijo: vos no
tenés nada, te habrán hecho el VIH. Y así en un montón,
cuatro, cinco fábricas. Una vez llevé a un amigo para
que se hiciera el análisis por mí, pero se dieron cuenta y
nos echaron a los dos. El médico me entendió, pero vis-
te... Yo lo hice como una táctica mía para poder entrar
a laburar. Qué va a hacer... (Sergio).*

Las changas son las alternativas que ofrece el mercado laboral a estos jóvenes, con el agravante de las forzosas interrupciones cuando sufren enfermedades marcadoras de sida, como dice
José:

*[...] y después, por ejemplo, yo estaba agarrando laburos
de pintura... vendo en la calle pulóvers, toda esa onda,
pero me agarra una hepatitis como me agarró ahora y
me arruinó... tengo que volver a empezar, y eso es lo que
te pasa... y te deprimís más de no estar haciendo nada
[...] hasta que digo: se va a la mierda el hígado y salgo a
vender. Estuve seis, siete días tirado en una cama... no
tengo televisión, nada... más depresión... y ahora que
trabajo, ando en la calle, eso hace que me sienta bien,
pero si no esos días no servía para nada (José).*

El *poder hacer algo*, en el sentido de trabajar, es visto así como lo opuesto primero al consumir y después a la enfermedad. El
trabajo se convierte en un elemento de identidad positiva que, si
falta, lleva a la sensación de "no ser nada".

Este *poder hacer*, como contrapuesto a consumir, es en el caso de Sergio identificado con el *"hacer algo para uno"*, en el sentido de crecer, desarrollarse, en su caso a través de la música. En
este proyecto de realización personal no es el consumo de drogas

lo que viene a interponerse, sino la depresión consecutiva a su diagnóstico de seropositividad primero y a la muerte de su mujer por efectos del sida, después.

En el caso de Raúl, en cambio, quien se define como *"una especie de Mr. Jekyll y Mr. Hyde"*, dado que su identidad como consumidor es una y como no consumidor otra, es el hecho mismo de consumir, y no la seropositividad, lo que lo hace interrumpir sus épocas de actividad laboral (si bien ella está siempre ligada al campo de las drogas: cuando no recae trabaja como coordinador socioterapéutico para adictos).

Julio y Sergio definen su actividad en relación con un proyecto artístico (la literatura en el caso del primero y la música en el del segundo) que, como tal, se inscribe en la larga duración que implica la capacitación y el ejercicio necesarios en este tipo de actividades. En Julio, es precisamente la percepción de *"no tener mucho tiempo para hacer"*, a raíz del riesgo de muerte instalado en su vida por el diagnóstico de seropositividad, lo que lo lleva a cuidarse e iniciar el tratamiento.

Sergio, en cambio, abrumado por el diagnóstico, se queda *"trabado"* en su proyecto personal. Sólo la reciente noticia de que su carga viral ha disminuido lo hace volver a albergar expectativas con respecto a *"volver a hacer algo, volver a la música"*.

*Estaba tan flasheado por la música, tenía tantas ilusiones, tanto para hacer y después, con eso, no hice nada. Y ahora con esta noticia medio como que se me explotó otra vez la cabeza, tengo ganas de hacer... era que no me sentía bien, después de tantos años ahora me doy cuenta.*

El *hacer-no hacer* está también ligado a la forma de organización del tiempo. Mientras que el *hacer* implica la aceptación del paso del tiempo, el *no hacer* equivale al intento de conjurar el tiempo, inmovilizándolo.

Por otra parte, los dos relatos recién citados ejemplifican dos de las "prácticas temporales" descritas por J. Pierret (1998) como recursos puestos en práctica por las personas afectadas por el sida en relación con el tratamiento del tiempo.

Julio muestra cómo, en relación con su proyecto de actividad laboral, se cuestiona su vida anterior y proyecta un cambio radical que puede parangonarse a la "conversión identitaria" en la vida de algunas personas (Bateson, 1976; Berger y Luckman, 1967). En efecto, su proyecto lo conduce de *ser* un delincuente a *ser* un intelectual, salto que lo lleva de vivir en el presente a construir un futuro. Se trataría, para él, de *vivir en un futuro posible*.

En el caso de Sergio, en cambio, sus años de inmovilidad implican el *haber vivido en un presente vacío*, en el que sólo el pasado perdido tenía sentido.

La tercera de las prácticas temporales descritas por la autora mencionada es la "continuidad",[5] ejemplificada en los relatos de Raúl y de Jorge, para quienes el diagnóstico de seropositividad no implica un cambio en sus hábitos de consumo. Para Raúl, porque persiste la repetición de la alternancia entre recuperarse del consumo y recaer e internarse. El diagnóstico de seropositividad no implica para él un punto de inflexión en la medida en que comienza e interrumpe el tratamiento para el sida coincidiendo con sus épocas de consumo y de abstinencia. En Jorge tampoco se observa un punto de inflexión a partir del cual modifique sus prácticas de consumo. Se interna "cuando no da más", para volver a consumir, interrumpiendo el tratamiento para el sida, cuando sale de las internaciones. Para ambos la abstinencia se identifica con el tratamiento del sida, sin que el diagnóstico de seropositividad haya alterado las fases de consumo-abstinencia.

El consumir proporciona una identidad devaluada. Salvo Jorge, quien reivindica la búsqueda del "goce indescriptible que da la droga", todos los otros entrevistados asumen el aspecto de estigma ligado al consumo. En todos ellos existe una condena moral frente al hecho de consumir, que los hace *"sentirse menos que una persona"*, calificada, entre otros atributos, por *"trabajar/estudiar"*. A diferencia de los homosexuales, quienes reivindican su identidad, aun cuando ella los haya conducido a la condición de

5. Hay que aclarar que en la clasificación de Pierret (1998) la "continuidad" como práctica temporal se refiere al esfuerzo de mantener el mismo estilo de vida, a pesar del diagnóstico de seropositividad, "cueste lo que cueste". En los casos a los que aplicamos la categoría en el presente estudio no se trata de realizar dicho esfuerzo, sino más bien de "hacer como si nada hubiera pasado", más por el influjo de la negación que por el propósito de "no dejarse afectar por el virus".

la seropositividad, los adictos entrevistados repudian sus prácticas, haciéndose eco en este sentido del discurso social:

> *Te convertís en un* ser *despreciable para vos y para la gente* (Sergio).

> *No sé qué parte de mí falla, que* hago *todo lo que* no tengo que hacer *y me convierto en esto que* soy (Raúl).

> *Podría* haber hecho *tantas cosas y no hice nada por las drogas [...] una banda de cosas podría* haber hecho *y no* soy *nada* (Javier).

Para Raúl, caso paradigmático de identidad ligada a la droga, dado que sigue ligado al tema aun en sus períodos de abstinencia, al trabajar en centros para adictos, el alejarse del escenario de la droga implica todavía una pérdida identitaria mayor: "ser *nada*, ser *ni siquiera Raúl*".

Este ser devaluado se vincula con sensaciones ambivalentes referidas al cuerpo: en la búsqueda de sensaciones corporales planteada por algunos de los entrevistados como motivación para el inicio en el consumo, el cuerpo ocupa un lugar privilegiado, pero él es a la vez la fuente de sensaciones placenteras que no se vislumbra que pueden alcanzarse de otro modo y que aún hoy son *"extrañadas"*, en palabras de Daniel, y el lugar del sufrimiento causado por la urgencia de la droga y por las enfermedades marcadoras del sida.[6]

La identificación entre el consumir y el *no ser* adquiere otro matiz en los casos de Julio y de Héctor, los dos entrevistados más alejados entre sí en la escala social (el primero es hijo de padres profesionales, el segundo es un *"chico de la calle"*), que sin embargo tienen en común plantear el consumir como un aspecto de un estilo de vida más abarcativo (el *"ser delincuente"* y el *"ser un chico de la calle"*, respectivamente), sin que constituyera lo más importante para ellos en ese momento. Julio se refiere a su actividad pasada como *"cometer ilícitos"*, lo que le proporcionaba importantes sumas de dinero con las que podía ac-

---

6. Esto lleva a plantearse el interrogante acerca de si estratégicamente el mensaje preventivo debe centrarse en la protección del cuerpo, cuando, por lo menos en los adictos, éste es un objeto ambivalente, en la medida en que es el objeto mediador del placer y "el lugar de donde surge un deseo insoportable" (Delor, 1997).

ceder a actividades placenteras (entre otras, el consumo). En el caso de Héctor, su vida en la *calle* tenía como eje procurarse la supervivencia, a través fundamentalmente del robo. El consumir formaba parte de ese estilo de vida, sin que fuera mencionado como un aspecto esencial, sino como una característica más de la vida en la calle *("en la calle todos consumen y casi todos tienen sida")*.

En los otros relatos, ya sea por un período (como en los casos de Sergio, José y Javier), o siempre a partir del inicio (como en los casos de Jorge, Raúl y Daniel), el consumir invade la vida, en ocasiones como única actividad y en ocasiones paralelamente al desempeño en actividades laborales mantenidas con gran esfuerzo. Se consume diariamente y todo gira alrededor de las altas y bajas producidas por los efectos de las drogas.

*Me picaba todos los días y después para bajar el efecto de la cocaína para ir a trabajar tomaba alcohol, ginebra* (Daniel).

III

| oposiciones de secuencias | oposiciones de actantes | oposiciones de proposiciones argumentativas |
|---|---|---|
| estudiar / trabajar *o* delinquir como estilo de vida / circunstancialmente | escuela / ámbito laboral / *o* calle / ocio / grupo de consumo | ser un "chico bueno" / pensar *o* delinquir racionalmente / delinquir por impulso / no pensar |

Desde los análisis de la escuela de Chicago, a partir del primer cuarto del siglo pasado, la sociología ha buscado relacionar los fenómenos asociados con la delincuencia juvenil a ciertos problemas o características sociales. Para dicha escuela, la "degeneración" de las bandas juveniles era causada por la anomia reinante en ciertas regiones de la "gran ciudad", marcadas por la desorganización social y la desaparición de los sistemas tradicionales de control informal.[7]

La escuela de Chicago influyó en desarrollos conceptuales posteriores sobre el tema, como la teoría del etiquetamiento social, la nueva criminología y el interaccionismo simbólico. Los estudios anteriores a la década del 70 ponían el énfasis en la conducta "desviada" o "patológica", concentrándose en un estilo de marginalidad que conducía a la delincuencia menor, subrayándose el elemento transgresor de la conducta más que otros aspectos. Los posteriores se centran en la función de resistencia con respecto al *statu quo* de las "bandas" juveniles, pero no focalizan los fenómenos ligados a la delincuencia.

Siguiendo el modelo de análisis de Taylor *et al.* (1997), una teoría comprensiva de los fenómenos delictivos debería tener en cuenta, entre otros factores, por un lado, los orígenes mediatos de los mismos, que deben buscarse en los conflictos estructurales, culturales y psicosociales existentes en la sociedad en general. En los casos que nos ocupan, ellos están vinculados con la acentuación de las desigualdades y la restricción del mercado laboral que se instauraron en la Argentina en la época en la que los sujetos llegaron a la juventud, así como los conflictos familiares descriptos en todos los casos, teniendo en cuenta que deben entenderse en el marco de una sociedad contradictoria de la que las familias forman parte. Se debe incluir aquí también la existencia de ciertos "valores sociales subterráneos" (Matza, 1969), como la búsqueda de la aventura, la valorización por lo que "se tiene", el desprecio por el esfuerzo sostenido, etcétera, que son tomados por la subcultura delictiva.

Por otro lado, deben analizarse los orígenes inmediatos de los actos delictivos, que precipitan su cometido, entre los que figuran ciertos fracasos (por ejemplo, escolares), la "asociación diferencial" (Cloward y Ohlin, 1960) con grupos ya iniciados en el delito, etcétera.

A nivel del imaginario social, la difusión de la práctica del consumo de drogas y a la vez el mayor empobrecimiento de los grupos de extracción social baja, a partir de la década del 70, que

7. Puede consultarse sobre este tema el excelente análisis de C. Feixa (1999).

comenzó a darse especialmente en la Argentina como consecuencia de la aplicación de la política económica liberal, hicieron que surgiera un nuevo escenario: la asociación entre consumo de drogas y delincuencia. No existen en este momento registros confiables que lleven a legitimar o no esta asociación presuntiva.

Yendo a los relatos de los entrevistados, de los ocho, solamente dos no han tenido problemas con la ley. De los que sí han tenido, uno (Daniel), se define a sí mismo como *"ex delincuente"* y otro (Héctor) plantea el delinquir como una actividad resultante de su lucha por la supervivencia. Los cuatro restantes han cometido conductas delictivas circunstancialmente y las ligan al consumo, en una suerte de "técnica de neutralización" (Matza, 1969) de su conducta, que sirve a su justificación.

Cometer actos delictivos forma parte de un estilo de vida elegido (como en el caso de Julio) o casi forzado (como en el caso de Héctor). Para ambos se trata de actividades que entran dentro de la racionalidad de sus mundos. Los otros cuatro relatos en los que se menciona que se han cometido actos delictivos (robar o vender drogas, en el caso de Raúl) caracterizan dichos actos como circunstanciales y como producto de impulsos, alimentados por el efecto de las drogas consumidas.

> *La droga te da la sensación de ser poderoso, o de inconsciencia, porque vos no sos consciente de lo que hacés, te sentís aquí mando yo, acá no pasa nada. Es distinto a uno que nace chorro, vive como chorro y va a morir chorro* (Javier).

> *Conocí a unos chicos, todos drogones, y andaban robando, y me fui con ellos a robar, me detuvieron, me pusieron robo a mano armada, portación de armas de guerra... No sé qué me dio, ¡pum!, fui* (Daniel).

En estos casos se plantea una disociación entre lo que se quiere para sí y la conducta impulsiva, que no tiene explicación para el sujeto y que aparece como un desdoblamiento del sí mismo. Se trata de conductas que los entrevistados relacionan con circunstancias, para separarse de los "delincuentes esenciales".

De todos modos, el delinquir y el consumir forman parte para los entrevistados de la subcultura de "la calle", teniendo cada una de estas conductas un peso mayor según se trate de la profesionalidad (como en los casos de Daniel y Héctor), o de las asociaciones circunstanciales nacidas de los grupos de consumo, que llevan a actos impulsivos.

Existe una representación social fuertemente consensuada que vincula la disociación familiar (separación de los padres) con problemas de delincuencia juvenil, consumo de drogas y problemas psicológicos de los jóvenes. En realidad, faltan estudios que permitan esclarecer si se trata de la ausencia física y/o psicológica de uno de los progenitores (en general, el padre) o de las consecuencias que esta ausencia trae aparejadas en cuanto a la disminución de los recursos sociales y personales que implican las separaciones (Giddens, 1999).

De los relatos de los entrevistados se deduce que sus grupos familiares no han asumido en su momento la decisión de actuar sobre ellos para intentar que dejaran de consumir. El único que menciona un intento (débil) de la madre en este sentido es Javier, y esto siguiendo a un pedido de ayuda de su parte. En el caso de Jorge, la mujer negocia con él que consuma *"en la parte de atrás de la casa"*, donde no lo ven. En consecuencia, puede decirse que la "reacción social inmediata" frente a la "conducta desviada" de la que hablan los teóricos del etiquetamiento, como Lemert (1951), ha sido en los casos que estudiamos casi inexistente.

No ocurre lo mismo con la "reacción social mediata", ejemplificada por procesos penales por los que han atravesado seis de los entrevistados. En general, los testimonios evidencian en este sentido que la "cárcel" ha significado para ellos una experiencia sumamente dura, que en general los ha hecho intentar modificar su rumbo, aunque más no sea para no repetirla.

El análisis tanto de los grupos familiares de origen como de los constituidos por los entrevistados verifica que "el plural se impone hoy en día cuando se habla de la familia" (Segalen, 1996). No hay un modelo sino varios. Familias que sostienen la conyugalidad a pesar de fuertes conflictos (como en el caso de Sergio y Raúl); familias monoparentales (con la madre como pivote, sostenida por su red de parentesco, como en el caso de las parejas de Daniel, Javier y José, o con el padre a cargo del hijo por viudez, como en el caso de Sergio); familias ensambladas (como en el caso de la madre de Daniel y sus sucesivas uniones)… formas distintas en las que, aun en su diversidad —por lo menos en la visión de los entrevistados—, prevalece la falta de cohesión y de solidaridad, lo que provoca la nostalgia por la familia tradicional. Según Giddens (1999), esta nostalgia parte de la idealización del pasado, pero las familias rotas eran tan comunes en el mundo occidental en el siglo XIX como ahora, aunque el motivo principal era la muerte y no las separaciones.

Para el mismo autor el tema de la familia ha sido una arena para la controversia de las posturas políticas. El punto de vista de la derecha es que la destrucción de la familia tradicional provoca la crisis social. El punto de vista de la socialdemocracia, en cambio, es aceptar las formas familiares diferentes que han ido surgiendo a partir de la segunda mitad del siglo XX, considerando que es un polimorfismo que en sí mismo no es ni bueno ni malo. Lo que sí pensamos que "fragiliza" las trayectorias de vida de personas como los entrevistados y eventualmente los acerca a "zonas de riesgo", incluyendo distintas formas de delito, es la falta de continencia que ellos asocian con las estructuras familiares no tradicionales, sin que efectivamente tal falta esté forzosamente vinculada a dichas estructuras.

IV

| oposiciones de secuencias | oposiciones de actantes | oposiciones de proposiciones argumentativas |
| --- | --- | --- |
| cuidarse *o* no cuidarse | sí mismo durante la abstinencia *o* sí mismo durante el consumo instituciones protectoras *o* instituciones dudosas | diferenciarse del mundo de las drogas / de la sensación de carencia afectiva *o* no recuperar la autoestima |

De los ocho entrevistados, solamente dos refieren haber modificado su conducta de consumo a partir del diagnóstico de seropositividad. De ellos, el cambio consistió, en un caso (José), en interrumpir el consumo y, en el otro (Javier), en dejar de inyectarse, pero seguir consumiendo otras drogas.

El punto de inflexión a partir del cual se produce el cambio en cuanto al autocuidado es en dos de los entrevistados la muerte por sida de seres queridos (la mujer en el caso de Sergio y el mejor amigo en el caso de José). En los restantes el cambio se vincula con la cárcel o con la internación, ya sea por drogas o por sida. Más allá de la forzosa abstinencia a la que obligan estos dos tipos de instituciones, existe en el caso de los que mencionan el tiempo de estar detenidos como el punto de inflexión (Julio y Javier), el haber accedido a partir de esa circunstancia a un modo reflexivo acerca de su vida anterior, que en el caso de Julio puede calificarse como una verdadera "conversión".

En cuanto a los que mencionan la internación por sida como el momento de inicio del no consumo, en el caso de Héctor ésta es indicada por el no cumplimiento de su parte del régimen de medicamentos, justificado por él por la imposibilidad de la abstinencia, en un medio de consumidores. Daniel pide la internación por sida como un modo de sentirse contenido, frente a un medio familiar que siente hostil.

Jorge y Raúl, internados en un centro de rehabilitación para adictos, cumplen con la abstinencia y con el plan de medicación al vivir en el centro, pero expresan sus dudas en cuanto a sus posibilidades de continuar del mismo modo al salir de la internación, dado que no han podido mantener la abstinencia en otras oportunidades, al externarse.

Como dijimos antes, todos los entrevistados, salvo los que están internados, fuman marihuana. Su respuesta negativa con respecto a la pregunta acerca de si consumen se explica porque no consideran a esta sustancia como una droga. Están más atentos, en este sentido, al consumo de alcohol, que les cuesta mucho interrumpir, y sobre el que aparentemente les insisten más los médicos que los atienden.

En consecuencia, el diagnóstico de seropositividad no llega en la mayor parte de los casos a constituir un hito en función del cual se deja de consumir. Hay que tener en cuenta que dejar de consumir implica para los entrevistados cambiar su estilo de vida. El propósito del cambio se instala cuando se llega al momento de plantearse ese cambio, a partir de eventos que conmueven de un modo más profundo de lo que ha impactado en ellos recibir el diagnóstico.

En parte esto puede deberse a que el anuncio no significa para estas personas algo inesperado. Por el contrario, anticipan el resultado de la prueba en función de lo que ya saben acerca de sus compañeros de consumo, o de la seropositividad de sus parejas o hijos, cuando están seguros de haber sido la vía de infección de las primeras, o de sus cálculos a partir de sus prácticas de riesgo.

La prueba del VIH se realiza, pues, en general, a instancias de los médicos que los atienden (a ellos o a sus familias), y en un momento en que están todavía en el frenesí del consumo o siguiendo un estilo de vida que no están dispuestos a cambiar (en el caso de Julio, la delincuencia) o no pueden hacerlo (en el caso de Héctor, la vida en la calle).

Es necesario entonces que sucedan otras cosas que los hagan vacilar en cuanto a sus trayectorias. Estas otras cosas implican un límite duro como la cárcel, el sufrimiento psíquico (en el caso de las muertes de seres queridos) o la invalidez física (en el caso de enfermedades marcadoras de sida).

> *Lo último que me agarró, la toxoplasmosis, que me agarró el cerebro, me anuló una parte, esta mano la muevo poco y la pierna también, se me cae, y me asustó, no me asustó tanto el miedo de decir: me voy a morir, sino el miedo al sufrimiento antes de la muerte, que te agarre una toxoplasmosis y te deje destruido* (Daniel).

En consecuencia, el diagnóstico de seropositividad no adquiere el significado del sida hasta que la enfermedad se acerca (ya sea a través de un ser querido o de las enfermedades marcadoras vividas en ellos mismos). Sergio, por ejemplo, refiere haberse asustado más del diagnóstico de tuberculosis que le dieron al despedirlo del trabajo que de la seropositividad.

En algunos casos como el de Raúl, diagnosticado en 1987, el conocimiento de la seropositividad precipita un mayor descontrol en el consumo. Es probable que esto se diera con mayor frecuencia en la época anterior a los retrovirales, que han alargado considerablemente la vida de las personas afectadas. Esta insistencia en el consumo puede entenderse como el no poder aceptar la idea de que la restitución *ad integrum* es ya imposible.

> *Estuve un tiempo que no me importó... en esa época me dijeron que me moría en un año... y bueno, me dediqué a drogarme, a drogarme, a drogarme...* (Raúl).

Vuelve a conectarse en relación con este hecho el particular manejo del tiempo de los entrevistados, que los hace no poder tener en cuenta el futuro, a pesar de que todos conocían al recibir el diagnóstico la evolución probable de la enfermedad, teniendo en cuenta que en dicho momento aún no habían aparecido los tratamientos posteriores, eficaces en cuanto a evitar, temporalmente al menos, las enfermedades marcadoras. La validez acordada al presente como lo único legítimo se pone de manifiesto en las palabras de Héctor:

*En el momento en que me lo dijeron no sentí nada, ya sabía... era muy chico, no le di importancia, estaba bien, estaba fuerte, entonces no me hice tratamiento. Ahora sí, porque me estoy muriendo* (risa).

En los seis casos en los que se produce un punto de inflexión a partir del cual se llega al autocuidado, se muestra la oposición entre ellos mismos antes —en la época del consumo— y ellos mismos ahora —en el momento de recuperación en relación con el hábito y del tratamiento del sida—.

En los dos casos en los que este punto de inflexión no aparece (Raúl y Jorge), esta diferencia entre el yo consumidor y el yo que adviene al tratamiento, en lugar de sucederse en el tiempo, resulta en una alternancia, dado que ambos tienen etapas en las que no consumen (cuando están internados) y etapas en que vuelven al consumo (cuando salen de la internación).

Esto lleva a Raúl a plantearse, siguiendo la interpretación de sus psicólogos, que existen en él dos personas: una que representa todo *"lo bueno"* y otra que encarna *"el mal".* Esta disociación maniquea recuerda la lógica del todo-nada, del adentro y el afuera, que reproducen la mayoría de los modelos asistenciales para adictos (Delor, 1997). Es precisamente la dificultad para aceptar logros forzosamente parciales, o por lo menos no tan rotundos como esperaría, lo que hace que la vida de Raúl se convierta en una vida en "dientes de sierra" (usando la metáfora de dicho autor), con profundas caídas y recuperaciones que lo llevan a una cima de la que vuelve a caer porque ella no representa *todo.*

A partir de la aceptación del sida, los entrevistados desarrollan, frente a las instituciones sanitarias, una actitud dual. El sistema médico es percibido en algunos casos como contenedor y en otros casos como insuficiente en función de sus necesidades.

Daniel y Héctor esperan seguir internados en casas de salud para poder seguir con el tratamiento. Julio vincula su "conversión" al rol de ciertas personas de las instituciones que lo ayudaron a dar el vuelco. Así como en su niñez la escuela y el tratamiento psicológico son calificados por él como ineficaces, la cárcel, el hospital y la Fundación en la que trabaja en su *"segunda etapa"* son los ámbitos que favorecen su cambio.

Sergio y José, en cambio, desconfían del sistema médico y piensan que:

*Al Muñiz entrás para no salir... te contagiás todos los virus de los demás que andan sueltos por ahí* (Sergio).

*Yo pienso que al bicho me lo despertaron los medicamentos. Yo estaba bien y ahora desde que estoy medicado tengo infinidad de problemas* (José).

El cuidarse implica haber encontrado un nicho donde recuperar *"la fe en uno mismo"*, ya sea por haber encontrado otro camino (como en el caso de Julio) o por querer vivir para los hijos —no abandonarlos— (como en el caso de Daniel, Javier y José).

Para que se dé este proceso de recuperación de sí mismos (*"rescate"* es el término empleado por Javier) es necesario que haya existido la mediación de alguien que *"dé una mano"*, lo cual permite acceder, de un modo restituido y con la marca de la enfermedad, al punto desde el que se inició el consumo, con una mejor autoimagen.

Raúl, quien todavía lucha entre los vaivenes del consumo y el no consumo, afirma que lo que lo alienta es haber podido formarse la idea, a través de su trabajo como coordinador socioterapéutico, de servir para *"algo más que para vender droga"*.

Javier, que es el único de los entrevistados que afirma no haber tenido una niñez conflictiva, recupera a sus padres unidos para cuidarlo —están separados desde que era niño— a partir de la estrategia del centro de rehabilitación de adictos al que concurre, de ponerlo bajo el cuidado vigilante de *ambos* padres.

En consecuencia, las oposiciones argumentativas muestran aquí un pasaje de la carencia afectiva de la niñez a la posibilidad de un espacio más "acolchado", caracterizado ya sea por el *"hacer cosas que a uno le hacen sentirse bien"* o por la posibilidad de asumir el rol de padres de un modo diferente a como lo asumieron sus propios padres.

En algunos casos —los menos—, este proceso lleva también a un acercamiento a los progenitores:

*Yo creo que ahora lo entiendo un poco más a mi papá, porque soy el único que lo acompañó en el vicio* (Sergio; el padre es alcohólico).

En este proceso el pasaje por el mundo del consumo de drogas es visto en general como un *"perderse"* en un camino con pocas salidas, que les ha dejado la marca del sida, frente a lo cual sólo pueden plantearse restituciones parciales (*"el tiempo que quede"; "poder hacer* algo *por lo menos"; no saber "si se podrá ser normal"*, etcétera).

En la "salida", los entrevistados han sido "ayudados" por instituciones —mediadas por operadores que han sabido acercarse a ellos: médicos, psicólogos, educadores, ex adictos— o por personas de las familias que han constituido —en especial los hijos—.

El interregno del consumo ha sido vivido en general con un ritmo tan intenso y acelerado que lleva por ejemplo a Daniel a decir:

*Tengo 27 años y parece que tuviera 60 en cosas que viví.*

Si bien por un lado la frase alude a una aceleración particular en cuanto al transcurrir de la vida, también hace referencia al menor tiempo que queda para vivir. Es lo mismo que expresa Héctor, burlándose de sí mismo:

*Tengo que llegar al 2000* (la entrevista se realizó en noviembre del 99).

V

| oposiciones de secuencias | oposiciones de actantes | oposiciones de proposiciones argumentativas |
| --- | --- | --- |
| cuidar al otro *o* no cuidar al otro | sí mismo en algunas relaciones / antes *o* sí mismo en otras relaciones / ahora | pensar en el otro / ser consciente *o* no importar más que el consumo / ser inconsciente |

La mayor parte de los entrevistados refiere que a partir del diagnóstico de seropositividad dejaron de compartir jeringas.

*Después de inyectarnos las quemábamos [...] la jeringa, todo, porque por ahí uno empezaba: no me hace nada, no me hace nada, y te la agarraba [...] yo siempre me cuidé bastante en eso, me perseguí toda la vida con eso [...] y había otros pibes también perseguidos... bien, bien, dentro de todo lo mal que estábamos* (Sergio).

Con respecto a las relaciones sexuales, si bien todos los entrevistados afirman usar preservativos a partir del conocimiento del serodiagnóstico, ésta no es una conducta regular. Tres de los entrevistados afirman haber transmitido el virus a sus parejas, si bien en la época previa al diagnóstico.

Como vemos, los cuidados en el plano sexual son en general menos sistemáticos que en relación con el compartir jeringas. Según Delor (1997) esto puede entenderse pensando que para los adictos, si bien reconocen en ocasiones la posibilidad de que ellos mismos pueden haberse contagiado el virus por relaciones sexuales, la vía de transmisión sexual no es tan claramente reconocida como la endovenosa. Esto se vincula al hecho de que la vida sexual no representa un aspecto particularmente importante en sus vidas, lo que no significa afirmar que no la tengan. Simplemente la sexualidad ocurre. "Esta disminución de la importancia subjetiva de la sexualidad para los adictos es el origen de la subrepresentación de este tema en su discurso" (p. 42).

Todos los entrevistados menos dos (no por casualidad Julio y Raúl, los únicos de clase media de la muestra), tienen hijos. Daniel y Javier los tuvieron a los 17 años, yéndose a vivir con sus parejas a partir del nacimiento de los bebés.

La particular valoración de la idea de familia que asumen los entrevistados de clase baja se pone de manifiesto en el relato de Daniel, que afirma que aun conociendo la seropositividad propia y la de su mujer, y después de haber perdido su segundo hijo por causa del sida, buscaron tener otro bebé, para:

*[...] formar una familia, para que Federico* —el primogénito— *no se quede solo.*

La idea de la familia forma parte del proyecto de recuperación en tres de los seis casos en que existe un proyecto de futuro (Daniel, José y Javier). En los otros tres, en dos de los entrevistados ella pasa por lo cultural/artístico (Julio y Sergio) y en el otro caso es difusa, dado que está centrada en *"salir de la calle"* (Héctor).

Los dos casos restantes (Raúl y Jorge) son los de peor pronóstico en el sentido de la recaída en el consumo, dado que dudan de sus fuerzas para alejarse del hábito cuando salgan de la internación.

Casi la totalidad de los entrevistados han tenido parejas estables en sus vidas, si bien en la actualidad sólo dos mantienen una unión de este tipo. Las muertes y separaciones, además de la dificultad para establecer nuevos contactos a partir de la seropositividad, explican esta diferencia entre el antes y el ahora.

*Estoy un poco trabado, ahora, con lo del bicho, me da un poco de miedo acercarme a una mujer* (Daniel).

Si bien los entrevistados refieren haber usado preservativos irregularmente con posterioridad a haber recibido el diagnóstico de seropositividad, ninguno de ellos se plantea la posibilidad de que eso podría suceder en esta etapa, en la que están en tratamiento. En el caso de Héctor —el *"chico de la calle"*— sus circunstancias de vida lo han llevado a la convicción de que el cuidado proviene de uno mismo y nunca de los demás, por lo que llega hasta *"avisar"* sobre su seropositividad, dejando la elección del cuidado o no cuidado a su circunstancial pareja.

*Si no le importa a ella...*

El no uso de preservativos se da tanto en parejas circunstanciales como en parejas estables, aunque por motivos diferentes.

En la etapa postdiagnóstico la estrategia en las oportunidades en que los entrevistados han mantenido relaciones usando preservativos consiste en algunos casos en usarlo sin comentar el diagnóstico y, en otros, en aclarar la condición de seropositividad.

Como dijimos previamente, el cuidado es mayor con respecto al no compartir jeringas.

A Julio sus contactos en la cárcel con la directora de la escuela del penal y con la infectóloga le abrieron los caminos de la reparación, en la medida en que: *"empecé por hacer algo para los demás: enseñar a leer y transmitir mis conocimientos sobre sida"*. Para José este camino se dio por el encuentro con su actual pareja, también seropositiva: para protegerla, junto con su hija, es que se propone cuidarse.

El no uso de preservativos, aun después de la seropositividad, es referido en las relaciones circunstanciales siempre al estar bajo los efectos de las drogas y al clima grupal en los "boliches" y demás lugares de encuentro. El no uso con la pareja estable es explicado la mayoría de las veces por el hecho de que *"al ser ya los dos seropositivos, no importaba tanto"*. La posibilidad de la reinfección es tomada en cuenta sólo en la etapa en la que comienzan el tratamiento.

## TIPOLOGÍA

Los relatos analizados pueden clasificarse según las propuestas de cambios que se formulan los entrevistados, ya sea efectivamente realizados o como proyectos. Cada uno de estos tipos de cambio se vincula con una particular modalidad de gestión frente a la enfermedad.

Como surge de los relatos, los cambios pueden categorizarse en cuatro tipos:

### I. Cambios en el eje del hacer

Cambios que tienen por eje el *hacer* algo diferente en relación con las actividades llevadas a cabo en la fase anterior (la etapa del consumo).

El relato nodal es aquí el de Julio, quien, como ya hemos dicho, plantea que ha realizado una verdadera conversión (de delincuente a intelectual), aunque existe en él un rasgo que está siempre presente: la idea del goce, de "disfrutar de lo que se hace".

Se ubica en este mismo tipo el relato de Sergio, que a diferencia de Julio pretende volver a una actividad suspendida a partir del diagnóstico de seropositividad.

Hasta cierto punto puede ubicarse también en este tipo el relato de Raúl, quien plantea la posibilidad de trabajar con adictos como una actividad que lo satisface, aunque no sabe si podrá "sostenerla".

En estos relatos prevalece la idea de la identidad a través del hacer. Se llega a *ser* como se quiere si se logra desarrollar la actividad que se propone como proyecto de vida.

Los tres entrevistados que entran en este tipo son los únicos que tienen estudios secundarios terminados y dos de ellos son de clase media. Esto hace que pueda pensarse que el proyecto de la "realización personal" como base de la identidad está más ligado a los sectores medios, que reivindican en mayor medida la autonomía personal como valor predominante.

El cambio identitario propuesto presupone dejar el consumo y la adopción de medidas de prevención a nivel sexual. La imposibilidad de *"sostener"* el cambio, en el caso en que se produzca, como dice Raúl, incluye a la vez el fracaso en relación con el nuevo proyecto de vida y la recaída en el consumo de drogas.

## II. Cambios en la esfera afectiva

Se trata en este caso de cambios que tienen que ver con mantener un *vínculo afectivo*, básicamente con una posible pareja, pero sobre todo con los hijos. Los relatos de Daniel, José y Javier son en este aspecto equiparables. Los tres plantean luchar por su sobrevida pensando en sus hijos, única idea que los sostiene en los momentos críticos. Javier, que es el más joven de los tres, menciona en el mismo sentido, además de a su hija, a sus padres.

Se identifica el no tener ganas de vivir con la idea de que *"ni siquiera el pensar en los hijos da ganas de seguir viviendo"*. Es interesante señalar que la presencia de los hijos en estos relatos no se refiere a contactos reales con ellos (en el caso de Daniel, por ejemplo, hace ocho meses que no los ve), sino a la idea de que deben vivir para *"no faltar a los hijos"*, para que ellos sepan que *tienen un padre*. La vinculación entre la idea de los hijos y la abstinencia y el cumplimiento del tratamiento hace que cualquier conducta que implique apartarse de estas normas sea vivida de un modo culpógeno.

Los tres entrevistados que integran este tipo son jóvenes de sectores populares, para los que la idea de *familia* adquiere un sentido identitario básico: se "es" *para* una familia, y si ella no está presente en el imaginario no tiene sentido vivir.

## III. *La dificultad del cambio identitario*

En este caso el cambio tiene que ver con una conversión deseada pero vislumbrada como sumamente dificultosa. Es el caso de Héctor, quien plantea que su pronóstico de vida depende de sus posibilidades de "salir de la calle", lo que equivale a *ser* otro. En este caso, si bien existe un propósito de cambio que podría asemejarlo al tipo I, este propósito está planteado de un modo tan difuso y general, que aparece como un deseo de ser "otro" mágicamente, en la medida en que no se aclaran los pasos necesarios a seguir para ser ese "otro". La abstinencia y la continuidad del tratamiento se plantean como metas difíciles de alcanzar si no se cuenta con fuertes apoyos institucionales.

## IV. *El no cambio*

Este tipo está representado por el relato de Jorge, quien no se plantea ni cambios en el eje de la actividad, ni está sostenido por el eje de los afectos. Su vida transcurre entre etapas de consumo y de internación, y él mismo duda de sus posibilidades de mantener la abstinencia al dejar de estar internado. No aparece tampoco ninguna mención a la afectividad, a pesar de que tiene tres hijos. No surge de su relato que esté preparado para intentar una nueva modalidad de gestión de su enfermedad, diferente de las discontinuidades que ha protagonizado hasta ahora.

Hasta cierto punto, este tipo corresponde también al relato de Raúl, si se toman en consideración sus repetidas recaídas en el consumo, que lo alejan de todos sus emprendimientos y del tratamiento.

# ANEXO

## ANÁLISIS LONGITUDINAL

En las síntesis de las entrevistas que incluimos a continuación, las secuencias figuran en tipografía normal, las proposiciones argumentativas en bastardilla y los actantes aparecen en versalita.

### ENTREVISTA A JULIO

Varón, 31 años, clase media, infectado desde hace 9 años

*Síntesis de Secuencias, Actantes y Proposiciones argumentativas*

JULIO se define como habiendo sido un niño revoltoso, hiperquinético, con problemas de conducta en la ESCUELA, que se extendían a todos los ámbitos en los que participaba. Cuando tenía cinco años sus PADRES se separaron, a raíz de que el PADRE se enamoró de una PRIMA DE LA MADRE que había ido a pasar una temporada en la casa, y "se fugó" con ella. Después de la separación de los padres, Julio vivió con su MADRE, quien trabajaba todo el día, su HERMANA MENOR y la EMPLEADA DOMÉSTICA que los cuidaba.

*Atribuye sus problemas de conducta en la infancia a la separación de sus padres, que relaciona con un furor de divorcios en la época en que era niño, si bien recalca que "siempre le fascinó violar las reglas, sobrepasar las reglas".*

A partir de los 14 años no vio más a su PADRE, quien vivía en el exterior.

En segundo año de la escuela secundaria empezó a consumir drogas. *Adjudica su inicio en el consumo de drogas al hecho de juntarse con "PIBES MÁS GRANDES, que afanaban y eran cancheritos", con los que quería identificarse, al carecer de una imagen masculina fuerte, dada la ausencia de su padre.*

Cursó cada año del ciclo secundario en colegios distintos debido a sus problemas de conducta. Pasaba la mayor parte del tiempo en la CALLE, con sus COMPAÑEROS DE CONSUMO. A pesar de esto terminó la escuela secundaria. *"Tenía siempre la conciencia por estudiar, tal vez por provenir de una FAMILIA DE INTELECTUALES, en la que se valoraba el estudio."*

*Opina que la adicción a las drogas pasa porque la persona no encuentra satisfacción en nada y lo único que le interesa es "estar de la cabeza todo el día". "En esa época nada me conformaba, nada me hacía feliz".*

Su vida en los años posteriores consistió en "cometer ilícitos" que le dejaban mucho dinero. Formaba parte de una BANDA "DE ELITE" y tenía una NOVIA a la que "amó profundamente". Tenía una poderosa moto en la que iba a gran velocidad. No se cuidaba en las relaciones sexuales y compartía jeringas al inyectarse drogas. Por esa época pasó unos meses en Brasil y al volver sufrió una hepatitis por la que le recomendaron realizar la prueba del VIH, que dio positiva. No obstante el diagnóstico, siguió haciendo la misma vida. *No le dio ninguna importancia al anuncio de su seropositividad, "fue como si me hubieran dicho que tenía mucha fiebre". Se empezó a preocupar por su salud cuando comenzó a enfermarse a raíz de la baja de sus defensas.*

A los 24 años cayó preso y estuvo detenido cuatro años, a pesar de que el FISCAL había pedido para él once años de condena. Al año de estar preso se dio cuenta de que no quería continuar en la "carrera del delincuente" y empezó a estudiar en el PENAL. *Comenzó a cambiar en "la soledad de la cárcel". "Estar detenido me hizo reflexionar sobre lo que quería para mi vida." "Sabía que mi vida se estaba yendo por el tacho de la basura. Ya estaba en el tacho de la basura." Ahí se dio cuenta y se planteó qué quería para él. Pensaba que tenía la posibilidad de morir en la cárcel y eso lo ponía muy triste. "La primera forma virtual de irme de la cárcel fue dejar los códigos carcelarios, empezar a funcionar como una persona normal, empezar a dar clases, empezar a laburar."*

La Directora de Educación y la infectóloga del penal lo ayudaron mucho. Enseñaba a leer a los reclusos analfabetos y comenzó a escribir, a ir a la biblioteca y a leer mucho. Mandaba sus cuentos a una radio, donde se los leían. Después consiguió que se los publicaran. A raíz de su actividad literaria comenzó a recibir muchas visitas en el penal, a diferencia de la etapa anterior, en la que no lo visitaba nadie.

*Se empezó también a inclinar por el trabajo como voluntario en sida, porque se daba cuenta de que sabía mucho, de que tenía muchos conocimientos prácticos, "muchas cosas para dar".* Al salir de la prisión se conectó con un Hospital en el que se asisten personas con el VIH/sida y con una Fundación que trabaja en el tema. A poco de salir de la cárcel, y cuando comenzaba a organizar su vida, dado que había conseguido un trabajo, tuvo varias enfermedades marcadoras de sida, a causa de una importante baja inmunológica, por lo que debió ser hospitalizado algunos meses, lo que lo sumió en una profunda depresión. *Vivió la etapa en la que sufrió las enfermedades marcadoras de sida como un castigo, como "si me dijeran: ahora vas a pagarlas".* Poco a poco salió adelante, revirtiéndose su estado físico, al punto que desde hace dos años su carga viral no es detectable y tiene más de 500 CD4.

Al recuperarse comenzó a trabajar en teatro callejero, organizando un conjunto, y como activista en una organización para personas que viven con VIH/sida. Hace dos años conoció a la que actualmente es su novia, que es seronegativa.

No comenta a nadie que es seropositivo. Sólo se lo dijo a su novia antes de tener relaciones sexuales.

*Ahora se siente en paz con él mismo porque "no le hago daño a nadie [...], al contrario, hago muchas cosas pensando que estoy haciendo el bien; no sé si en todos los casos hago el bien pero estoy pensando que lo hago y hago además muchas cosas que me gratifican, que me gustan". Lo que más le gusta de su trabajo es que le permite ser reconocido, si bien plantea que comparte muy poco de él con los demás y que ha confiado muy poco en alguien en su vida: "en los momentos de crisis estuve solo y salí solo". "Siempre hice lo que quise, lo que me gustaba, lo que tenía ganas de hacer, lo que se me antojaba". "El principio básico, sea uno seropositivo o no, es empezar a disfrutar de la vida."*

| oposiciones de secuencias | oposiciones de actantes | oposiciones de proposiciones |
| --- | --- | --- |
| soledad, transgresión de reglas *o* estar contenido, ser "normal" | padre ausente, madre indiferente *o* contención institucional | ausencia de imagen masculina fuerte *o* presencia de límites dados por la falta de libertad y por la enfermedad |
| niñez y adolescencia-juventud conflictivas *o* adultez en equilibrio | él mismo sin importarle el prójimo ni el autocuidado *o* él mismo importándole el otro y el autocuidado | hacer la de uno sin reparar en el daño a otros *o* hacer cosas gratificantes para uno haciendo también bien a otros |
| delinquir, consumir, vivir en el presente *o* trabajo intelectual, proceso que se construye en la larga duración | escuela, vecindario, la calle, etcétera, como escenarios donde transgredía normas *o* figuras protectoras: directora de educación del penal, infectóloga, novia actual, instituciones: cárcel, hospital, asociación, grupo de teatro | no poder pensar, no saber por qué hacía ciertas cosas *o* proyecto reflexivo a partir de la cárcel |
| placeres sensoriales *o* placer por el reconocimiento social | él solo *o* él y otros que lo reconocen | insatisfacción, inconformismo, búsqueda de sensaciones a |

| oposiciones de secuencias | oposiciones de actantes | oposiciones de proposiciones |
|---|---|---|
| | | través del consumo de drogas *o* estar en paz consigo mismo, hacer cosas que lo gratifican |
| falta de preocupación por la salud *o* preocupación por la salud en términos del proyecto futuro | él solo *o* él y otros que se preocupan por él, como su novia actual | inconsciencia con respecto a lo que es "bueno" y "malo" para él *o* darse cuenta de lo que le hace bien y mal |

El eje alrededor del cual se estructura el relato de Julio es la oposición entre la **búsqueda de gratificaciones personales sin medir las consecuencias —lo que implica la posibilidad de dañar a otros y la falta de autocuidado— y la búsqueda de gratificaciones personales teniendo en cuenta al otro y el autocuidado**. Este eje se convierte en pivote de su vida a partir de la vivencia de soledad en la que lo sumergen sus años infantiles, *después de la separación de sus padres*.

El primer polo de dicha oposición se manifiesta en un estilo de vida caracterizado por vivir en un presente vertiginoso, en el que muy joven contaba con mucho dinero, producto de sus actividades delictivas. Metáfora de esta actitud es su amor por la velocidad.

Si bien Julio atribuye en buena medida su inclinación a transgredir las normas a la falta de una imagen paterna fuerte, en realidad sigue el modelo transgresor de su padre, quien cometió el "delito" de iniciar una nueva vida amorosa con alguien muy cercano a su mujer ("se fuga" con ella, se va del país, abandona a sus hijos).

El punto de inflexión a partir del cual se modifica radicalmente su visión del mundo es el estar detenido. La cárcel obra como un tope a la vertiginosidad de su vida y comienza a plantearse la posibilidad de buscar gratificaciones sin que esto implique dañar a otros y dañarse a sí mismo. La reflexión sobre sí mismo hace que aparezcan en el relato en este punto referencias a lo que *quiere* para sí. El camino que encuentra es el del trabajo intelectual, que lo lleva a una concepción del tiempo caracterizada por la larga duración (este tipo de trabajo requiere un esfuerzo sostenido en el tiempo). Su gran depresión se produce cuando toma conciencia de que su estilo de vida anterior le dejó la marca del sida, que pone en peligro la posibilidad de contar con ese tiempo extendido que le requiere ahora su proyecto de vida.

Si bien reconoce que hubo en su vida personas que lo ayudaron (la Directora de Educación de la cárcel, *su* infectóloga, su novia actual) y que el reconocimiento de su trabajo comenzó a importarle en la segunda etapa de su vida, también expresa la sensación de que *siempre estuvo solo y que salió solo de las crisis*, tal vez porque su preocupación más importante ha sido y sigue siendo estar en contacto con sus deseos, partiendo de una vivencia de soledad que sigue estando presente. En este sentido Julio sigue siendo el niño que se sintió abandonado tras la debacle familiar provocada por la transgresión del padre, aunque las instituciones sociales con las que entró en contacto en la segunda faz de su vida (la cárcel, el hospital, la Fundación) modificaron parcialmente dicha sensación.

Entrevista a Daniel

Varón, 28 años, clase baja, infectado desde hace 9 años

*Síntesis de Secuencias, Actantes y Proposiciones argumentativas*

La infancia de Daniel transcurrió entre la casa de la MADRE y la de la ABUELA, a partir de la separación de sus PADRES, que ocurrió cuando él tenía dos años. La madre tenía una HIJA de una pareja anterior. Después de la separación tuvo otras DOS PAREJAS, con las que tuvo otros TRES HIJOS. *Es jugadora compulsiva.*

*Considera que su verdadera madre fue su* ABUELA. A raíz de que vivía alternativamente con la madre y con la abuela en dos lugares distintos del Gran Buenos Aires iba a la ESCUELA un año en un lugar y el siguiente en el otro. Cuando vivía con la madre integraba una BANDA DE CHICOS que *salía a reventar kioscos, pero no para comer, por necesidad, sino por maldad.* Cuando vivía con la abuela, se quedaba jugando en la casa. Comenzó a consumir a los 13 años, *por aburrimiento, por curiosidad, y por seguir a un* CHICO MÁS GRANDE, *que era el héroe,* durante un año en el que vivió con la madre. Además de pastillas y marihuana, *bebía muchísimo alcohol.*

A los 15 años conoció a la que sería SU MUJER, con la que se fue a vivir a los 17 años, al tener un HIJO. *Cree que hizo todo muy temprano. "Tengo 27 años y parezco 60 por las cosas que viví."* Cuando tenía 16 años murió la abuela. La mataron al entrar a la casa para robarle. *Fue la tristeza más grande que tuvo en su vida.*

Por esa época consumía y salía a robar. Lo detuvieron al robar una ferretería y le hicieron la primera causa penal. *Se asustó y dejó de hacer "tantas maldades".* Tenía un compañero de correrías, que fue su íntimo AMIGO, —ahora está en Batán— con el que *hizo miles de maldades. Sigue siendo su amigo a pesar de que sabe que no es una persona buena.*

Es gastronómico, pero *trabajó de todo en su vida.*

Consumía cada vez más. Tomaba mucho alcohol, aspiraba cocaína y después empezó a inyectarse. Entre los 22 y los 25 años se picaba todos los días. Tenía dos COMPAÑEROS DE CONSUMO con los que compartía jeringas. *Lavaban la jeringa porque creían que con eso era suficiente. No daba más, "empezó a pegarme mal la cocaína" —sufría episodios de paranoia—. "Engancharme con el pico fue para mí uno de los problemas más grandes que tuve. El pegue de la cocaína es muy fuerte. Salís de un gancho y querés hacerte otro inmediatamente y ahí manoteás cualquier jeringa. Todavía siento la atracción de la cocaína en el cuerpo, por eso trato de no andar con gente que se pique."*

Su esposa quedó embarazada nuevamente y al hacerse la prueba del VIH descubrieron que ella era seropositiva; dedujeron que el virus se lo había transmitido él, dado que ella no consumía drogas ni había tenido otras relaciones. Tuvieron UN HIJO que nació seropositivo y falleció a los tres meses. *Esto "me pegó muy du-*

*ro y precipitó el quiebre de mi pareja". Considera que su esposa "fue el amor de su vida y que le aguantó mil y unas". "Ella era honrada y yo era trucho. Era totalmente antidroga."*

Viajó a Mar del Plata y allí conoció a una MUCHACHA JAPONESA, con la que empezó a tener relaciones. *"Ella era totalmente diferente a mi señora. Me esperaba, me preparaba el baño, era sumisa en todo."* Con ella usaba preservativo casi siempre. Cuando se enteró que él era casado se fue a vivir a Japón. No sabe si le transmitió el VIH.

Volvió a Buenos Aires y siguió viviendo con la señora, a pesar de que las relaciones eran muy difíciles porque ella se enteró de su otra relación. Buscaron otro embarazo, *para que su primer hijo no quedara solo, cuando ellos no estuvieran más. Quería formar una familia. "Uno piensa siempre que se va a morir, no es que hay miles de esperanzas. La muerte está a la vuelta de la esquina."* Nació su tercera HIJA, que negativizó a los dos años.

Hizo un tratamiento para rehabilitación de adictos y dejó de consumir, pero la mujer no lo perdonaba, *piensa que se había cansado de él,* se agredían mutuamente y se separaron. *Sufrió mucho la separación y trató de reconquistarla sin éxito muchas veces.* También buscó a la chica japonesa, pero se había ido. *No quiere tener relaciones con otras mujeres por temor a transmitir el virus. Como se sentía solo volvió a consumir,* "a escabiar todo el día".

El año pasado conoció a "UNOS CHICOS" y estando drogado, *no sabe por qué — "pum, fui" —,* salió a robar. Lo hacían esperar afuera. Lo hizo cinco o seis veces. La última vez lo detuvieron por robo a mano armada y portación de arma de guerra. En la cárcel le hicieron la prueba del VIH y le dio positiva. Él ya sabía que era portador, por la señora y los dos hijos. Al salir de la cárcel fue a vivir con la madre, pero *no soportó las injusticias en su casa, las preferencias que hace su madre entre sus hijos. "Si a una persona le sale un hijo malo, bueno, pero mi hermana tiene 30 años, es drogadependiente, tiene cinco hijos, mi hermano de 17 años es homosexual ... y ella no reconoce nada. No se dio cuenta de que estoy enfermo y me exigía cosas que no puedo hacer, como sacudir una frazada."* Estaba muy mal y pidió entonces que lo internaran en el HOSPITAL. Tuvo varias enfermedades oportunistas y llegó a pesar 37 kilos. En el hospital le dieron otra vez ganas de vivir, pensando en sus hijos, a los que recuerda continuamente, aunque no los ve desde hace ocho meses *porque no quiere que lo vean destruido. "Ahora trato de buscarle la vuelta para que se me alargue por lo menos un poco más tiempo la vida, a pesar de que no los veo, para que no queden solos."*

| oposiciones de secuencias | oposiciones de actantes | oposiciones de proposiciones |
| --- | --- | --- |
| salir a consumir cuando vivía con la madre *o* quedarse adentro cuando vivía con la abuela | madre y padre distantes, familia "enquilombada" *o* abuela cariñosa y protectora | consumir para escapar de la situación de la casa de la madre *o* quedarse adentro en lo de la abuela |
| robar *o* jugar | chicos "malos" *o* chicos pobres | salir a "reventar negocios" por maldad *o* salir a robar por necesidad |
| vivir con la mujer *o* buscar una amante | esposa mandona *o* amante sumisa | la esposa le aguantó las mil y una *o* la amante no le aguantó tanto |
| tener una familia *o* consumir sin control | esposa honrada *o* él "trucho" | estar preso por hacer tantas maldades *o* no hacer más maldades para no caer preso |
| seguir consumiendo sin control *o* pedir ser internado | él mismo sin control *o* institución que lo protege de él mismo | perder las ganas de vivir *o* querer seguir viviendo para disfrutar de los hijos |

| oposiciones de secuencias | oposiciones de actantes | oposiciones de proposiciones |
| --- | --- | --- |
| volver a la casa de la madre *o* pedir internarse | madre indiferente *u* hospital protector | buscar la atención de la madre *o* escaparse de la situación en la casa de la madre |

El eje alrededor del cual gira el relato de Daniel es la oposición entre **una madre indiferente y la búsqueda de una instancia contenedora**, encarnada en la abuela en su infancia, en su mujer en los primeros tiempos, en su amante después y en las instituciones terapéuticas a las que se ha acercado (centro de rehabilitación de drogadictos, hospital).

La diferenciación entre "lo bueno" y "lo malo" está siempre presente en él, pero especialmente en los momentos de angustia se deja llevar por impulsos (por ejemplo, para delinquir) para los que no tiene explicación.

La idea de no repetir el mal desempeño como padres de sus progenitores, especialmente de su madre, parece guiar su vida, a pesar de que no lo logra. Pensar en sus hijos, en constituir "una familia", es el principio que guía su vida, aunque el consumo y la enfermedad lo alejen de ellos.

Su relación de pareja bascula entre la imagen de su relación con la abuela (lo aleja de las malas compañías) y la imagen de su relación con la madre (siempre exigente a la par que distante). Es la misma oposición que recrea entre la esposa (exigente y mandona) y la amante (cariñosa y sumisa).

El gran ausente en el relato de Daniel es el padre, con el que no logra tener una relación más o menos sólida (*cuando se murió no lo lloré mucho*). En cambio, las instituciones terapéuticas cumplen para él un rol protector, el mismo que contrapone a la imagen de la madre.

Lo que lo sostiene en su enfermedad es la esperanza de poder "ser un buen padre", por lo menos existiendo para sus hijos y no "dejándolos solos".

ENTREVISTA A JOSÉ

Varón, clase baja, 38 años, consume drogas desde los 20 años, se inyectó durante cinco años, diagnóstico de seropositividad hace tres años

## Síntesis de Secuencias, Actantes y Proposiciones argumentativas

LOS PADRES de JOSÉ se separaron cuando él tenía 6 años. Su HERMANA (menor) se quedó viviendo con la MADRE y él fue a vivir con la ABUELA PATERNA; *la madre no podía vivir con los dos porque trabajaba.* Iba a la ESCUELA y jugaba al FÚTBOL, *"todo normal".* A los 15 años dejó la escuela porque debió salir a trabajar con el PADRE, que se había accidentado. *Esto los unió como no lo habían estado hasta ese momento.* Comenzó a consumir a los 20 años, al morir el padre. *"Eso me fundió y me volcó al consumo. No podía aceptar haberlo perdido, después de recuperarlo."*

Empezó con marihuana, pastillas y cocaína inhalable y después pasó a inyectarse.

Estuvo ocho meses preso, acusado por robo calificado, pero en realidad se había peleado con UNA MUJER y le fraguaron el expediente. Cuando salió de la CÁRCEL se enteró de que tenía una HIJA de un mes, a partir de una relación con alguien a quien no quería. Como esta mujer se fue a vivir a Brasil con la niña, todos los años viajaba allí para pasar algunos meses con su hija. *"Lo que más quería era estar cerca de mi hija, que estaba muy apegada a mí."*

Después de volver de una estadía más prolongada en Brasil con su íntimo AMIGO, con el que compartía jeringas, éste fue diagnosticado de sida y murió al poco tiempo. En ese momento se hizo la prueba del VIH, que le dio positiva y empezó el tratamiento. *"No quería terminar como mi amigo. Cuando se te muere alguien cercano, recién ahí tomás conciencia. A mí me habían avisado antes,* COMPAÑEROS DE CONSUMO, *que tenían el bicho, pero como me sentía bien no le di bolilla y seguí como siempre."*

A partir del diagnóstico se cuidó siempre en las relaciones sexuales, salvo con su PAREJA ACTUAL, con la que convive desde hace más de dos años, quien también es seropositiva, *porque a ve-*

*ces no tienen dinero para comprar preservativos.* Dejó de inyectarse, si bien consume ocasionalmente marihuana (para cocaína no tiene dinero). *"Si me hubiera seguido inyectando me hubiera muerto."*

Al morir la madre de su hija en Brasil, aparentemente por el dengue, viajó para buscar a la niña, por lo que debió interrumpir el tratamiento. A la vuelta de Brasil se encontró con que lo habían echado del trabajo que tenía y le diagnosticaron una hepatitis crónica que le dificulta aún más encontrar trabajo, porque tiene que hacer reposo. Actualmente lo van a volver a medicar.

*"Estando solo, sin los padres, se hace muy difícil salir adelante; nosotros al no laburar nos cagamos de hambre; no podemos salir a trabajar y no podemos comer, al no tener ayuda de otro lado."*

*Siempre tuvo una mala relación con la madre, quien se muestra indiferente frente a su enfermedad. Lo único que valora de ella es que le cuida la nena. Siente que tiene que cuidarse por la hija, porque "si me muero la mato: primero la dejó la madre, si ahora la dejo yo, sería traicionarle la vida".*

Tiene un grupo de AMIGOS que lo contiene; muchos de los que integraban ese grupo han muerto de sida.

*"En Argentina las personas afectadas no son bien tratadas por el Estado, a diferencia de lo que pasa en Brasil, donde el Estado se ocupa de la prevención y de la atención con mucha mayor intensidad que en el país."*

| oposiciones de secuencias | oposiciones de actantes | oposiciones de proposiciones |
|---|---|---|
| vivir con la madre *o* vivir con la abuela-padre | madre que no lo quiere (elige vivir con la hermana) *o* abuela afectuosa | mala relación con la madre *o* buena relación con la abuela y después con el padre |
| estudiar; trabajar; jugar al fútbol *o* consumir sin control | padre vivo y compañero *o* padre muerto | ser "normal" *o* estar fundido |
| buscar a la hija, al morir la madre *o* dejarla sola, como lo dejó su madre | él como padre, preocupado por su hija *o* su madre indiferente | no cuidarse, morir como su padre, dejando sola a su hija *o* cuidarse, tomar la medicación |
| | madre no contenedora *o* red de amigos (ex compañeros de consumo) que lo ayudan | |
| | Estado argentino indiferente frente al sida *o* Estado brasilero activo en prevención y en asistencia en relación con el sida | estar solo frente a la enfermedad *o* compartir con los amigos; tener una familia contenedora |

El eje de la entrevista de José pasa por la oposición entre **ser querido, cuidado** y ser **abandonado, no atendido**. A partir del primer conflicto estructural en su vida: ser dejado por la madre, al separarse los padres, y ser recogido por la abuela, la oposición entre estos dos polos se repite a lo largo de su historia. Su inicio en el consumo se da a los 20 años, frente a la muerte de su padre, segundo gran abandono, situación que teme repetir en relación con su hija, a la que también abandonó su madre al morirse. Un segundo abandono, tal como el que él sufrió, equivaldría a "quedar fundido", a "traicionar" la vida de una persona, de su hija en este caso, si él fallece.

Desde el nacimiento de su hija busca separarse del modelo de su madre (abandonante) y lucha por estar cerca de ella, siguiendo el modelo de su abuela y, en una etapa posterior, de su padre.

El diagnóstico de seropositividad le llega también después de otra pérdida, esta vez de su amigo más íntimo, muerto de sida. A partir de ese momento "toma conciencia" y empieza a cuidarse, especialmente después de la muerte de la madre de su hija, para no "dejarla sola".

Su vida actual es una angustiante lucha por sobrevivir, junto a su actual pareja, tanto en términos de la enfermedad como en términos de su manutención, frente a un mercado laboral muy dificultoso, al que su enfermedad torna aún más cerrado.

La oposición entre una instancia abandonante y una instancia protectora la vive también en relación con su percepción acerca de la actitud del Estado brasilero, que se ocupa activamente de la prevención y atención de las personas afectadas por el sida y el Estado argentino, indiferente frente a la enfermedad.

Entrevista a Sergio

Varón, 34 años, clase baja, diagnóstico de seropositividad hace 10 años


*Síntesis de Secuencias, Actantes y Proposiciones argumentativas*

Sergio es el séptimo hijo de una familia obrera en la que el *padre* es alcohólico y la madre depresiva. Terminó la escuela secundaria y era dirigente de la Acción Católica. *Los padres querían a través de eso resguardarlo de la vida.* Comenzó a consumir a los 18 años. *Plantea que si lo hubieran ayudado en la Iglesia cuando comenzó a consumir tal vez no hubiera seguido. Se alejó de la Iglesia cuando se dio cuenta de la hipocresía de los curas. Se convirtió en un ser despreciable "porque cuando uno consume es despreciable. Hasta antes de consumir era un muchacho bueno."*

En esa época comenzó a estudiar música; estudiaba ocho horas por día y tocaba en grupos. Se enteró de su diagnóstico de seropositividad al hacer un examen médico para entrar a trabajar en una fábrica. Lo habían echado de su trabajo anterior, *piensa que por el VIH, aunque no se lo dijeron.*

Su grupo de consumo estaba compuesto por sus amigos del barrio, que gradualmente se fueron contagiando todos y extendiendo la infección a través del compartir jeringas y de relaciones sexuales no protegidas, incluso con chicas que no formaban parte del grupo. Hoy esos compañeros están casi todos muertos. Los que sobreviven forman una red de amigos que se ayudan mutuamente en todo lo referente a la enfermedad.

A partir de que le dieron el diagnóstico de seropositividad no quiso tocar más en grupos, tocaba solo. Desde ese momento siempre usó preservativos (aunque no informaba que era VIH positivo) y dejó de compartir jeringas. A los 24 años conoció a una chica de 17 años, también seropositiva, con la que se casó. Tuvieron un hijo, que ahora tiene 8 años. La señora hizo el tratamiento para que el nene no fuera seropositivo. *Piensa que fue muy egoísta de parte de los dos tenerlo, porque podría haber nacido mal o podría haberse quedado huérfano. Después del nacimiento del nene los dos se empezaron a perseguir con la enfermedad. Es-*

*taban obsesionados con la posibilidad de que el nene se quedara solo.* En una oportunidad habían decidido suicidarse, matándose los tres, y abrieron la llave del gas, pero después reaccionaron y la cerraron. La obsesión de la señora por la enfermedad era tan grande que se separaron y ella se fue a vivir con sus PADRES. Se hizo atender en varios lados, finalmente la internaron en el MUÑIZ, donde falleció. *Piensa que en el hospital se contagió de enfermedades oportunistas que terminaron con su vida.*

Después del fallecimiento de la señora dejó la música. *Nunca le dio importancia a crecer él mismo, aunque estaba "flasheado" por la música. "Tenía tantas ilusiones, tanto para hacer... y después no le di importancia." Siente que no evolucionó, que no hizo "una inversión a largo plazo", que no hizo nada para él.*

Actualmente hace changas para sobrevivir y *no come todos los días. Opina que el "tener la vida muy tensa" hace que se vuelva a consumir y que el ESTADO no ayuda a los enfermos de sida. Podría por lo menos dar entradas gratis para espectáculos, para que se distraigan y así tengan una vida algo más llevadera.*

No quiere decirle a la MADRE que es seropositivo porque se deprimiría y tiene miedo de que se muera si se lo dice. *"Ya con la muerte de mi MUJER, no quiero perder a nadie más."* No les informó tampoco a sus HERMANOS, por temor a la discriminación. Se lo contó a un PRIMO que lo visitaba todos los días y no volvió a verlo.

Su hijo lo conforta y siente que tiene que cuidarse por él.

Es el único de los hermanos *"que acompañó al PADRE en su vicio", por lo que piensa que ahora lo entiende un poco más.* En la actualidad consume sólo marihuana y *tiene fe en que, si se siente mejor, no tan deprimido —tuvo una gran alegría cuando EL MÉDICO le dijo recientemente que su carga viral había descendido significativamente— pueda volver a la música.*

| oposiciones de secuencias | oposiciones de actantes | oposiciones de proposiciones |
|---|---|---|
| estudiar, trabajar *o* consumir | él mismo al estar resguardado por las instituciones (la escuela, la Iglesia) *o* él mismo al separarse de dichas instituciones | ser un muchacho bueno *o* ser un ser despreciable |
| estudiar música, tocar en conjuntos *o* dejar la música | él mismo antes del diagnóstico de seropositividad *o* él mismo después de la muerte de la esposa | desarrollarse, tener algo propio *o* no interesarse por nada, no hacer nada por uno |
| alcoholismo, otros consumos *o* estar bien | padre y él *o* hermanos | entender al padre *o* agredir al padre |
| estar solo *o* ser ayudado | Estado, familia *o* amigos | nadie ayuda a los enfermos de sida *o* ayuda mutua entre los mismos enfermos |
| estar deprimido *o* tener ganas de hacer cosas por uno | él mismo cuando se piensa enfermo *o* él mismo cuando baja su carga viral | no tener fe ni fuerzas *o* volver a la música |
| tener un hijo por egoísmo *o* tener un hijo por amor | él y la esposa *u* otros padres | dejarse estar *u* ocuparse de su enfermedad por él y por su hijo |

El eje del relato de Sergio está constituido por la oposición **dejarse estar/hacer cosas por uno**. Partiendo de un medio familiar conflictivo dado por el alcoholismo del padre y la depresión de la madre, siente que *perdió el rumbo* cuando comenzó a consumir, al alejarse de la Iglesia y dejar la escuela. No obstante, durante los primeros años de consumo, estudiaba música, actividad que representa/ba para él la posibilidad de desarrollarse. Es significativo que su alejamiento de la música se produjera en dos etapas: dejó de tocar en grupos cuando se enteró del diagnóstico de su seropositividad y dejó totalmente la música cuando falleció su mujer.

En su relato surge que los dos rasgos con los que define a sus padres están presentes en él mismo: el *vicio* de su padre y la depresión de su madre. El aislamiento del padre en su familia, en la que todos sus hermanos hacen causa común con la madre, expresando agresivamente hacia él lo que ella calla, es también repetido por él en su aislamiento de su familia: nadie sabe que desde hace más de diez años es seropositivo.

La ilusión de la música aparece como lo que se contrapone a la depresión por la enfermedad, seguida en un segundo lugar por el deseo de estar bien para poder atender a su hijo.

Su reclamo a las instituciones (antes la Iglesia, ahora el Estado), que lo desilusionan, tiene que ver con la expectativa de que lo amparen frente a los "riesgos de la vida y de sí mismo". La instancia protectora que ha encontrado, en oposición a una familia expulsora, y a instituciones no continentes, es su grupo de pares (ex compañeros de consumo), con quienes ha compartido los buenos momentos y ahora comparte los malos.

Entrevista a Raúl

Varón, 38 años, clase media, diagnóstico de seropositividad desde hace 12 años

*Síntesis de Secuencias, Actantes y Proposiciones argumentativas*

Hasta que cumplió 11 años la FAMILIA de RAÚL tenía una buena posición económica. Después, la MADRE sufrió serios percances económicos. A esa edad también nació su HERMANO. A partir de esto comenzó a pasar más tiempo en la CALLE, *tal vez por celos, o porque no tenía sostén de* PADRE, *o porque siempre le gustó más lo prohibido; siempre buscaba experiencias nuevas, tal vez por querer sobresalir, porque en el fondo era muy tímido.*

Cursó la ESCUELA secundaria, pero estaba casi todo el tiempo en la calle. Comenzó a consumir a los 14 años. Cuando terminó la escuela secundaria tenía NOVIA, trabajaba como empleado y jugaba al fútbol. Siempre le gustó ser líder, por ejemplo en la CANCHA, COMO BARRABRAVA, llevar una HINCHADA. Después se arrepentía cuando se quedaba solo y se preguntaba para qué había hecho todo eso, *si igual se quedaba solo.*

Al salir de la CONSCRIPCIÓN empezó a frecuentar el ambiente de la noche y a consumir cocaína. Hizo un TRATAMIENTO de rehabilitación para CONSUMIDORES DE DROGAS y al terminarlo trabajó como operador socioterapéutico en la misma comunidad, pero volvió a consumir *al frecuentar a* PERSONAS A LAS QUE NO DEBÍA VER, *ir a la* CANCHA *y a los* BOLICHES.

Se recuperó nuevamente y empezó a salir con una PSICÓLOGA, quien le planteó que si volvía a consumir lo dejaba. *No podía creer que una psicóloga le prestara atención, era como un sueño. No pudo sostener la relación "por cagón": volvió a consumir.*

Desde los 18 años no vive en la casa de los padres. Va cuando está en situaciones muy críticas, arruinado. El HERMANO trabaja y estudia, *no es rebelde como él. Al ver las cosas que hizo él y el resultado, tomó otro camino mejor. Él tendría que ser el ejemplo para el hermano, por ser el mayor, pero es al revés.*

*El padre tiene una total carencia de afecto hacia los hijos, porque es muy cerrado. Él le adjudica al padre la infelicidad de la madre y el padre se la adjudica a él.*

Se contagió el VIH en 1985, *por mala información.* En esa época *le echaba la culpa de la difusión de la enfermedad a los* GAYS, a pesar de que tenía relaciones hetero y homosexuales. *Considera que formaba parte de muchos grupos de riesgo porque consumía endovenosamente, tenía relaciones promiscuas sin cuidarse, con mujeres y con hombres, y le hicieron una transfusión de dos litros de sangre.*

A pesar de que sabía que se iban muriendo sus AMIGOS, seguía inyectándose compartiendo jeringas y teniendo relaciones promiscuas sin cuidarse. Cuando le dieron el diagnóstico de seropositividad no le importó, siguió consumiendo sin control hasta que lo internaron, pero dejó de compartir jeringas y empezó a usar preservativos, para no transmitir el VIH, *"porque los demás no tienen por qué pagar las cagadas que yo me mandé. No tengo por qué llevar a la ruina a otra persona".* No le da vergüenza decir que es VIH positivo.

En una oportunidad, después de haber consumido ácido, intentó prender fuego a la casa de los padres, por lo que el padre le inició una causa y lo internó durante seis meses en el BORDA. *Estando internado allí sentía que no era nada, era uno más que estaba ahí, nadie le llevaba el apunte. "No era ni yo mismo." Su padre estaba muy contento. Los padres creían que le hacían un favor teniéndolo internado allí.* A los siete meses de salir de la internación, después de una sobredosis por la que terminó en la COMISARÍA, de donde pensaba que podía salir fácilmente, el padre lo volvió a mandar al Borda. En esta segunda internación consumía igual que afuera. Obtenía dinero comprando drogas y vendiéndolas en el hospital.

Al salir inició nuevamente un tratamiento para drogadependientes, a raíz de lo cual pudo decirle a los padres cosas que nunca había podido decir. Salió, pero volvió a consumir. Después de una reinternación en el mismo CENTRO comenzaron a darle responsabilidades como operador socioterapéutico. *Le hizo bien ser coordinador, porque creía que para lo único que servía era para vender drogas.* De todos modos volvió a consumir y perdió el trabajo.

Hace un año quiso matarse y se inyectó una sobredosis, pero lo internaron. *Piensa que en realidad no tenía realmente ganas de morirse porque si hubiera sido así debería haber subido a una azotea y haberse tirado, en lugar de llamar a la ambulancia o a la* POLICÍA.

Actualmente no se inyecta pero consume ácido, marihuana y cocaína por inhalación.

Comenzó varias veces tratamiento por el sida, pero siempre lo abandona cuando llega a tener carga indetectable de virus, *razón por la cual no se cura definitivamente. Piensa que es resistente a todo porque pasó por todos los riesgos, tiene las defensas en cero y no se murió, por lo que no se va a morir más. Esto cree que se lo debe a Dios. Los* MÉDICOS *no entienden cómo reacciona tan bien a los tratamientos. Cree que es un ser enviado por alguien, "porque si no, no podría haber tenido tantas oportunidades en la vida".*

Actualmente está internado en otro centro para rehabilitación de drogadependientes. *No sabe si va a poder continuar en la faceta buena de él al salir de la internación actual. Piensa que sigue jugando con fuego y no quiere que Dios se canse de él.*

| oposiciones de secuencias | oposiciones de actantes | oposiciones de proposiciones |
| --- | --- | --- |
| ser drogadicto y rebelde *o* trabajar y estudiar | él *o* el hermano | no servir nada más que para vender droga *o* ser un ejemplo |
| ser líder *o* quedarse solo | él mismo en un momento *o* él mismo en otro momento | necesidad de sobresalir *o* sentirse "nadie" |
| ser irresponsable *o* ser adulto | parejas consumidoras *o* novia psicóloga | no poder separarse de la familia *o* formar una pareja estable |
| ser internado *o* buscar rehabilitarse | el Borda *o* comunidad para drogadictos | seguir consumiendo *o* rehabilitarse (por lo menos durante un tiempo) |
| pelear con el padre *o* entenderse con el padre | padre carente de afecto hacia los hijos *o* padre que habla con los hijos | padre feliz cuando él está internado *o* padre preocupado por la enfermedad del hijo |

| oposiciones de secuencias | oposiciones de actantes | oposiciones de proposiciones |
|---|---|---|
| rehabilitarse *o* seguir jugando con fuego | Dios que protege *o* Dios que se cansa | salvar de la muerte *o* permitir morir |

El eje fundamental alrededor del cual gira el relato de Raúl es **dejarse estar/hacer cosas por uno.** En esta dicotomía se conjuga toda su vida, marcada por las alternativas del consumo de drogas. El fracaso consecutivo a la obtención de logros sucede porque esos logros no son suficientes en términos de sus exigencias. Por ejemplo, alcanza a tener carga viral indetectable, pero esto no significa negativizarse o curarse, por lo que abandona el tratamiento; logra trabajar en un servicio de infectología pero no es médico; consigue trabajar como coordinador socioterapéutico pero no es psicólogo; su padre es su padre con todas sus contradicciones, pero no es Dios; etcétera.

A lo largo de su relato aparecen muy pocos actores con los que se ha relacionado de un modo duradero. Su padre —figura odiada— es el actor más presente del relato. En cambio, la madre aparece sólo mencionada en términos de lo que él o el padre le hacen faltar.

El mundo de las drogas forma parte de su identidad (estando internado en el Borda, sin consumir, "no era ni él mismo"). No ocurre lo mismo en los centros para drogadictos donde ha hecho tratamientos de rehabilitación, en los que la droga sigue siendo, aun por la negativa, el personaje principal en la vida de los internos.

Su contacto con estas instituciones es positivo, aunque llega un punto en el que debe hacer borrón y cuenta nueva para volver a empezar. En esta repetición juega un importante papel su sensación de ser inmortal y de comprobar que, si bien tiene un padre que no lo contiene, existe otra instancia —divina— que vela por él.

Entrevista a Héctor

Varón, 28 años, clase baja, diagnóstico de seropositividad desde hace 10 años

*Síntesis de Secuencias, Actantes y Proposiciones argumentativas*

Héctor se define como *un chico de la* calle. A los 11 años se fue de la casa y desde entonces vive en la calle, con una interrupción de dos años, durante los que vivió en una casa tomada.

Nació en un pueblo de Santa Fe, en donde cursó la *escuela* primaria hasta 6° grado. Su madre tenía 12 años cuando lo tuvo, *por eso le pegaba. Se "la agarraban" con él, el* padre *y la madre, porque ambos trabajaban y él tenía que cuidar a la* hermana *y por ahí le daba un chirlo, y "venía mi vieja y me pegaba, venía mi viejo y me pegaba".*

Ya en el pueblo se fue a dormir a la calle, por lo que un *tío* lo trajo a la Capital, *porque era rebelde.* El tío era alcohólico y cuando tomaba se ponía violento. Terminó por echarlo a la calle porque le robó dinero.

En la calle se unió a un grupo, en el que todos consumían drogas. *"Mis* amigos *son todos borrachos. En la calle vas a encontrar todo maldad, ninguna cosa buena. Algo bueno es estar tranquilo, no andar de acá para allá. Si querés hacer algo no podés porque estás en la calle."*

Tuvo varias causas penales y estuvo muchas veces preso. Para que no se le acumularan las faltas daba distintos nombres, porque era indocumentado.

A los 18 años le hicieron el primer test de VIH, que dio positivo. Había concurrido al Hospital Muñiz *porque se le caía la piel de la pierna. "Yo ya lo sabía, por mi ritmo de vida, porque éramos un montón y usábamos la misma jeringa. La gente que está en la calle la mayoría tiene sida."*

Después del diagnóstico siguió consumiendo drogas y compartiendo jeringas. *"Cuando me dieron el diagnóstico no le di importancia, porque estaba bien, estaba fuerte."*

Nunca usaba preservativo en sus relaciones sexuales. Conoció a una mujer mayor que él con la que se fue a vivir a una casa tomada y tuvo una HIJA. Salía a robar para mantenerlas. *Cree que le transmitió el VIH a su mujer, que no era drogadicta y murió hace dos años de sida.* Cuando ella murió le quitaron a la hija, que está con una familia. *No se la dejan ver porque como era indocumentado no le pudo dar su apellido.* Hace dos meses que sacó los documentos.

Al fallecer su mujer tuvo que volver a vivir en la calle; siguió consumiendo pero comenzó a tratarse y a usar preservativos en sus relaciones sexuales. Empezó el tratamiento *"porque me estoy muriendo, estoy mal, camino una cuadra y me canso".* Como afuera no cumplía el tratamiento por tomar alcohol, se internó. Hace tres meses que está internado. Ahora quiere curarse: *"tengo sólo 28 años, este tratamiento puede ser que me ayude".*

Su familia no sabe que está enfermo.

Proyecta internarse en un centro de rehabilitación para adictos *porque no quiere estar en la calle nunca más. "El cuerpo ya sufrió demasiado, la helada, la lluvia, el frío. Tengo que aprender algunas cosas que nunca aprendí, cómo es la vida normal. Eso va a ser medio difícil. Cambiar de un día para otro no se puede."*

| oposiciones de secuencias | oposiciones de actantes | oposiciones de proposiciones |
|---|---|---|
| vivir en la casa donde le pegaban *o* vivir en la libertad de la calle | madre y padre golpeadores *o* amigos-compañeros de la calle | vivir sin tener que ir de acá para allá *o* en la calle hay sólo maldad |
| estar en la calle, delinquir *o* hacer una vida "normal" | él mismo en el pasado *o* él mismo en el futuro | fácil y rechazado *o* difícil y deseado |
| vivir en la calle *o* vivir en la casa tomada | él solo *o* él con su mujer | no poder hacer nada *o* poder hacer algo |
| no preocuparse por el diagnóstico | él mismo antes *o* él ahora | estar fuerte *o* estar muriéndose |

| oposiciones de secuencias | oposiciones de actantes | oposiciones de proposiciones |
| --- | --- | --- |
| de seropositividad *o* hacer el tratamiento<br><br>estar en la calle *o* rehabilitarse | él mismo en el pasado *o* él mismo en el futuro | no querer sufrir en el cuerpo el frío de la calle *o* querer curarse |

El eje del relato de Héctor pasa por la antinomia entre **estar en la calle o ser "normal"**, donde el primero de los términos implica consumir drogas (incluyendo alcohol) y delinquir, y el segundo, tener un techo, estar cobijado, trabajar. El consumo de drogas aparece aquí como un elemento secundario, vinculado al estilo de "vivir en la calle" y la infección por el VIH como algo esperable, consecutivo a dicho estilo.

Podría establecerse una secuencia en el relato de la vida de Héctor desde la casa de sus padres y del tío, donde era maltratado, hasta los pocos años que vivió en la casa tomada con su mujer y su hija, que parecen ser los años de su vida que más rescata como positivos.

Entre esas dos situaciones está el largo intervalo en el que vive en la calle, que si bien implica la libertad, conlleva también el encontrarse con "todo lo malo", lo que en este período querría dejar atrás.

La casa tomada es equivalente al refugio dado por el hospital y el centro de rehabilitación al que aspira a entrar. Las instituciones, pues, son para él protectoras, en la medida en que lo alejan de las dos situaciones anteriores en las que se sintió totalmente vulnerable: la casa paterna y la calle.

La muerte de la mujer constituye un punto clave a partir del cual decide tratarse. Su propio sufrimiento es lo que lo lleva a dejar de consumir, dado que interrumpe el consumo sólo cuando se interna, a raíz de que se siente mal y de que solo no puede evitar la consecuencia de estar en la calle: consumir junto con sus compañeros.

Lamentablemente, la posibilidad de sentirse cobijado surge para él en relación con la percepción de "estar muriéndose", que coexiste con la expectativa de que el tratamiento pueda "salvarlo".


Entrevista a Jorge

Varón, clase baja, 39 años, diagnóstico de seropositividad desde hace 10 años


*Síntesis de Secuencias, Actantes y Proposiciones argumentativas*

Jorge es el único hijo de un comisario de policía y su mujer, que tenían un buen pasar económico. Comenzó a consumir drogas a los 15 años, *para ver qué efecto producían,* cuando cursaba por tercera vez primer año de la escuela secundaria. Iba a la escuela, aunque no estudiaba, para encontrarse con sus compañeros de consumo. Después dejó de ir y los esperaba afuera. Consumía todos los días pastillas y marihuana, y se inyectaba a veces. Tenía relaciones sexuales con las mujeres de su grupo de adictos, "que también se compartían".

Después de hacer la conscripción, donde sufrió una abstinencia forzosa, entró a trabajar en una fábrica militar, donde conoció a un compañero que le presentó a su hija, de la que se enamoró. A los seis meses de conocerla, como ella había quedado embarazada, se casó, a pesar de que ella no estaba muy conforme, *porque no lo quería,* yendo a vivir a la casa de los padres de él. Ni los padres ni la mujer sabían que él consumía. Se dieron cuenta cuatro años después y ahí empezaron las peleas con su mujer, a pesar de lo cual tuvieron dos hijos más. Empezó a consumir también delante de su mujer, quien negociaba con él las veces que podía hacerlo delante de ella.

Cuando cumplió 30 años falleció el padre. *"Se puso loco" y empezó a consumir sin límites.* Con la madre malvendieron la casa familiar y gastó el dinero que le tocó de la venta (30.000 dólares) en comprar cocaína, que se inyectaba cotidianamente, compartiendo jeringas. *Buscaba una sensación que no se puede explicar.* Tuvo también relaciones sexuales con la MUJER QUE LE PROVEÍA DROGAS, que es quien supone le contagió el VIH, *"porque contagió a todo el barrio, por sexo y por drogas".*

Se enteró del diagnóstico de seropositividad al dar sangre. La MUJER y los HIJOS son seronegativos. Cuando se enteró del diagnóstico siguió consumiendo con las personas seropositivas sin cuidarse *porque ya era igual.* Después del diagnóstico usó siempre preservativo con su mujer, *porque tenía cargo de conciencia en cuanto a poder contagiarla.* Dejó también de tener sexo oral, a pesar de la insistencia de ella, *por el mismo motivo y porque "se le había ido mucho el deseo", no sabe si por la medicación o por la droga.*

Durante todo ese tiempo trabajaba haciendo changas como techista.

Hace unos años la mujer le planteó que se quería separar porque comenzó a tener relaciones con el VECINO de una casa de un barrio más pobre, a la que se mudaron. El vecino lo hostigaba continuamente, por lo que lo denunció a la POLICÍA. Se fue de la casa a vivir con un AMIGO seropositivo, que falleció un tiempo después. *Como no daba más por lo que consumía* pidió entrar a un CENTRO DE REHABILITACIÓN para adictos, donde permaneció seis meses. Al salir volvió a consumir, inyectándose. Está medicado desde hace siete años, pero toma los remedios intermitentemente, debido a que cuando no está internado consume, especialmente alcohol. Lo internaron para hacerle el tratamiento, dado que ambulatoriamente no lo cumple. Desde que está internado su estado físico mejoró, habiéndose elevado considerablemente sus CD4.

*Piensa no volver a consumir cuando salga de la internación actual, aunque tiene dudas en cuanto a si podrá hacerlo.*

| oposiciones de secuencias | oposiciones de actantes | oposiciones de proposiciones |
|---|---|---|
| casa paterna *o* deambular por distintas casas, más pobres | padre *o* compañeros de consumo | padre que impone orden *o* desenfreno en el consumo |
| ir a la escuela a estudiar *o* ir a la escuela a consumir | compañeros de estudio *o* compañeros de consumo | ser buen alumno *o* consumir |
| vivir con los padres *o* vivir con la mujer | padres *o* mujer | sentirse querido *o* no sentirse querido |
| no poder parar de consumir *o* tratarse | calle *o* centro para drogadictos, hospital | buscar una sensación que no se puede explicar *o* contenerse |
| tener relaciones sexuales sin cuidarse *o* usar preservativo | amante *o* mujer | ya no importa si los dos son seropositivos *o* no querer contagiar |

El eje alrededor del cual gira el relato de la vida de Jorge es la oposición entre **espacios y figuras contenedoras y espacios abiertos, en los que no encuentra límites para el consumo**. Los primeros son identificados con el sentirse querido y los segundos con la falta de estima. La debacle de su vida se instala a partir de la muerte del padre, figura fuerte de cuya pérdida no pudo recuperarse. Su muerte fue para él *la locura*. Sin embargo, existe una primera oposición en su relato (ir a la escuela a estudiar o a consumir), que alude a su fracaso escolar: no lograr interesarse por el estudio se parangona con el hecho de iniciarse en el consumo, primero por curiosidad, pero después buscando siempre *esa sensación indescriptible* que no puede alcanzar de otro modo.

En efecto, no hay en su relato otras situaciones en las que se observe interés de su parte, salvo su primer acercamiento a su mujer, interés correspondido sólo en parte por ella. Esta parsimonia de intereses y afectos se expresa también en su lenguaje, que resulta un relato fáctico de las cosas tal como le fueron pasando, con pocas proposiciones argumentativas y expresiones afectivas (el único momento del relato en el que incluye un tono afectivo es cuando habla de la muerte del padre).

El consumir delante de la mujer puede entenderse como un deseo de límites, que ella realiza sólo parcialmente, al imponerle disminuir el número de veces para hacerlo.

Existe un débil propósito de dejar de consumir al volver al espacio abierto de la calle, cuando sea dado de alta. En este sentido, su buena respuesta a los medicamentos es un *boomerang* en relación con su salud futura, dado que parece tener pocas chances de seguir con la medicación de un modo regular en espacios no continentes.

## Entrevista a Javier

Varón, 21 años, clase baja, diagnóstico de seropositividad desde hace 4 años

*Síntesis de Secuencias, Actantes y Proposiciones argumentativas*

Javier está en quinto año de la escuela industrial, que repitió tres veces. Además trabaja. *No porque los* padres *le hicieran faltar algo sino para tener dinero para salir.* Expresa su aflicción por no haber podido terminar el secundario aún (*"me quiero matar"*). Cuando tenía 17 años tuvo una hija y se fue a vivir con su pareja, *porque la quería y estaba en contra de que ella hiciera un aborto (no quería hacerle correr ningún riesgo, o que después no pudiera tener más hijos; además porque para una mujer lo más importante es tener un hijo y si le pasaba algo iba a sufrir ella, no él).* Convivió con su pareja durante un año y medio, después de lo cual, y ante las frecuentes peleas entre los dos, volvió a la casa de su MADRE. Las peleas se derivaban fundamentalmente del hecho de que ella había dejado de consumir (sólo pastillas y marihuana) y él no.

Sus PADRES están separados y vive con la madre y dos HERMANOS. *Se lleva bien con ambos padres.*

Comenzó a consumir a los 14 años, al salir con una CHICA que lo hacía, *piensa que para no ser menos.* Primero consumía pastillas y marihuana, después pasó a inyectarse cocaína, junto con su grupo de AMIGOS, *a raíz de que una persona más grande los incitó a hacerlo.* Al comienzo cada uno usaba su jeringa y después la compartían.

Dejó de inyectarse cuando la madre lo vio haciéndolo, y él le pidió que lo ayudara. A partir de ese momento consume sólo marihuana y pastillas. *Se admira de haber podido dejar la cocaína.*

Piensa que se contagió *"la gilada"* del VIH de la PERSONA MÁS GRANDE que lo inició en el consumo endovenoso, a pesar de que le había asegurado que no era seropositivo. *"En el momento de compartir son pocos los que alertan al otro."*

Tenía relaciones sexuales con su NOVIA, pero supone que al estar bajo los efectos de la cocaína también mantuvo relaciones circunstanciales con OTRAS MUJERES. Consumía especialmente al participar en recitales de rock (tocaba la batería).

Se enteró del diagnóstico porque la madre lo llevó a hacer el análisis y luego ella fue a buscar el resultado, junto con el PADRE.

Transmitió el VIH a su pareja, sin saber que era seropositivo, lo que se reprocha (*"me quiero matar"*). Su mujer siempre lo ayudó y nunca lo hizo sentirse culpable por haberle transmitido el virus. Después del diagnóstico tenía con ella relaciones sexuales a veces cuidándose y a veces no, *"porque total, ya eran seropositivos".* Su hija no lo es.

Tuvo relaciones ocasionales con MUJERES, aun conviviendo con su pareja, cuidándose a veces y otras no, lo que se reprocha. *Lo adjudica al efecto de las drogas, que le hacen hacer cosas sin pensar.*

*Piensa que "cuando se es chico está todo bien y después es tarde para rescatarse", como le pasó a él, que va a morirse antes que los padres, y que su hija lo va a ver enfermo.*

Hace poco, estando drogado (*"estaba perdido, no sabía lo*

*que hacía"; el efecto que le producen las drogas —rohypnol, marihuana y alcohol— es que se siente la persona más poderosa del mundo, que puede hacer lo que quiere, es "la inconsciencia total"),* salió a robar y lo detuvieron. *"Pero yo no soy un delincuente."* Estuvo siete días preso y lo liberaron con la obligación de que hiciera un tratamiento de rehabilitación. Mientras estuvo preso decidió tratarse para recuperarse de la drogadicción. *No pudo pensar antes de que le pasaran las cosas.* De acuerdo con las normas del tratamiento, los PADRES tienen que estar todo el tiempo con él. Él y los padres están dispuestos a cumplir con esas normas.

*Piensa pasar el "tiempo que le queda" estando con su* HIJA. *Se reprocha haber perdido tiempo en relación con ella. Quiere recuperar el tiempo perdido o "lo poco que pueda llegar a recuperar".*

*"Para poder seguir adelante hay que dejar atrás todas las amistades y pensar en lo poco que uno tiene."*

| oposiciones de secuencias | oposiciones de actantes | oposiciones de proposiciones |
|---|---|---|
| estudiar y trabajar *o* consumir | él mismo pensante *o* él mismo dejándose llevar por otros | pensar antes de cometer "giladas" *o* no poder pensar bajo los efectos de las drogas |
| vivir en pareja amorosamente *o* vivir en pareja en conflicto | su pareja antes *o* su pareja después de un tiempo de convivir | consumir *o* no poder "rescatarse" |
| consumir sin control *o* pedir ayuda | padres que no se meten con lo que él hace *o* madre que negocia con él acerca de su consumo | no poder dejar de consumir *o* admirarse de poder haber dejado de inyectarse |
| delinquir | él *o* delincuentes | delinquir por estar |

| oposiciones de secuencias | oposiciones de actantes | oposiciones de proposiciones |
| --- | --- | --- |
| circunstancialmente *o* delinquir como estilo de vida | | drogado, inconsciente *o* delinquir sabiendo lo que uno hace |
| cuidarse y cuidar al otro *o* transmitir el VIH | él mismo a veces *o* él mismo otras veces | estar sobrio *o* estar drogado |
| pensar *o* no poder pensar | ser chico *o* ser grande | "estar todo bien" *o* ser tarde para "rescatarse" |

El eje del relato de la vida de Javier pasa por la oposición entre **lo que debería haber hecho y lo que hizo, bajo los efectos de las drogas.** Se trata de un discurso pleno de referencias a lo que debe valorarse en la vida: los padres, la pareja, los hijos, el estudio, el trabajo, en contraposición a lo que hace o por lo menos ha hecho hasta hace muy poco tiempo: consumir, tener relaciones circunstanciales, no pensar en los padres, transmitir el VIH, delinquir.

Si bien afirma tener una buena relación con los padres, llama la atención que le pida a la madre que lo ayude para dejar de consumir, como si ella no hubiera intervenido hasta ese momento, y que su actuación consista en negociar el cese del uso de cocaína y el mantenimiento del consumo de las otras drogas. Del mismo modo, hay que señalar que a través del virus y de las drogas, Javier consigue que los dos padres se unan, en su preocupación hacia él, y que estén más cerca de él.

Así como adjudica todo lo negativo que protagoniza al estar bajo los efectos de las drogas, también parece haber tomado conciencia, a partir de su estadía en la cárcel, del daño que se ha infligido a sí mismo. Queda por ver si en el futuro su aspecto reflexivo lo mantendrá alejado del consumo o si persistirá su disociación entre el pensar y el hacer.

## TABLA DE DATOS DE LOS ENTREVISTADOS

| | edad | clase social | escola-ridad | relación c/delito[1] | pareja estable anterior[2] | pareja estable actual | hijos | edad al nac. 1er. hijo | edad inicio consumo | edad inicio consumo endovenoso | año diag. seroposi-tividad | droga de inicio | eje semántico prevaleciente |
|---|---|---|---|---|---|---|---|---|---|---|---|---|---|
| Julio | 31 | media | sec. compl. | si H | sí (-) | sí (-) | no | - | 14 | 17 | 1986 | pastilllas | búsqueda de gratificaciones personales sin medir las consecuencias o búsqueda de gratificaciones personales teniendo en cuenta al otro y el autocuidado |

1. H: habitual; C: circunstancial.
2. (-) seronegativa; (+) seropositiva; T: transmitió el VIH el entrevistado.

| | edad | clase social | escola-ridad | relación c/delito | pareja estable anterior | pareja estable actual | hijos | edad al nac. 1er. hijo | edad inicio consumo | edad inicio consumo endovenoso | año diag. seroposi-tividad | droga de inicio | eje semántico prevaleciente |
|---|---|---|---|---|---|---|---|---|---|---|---|---|---|
| Daniel | 27 | baja | primaria | sí C | sí (+) T | no | 3 ³ | 17 | 13 | 18 | 1998 | marihuana | conflicto con una madre indiferente y búsqueda de una instancia contenedora |
| José | 38 | baja | sec. incomp. | sí C | no | sí (+) | 1 | 30 | 19 | 20 | 1993 | past. y mar. | ser querido, cuidado y ser abandonado, no atendido |
| Sergio | 34 | baja | sec. compl. | no | sí (+) | no | 1 | 26 | 18 | 20 | 1988 | marihuana | dejarse estar o hacer cosas por uno |
| Raúl | 38 | media sec. compl. | sí C | sí (-) | no | no | - | 14 | 21 | 1987 | mar. y past. | alcanzar logros o perderlos |
| Héctor | 28 | baja | 5° grado | sí H | sí (+) T | no | 1 | 21 | 12 | 14 | 1990 | poxiran | estar en la calle o ser "normal" |

3. Uno fallecido por sida.

| edad | clase social | escola-ridad | relación c/delito | pareja estable anterior | pareja estable actual | hijos | edad al nac. 1er. hijo | edad inicio consumo | edad inicio consumo endovenoso | año diag. seroposi-tividad | droga de inicio | eje semántico prevaleciente |
|---|---|---|---|---|---|---|---|---|---|---|---|---|
| Jorge 39 | baja | primaria | no | sí (-) | no | 3 | 24 | 14 | 16 | 1990 | pastillas | espacios y figuras contenedoras y espacios abiertos, en los que no encuentra límites para el consumo |
| Javier 21 | baja | 5° año | sí C | sí (+) T | no | 1 | 17 | 14 | 15 | 1995 | pastillas | lo que debería haber hecho y lo que hizo, bajo los efectos de las drogas |

# CAPÍTULO 7

# LAS PERSONAS AFECTADAS POR PRÁCTICAS HOMOSEXUALES

ANA LÍA KORNBLIT

*Las minorías que disienten están siempre presentes en la ciudad, aunque a menudo no se las reconoce o se rechaza el reconocimiento que demandan.*
MARY DOUGLAS

El análisis de las entrevistas realizadas a varones homosexuales revela que la infección por el VIH y la adaptación al sida como enfermedad están estrechamente vinculadas con los itinerarios que van desde el despertar de la percepción de los intereses homoeróticos hasta la aceptación de la identidad homosexual.

ANÁLISIS TRANSVERSAL

I

| secuencias | actantes | proposiciones argumentativas |
| --- | --- | --- |
| aceptación de la homosexualidad *o* rechazo de la homosexualidad | ellos mismos / familia / escuela aceptándola *o* ellos mismos / familia / escuela no aceptándola | no estar preparado para aceptar la homosexualidad / no querer ser diferente / ser presionado hacia la heterosexualidad *o* aceptar los propios deseos homosexuales / no ser presionado |

La asunción de la identidad homosexual es un proceso que se cumple en varias etapas. Según Plummer (1988) ellas abarcan:

1. el sentirse diferente de los demás en cuanto a los deseos sexuales (sensibilización);
2. la atribución de un sentido a tales diferencias percibidas (significación);
3. el reconocimiento de sí mismo a través de la relación con otros (subculturalización);
4. la plena aceptación de los propios sentimientos y modos de vida (estabilización).

Delor (1997) propone una descripción semejante del proceso de estructuración de la identidad homosexual. Según este autor dicho proceso se desarrolla a lo largo de cuatro grandes polos identitarios:

A. el rechazo de los intereses homoeróticos;
B. la aceptación de la preferencia homosexual, acompañada de una gestión de la identidad social bajo la forma de la clandestinidad (por ejemplo, en la bisexualidad); esto puede darse en distintos momentos o simultáneamente;
C. la aceptación de la preferencia homosexual con una gestión que implita compromisos (por ejemplo, de pareja):
D. la aceptación de la preferencia homosexual con una gestión que implica la afirmación / reivindicación de la identidad.

Estos polos identitarios se vinculan, como veremos, con diferentes gestiones del riesgo de la infección por el VIH y diferentes significaciones de la ausencia de prevención. En la práctica clandestina, la fugacidad de los encuentros es dada como justificativo muchas veces para el no cuidarse, aunque el sentido puede ser el autorreproche por dichas prácticas, lo que implica que ellas "merecen como castigo lo peor". En el polo de la afirmación de la identidad ella puede constituirse en una preocupación que oculta todo lo demás.

Los modelos citados comparten el supuesto de que el proceso ocurre en interacción con el medio, por lo que puede interrumpirse en una etapa, o saltear alguna de ellas. De todos modos, hay consenso acerca de que el proceso que va desde el primer sentimiento homosexual al primer contacto y al momento en que se asume plenamente la homosexualidad se extiende casi siempre a lo largo de varios años. En promedio el lapso entre la conciencia de ser gay y el *coming out* es de 4,6 años (Herek, 1991).

Salvo uno de los entrevistados (Ignacio), los restantes relatan haber pasado por una etapa (en la niñez y/o en la pubertad-adolescencia), en la que lucharon contra la evidencia (para ellos mismos) de sus intereses homosexuales.

Esta etapa, descripta en la bibliografía como el primer paso en la "carrera del homosexual", es vivida como la lucha por "ser normal", ser como los otros varones en cuanto a sus intereses por las mujeres, pero también por los aspectos que conforman la "masculinidad": el carácter agresivo, el interés por el fútbol, etcétera.

En tres de los casos (Roberto, Pedro y Luciano), este intento de forzar la heterosexualidad en ellos mismos los llevó a tener relaciones con mujeres, siendo descriptas estas relaciones siempre como insatisfactorias.

Roberto continuó teniendo relaciones con mujeres *"para tapar la homosexualidad"*, hasta que se trasladó a un ámbito urbano mucho más permisivo en cuanto a la sexualidad.

Pedro llevó hasta sus últimas consecuencias el intento heterosexual, yéndose a vivir con una novia a los 17 años y teniendo una hija, con las que convivió durante tres años, después de los cuales volvió al *"mundo gay"*, con el que ya había tenido contacto antes de su unión heterosexual.

Luciano se inició sexualmente a los 19 años con un hombre, en una relación circunstancial. Luego tuvo una novia con la que se iba a casar. Cuando ella lo dejó se volcó a la homosexualidad, aunque tuvo relaciones con mujeres ocasionalmente, siempre aclarándoles previamente que es homosexual. Estos encuentros se dieron en ocasiones en las que se había alejado de una pareja gay. Es el único caso en el que se podría hablar de bisexualidad, dado que ha alternado entre parejas masculinas y femeninas, si bien las relaciones con mujeres han sido ocasionales, no así las que mantuvo con hombres.

En los otros relatos, como hemos visto, las relaciones con mujeres formaron parte de un proceso de tanteos en la búsqueda de la identidad sexual.

Ignacio, en cambio, parece haber tenido claro desde muy chico su orientación sexual: en tercer grado lo expulsaron de la escuela por sus juegos sexuales con sus compañeros.

> *Siempre sentí la inclinación hacia los chicos, inclusive*
> *ahora de grande miro fotos de los cinco, seis, siete años y*
> *siempre tengo una postura de cabaretera [...] muy así,*
> *muy lady, tirada en los troncos... mis hermanos no, todos*
> *machazos y yo haciendo poses, de piernitas cruzadas...*

En todos los relatos, con diferentes grados y matices, se observa la presión social en contra de la homosexualidad, expresada especialmente por la familia, que lleva a temer no ser aceptado o querido a raíz de la inclinación sexual.

El relato paradigmático en este sentido es el de Lucio, quien sintiéndose la *"oveja negra"* de la familia, encuentra un ambiente tolerante y afectivo hacia él en la *"gente de la villa"*, con la que intima y convive, a pesar de no adoptar su *modus vivendi*.

> *Yo no era chorro... sólo que vivía con la persona que*
> *quería; yo tenía 15 y él 17; la familia me quería, me*
> *aceptaba, era diferente a mi casa [...] mi mamá no acep-*
> *taba nada de lo que yo hacía o quería.*

Tres de los casos relatan haber sufrido episodios de violación en su infancia (Lucio, Ignacio y Pedro); fueron abusados (reiteradamente) por chicos más grandes. No es por azar que se trata de los tres entrevistados de este grupo, de clase baja. Los ambientes familiares que describen los entrevistados de clase media parecen haber sido ambientes en los que se ejercía un mayor control sobre la sexualidad de los niños.

Sólo Pedro atribuye su homosexualidad al hecho de la violación, aunque en todos los casos la penetración anal es vivida como una marca que rubrica la identidad homosexual, por lo que en el resto de los casos se llega a ella tardíamente en relación con otras prácticas sexuales (básicamente orales).

En el proceso de aceptación de la propia homosexualidad los principales *actantes* son, como es obvio, los propios entrevistados. En este proceso juega un rol fundamental, como dijimos, la actitud de la familia hacia la homosexualidad, ya sea explícita o supuesta por los entrevistados. En el caso de Lucio, recién comentado, se trató de una oposición explícita de la madre, que pretendía alejarlo —incluso por la fuerza pública— de las *"malas juntas que lo llevaban a ella"* (la *"gente de la villa"*) y forzarlo a la heterosexualidad.

En el caso de Arturo, en cambio, la represión de su inclinación sexual hasta los 25 años se debió a su deseo de no elegir algo que pudiera entristecer o defraudar de algún modo a sus padres. Este deseo de complacerlos era para él tan fuerte que lo llevó a elegir una carrera universitaria por la cual no se sentía particularmente atraído, pero que constituía un motivo de orgullo para la familia.

> *Mis viejos me dieron todo en la vida a mí, todo, todo... y es como que yo quería retribuírselo de alguna forma* (Arturo).

Para otros entrevistados es la escuela la que cumple un rol represor, ya sea institucionalmente, como en el caso de Ignacio, o a través del grupo de pares, que rechazan a las personas "diferentes" en cuanto a las expectativas de roles según género.

> *Yo no sabía por qué, no podía entender qué era desde mí lo que emanaba, lo que hacía que ellos me cargaran, había algo que haría inconscientemente... no sé si movía la mano para un lado, mis gestos, mi forma de hablar, mis juegos, mis actitudes... no sé, mi voz... no sabía qué era lo que ellos se daban cuenta y eso me molestaba terriblemente [...] entonces te empezás a aislar* (Juan).

Según Delor (1997), la identidad heterosexual actúa en gran medida como identidad virtual para todos los individuos, incluyendo a los que tienen una preferencia homosexual. Es el primer molde al que los entrevistados (salvo Ignacio) intentan adaptarse y al que algunos siguen añorando:

> *Yo estoy bien ahora en pareja como estoy... pero lo que a mí me cuesta es digamos... ser feliz siendo homosexual, estoy bien, pero veo que... qué sé yo... es mucho más negro que para la gente heterosexual* (Pedro).

Como dice Goffman (1970), la persona estigmatizada incorpora los puntos de vista de los "normales", hace suyas las imágenes que le propone la sociedad, al igual que las consecuencias que implicará el hacerse cargo del estigma. Entre estas consecuencias, según el testimonio anterior, está la infelicidad.

Existe, pues, una expectativa social acerca de la identidad social, y alejarse de ella es lo que significa *"prepararse"* para aceptar la homosexualidad. Dentro de esta "preparación" el tema del cuidado preventivo con respecto al VIH estaba presente en los entrevistados teóricamente pero no vívidamente, en el momento en que contrajeron el virus. La mayoría relata que el VIH era algo alejado, algo de "otros" —por ejemplo, de los extranjeros (mencionan especialmente Brasil) o de los que viajaban—, que sólo se fue acercando en los años posteriores, al ir conociendo amigos/parejas seropositivos, enfermos o muertos de sida.

En el proceso de aceptación de la identidad homosexual jugó para algunos entrevistados no querer tener una vida de frustración y soledad, por lo que conocer otros gays les brindó en un primer momento, además de la posibilidad de encuentros sexuales, la vivencia de no estar solo, lo que tiene el efecto de disminuir en buena medida la angustia experimentada frente a la evidencia de la diferencia.

Por otra parte, el rechazo experimentado en el núcleo familiar empuja a la búsqueda de espacios en los que compartir sensaciones y experimentar una mayor tolerancia.

II

| secuencias | actantes | proposiciones argumentativas |
|---|---|---|
| vivir tapada la homosexualidad *o* "salir del placard" | ellos mismos aislados / familia / ambiente laboral represores *o* ellos mismos conectados con la comunidad gay / familia / amigos tolerantes | vivir en el aislamiento / tener temor *o* entrar en el "mundo gay" |

El primer paso en la aceptación de la homosexualidad para uno mismo puede llevar a que se produzca la *"salida del placard"*,[11] o el proceso puede interrumpirse por largo tiempo, manteniéndose *"tapada"* la identidad sexual socialmente. Por otra par-

11. Esta expresión, traducción literal de la expresión inglesa *"out of the closet"*, designa la conducta de dar a conocer la propia homosexualidad, mantenida hasta ese momento en forma encubierta.

te, la explicitación se hace por lo general selectivamente, primero hacia los amigos, luego hacia la familia y por último en el ambiente laboral, siempre que éste sea percibido como tolerante.

El anuncio de la seropositividad, en los casos en que la homosexualidad ha sido dada a conocer previamente, es menos traumático que cuando, como le sucede a Mauricio, implica anunciar a la familia ambas a la vez (Pierret, 1994). Es preferible, entonces, realizar el esfuerzo de mantener ambas ocultas, hasta donde sea posible. Hay que tener en cuenta, como lo señala el mismo Mauricio, que existe en estas situaciones una fuerte negación del grupo familiar frente a la evidencia de la identidad sexual: por ejemplo, en su caso, conocen a su pareja desde hace nueve años, los ven siempre juntos y consideran que se trata de un amigo.

La *"salida del placard"* se vincula por lo general con el mayor contacto con la comunidad gay. Si bien ninguno de los entrevistados comenta que se ha vinculado con las organizaciones de gays, su apertura hacia dicho mundo se ha producido en los lugares de encuentro, especialmente las "discos". En estos espacios tiene lugar la socialización secundaria, proceso por el que un individuo hace suyas nuevas normas y expectativas de roles que lo ayudan a alcanzar la sensación de "devenir al fin yo mismo" (Delor, 1997).

*A mí me costó entrar a un boliche gay... vos tenés la idea de que era un antro y nada que ver, la gente toda respetuosa [...] me pareció que era otro mundo, no sé por qué no estuve ahí antes, decía yo, por qué esperar tanto tiempo* (Arturo).

Según los relatos de los entrevistados, en ese mundo se hablaba de sida, pero no se lo tenía presente en el momento de la relación, por lo menos en el momento en que la mayoría contrajo el virus, alrededor de 1990.

Mostrar la homosexualidad ante los otros es un paso que se cumple en distintos momentos y de distintas formas entre los entrevistados, dependiendo en buena medida del grado de tolerancia en los ambientes sociales con los que interactúan.

Así, por ejemplo, Mauricio es el único de los casos que mantiene oculta su homosexualidad (y su condición de seropositivo) frente a su familia, dominada por el autoritarismo de su padre, que es militar. Su relato muestra también un importante grado de aislamiento de su parte en relación con la comunidad gay. Fuera de sus pocas parejas, no ha estado en contacto con la cultura gay, de donde se infiere que la entrada en el mundo gay es un poderoso estímulo para mostrar socialmente la homosexualidad.

Todos los demás han "blanqueado" su identidad sexual con sus familias, si bien en algunos casos, como Arturo, esto implicó un doloroso y lento proceso que lo llevó a compartir el secreto por varios años con su madre y no con su padre.

La autoafirmación de la homosexualidad se vincula también con el proceso de ganar autonomía en relación con la familia y construirse un espacio propio. Todos los entrevistados, salvo Mauricio (quien convivió con los padres hasta los 29 años, sin que ellos estuvieran enterados de su identidad sexual) y Arturo (que se inició en la sexualidad tardíamente en relación con los demás, a los 25 años), se independizaron de la casa paterna tempranamente. Por ejemplo, Juan se fue a vivir a los Estados Unidos a los 20 años; Lucio se trasladó a la Capital, desde una ciudad de provincia, a los 18 años; Roberto se mudó a otra ciudad, para estudiar, a los 18 años.

En relación con los ambientes laborales, comunicar la identidad homosexual es más difícil. Los que trabajan en relación de dependencia (Juan, Lucio, Mauricio y Pedro) no lo han hecho. Ignacio sí, porque su tipo de trabajo tolera la identidad homosexual (es peluquero de mujeres).

La entrada en el mundo gay implica en ocasiones el *"sexo loco"* y en otras la posibilidad de encuentros amorosos no sólo sexuales. Ambas alternativas conllevan el riesgo de la infección por el VIH, en la medida en que el cuidado preventivo puede estar ausente en ambas.

Sin embargo, el aislamiento del mundo gay tal como se da en Mauricio, que se ha limitado en los doce años de su homosexualidad a tener una pareja estable y algunos encuentros sexuales fugaces, conocidos en la calle, parece alejar más aún el tema del sida. De su relato se desprende que la enfermedad no figuraba siquiera en su horizonte, a diferencia de lo que ocurre en los relatos de los otros entrevistados, en los que, si bien no es tenida presente en el momento mismo de la relación sexual, existe como un telón de fondo.

III

| secuencias | actantes | proposiciones argumentativas |
|---|---|---|
| cuidarse en relaciones circunstanciales *o* no cuidarse en relaciones estables / circunstanciales | parejas circunstanciales *o* pareja estable | buscar sólo encuentros sexuales / saltar de cama en cama *o* buscar una pareja / amor / confiar ciegamente en la pareja |

Todos los relatos muestran la oposición entre las relaciones pasajeras, en las que se busca el goce sexual, y las estables, en las que se busca un vínculo amoroso. En algunos casos esta última búsqueda está presente desde el inicio de la sexualidad. En otras, en cambio, el paso posterior a la aceptación de la identidad sexual se caracteriza por la promiscuidad, sin otro interés que el del encuentro sexual.

Para Roberto, Juan, Lucio, Pedro e Ignacio la entrada en el mundo gay significó adoptar un estilo promiscuo de relaciones, del que salieron al encontrar una pareja estable. Para que se dé esta posibilidad es necesario que se produzca primero un cierto hastío en relación con ese estilo de vida, acompañado por la sensación de insatisfacción.

En los casos de Roberto, Juan y Lucio la adopción de dicho estilo promiscuo coincidió con el alejamiento de la familia, dado que los tres se trasladaron a otra ciudad (más grande de la que vivían). En este nuevo medio:

*[...] no tenía límites, no tenía a mis padres o... una barrera que me dijera que no, estaba totalmente libre de hacer lo que quisiera [...] no tenía control de mí* (Juan).

Para estos entrevistados la represión vivida en la casa paterna parece haber generado la necesidad de vivir el polo opuesto. La vigilancia externa no dio lugar a la posibilidad de un control desde el propio yo. Es el momento del desquite, del "no pensar", incluyendo el riesgo del VIH.

> *Era la locura del sexo... el sexo loco [...] era como un libertinaje, saltar de cama en cama* (Lucio).

Las "discos" gays y la calle son los ambientes de encuentro en este sentido. Sin embargo, en algunos casos, como el de Juan, se reconoce la sensación de insatisfacción que deja este tipo de encuentros:

> *Siempre salía vacío de esos lugares, nunca me llenaba, era como bárbaro momentáneamente, pero siempre iba como buscando algo que nunca encontraba ahí. Estar con todos era una forma de estar con alguien y no involucrarme con nadie, y para mí era bárbaro... tenías relación con uno, con otro, y después me iba; nadie preguntaba tu nombre... no se estilaba eso... para mí era bárbaro porque pensaba que yo después iba a volver a la Argentina, como que mi historia iba a pasar después* (Juan).

Juan, Ignacio y Lucio caracterizan ese período de sus vidas como un tiempo en el que *"todo era posible"*, incluyendo el consumo de drogas y alcohol de forma indiscriminada.

> *En ese momento entré en lo que se podría llamar un "reviente"; empecé a conocer la noche, las drogas, no tenía límites...* (Juan).

Este estilo de vida produce en algunos de los entrevistados, por ejemplo en Juan, la idea de la posibilidad de haberse infectado con el VIH, por lo que toma la decisión de hacerse la prueba. El resultado, negativo, lo lleva a la convicción de que puede seguir viviendo del mismo modo:

> *Fue como el efecto contrario para mí, como decir: yo lo que hice hasta ahora no estuvo tan mal... no me di cuenta de que lo que había tenido había sido suerte. En teoría todo el mundo lo sabe, pero en la práctica volvía a olvidarme de todo, era una ruleta rusa, decía: ojalá que hoy no haya pasado nada, ojalá que no* (Juan).

La ausencia del preservativo en las relaciones circunstanciales no se da en los relatos de Roberto y Luciano, quienes tenían presente el riesgo de la infección por el VIH y adoptaban medidas preventivas en dichas relaciones.

La búsqueda de un vínculo amoroso estable es lo que guía la conducta especialmente de Roberto, Arturo y Luciano, aunque ella está presente en cierta medida en todos los entrevistados.

*Pensaba el levante pero desde el amor; tratar de conocer*
*a alguien con quien estar bien* (Luciano).

Hallar la pareja implica la sensación de máxima felicidad:

*Yo tenía 25 años y parecía de 15, estaba totalmente ena-*
*morado. Jamás en mi vida había sentido algo así, era al-*
*go totalmente nuevo* (Arturo).

En este tipo de encuentros no entraban tampoco los cuidados
preventivos:

*...no pensás... el cuidarse estaba en el quinto plano* (Arturo).

Roberto abandona la prevención con una pareja de la que se
siente (por primera vez) enamorado y con la que se anima a con-
vivir, en una ciudad muy tolerante a la homosexualidad. Esto in-
troduce para él un elemento de *"seguridad"* que lo lleva a dejar
de cuidarse.

*Yo siempre quise estar en pareja. Ahí me sentí seguro, en*
*mi propia casa... y eso es el peligro... la gente no se cui-*
*da cuando está en pareja* (Roberto).

El *"confiar ciegamente"* en la pareja, como en el caso de Luciano, a pesar de que le ha dado muestras de infidelidades y otros
rechazos, lleva también a descartar el cuidado.

*Yo no lo tomaba como exponerme porque yo estaba con-*
*vencido cien por cien de él, de lo que sentía por mí, de sus*
*actividades, de su salud...* (Luciano).

La alternancia entre ambos tipos de parejas se sucede a lo largo de la trayectoria de la mayoría de los entrevistados, surgiendo
en general los contactos casuales después de la pérdida (por
muerte o separación) de una pareja estable. En el caso de Lucio,
cuya pareja murió de sida después de cinco años de convivencia,
su necesidad de autonomía y el deseo de no volver a experimentar la tristeza por la pérdida que experimentó lo llevaron desde
hace seis años a evitar vínculos estables.

Tanto el sentirse seguro y querido como el desestimar el riesgo presente en los contactos fugaces implica no tener en cuenta
las relaciones pasadas y las "marcas" que ellas pueden haber dejado en las personas. Se vive en ambos casos la relación presente, aunque el presente de las relaciones fugaces abarca sólo el
momento del encuentro y el de las relaciones amorosas abarca el
tiempo en que dura el enamoramiento.

Parecería, pues, que la posibilidad de introducir el pasado y el futuro en una relación tiene que ver con la posibilidad de integrarla en una trayectoria de continuidad y no de interrupciones y saltos, tanto de uno mismo como de la otra persona, que no se vinculan entre sí.

Por otra parte, hay que tener en cuenta que los entrevistados coinciden en general en considerar que no es necesario usar preservativos en el sexo oral, en ninguno de los dos tipos de parejas, por lo que no adoptan medidas de precaución en relación con esa práctica, ni siquiera actualmente.

IV

| secuencias | actantes | proposiciones argumentativas |
|---|---|---|
| entrar en crisis frente al diagnóstico de seropositividad *o* no entrar en crisis / salir de la crisis | ellos mismos enfrentando la enfermedad / pareja / amigos que apoyan *o* ellos mismos negando la enfermedad / pareja / amigos que no apoyan | sentirse muerto en vida / temer no ser aceptado por una pareja *o* salir fortalecido de enfrentar el diagnóstico / aceptar la enfermedad |

Para algunos de los entrevistados recibir el diagnóstico de seropositividad implicó entrar en una profunda crisis depresiva. Es el caso de Juan, Luciano e Ignacio. En los otros casos, especialmente en los que el diagnóstico se produjo en ocasión de síntomas de enfermedades marcadoras (como en Arturo, Mauricio y Pedro), el abocarse a superar el malestar orgánico y la esperanza de superarlo constituyó lo más importante.

Para Juan el diagnóstico, realizado en un estudio preocupacional sin requerir su autorización, significó un golpe emocional y hasta físico:

*Tenía la sensación de estar muerto en vida... como que ya no tenía más vida. Sentía que si cerraba los ojos me moría, que me faltaba el aire, no dormí en toda la noche* (Juan).

A partir del diagnóstico, y durante un año, no habló con nadie del tema, más que con su pareja, ni se hizo otros controles. Después de ese período salió de la depresión y pudo conectarse con otras personas seropositivas y con el sistema de salud.

En el caso de Luciano el diagnóstico lo llevó también a una fuerte crisis depresiva porque no lo esperaba, en la medida en que siempre había sido *"muy cuidadoso, extremadamente precavido"*.

*...no cepillarme los dientes cuatro horas antes de estar con alguien para no tener ninguna lastimadura en la encía, tener el preservativo, juntar mucha saliva en el sexo oral, porque la saliva como es alcalina protege... yo creo que si yo supiera de dónde, si hubiera hecho algo para que sucediera esto, es como que estaría más tranquilo... yo hubiera dicho, bueno, metí la pata, hice una inconsciencia, pero cuando no sabés de dónde [...] o hay alguien que me está mintiendo* (Luciano).

La última frase transcripta revela el obstáculo con que se enfrenta el entrevistado: aceptar que su pareja actual le transmitió el virus (tenían sexo oral sin preservativo) implica aceptar que cometió un error al *"confiar ciegamente"* en él, además de aceptar que la práctica del sexo oral implica riesgos que, si bien son menores que en la penetración anal, existen.

*Yo creía que el riesgo tenía que ver con la perversión, con el exponerse sexualmente, onda "reviente", pensaba yo, y me vengo a contagiar yo, que estoy más inclinado a sentir que a la sexualidad, que le doy prioridad a lo otro* (Luciano).

Para Ignacio, enterarse de su diagnóstico al ir a internar a su pareja, quien murió de sida al poco tiempo, implicó a la vez enfrentarse con su condición de seropositivo y realizar el duelo por la muerte de su pareja.

Esto lo condujo a un estado de depresión que implicó que adoptara una serie de conductas autodestructivas: tomaba mucho alcohol y consumía drogas descontroladamente, además de prostituirse (trabajaba como *taxi-boy*).

*Como yo sabía de casos que habían muerto de sobredo-*

*sis, era más o menos como jugar con la muerte [...] tenía
la imagen de cómo había quedado mi pareja en la cama,
no quería llegar a eso* (Ignacio).

Ignacio pudo empezar su tratamiento para el sida después de dos años de psicoterapia, cuando pudo aceptar la muerte de su pareja.

A Arturo, para quien aceptar su homosexualidad, como dijimos, le llevó un largo proceso, el diagnóstico de seropositividad no implicó un golpe psicológico tan duro como surge de los testimonios anteriores:

*Yo no soy una persona muy conflictuada. Después que
acepté lo mío, a partir de ese momento, no vivo nada como drama, ni siquiera el VIH; tengo VIH y no lo vivo como
un drama* (Arturo).

Se sentía *"vulnerable a todo"*, en cambio, en la época en que se forzaba a la heterosexualidad sin conseguirlo, y a ejercer una profesión que no lo entusiasmaba. Asumir la homosexualidad y tener una pareja estable (hace seis años que está con ella) implicó para él sentir que contaba con la fuerza necesaria para enfrentar cualquier tipo de adversidad, aun una enfermedad marcadora que lo dejó cuadripléjico y de la que tardó un año en recuperarse.

Para Roberto el diagnóstico de seropositividad, aunque en un primer momento *"lo dejó medio anestesiado"*, significó después tomar decisiones que había postergado hasta ese momento, en el sentido de hacer cosas que quería hacer, dado que:

*[...] se vive una sola vez y hay una sola oportunidad pa-
ra vivir la vida* (Roberto).

En consecuencia, piensa que el sida fue el *"precio"* que tuvo que pagar para llegar a la situación en la que está ahora, que le parece lo mejor que ha conseguido en la vida.

Tanto para Mauricio como para Pedro haber logrado superar, con ayuda de la medicación, enfermedades marcadoras que los hacían sentirse físicamente muy mal es lo más importante, en la medida en que pudieron recuperar su ritmo de trabajo.

*El trabajo me demuestra que yo sirvo todavía, que sirvo
para algo todavía, que no me invalida totalmente ser
portador* (Pedro).

Como surge de otros relatos, el enfrentamiento de la enfermedad no se produce a partir del momento del diagnóstico, cuando éste se da en un momento en el que no existen síntomas por enfermedades marcadoras. Pedro, Ignacio y Juan estuvieron en esta situación. En los restantes casos síntomas inespecíficos o específicos llevaron a la realización del diagnóstico.

Puede decirse que el diagnóstico de seropositividad implicó un punto de inflexión a partir del cual se produjo un cambio en el estilo de vida en los casos de Roberto y Juan, para quienes significó, en el primer caso, como vimos, *"animarse a hacer algo que quería en su vida"* y, en el segundo, entender su pasaje por el *"sexo loco"* y las drogas y plantearse cuáles son sus metas actuales.

Lucio adoptó medidas higiénicas (de alimentación, horas de sueño, etcétera) y la conducta preventiva a partir de la muerte de su pareja por sida, pero sin que esto implicara otra depresión para él que la vinculada a la pérdida de su compañero.

El diagnóstico condujo también a Pedro a adoptar los mismos cuidados que en el caso de Lucio, sin atravesar una crisis emocional.

En el caso de Ignacio, como dijimos, no fue el diagnóstico en sí lo que lo llevó a una fuerte depresión, sino la muerte de su pareja.

Como vemos, la seropositividad no implica en sí misma necesariamente el llegar a un punto de inflexión a partir del cual se introducen cambios sustantivos en la vida de una persona, sino que estos cambios se producen a lo largo de un proceso en el que intervienen, además de los signos físicos, elementos relacionales.

Como vimos, cuando el diagnóstico se realiza en el momento en que no han aparecido síntomas, en la mayoría de los entrevistados sobreviene un período en el que rechazan realizar controles y tomar medicación, cuando ella es indicada por una carga viral alta. Sobreviene entonces un trabajo de *"preparación"* para aceptarla, que se vincula con la dificultad de tener en cuenta lo que "no se ve", en la medida en que no hay síntomas, lo que favorece la negación. La aceptación del criterio médico pasa entonces por un grado de confianza en el sistema de salud y en el saber, que no siempre está presente.

Por otra parte, todos los entrevistados afirman que han logrado aceptar la idea de la necesidad de la medicación cuando han contado con apoyos (pareja, amigos o tratamiento psicológico) que los han ayudado a realizar tal trabajo de *"preparación"*.

V

| secuencias | actantes | proposiciones argumentativas |
| --- | --- | --- |
| hacer controles médicos / aceptar la medicación *o* no seguir las indicaciones médicas | sistema médico acogedor / ellos mismos dispuestos a luchar contra la enfermedad *o* sistema médico expulsor / ellos mismos negando la enfermedad | tomar las riendas de la enfermedad / estar activo contra ella *o* no estar preparado para enfrentar la enfermedad / negar la posibilidad de la aparición de síntomas del sida |

Mauricio e Ignacio comenzaron en un momento tratamientos medicamentosos que interrumpieron, para después volver a retomarlos. Puede pensarse en estos casos que además de la falta de otros apoyos, que ellos mencionan como muy importantes en esta incapacidad para continuar con el tratamiento, se trató de un sistema de salud que no pudo ofrecer la continencia necesaria para garantizar dicha continuidad.

Juan y Pedro relatan experiencias negativas con el sistema de salud que, sin que hicieran que abandonaran el tratamiento, los llevaron a buscar otros efectores de salud.

En los casos en los que se da una toma de conciencia en relación con la necesidad de ocuparse de sí mismos y de la enfermedad, se menciona siempre que se llegó a esto a través de una buena relación con alguien del sistema de salud. Juan e Ignacio mencionan especialmente el contacto con psicólogos que intervinieron positivamente en este proceso.

La aceptación de la enfermedad implica en algunos casos aceptarla como un mal crónico que condiciona cambios en la vida cotidiana, sin que esto conlleve una carga emocional particularmente alta.

*El VIH no es una carga... Yo lo tomé como un ritmo de vida diferente, en donde implica quererte más* (Juan).

VI

| secuencias | actantes | proposiciones argumentativas |
|---|---|---|
| vivir con una pareja estable seroconcordante *o* vivir con una pareja serodiscordante | pareja seroconcordante *o* pareja serodiscordante | no temer transmitir el virus / apoyarse mutuamente *o* estar muy alerta / confiar en las medidas preventivas |

Todos los entrevistados menos Lucio tienen en la actualidad relaciones con una pareja estable. De ellas, tres son seronegativas, por lo que constituyen parejas serodiscordantes, y tres son seropositivas, por lo que constituyen parejas seroconcordantes. En el caso de Luciano la condición serológica de su pareja es dudosa.

Todos expresan que no mantienen relaciones sexuales sin protección, aunque de otras partes de sus relatos surge que no es siempre así, especialmente en las parejas seroconcordantes. El riesgo de la reinfección, aunque se conoce, no se tiene en cuenta en ciertas situaciones.[12]

El descubrimiento de la condición serológica de y a la pareja se realiza por lo general en los primeros encuentros. El anuncio de la seropositividad es un momento siempre difícil, dado que está presente el fantasma del rechazo por el temor al contagio.

Varios de los entrevistados relatan situaciones en las que vi-

12. En una investigación realizada en Gran Bretaña (Elford *et al.*, 1999), se halló que el 36% de los 69 gays encuestados seropositivos informaron que habían practicado sexo anal no protegido en los últimos tres meses. Este porcentaje fue semejante entre 290 gays seronegativos encuestados (34%). Entre los seropositivos el tipo de pareja con la que se habían mantenido este tipo de relaciones sin protección era en mayor proporción parejas casuales, de status serológico desconocido, mientras que en los seronegativos lo era la pareja estable, de condición seroconcordante.

vieron este rechazo, a partir de lo cual tomaron la decisión de no comunicar la condición de seropositivos y simplemente adoptar precauciones en relación con la posibilidad de la transmisión.

Esto ocurre en los primeros encuentros o tras el conocimiento de la seropositividad por parte de un miembro de una pareja de ya larga data. Es el caso de Arturo, quien al anunciar a su pareja de tres años su diagnóstico positivo, se encontró con que ella le anunciaba que también lo era. El secreto, pues, es el recurso al que se apela, incluso con los trastornos imaginables cuando se debe ocultar la toma de medicación.

Por eso, es previsible el alivio resultante cuando frente al anuncio de la seropositividad la respuesta del otro es el *"yo también"*, siempre que se suponga que la transmisión no provino de esa pareja sino de otra anterior. En el primer caso se inaugura el difícil capítulo de la culpa y el reproche, que, sin embargo, no aparece en los relatos tan cargado afectivamente como sería esperable. En varios de los casos esto tiene que ver con el hecho de que la pareja transmisora ha muerto, por lo que este hecho parece imposibilitar que se alimenten rencores hacia ella. En otros casos, especialmente en los que han vivido una etapa promiscua, se desconoce cuál puede haber sido la fuente de la transmisión. En general prevalece el autorreproche, con respecto al no haberse cuidado, más que el reproche a la persona transmisora.


## TIPOLOGÍA

El análisis de los relatos de las personas homosexuales entrevistadas muestra que ellos configuran una tipología según el tipo de "conversión" producida en sus vidas a partir del diagnóstico de seropositividad. Pueden describirse en ese sentidos cuatro tipos:


### I. El cambio identitario

La "conversión" implica el cuidado habitual en las relaciones y la aceptación de la medicación y los controles médicos, así como el haber "tocado fondo", a partir de lo cual ha surgido un replanteo de la vida y la formulación de nuevos proyectos. En los casos de Juan y Roberto este replanteo implicó el cambio de sus actividades anteriores y el inicio de nuevas carreras e inserciones profesionales.

A Lucio, el único integrante de este subgrupo de clase baja, sus condiciones de vida no le permiten tal vez plantearse cambios en su actividad laboral, con la que por otra parte está conforme (es cocinero), sino intentar afianzarse en ella.

En todos ellos está presente la consideración del tiempo en su larga duración, lo que permite la formulación de proyectos de largo plazo. Estos relatos se relacionan con la lógica de "cuestionamiento y cambio" en la tipología de J. Pierret (1998).


## II. Cambiar limitadamente

El cambio se realiza particularmente en tanto implica la aceptación de la medicación y los controles, y hasta cierto punto un cambio en el estilo de vida, sin que esto implique la observancia de todas las precauciones (por ejemplo: no cuidarse de la reinfección o no cuidarse en el sexo oral). No existe formulación de proyectos de largo plazo, sino a la sumo la planificación de momentos presentes menos conflictivos. Es el caso de Ignacio.


## III. La pérdida de la autoestima

El diagnóstico ha sumido a la persona en un estado de depresión del que le cuesta recuperarse. Se aceptan la medicación y los controles médicos, pero se duda de la posibilidad de "rearmarse" en el sentido de volver a sentirse apreciado y con posibilidades de "ser querido" en una pareja.

La mirada está puesta en el pasado, en cuanto a la energía y las ganas de vivir perdidas, y en cuanto al esclarecimiento de la situación que llevó a la infección. Es el caso de Luciano, que se aferra a una pareja frustrante por no sentirse capaz de entablar otro vínculo, a partir de su condición de seropositivo. Hay que tener en cuenta que su diagnóstico es el más reciente de los casos considerados, dado que lo conoció hace menos de un año, por lo que esto puede influir en su estado anímico. En la tipología de J. Pierret (1998) este tipo corresponde a "la infelicidad".

## IV. *El guión del sida como enfermedad crónica*

En este caso, tanto el diagnóstico como el tratamiento son aceptados sin una carga afectiva mayor de la que podría implicar cualquier otra enfermedad crónica seria. Se siguen cuidadosamente las indicaciones médicas y el tratamiento, y se experimenta un gran alivio en relación con la superación de las enfermedades marcadoras, sin que surja la opresión por el temor a otros posibles episodios corporales.

Es el caso de Arturo, como hemos dicho, porque la aceptación de su homosexualidad fue el paso más decisivo en su vida, al lado del cual el sida es algo que debe soportar, pero que no crea la angustia que conoció durante el proceso de aceptación de su identidad sexual. De todos modos, su diagnóstico le abrió la posibilidad de otros desarrollos laborales, vinculados a una asociación de lucha contra el sida, que son para él más satisfactorios que su profesión anterior.

En el caso de Pedro, el alivio de sus síntomas fue fundamental para poder reincorporarse a su trabajo y proyectar nuevos desarrollos, como retomar sus estudios (proyecta terminar la escuela secundaria).

En el caso de Mauricio, del mismo modo, el alivio de sus síntomas físicos le permitió seguir en su trabajo y ocultando su homosexualidad a su familia, por lo que la enfermedad no significó para él mayores cambios ni angustias. Su mirada está puesta, pues, en la continuación de su vida tal como está planeada. En esa medida, tanto él como los otros dos casos dentro de este subgrupo apuestan al futuro. Se vinculan con el tipo "continuidad de la vida" en la tipología de J. Pierret (1998).

Como vemos, se trata de diferentes respuestas en las que intervienen diferentes valoraciones acerca de qué significa ser homosexual, de la relación con el sistema de salud y de los escenarios en los que se desarrolla la homosexualidad, así como diferentes perspectivas temporales que incluyen una mayor o menor consideración del tiempo como larga duración.

No necesariamente, como vimos, para algunos de estos entrevistados el sida significa tener que vivir en un presente sin proyecciones. Las nuevas medicaciones, pero también nuevos imaginarios, han hecho que, por lo menos en algunos casos, estén presentes proyectos deseados e iniciados en relación con el futuro, lo que da cuenta del resquebrajamiento de la idea del sida como equivalente a muerte.

## ANEXO

ANÁLISIS LONGITUDINAL

Entrevista a Roberto

41 años, clase media, diagnóstico de seropositividad desde hace ocho años

*Síntesis de Secuencias, Actantes y Proposiciones argumentativas*

Roberto advirtió que era homosexual cuando tenía cinco años, aunque vivió siempre una vida tapada en su ciudad natal, que era chica, hasta los 25 años, cuando se trasladó a Nueva York. Como parte de esa vida tapada salía con mujeres, aunque mantenía relaciones con varones desde los 13 años. La familia lo intuía, pero tenían la política del "de eso no se habla". A los 18 años la madre le preguntó si era homosexual y él lo negó *"porque no estaba listo para aceptar o enfrentar la verdad"*. Cuando terminó el secundario trabajó unos años y después entró a la Universidad porque *"es fundamental tener un título universitario para poder trabajar mejor"*. Cuando terminó la Facultad hizo un posgrado en Nueva York. Allí encontró que *existía una presión muy fuerte para "salir del placard" y "meterse en la vida gay, por lo que no lo pudo esquivar más". Sentía la necesidad de explorar y descubrir las actividades de la "familia gay" de Nueva York.*

En ese momento tenía parejas circunstanciales con las que "se cuidaba mucho", porque ya estaba presente el riesgo del VIH. Los cuidados comprendían el evitar la penetración y cuando se daba, hacerlo siempre con preservativo. En cambio, no comprendían el cuidado durante el sexo oral *porque en ese entonces no se hablaba del riesgo en dicha práctica.*

Se enteró de la existencia de la enfermedad en 1985, viviendo en Nueva York, y en ese momento la tomó como una enfermedad más. Luego se enteró de la seropositividad de muchos *amigos* y ahí sí sintió que *era algo terrible porque no había nada para combatir el mal. Lo vivió como una cosa más en contra de la* COMUNIDAD GAY, *como algo que la* sociedad *usaba para "pegarnos fuerte y lastimarnos, para que siguiéramos manteniendo vidas tapadas".* Piensa que *la comunidad reaccionó muy bien ante la enfermedad, que finalmente ha beneficiado la imagen de la comunidad, porque fue la primera en hacerse responsable de su gente, armando una estructura de apoyo social para los* AFECTADOS.

En 1988 se mudó a otra ciudad de Estados Unidos, en la que fue a vivir al barrio gay. A los seis meses conoció a una PAREJA con la que vivió dos años. Con él sí tenía prácticas de penetración anal, *"no te puedo explicar por qué, hacía penetración anal como pasivo y como activo, sin pensar en el VIH, por primera vez con una persona... no entiendo por qué y ahí me contagié el virus, porque él sin saberlo ya estaba en una etapa avanzada de la infección. Yo siempre quería estar en pareja, me sentí seguro, en mi propia casa... y eso es un peligro... porque en una pareja es el peligro más grande, porque ahí la gente no se cuida como corresponde, después de un tiempo la gente se olvida de cuidarse, se sienten muy cómodos juntos y ahí si un miembro de la pareja tiene VIH y tiene una carga viral muy alta, el riesgo de contagio al otro es altísimo... y eso es exactamente lo que me pasó a mí. Ni siquiera le pregunté sobre el VIH".*

Un año después se enteró de que la pareja estaba infectada y fue a hacerse el análisis. No fue un resultado inesperado porque ya tenía muchos AMIGOS que habían muerto de sida. *"Yo ya sabía pero no lo quería enfrentar... hasta cierto punto era mejor no saber, porque al saberlo, qué ibas a hacer al respecto... Estaba como anestesiado, pero me di cuenta de que tenía que seguir viviendo sí o sí y tenía la esperanza de que apareciera algún medicamento para ayudarme en mi lucha contra la enfermedad."* Al principio le preguntó al MÉDICO cuánto le quedaba de vida, pero después no lo tomó como una sentencia de muerte. El médico le dijo que *todo dependía de él.*

Su compañero estaba mal pero él ya quería separarse antes de esa situación. Cuando se lo dijo, empeoró y murió al poco tiempo.

En 1993 volvió a la Argentina. *Lo decidió porque piensa que lo más importante es hacer lo que uno quiere en la vida porque "tenés una sola vida y una sola oportunidad para vivirla" y quería volver para probar suerte en el país. Piensa que todo lo que le pasó es "el precio" que tuvo que pagar para poder estar bien ahora. Siente que logró librarse de todas sus obligaciones y finalmente poder hacer lo que quiere.*

A los seis meses de haber vuelto conoció a otra PAREJA, SEROPOSITIVA, con la que vivió dos años, hasta que murió, también por efectos del sida. Estuvo un año sin salir con nadie *porque no se sentía preparado para iniciar otra relación.*

Desde hace un año convive con otra PAREJA que es SERONEGATIVA. Es muy cuidadoso con su pareja actual, que, sin embargo, por indicación médica, se hace controles cada tres meses. Aunque *no cree que exista la transmisión del VIH vía sexo oral,* "por las dudas" no lo practican.

Está medicado con retrovirales y ha aceptado la medicación *como parte de la rutina diaria. Está satisfecho de su actitud en relación con la enfermedad porque siente que está activo en cuanto a la defensa de su organismo.*

| oposiciones de secuencias | oposiciones de actantes | oposiciones de proposiciones |
| --- | --- | --- |
| vivir tapada la homosexualidad *o* "salir del placard"<br><br>cuidarse en las relaciones sexuales *o* no cuidarse | familia / ciudad chica *o* muchos conocidos / ciudad grande<br><br>parejas circunstanciales *o* pareja estable | no estar listo para enfrentar la homosexualidad *o* estar preparado<br><br>tener presente el VIH *o* no tener presente el VIH / estar enamorado / |

| oposiciones de secuencias | oposiciones de actantes | oposiciones de proposiciones |
| --- | --- | --- |
| | | sentirse seguro |
| luchar contra el virus *o* dejarse morir | comunidad gay / él mismo *u* otras personas afectadas sin apoyos / él mismo cuando no estaba preparado | estar activo contra la enfermedad / cumplir con la medicación *o* no estar preparado para enfrentar la enfermedad / no hacerse cargo del tratamiento |
| vivir con una pareja seropositiva *o* vivir con una pareja seronegativa | pareja seroconcordante *o* pareja serodiscordante | acompañar en la enfermedad *o* asustarse e irse / cuidarse mucho |

Existen dos ejes en el relato de Roberto. Uno pasa por la **afirmación de su identidad homosexual, en el que los opuestos están constituidos por ocultar la homosexualidad o mostrarla y el otro por la búsqueda de una relación amorosa, en el que los opuestos son cuidarse en las relaciones circunstanciales o no cuidarse en las relaciones estables, caracterizadas por un vínculo amoroso.**

Estos dos ejes tienen en realidad una continuidad en el tiempo, en la medida en que el paso previo a animarse a buscar un vínculo amoroso requiere la condición de mostrar la homosexualidad. Es precisamente en ese pasaje en el que sobreviene el momento de vulnerabilidad que le hace "bajar la guardia" y contraer la infección. Al amparo de una pareja amorosa y segura, y de un espacio seguro (la casa propia, el barrio gay), no puede existir la sospecha del riesgo presente.

La aceptación de la condición de seropositividad pasa en Roberto por un período en el que "no se siente preparado", al que le sucede la convicción de tener que desarrollar una conducta activa con relación a la enfermedad. El desafío que le plantea el médico: "depende de vos", es tomado por Roberto como una situación que variará según su postura frente a su condición. Esta actitud activa que adopta se extiende no sólo al cuidado de sí mismo sino también al de sus parejas, ya sean seroconcordantes o discordantes. En el primer caso, cuida y ayuda a morir a dos personas. En el segundo, tiene una actitud vigilante.


Entrevista a Juan

30 años, clase media, diagnóstico de seropositividad desde hace siete años


*Síntesis de Secuencias, Actantes y Proposiciones argumentativas*

Cuando Juan nació se produjo un quiebre en su familia, porque el *padre* estaba en Estados Unidos, las dos *hermanas* fueron a vivir con la abuela paterna, y él y la madre con la abuela materna. Cuando tenía cuatro años el padre volvió y la familia vivió toda junta durante cinco años. Luego los padres se separaron, especialmente por el alcoholismo del padre. *La relación con este último siempre fue muy distante. Juan adjudica su homosexualidad a la ausencia física y psicológica del padre.* Piensa que le gustan los *varones* desde siempre. No recuerda que alguna vez le hayan gustado las mujeres. *No sintió ninguna presión en su casa con respecto a su inclinación sexual. Cuando los padres se separaron se sintió aliviado porque pensaba que iba a poder ser más él mismo. No quería que la sociedad lo obligara a hacer algo que no quería.*

Era muy buen alumno en la escuela y *sentía el rechazo de los demás por su inclinación sexual.*

A los 17 años fue a bailar a un boliche gay y a los 18 tuvo su primera relación. *Se sintió aliviado al conocer a otros gays porque se dio cuenta de que a los demás les pasan cosas similares. Se sintió shockeado porque mientras él quería "encontrar a alguien", los demás estaban interesados sólo en lo sexual.* En las primeras relaciones no estaba presente el riesgo del sida.

Cuando llegó a Estados Unidos, a los 20 años, consiguió trabajo y entró en un "reviente": *"no tenía límites, no tenía a mis padres... o alguna otra barrera que me dijera que no, estaba totalmente libre de hacer lo que quisiera".* En el GRUPO en el que estaba se consumía marihuana y cocaína, aunque no inyectable. *"Estaba triste, tenía mi* FAMILIA *lejos, era la única forma de tapar lo que me estaba pasando. Sentía una frustración de mis expectativas, por eso pienso que no hice las cosas correctamente [...] No tenía algo que fuera lo mío. Estaba muy solo, solo afectivamente, los amigos están y no están, no son los* AMIGOS DE ACÁ, *son los* AMIGOS DE ALLÁ..." Entró en un descontrol sexual. Se hizo la prueba del VIH y le dio negativo, y eso le produjo un efecto contrario: *"no me di cuenta de que había tenido suerte y seguí haciendo la misma vida. En el momento se me olvidaba todo, era como una ruleta rusa. Yo decía: ojalá que hoy no haya pasado nada".* Tenía relaciones en lugares como saunas, donde nadie sabía quién era el otro. *Pero cuando salía se sentía vacío. "Era bárbaro en el momento, pero iba buscando algo que nunca podía encontrar allí. No quería involucrarme con nadie allá porque pensaba que iba a volver a la Argentina y mi historia me iba a pasar después."*

Cuando volvió al país dijo basta a todo eso. Empezó a salir con una PAREJA con la que se cuidaba *porque él "no había hecho las cosas correctamente en Estados Unidos."*

En un estudio preocupacional le hicieron la prueba del VIH y le dio positivo. *Fue muy shockeante para él porque no sabía que se lo estaban haciendo. Cuando se enteró le parecía que estaba muerto en vida, que no tenía más vida.* Su pareja lo apoyó mucho. *Sentía que no tenía el mismo tiempo que los demás para hacer las cosas. Se dio cuenta de que el único responsable de su vida era él.*

Pudo blanquear su condición de seropositivo en su trabajo, lo que le permite salir para hacer las CONSULTAS MÉDICAS. Empezó un TRATAMIENTO PSICOLÓGICO que le hace mucho bien. *Ahora se arrepiente de no haber tomado conciencia antes, pero no se castiga como cuando pensaba que se lo merecía porque era culpable. Gracias a que su* ENTORNO *lo ayudó pudo volver a vivir más en el presente y a no tener tanto miedo del futuro. Pudo empezar a disfrutar más el presente y a alimentar más proyectos, "porque cuando uno no tiene sueños ni proyectos la vida se acaba".*

A partir del diagnóstico de seropositividad se anuló sexualmente. Se sentía muy culpable de la posibilidad de haberle contagiado el VIH a su pareja cuando aún no sabía que era seropositivo. *"Yo me propuse que la propagación terminara en mí."*

Las personas prefieren no saber ni enterarse y cuando él se los comenta se apartan.

A partir de que pudo aceptar sin tantos reproches su seropositividad pudo también empezar a *querer* más cosas para él. Lo primero que tuvo que cambiar fue el hecho de *sentir pena por sí mismo. "Tomar conciencia es tomar las riendas de la enfermedad."*

Adjudica el haberse contagiado *al no saber si valía o no como persona. Ahora siente que ha recibido amor incondicional de la madre, especialmente, y también de sus amigos.*

| oposiciones de secuencias | oposiciones de actantes | oposiciones de proposiciones |
| --- | --- | --- |
| no ser homosexual *o* ser homosexual | padre afectuoso *o* padre distante | no recibir presiones sociales por lo que uno es *o* ser presionado |
| estar interesado en relaciones afectivas *o* estar interesado en relaciones sólo sexuales | él en la Argentina *o* él en Estados Unidos | tener continencia familiar *o* no tener ningún tipo de barrera |
| consumir drogas *o* cuidarse / no consumir / tener relaciones sexuales cuidándose | él mismo al reflexionar /amigos de acá *o* él mismo actuando compulsivamente / amigos de allá | interesarse en las relaciones afectivos *o* arriesgarse / jugar a la ruleta rusa |
| tener sueños / querer cosas para él *o* no poder tener proyectos / anularse | él mismo ahora *o* él mismo cuando recibe el diagnóstico | tomar las riendas de la enfermedad *o* sentirse muerto en vida |

El relato de Juan muestra un eje fundamental: **vivir descontroladamente, arriesgándolo todo o vivir reflexivamente y en un mundo de afectos.** Los dos polos de este eje son experimentados por él a través de dos puntos de inflexión en su vida: su viaje a Estados Unidos, lugar en el que vive descontroladamente su sexualidad y consume drogas, al "no tener la continencia de su familia" y el conocimiento de su seropositividad, que lo hace "tocar fondo" y a partir del cual inicia un nuevo período en el que recupera su autoestima y comienza a plantearse lo que quiere de la vida, con la ayuda del tratamiento psicológico. El período de Estados Unidos y el posterior al diagnóstico de seropositividad se asemejan para él en cuanto tiene la sensación de "no ser él mismo", de "estar vacío" o "como muerto en vida". La seroconversión es lo que le permite replantearse el sentido de su vida y empezar a desarrollar proyectos valorados por él.

ENTREVISTA A ARTURO

33 años, clase media, diagnóstico de seropositividad desde hace dos años

*Síntesis de Secuencias, Actantes y Proposiciones argumentativas*

Después de recibirse de abogado, y ante las dificultades que encontró para ejercer la profesión, ARTURO puso un negocio. Estudió derecho más por complacer a sus PADRES que porque le interesara a él. En su FAMILIA no había ningún profesional. *"Al estar totalmente desvinculado del ámbito profesional, me tenía que hacer solo y no pude."* Al año de instalar el negocio se enteró de su seropositividad. Tenía problemas de visión y le diagnosticaron el citamegalovirus, cuya terapia fue *muy cruenta*, porque tenían que pasarle los medicamentos por goteo lento.

Tuvo una niñez sin problemas y se llevaba y se lleva muy bien con sus padres. Considera que los padres *le dieron todo en la vida y él quiere retribuírselo de alguna forma*.

Hasta los 24 años *reprimió su homosexualidad*. Trataba de obligarse a tener relaciones con *mujeres*, cuando en realidad no sentía nada sexualmente por ellas. En ese tiempo se dijo que no quería quedarse solo en la vida, nada más que con los padres, y decidió que quería tener una PAREJA.

A los 25 años se enamoró por primera vez. Tuvo relaciones sin protección porque *"el cuidarse estaba en el quinto plano... tenía tantas sensaciones nuevas, pasaba por cosas tan nuevas que no le prestaba atención a eso; yo no podía pensar, sentía nada más. En ese momento el mensaje era tan apocalíptico: sida igual muerte, que era preferible no pensarlo, porque algo que te produce mucho miedo lo querés borrar, desterrar. Yo escuchaba hablar de sida y transpiraba, me daba terror".*

Empezó a salir con otra persona con la que se sentía bien pero, sin entender por qué, su PAREJA le planteó que no quería tener más relaciones sexuales y dejó de verlo. Al tiempo se enteró de que había muerto de sida. Después pensó que no se lo había dicho por temor a que le reprochara haberlo contagiado. *Cree que lo que pasó es que él negaba que en algo tan lindo como la relación que tenían pudiera estar presente el virus.*

Después de ese episodio conoció a su ACTUAL PAREJA, también seropositiva, con la que vive desde hace seis años. En esta pareja siempre estuvo presente el cuidado en las relaciones.

A partir de poder aceptar su homosexualidad y que su familia y sus AMIGOS pudieran aceptarla, no vive nada dramáticamente, ni siquiera el VIH.

Su reacción frente al diagnóstico de seropositividad fue de tranquilidad, porque desapareció la incertidumbre en cuanto a tener o no el virus. En ningún momento pensó que se iba a morir. *"Cuando tengo la cosa concreta enfrente puedo pelearla."* Estuvo un año en cama afectado de una cuadriplejía y siente que salió fortalecido de esa experiencia. *Siente que está renaciendo, como el Ave Fénix. Se siente pleno afectivamente porque sus allegados saben de su enfermedad y lo han aceptado. El VIH es para él algo más.* Ha adquirido la habitualidad en la toma de medicamentos.

| oposiciones de secuencias | oposiciones de actantes | oposiciones de proposiciones |
| --- | --- | --- |
| estudiar una carrera universitaria prestigiosa *o* hacer algo gratificante para uno | padres a los que satisfacer *o* él mismo a quien gratificar | retribuir a los padres todo lo que han hecho por él *o* pensar más en él mismo |
| reprimir la homosexualidad *o* aceptar ser homosexual | él mismo / padres / amigos supuestamente no aceptando su homosexualidad *o* los mismos aceptándola | forzarse a la heterosexualidad *o* animarse a introducirse en el ambiente gay |
| seguir solo *o* enamorarse | parejas circunstanciales *o* pareja amorosa | no querer tener una vida de frustración y soledad *o* "vivir en las nubes" / enamorado |
| no cuidarse en la relación sexual *o* cuidarse | pareja que no se cuida ni cuida al otro *o* pareja que se cuida y cuida | sentir *o* pensar |

El relato de Arturo muestra como eje fundamental la alternativa entre **la dificultosa aceptación de la homosexualidad y la represión de la misma**. Su período de enamoramiento, cuando finalmente accedió a frecuentar relaciones con gays, lo llevó a no poder introducir en esas relaciones el elemento de racionalidad necesario para la prevención del VIH.

Aunque dice no haberse sentido presionado por sus padres, la presión social dificultó de tal manera la aceptación de su identidad homosexual que cuando se lo permitió, ello se acompañó de un estado de liberación que hizo que no pudiera tener en cuenta las consideraciones del cuidado con respecto a la infección.

Su punto de inflexión no está dado por el diagnóstico de seropositividad, que no implicó una gran conmoción para él, a pesar de los graves problemas de salud que sufrió casi inmediatamente, sino por su permiso para acercarse afectiva y sexualmente a los hombres.

Entrevista a Luciano

28 años, clase media, diagnóstico de seropositividad desde hace un año

*Síntesis de Secuencias, Actantes y Proposiciones argumentativas*

Luciano tuvo su primera relación sexual, con un hombre, a los 19 años. Posteriormente tuvo relaciones con *mujeres* y con hombres durante un tiempo, hasta que se afirmó en su homosexualidad. Siempre usaba preservativo.

Trabaja como kinesiólogo y ha atendido a muchas personas afectadas por el sida. Sin embargo, afirma que cuando le dieron el diagnóstico de seropositividad sufrió una crisis depresiva que le impedía cumplir con sus obligaciones. Piensa que siempre fue muy cuidadoso y no sabe cómo se contagió el VIH. *Plantea que estaría más tranquilo si hubiera hecho algo para le sucediera, pero la incertidumbre acerca de su contagio lo sumió en la desesperación.*

Su práctica de riesgo, sin embargo, consistió en tener sexo oral con su pareja, quien le informó que es seronegativo. No duda de esta persona, a pesar de que dice que últimamente lo ha descubierto en varias mentiras, referidas a otras relaciones que mantiene y que le niega.

Asocia la infección por el VIH a la promiscuidad, de la que siempre estuvo alejado. No ocurre lo mismo con la pareja, que sí ha participado de actividades de sexo grupal, saunas, etcétera.

Afirma que siempre reprimió sus deseos sexuales en su trabajo, y que se cuidó siempre, para *"terminar infectándose igual"*. *"Yo no hice nada de extremada exposición: estuve con una* PAREJA ESTABLE, *con papeles, profesional, casado y con hijos."* Su diagnóstico de seropositividad lo sumió en la depresión porque significó al mismo tiempo tener que empezar a dudar de su pareja, en la que confiaba "cien por cien". Se animó al sexo oral sin precauciones con él *"porque tenía papeles" (se refiere al diagnóstico de seronegatividad de su pareja).* A partir de su diagnóstico la pareja además empezó a alejarse, *por temor,* aunque siguen practicando sexo oral sin preservativo. Sin embargo, se queja de que su pareja no acepte besarlo, cuando en realidad sabe que va a buscar encuentros sexuales con OTROS GAYS en un cine porno. Ahora se está planteando si no debería limitar esta práctica, por el *riesgo de la reinfección. En general le cree a la gente, aunque ahora está convencido de que su pareja miente. Plantea que si deja de creer en su pareja teme que se "le* corte *la sexualidad", que no se sienta más atraído por ella, con la perspectiva de la dificultad para entablar otra relación a causa del hecho de ser portador. "Si me falla una, dos, tres... yo "ya" empiezo a..."*

Teme que su condición de seropositivo haga que *"nadie más lo quiera". Se sintió muy desatendido en su enfermedad, a pesar de que siempre había sido muy servicial con todos sus* AMIGOS. *Sintió que esto fue muy duro y que fue muy violento lo que le pasó.*

Se planteó si quería seguir viviendo. A partir de que decidió que sí, pudo empezar a aceptar el diagnóstico.

| oposiciones de secuencias | oposiciones de actantes | oposiciones de proposiciones |
| --- | --- | --- |
| cuidarse preventivamente frente al VIH *o* no cuidarse | él mismo *o* personas promiscuas / que no se cuidan | incertidumbre acerca de la vía de transmisión / desesperación *o* saber a qué atenerse por haber desarrollado prácticas de riesgo |

| oposiciones de secuencias | oposiciones de actantes | oposiciones de proposiciones |
| --- | --- | --- |
| cuidarse en todas las prácticas *o* cuidarse en algunas prácticas y en otras no / no cuidarse con la persona en la que se confía | parejas no confiables *o* pareja en la que confía ciegamente / tiene "papeles" | no confiar en nadie *o* confiar en alguien / no tener prácticas de "extremada" exposición |
| empezar a dudar de la pareja *o* seguir confiando ciegamente | él mismo aceptando las evidencias *o* él como crédulo | aceptar la evidencia del riesgo de la pareja *o* negar la evidencia |
| recuperar la autoestima *o* temer que nadie lo acepte | pocos amigos que permanecen *u* otros amigos (los más) / pareja que se alejan | poner límites *o* seguir "creyendo" en el otro por temor a quedarse solo |

El eje del relato de Luciano pasa por **confiar en su pareja o aceptar la evidencia de su "falsedad"**. Su credulidad se vincula con el no poder aceptar la discordancia de las imágenes sociales dadas por la pareja: por un lado, es profesional, casado, con hijos y, por otra parte, es promiscuo, *"perverso"* en sus elecciones sexuales y mentiroso.

Este aspecto de negación se extiende también a no aceptar el riesgo implícito en prácticas "dudosas" en las que puede transmitirse el VIH, como el sexo oral. Tal negación lo lleva a decir que *siempre* se cuidó, cuando en realidad NO se cuidaba en el sexo oral, y a plantear que había asumido dicho riesgo frente a la evidencia de los exámenes seronegativos de su pareja, no teniendo en cuenta el período ventana.

Su desesperación frente al diagnóstico de seropositividad se vincula con el hecho de tener que aceptar a partir de él otras evidencias dolorosas: la hipocresía de su pareja, las formas insidiosas de transmisión del VIH, la poca solidaridad de personas a las que consideraba sus amigos.


ENTREVISTA A MAURICIO


30 años, clase media, diagnóstico de seropositividad desde hace cuatro años


*Síntesis de Secuencias, Actantes y Proposiciones argumentativas*

MAURICIO es el quinto hijo de una pareja de PADRES con los que se lleva bien. Su PADRE, que es militar, intentó que estudiara en el COLEGIO MILITAR, pero él hizo primer año y desistió. Pasó a estudiar en una escuela común. Vivió su despertar sexual con un varón a los 15 años. Había tenido ya juegos sexuales con VARONES previamente. Considera que en ese tiempo *"pateó el tablero", porque hasta ese momento había sido muy sumiso.* Conoció a un GRUPO DE GAYS y se volvió rebelde en la casa. *"Ahí empecé a hacer la mía."* Comentó su homosexualidad con dos de sus HERMANAS, pero no con los padres. Cree que no se quieren enterar. Conocen a su PAREJA pero consideran que es un amigo.

Estuvo nueve años en pareja, desde los 18. Hace dos años se separó porque conoció a OTRA PERSONA y *creyó que era lo que necesitaba,* pero "se equivocó". Después de esa experiencia volvió a su primera pareja.

*No quería hacerse la prueba del VIH por temor. Pensaba que si le daba positivo se iba a matar.* Cuando le dieron el resultado se puso muy mal, pero su pareja lo apoyó mucho. La primer semana después del diagnóstico la pasó muy mal, pero después se recuperó. "Fue aprendiendo."

Su vida sexual no cambió después del diagnóstico, pero se cuidan con su pareja. *Cree que su vida cambió para mejor.*

En las relaciones que ha tenido a partir del diagnóstico se cuidó pero sin comentar que es seropositivo, *porque la gente no está preparada para eso.*

Interrumpió el tratamiento por dos años porque *"se dejó estar"*. A consecuencia de eso empezó a tener una serie de síntomas. Lo medicaron otra vez y en dos meses empezó a sentirse bien nuevamente. *"Para mí fue un cambio muy grande, realmente me siento feliz."* Piensa que la primera vez abandonó el tratamiento porque no sabía de qué se trataba. Después no tenía OBRA SOCIAL, hasta que se afilió a un prepago, negando su condición de seropositivo. Después de un año de estar afiliado pudo blanquear su condición, haciéndose el examen nuevamente, porque a partir de ese momento se lo cubrían. No podía usar la obra social de su trabajo porque se iban a enterar sus COMPAÑEROS y JEFES y no quería.

No sabe en qué circunstancia se infectó. Mientras estuvo con su pareja tuvo algunas OTRAS RELACIONES. En general no usaba preservativo ni con su pareja estable ni con las otras. Su pareja es seronegativa. No conocía a nadie que tuviera sida.

Ni su FAMILIA ni sus COMPAÑEROS DE TRABAJO, a los que considera sus amigos, saben de su diagnóstico, *porque cree que no lo podrían ayudar en nada y no les quiere dar dolores de cabeza. Odia la gente que se queja.* "Yo aprendí a no quejarme. Siempre hay algo peor que lo que le sucede a uno." *Trata de vivir el presente y de disfrutar las pequeñas cosas. Trata siempre también de aprender de lo malo y de pensar qué puede extraer de todas las experiencias.*

Afirma que *"lleva la enfermedad"* de un modo especial. No piensa constantemente en eso. La gente que lo rodea y que está enterada no lo discriminó en ningún momento y eso lo ayudó mucho.

| oposiciones de secuencias | oposiciones de actantes | oposiciones de proposiciones |
|---|---|---|
| ser sumiso / tener en cuenta el deseo de los padres *o* ser como uno quiere | los padres *o* él mismo | aceptar las normas de los padres *o* "patear el tablero" / "hacer la de uno" |
| no hacer la prueba | él mismo aislado *o* | no estar preparado |

| oposiciones de secuencias | oposiciones de actantes | oposiciones de proposiciones |
|---|---|---|
| del VIH / negar la información sobre sida *o* estar atento / cuidarse | él mismo conectado con otros | para el tema del sida *o* aprender |
| no hacer controles médicos *o* atenderse / seguir las indicaciones médicas | él mismo negando la enfermedad / solo *o* él mismo aceptando la enfermedad / con apoyos | no entender de qué se trata el tratamiento *o* informarse / aceptar la enfermedad |
| quejarse / hacer sufrir a otros *o* no quejarse / no revelar su condición | él mismo solo *o* él mismo con otros | pensar que lo que a uno le pasa es lo peor posible *o* "llevar la enfermedad" no obsesionándose por ella |

El eje del relato de Mauricio pasa por **estar aislado y negar el riesgo, primero del VIH y luego del sida, o conectarse con grupos preocupados por el tema, aceptar la enfermedad y consecuentemente tratarse.**

Comparte sólo con su pareja y un grupo muy pequeño de amigos su condición de seropositivo, sin tener idea de en qué situación o momento pudo haberse infectado. Llama la atención el aislamiento en el que vivió con respecto al riesgo del VIH, lo que consiguió a fuerza de "tener mucho temor" y al mismo tiempo negar el riesgo hasta hacerlo desaparecer de su conciencia.

Esta negación lo llevó a interrumpir el tratamiento por dos años, lo que hizo que comenzara a sufrir enfermedades marcadoras de sida, y persiste en parte en la actualidad, dado que "no obsesionarse por la enfermedad" puede representar hasta cierto punto no estar alerta en cuanto a su evolución posible y a los cuidados preventivo-terapéuticos necesarios. La negación va de la mano con el aislamiento y parecería que solamente apoyos sociales fuertes pueden hacer que se mantenga en contacto con el equipo de salud.


Entrevista a Lucio

39 años, clase baja, diagnóstico de seropositividad desde hace nueve años


*Síntesis de Secuencias, Actantes y Proposiciones argumentativas*

Lucio nació en una ciudad del interior. La madre tuvo en total cinco hijos, con tres parejas distintas. Él no conoció a su *padre*. Trabaja como gastronómico (es cocinero). Su horario laboral le impide gestionar los medicamentos que tiene indicados, por lo que realiza el tratamiento para el sida irregularmente. *"Resuelve" esta situación "no pensando en la enfermedad", "porque si no me volvería loco... el trabajo es mi supervivencia, económica y moralmente".* Cree que si no trabajara se moriría. Hace poco estuvo viviendo cuatro meses en el interior, en la ciudad de donde es oriundo, y sentía *"que se estaba viniendo abajo, porque estaba sin trabajo, me sentía inútil... yo necesito trabajar".*

Esto le pasa desde los 18 años, cuando se trasladó a Buenos Aires y *"quería ser yo, mantenerme yo". No quería "molestar" más a la madre, a la que había hecho renegar mucho en la adolescencia, a causa de sus* "amistades", *que eran* ladrones, *de una* villa. Aunque él no robaba, como ellos, *se sentía feliz estando en ese medio. Sentía que en la casa no había alegría, porque como la madre estaba sola, tenía que trabajar todo el día y volvía malhumorada.*

Adjudica el preferir esas compañías al despertar de su homosexualidad, que lo alejó de sus hermanos, entre los que no era aceptado. Era la *"oveja negra"* de la familia y esto lo llevó a buscar ese otro ambiente, en el que *se sentía aceptado.* Su primera pareja fue un joven de la villa, del que estaba enamorado.

Estudió hasta tercer año de la ESCUELA secundaria y después decidió alejarse de la gente de la villa trasladándose a Buenos Aires, donde comenzó a trabajar. Tuvo relaciones circunstanciales y vivió con una pareja durante nueve años, hasta que falleció, hace seis años.

No usaba preservativo ni con sus PAREJAS CIRCUNSTANCIALES ni con su PAREJA ESTABLE. Piensa que se contagió de esta última, porque murió de sida —*"aunque yo tampoco había sido un santo antes"*— y que él sabía que era VIH positivo y no se lo dijo. Considera que la época en la que se contagió era *"la época del sexo loco... era como un libertinaje, saltar de cama en cama... por eso nos pasó lo que nos pasó, por eso todo el desastre"*.

En ese momento *pensaba que el problema del sida lo tenía la* GENTE QUE VIAJABA, *por ejemplo a Brasil, y no* LOS POBRES *como él.*

Cuando estaba con su pareja era fiel, pero no sabe qué pasaba en ese sentido con la pareja, *"porque como era camionero... no sé si no se cuidaba mucho afuera o estaba contagiado desde mucho tiempo atrás, porque murió de una forma tan así... en trece días"*. Nunca tocó el tema con él y cuando recibió su diagnóstico de seropositividad decidieron no hablar más del asunto. Se cuidaban usando preservativo, pero no siempre.

Cuando él murió *"fue la única vez que me sentí mal en la vida, me sentía solo, sentía que me había abandonado, porque habíamos dicho que nos íbamos a cuidar los dos y... se murió"*.

La única persona en su familia que lo comprendió y aceptó su homosexualidad fue SU ABUELA... *"por lo menos me escuchó."* Con el resto de la familia nunca lo pudo hablar hasta recientemente, cuando pudo hablar con la madre de su homosexualidad y de su enfermedad. Finalmente la madre lo aceptó y le dijo que buscara como compañero a una *"persona buena y laburadora"*.

En sus relaciones actuales usa preservativo, aunque no en el sexo oral. No comenta que es seropositivo, pero *"me cuido y cuido al otro"*. Tampoco lo dice en sus trabajos.

A partir del diagnóstico se cuida mucho más en cuanto a que no toma tanto alcohol como antes y no sale tanto. Su vida sexual *"cambió en cantidad y en calidad, porque somos más grandes pero también por cuidarnos la salud... ¡qué paradoja: después de estar enfermos nos cuidamos la salud! lo que me pasó fue por negligencia, por no pensar"*. Hace una *vida "pacífica"*, con sus AMIGOS, y procura siempre dormir lo necesario. En las reuniones con ellos se habla mucho del sida. Uno de sus amigos murió por la enfermedad. Nunca está solo; *"cuando tengo un bajón trato de salir enseguida, llamo a algún amigo"*. No tiene miedo del sida porque sabe mucho, se ha informado y lee todo lo que puede al respecto. Rechaza la medicación porque *"es muy molesta"*. Cree que todavía *"no está preparado para tomarla"* porque se siente muy bien y tiene miedo de empezar a tener trastornos, aunque sabe que está con una carga viral que hace que debería tomarla. Teme mucho quedarse sin trabajo porque eso significaría tener que ir a vivir con la madre en la ciudad donde nació y siente que su lugar es Buenos Aires.

A partir del diagnóstico se tornó mucho más sensible y servicial. Supone que se ocupa mucho de los demás pensando que así tal vez se van a ocupar de él cuando lo necesite.

Considera que el VIH no es lo peor que le pudo pasar en la vida, lo toma como una experiencia, aunque sabe que se va a morir de sida. Lo que lo asusta es *"cómo termina la enfermedad"*.

| oposiciones de secuencias | oposiciones de actantes | oposiciones de proposiciones |
|---|---|---|
| trabajar *o* depender de la madre | él mismo después de los 18 años *o* él mismo antes de los 18 años | ser independiente / autoabastecerse *o* "molestar" a la madre |
| aceptarlo como homosexual *o* rechazarlo como homosexual | la gente de la villa *o* la madre / los hermanos | sentirse querido como es *o* ser la "oveja negra" |
| cuidarse en las relaciones sexuales *o* no cuidarse | parejas casuales *o* estable con cuidado *o* parejas casuales *o* estable sin cuidado | ser consciente / poder pensar *o* tener "sexo loco" / libertinaje |
| estar atento / | él mismo / amigos | cuidar la salud |

| oposiciones de secuencias | oposiciones de actantes | oposiciones de proposiciones |
| --- | --- | --- |
| informarse acerca del VIH *o* ignorar todo acerca del VIH | después del diagnóstico *o* él mismo / antes del diagnóstico | después de enfermarse *o* no cuidar la salud antes de enfermarse |
| hablar con la pareja sobre el sida *o* callar | otras parejas *o* él y su pareja | confiar / ser fiel *o* no confiar / no ser fiel |
| adoptar medidas higiénicas *o* tomar la medicación | él mismo *o* personas medicadas, que tienen trastornos por la medicación | sentirse bien / negar el riesgo *o* aceptar la necesidad de la medicación por el laboratorio |

El eje del relato de Lucio pasa por **su necesidad de autonomía y de asegurar su autoabastecimiento, defendiendo un espacio social que consiguió frente a la alternativa de sentirse dependiente, rechazado e incómodo en un espacio que no es el de él**.

Su infección por el VIH se produce en el momento en que por primera vez forma una pareja estable, con la que se siente cómodo, querido y amparado. En esa situación no caben los cuidados frente al sida, que niega como riesgo, dado que sus dudas con respecto a la fidelidad de su pareja cuando "salía al camino" por su trabajo, aparecen con posterioridad, al pensar en su infección.

La posibilidad de reflexionar y de compartir información acerca del riesgo es posterior al momento en que fallece su pareja, en el que "se siente solo", probablemente como se sentía en su casa en su pubertad, cuando su familia no aceptaba su homosexualidad.

Con ella también se instala un "pacto de silencio" como había pasado en su casa, e incluso de negación del riesgo, dado que aun cuando su pareja no "sabía si era o no seropositivo", en ocasiones no se cuidaban.

Con posterioridad al haberse quedado solo pudo construir una red de amigos gays por los que se siente apoyado.

La negación de la enfermedad y del riesgo subsiste en parte en él en la actualidad —a pesar de los cambios que adoptó en cuanto a medidas higiénicas en su vida cotidiana—, al negarse a tomar los medicamentos, aunque su carga viral sea alta, por temor a los síntomas secundarios que puedan acarrearle. El sentirse bien durante los diez años que lleva desde la infección hace que conserve cierta omnipotencia: piensa que es "un poco fuera de lo común, más fuerte que la mayoría".

Entrevista a Pedro

28 años, clase baja, diagnóstico de seropositividad desde hace tres años

*Síntesis de Secuencias, Actantes y Proposiciones argumentativas*

Pedro se independizó de sus padres, con los que se lleva más o menos bien, a los 18 años, porque en la casa *"lo tenían siempre encerrado, teniendo que hacer las cosas de la casa y cuidando a sus hermanos, porque mi madre se dedicó a la Iglesia evangelista. Por ese motivo no pude terminar el secundario".* El *padre* trabajaba todo el día, era mozo y nunca estaba en la casa; *nunca pudo cumplir el rol de padre porque siempre estaba cansado.* Cuando tenía cuatro años fue violado por un hermanastro de catorce. *Adjudica a este hecho y a que lo encargaran de la casa su homosexualidad.*

Se inició en el ambiente gay, pero a los 17 años, como no quería aceptar su homosexualidad, salió con una chica y tuvo una hija. Convivió con ellas hasta que la nena tuvo tres años. En esa época lo único que hacía era trabajar, para poder comprar una casa para su hija.

Cuando se separó volvió al ambiente gay. Tuvo una pareja con la que convivió cuatro años.

Piensa que se contagió *porque cuando iba a bailar volvía borracho y no se cuidaba. Veía al sida como algo muy lejano.*

La familia acepta ahora su homosexualidad

No le perdona a la madre haberlo criado como una mujer. No está contento con su identidad homosexual, *porque siente que no puede expresarse libremente, porque la sociedad reprime la homosexualidad, como lo reprimieron de chico.* En su trabajo no saben que es homosexual porque no quiere exponerse.

Hace tres años le hicieron la prueba del VIH porque se sentía mal y le dio positivo. El padre lo acompañó mucho en ese momento y lo llevó a vivir a la casa nuevamente. Entre la madre y el padre lo cuidaron y se recuperó. Al recuperarse volvió a vivir solo, porque *"quería hacer mi vida".*

Conoció a otra PAREJA con la que se sentía bien, pero cuando le dijo que era seropositivo lo abandonó. *Esa situación lo traumatizó mucho y decidió que nunca más iba a estar con una pareja, porque no lo iban a aceptar.* Después del diagnóstico se reprimió mucho en cuanto a su sexualidad. Al tiempo conoció al que es su PAREJA ACTUALMENTE, que es también seropositivo. Se unió mucho a él, al punto de que *"si él está bien se siente bien y si está mal se siente mal". Teme que su pareja no lo quiera tanto como quiso a su NOVIO ANTERIOR.* Él mantiene la casa porque su pareja está sin trabajo. *Para él el trabajo es muy importante, porque no sabe qué hacer de su vida si no trabaja.* "*El trabajo me demuestra que yo sirvo todavía, que sirvo para algo, que no me invalida totalmente ser portador."*

Ahora está contento porque se recuperó, toma las pastillas y trabaja doce horas por día. *Trata siempre de ser el mejor en lo que puede.* En su trabajo actual todos dependen de él porque él sabe el movimiento de cada cosa, pero piensa que los demás tendrían que saber también, "*...porque si un día me muero ¿qué pasa? Mi esencia es trabajar demasiado".* Trabajó en una empresa importante en la que, haciendo de mozo, *se ganó la confianza de* gente importante, *y lo trataban como uno más,* "*siendo que yo no tenía estudio ni nada. Eso me hizo sentir muy bien [...]. Voy a seguir luchando hasta donde me dé el cuero".*

En este momento tiene el propósito de terminar el secundario de noche y hacer un curso de computación, *para hacer algo por él y seguir creciendo, y así poder encontrarse con personas más avanzadas culturalmente y no sentirse nulo, sin poder opinar nada por no saber nada.*

| oposiciones de secuencias | oposiciones de actantes | oposiciones de proposiciones |
| --- | --- | --- |
| estar encerrado *o* salir / tener libertad | su madre y su padre ausentes *u* otros padres | ser socializado como mujer / ser homosexual *o* ser socializado como varón / ser "normal" |
| no aceptar la homosexualidad *o* aceptar la homosexualidad | novia *o* gays | salir con una mujer / tener una hija *o* seguir en el ambiente gay |
| cuidarse en las relaciones sexuales *o* no cuidarse | pareja estable *o* ambiente gay | estar sobrio / ver al sida como cercano *o* estar borracho / ver al sida como lejano |
| conservar la autonomía en la pareja *o* fusionarse con la pareja | pareja diferenciada *o* pareja fusional | recuperar la autoestima *o* estar bien/mal si la pareja está bien/mal / temor a no ser querido |
| sentirse alguien trabajando *o* sentir que no se vale nada | ambiente laboral gratificante *o* ambiente laboral rechazante | esforzarse / crecer / trabajar mucho *o* dejarse estar / no ser reconocido |

El eje por el que pasa el relato de Pedro es la equiparación entre **trabajar, esforzarse y ser querido o no ser reconocido**

**y no tener autonomía**. Sin embargo, su baja autoestima, incrementada por el diagnóstico de seropositividad, lo conduce a establecer lazos fusionales y no diferenciados con sus parejas.

Se infectó por el VIH en un momento de descontrol sexual al que llegó después del fracaso de su experiencia heterosexual con la madre de su hija.

El diagnóstico de seropositividad, si bien hizo en un primer momento que disminuyera su actividad sexual, no le impidió posteriormente unirse nuevamente a una pareja y seguir alimentando proyectos en relación con su crecimiento personal y su desarrollo laboral.

Se sintió apoyado por sus padres —especialmente por el padre— en relación con la enfermedad, como compensación de la falta de apoyo que sintió en su pubertad.

ENTREVISTA A IGNACIO

32 años, clase baja, diagnóstico de seropositividad desde hace nueve años

*Síntesis de Secuencias, Actantes y Proposiciones argumentativas*

IGNACIO plantea que "siempre" fue homosexual, desde chico. Vivía con sus *tíos*, porque la MADRE lo había abandonado junto con sus HERMANOS y el PADRE vivía solo en el campo. En la escuela primaria lo echaron porque tenía prácticas de sexo oral con sus COMPAÑEROS. El tío le dio una gran paliza y nunca más se habló del tema en la casa.

Fue violado dos veces, una vez cuando era chico, por un PRIMO, y otra vez ya adulto, por la POLICÍA.

Se define a sí mismo como un portador de VIH que tuvo tres PAREJAS importantes en su vida, una de las cuales falleció de sida. Se enteró de su seropositividad al acompañar a su pareja a internarse al hospital, cuando ya estaba muy mal. Esta muerte provocó en él una profunda crisis que lo llevó a consumir drogas, *"buscando morirse"*. En ese entonces se pensaba que no había más que tres o cuatro años de sobrevida. *No quería llegar al estado fí-*

*sico al que había llegado su pareja.* Por esa época trabajaba como "taxi-boy", *pero era muy consciente con respecto a los cuidados preventivos:* "no hacía nada sin preservativo".

A partir del diagnóstico se cuidó siempre en las relaciones si no sabía si la otra persona era también portadora o no. Si era portadora se cuidaban a veces y a veces no.

Después de un período en el que rechazó la medicación, *gracias a un* TRATAMIENTO PSICOLÓGICO, comenzó a seguir las indicaciones de su INFECTÓLOGA a pie juntillas. En este momento toma el tema del VIH como la *necesidad de un ritmo de vida diferente,* "*asumiendo la responsabilidad de tener el bicho*", lo que equivale a cuidarse con las comidas, el alcohol y las drogas.

Se apoyan mutuamente con su ACTUAL PAREJA con respecto a la toma de la medicación y a los controles médicos.

Con su actual pareja es fiel, pese a que le costó mucho, "*porque le gustan todos*".

Fue echado por ser portador de dos trabajos (es peluquero). También se alejaron de él algunos de sus AMIGOS, a raíz de su diagnóstico. Piensa que la discriminación "*hace bajar la guardia y cuesta más cuidarse*".

| oposiciones de secuencias | oposiciones de actantes | oposiciones de proposiciones |
| --- | --- | --- |
| ser homosexual desde siempre *o* no estar definido como homosexual | niño homosexual *o* adulto homosexual | ser reprimido cuando niño a raíz de la homosexualidad con castigos / no hablar más del tema *o* encarar el tema / aceptar la homosexualidad |
| perder la pareja / querer morirse / consumir drogas *o* seguir viviendo | él mismo deprimido *o* él mismo con ganas de vivir | jugar con la muerte / "irse a la mierda" *o* querer vivir |

| oposiciones de secuencias | oposiciones de actantes | oposiciones de proposiciones |
|---|---|---|
| no cuidarse uno *o* cuidar al otro | él mismo *o* sus parejas | ser inconsciente con respecto a sí mismo *o* ser responsable con los demás |
| no cuidarse uno *o* cuidarse | él antes del tratamiento psicológico *o* él después del tratamiento psicológico | no seguir las indicaciones médicas *o* seguir las indicaciones a pie juntillas |
| ser discriminado por ser portador *o* ser aceptado | empleadores / amigos *u* otros amigos | bajar la guardia frente a los actos discriminativos *o* sentirse bien con los apoyos recibidos |

El eje del relato de Ignacio pasa por **recuperarse del duelo por la muerte de su pareja y recuperar el deseo de vivir o dejarse morir**. El diagnóstico de seropositividad y la muerte de su pareja coinciden en el tiempo para él, por lo que debió atravesar a la vez la pérdida de un ser querido y la amenaza de muerte bastante inmediata para sí mismo que implicaba, en el momento de su diagnóstico, el sida.

El consumir drogas y no tratarse por el sida fueron las alternativas que encontró para intentar autodestruirse, así como el trabajar como "taxi-boy". Un tratamiento psicológico lo ayudó a recuperar sus deseos de vivir y concomitantemente con esto, a realizar el tratamiento para el sida.

A pesar de sus conductas recalca que siempre se preocupó por no transmitir el virus a otras personas, aunque esas otras personas se dividen entre los "infectados" y los "sanos", dado que en ocasiones con los primeros no adopta conductas de cuidado.

Su estilo de *"ir siempre al frente"* hace que en general informe a sus conocidos y empleadores su condición de seropositivo, lo que lo ha hecho sufrir situaciones de discriminación.

## TABLA DE DATOS DE LOS ENTREVISTADOS

| | edad | educ. | clase social | diag. seropositividad | edad inicio homos. | relac. previas /alternativas con mujeres | "out of the closet"[1] | pareja actual[2] | pareja anterior fallecida por sida | amigos fallec. por sida | sits. de discriminac. | ejes semánticos prevalecientes en el relato |
|---|---|---|---|---|---|---|---|---|---|---|---|---|
| Roberto 41 | | univer. incompl. | media | 1991 | 13 | sí | sí (T) | sí (-) | sí (2) | sí | no | ocultar la homosexualidad o mostrarla y cuidarse en las relaciones circunstanciales o no cuidarse en las relaciones estables |
| Juan 30 | | secund. completa | media | 1992 | 18 | no | sí (T) | sí (-) | no | sí | no | vivir descontroladamente, arriesgándolo todo o vivir reflexivamente y en un mundo de afectos |

1. T: total; P: parcial.
2. (-): seronegativa; (+): seropositiva.

| | edad | educ. | clase social | diag. seroposi- tividad | edad inicio homos. | relac. previas /alter- nativas con mujeres | "out of the closet" | pareja actual | pareja anterior fallecida por sida | amigos fallec. por sida | sits. de discri- minac. | ejes semánticos prevalecientes en el relato |
|---|---|---|---|---|---|---|---|---|---|---|---|---|
| Arturo | 33 | univer. completa | media | 1997 | 25 | no | sí (T) | sí (+) | no | sí | no | aceptar dificultosa- mente la homose- xualidad o repri- mirla |
| Luciano | 28 | secund. completa | media | 1998 | 19 | sí | sí (T) | sí (?) | no | sí | sí | confiar en la pare- ja o aceptar la evi- dencia de su "fal- sedad" |
| Mauricio | 30 | secund. completa | media | 1995 | 15 | no | no | sí (-) | no | no | no | estar aislado y ne- gar el riesgo del VIH/sida o conec- tarse con grupos preocupados por el tema, aceptar la enfermedad y tra- tarse |

| | edad | educ. | clase social | diag. seropositividad | edad inicio homos. | relac. previas /alternativas con mujeres | "out of the closet" | pareja actual | pareja anterior fallecida por sida | amigos fallec. por sida | sits. de discriminac. | ejes semánticos prevalecientes en el relato |
|---|---|---|---|---|---|---|---|---|---|---|---|---|
| Lucio | 39 | secund. incompleta | baja | 1990 | 17 | no | sí (P) | no | sí | sí | no | defender un espacio social que consiguió o sentirse dependiente y rechazado en un espacio que no es el de él |
| Pedro | 28 | secund. incompleta | baja | 1995 | 17 | sí | sí (P) | sí (+) | no | sí | sí | trabajar, esforzarse y ser querido o no ser reconocido y no tener autonomía |
| Ignacio | 32 | primaria completa | baja | 1990 | 14 | no | sí (T) | sí (+) | sí | sí | sí | recuperarse del duelo por la muerte de su pareja y recuperar el deseo de vivir o dejarse morir |

# CAPÍTULO 8

# LAS PERSONAS AFECTADAS POR PRÁCTICAS HETEROSEXUALES

ANA LÍA KORNBLIT Y ANA MARÍA MENDES DIZ

> *El riesgo del sida, tanto para ego como para alter,*
> *es parte de una jerarquía de preocupaciones,*
> *cuyo orden no está predeterminado. Cada riesgo*
> *es percibido en dos planos: el efectivo*
> *y el imaginario. El riesgo cero no existe.*
> FRANÇOIS DELOR

Las ocho entrevistas que se analizan a continuación fueron tomadas a personas cuya vía de infección fueron las relaciones heterosexuales. Se incluyen cuatro entrevistas a mujeres y cuatro a hombres. Fueron contactados a través de conocidos, de la técnica de "bola de nieve" o en los espacios sanitarios en los que se atienden.

ANÁLISIS TRANSVERSAL

I

| secuencias | actantes | proposiciones argumentativas |
|---|---|---|
| Haber experimentado en la adolescencia la ausencia de contención paterna *o* padres orientadores | padre /o madre ausente/s *o* familia integrada | "destaparse" en la adolescencia / juventud en la búsqueda de afecto /sensaciones placenteras *o* hacer elecciones teniendo como base la autoestima |

Los relatos de casi todas las personas entrevistadas contagiadas por relaciones heterosexuales revelan una particular condición de vulnerabilidad, anclada en historias personales de carencias afectivas, vividas especialmente durante la adolescencia. En algunos casos esto se debió a separaciones y alejamientos de los padres (tres de los entrevistados, como consecuencia de ello, quedaron al cuidado de los abuelos). Para otros se trató de enfermedades o muertes de uno de los padres, vividas como abandonos.

> *Cuando me faltó papá fue un momento muy difícil para un hombre, tuve que aprender todo solo* (Ramón).
> *Yo nunca tuve alguien que me hable y que me diga cómo hacer las cosas, ninguno de mis padres estaba, yo no sabía nada, no tenía ni idea de todo lo sexual* (Rosa).

Si bien este tipo de carencias se pone de manifiesto también en los relatos de los consumidores de drogas, en las historias que consideramos aquí las ausencias vividas en etapas críticas de desarrollo evolutivo son vinculadas por los entrevistados de modo directo con la condición de vulnerabilidad que está en la base de la infección por el VIH. No ocurre lo mismo con los drogadictos, que asocian la entrada al mundo de las drogas, paso intermedio de la infección, con dichas carencias.

En las personas heterosexuales entrevistadas la falta de apoyo familiar lleva a la búsqueda de sustitutos afectivos, realizada compulsivamente, o al desquite al entrar a la adolescencia de la represión vivida durante la infancia.

El efecto paradigmático de la primera situación es el de Rosa, quien habiendo sido dejada por su padre al cuidado de los abuelos, después de la muerte de su madre, es "adoptada" por la familia de su novio hemofílico, quien le transmite el VIH cuando ella contaba 17 años, frente al ocultamiento de parte del novio y de su familia de la seropositividad.

> *A mí me gustaba estar en la casa de él porque era como que tenía una familia, pero yo no estaba enamorada de él* (Rosa).

El ejemplo de la segunda situación es el de Hugo, quien después de la separación de los padres a los 7 años es también criado por los abuelos, quienes eran muy estrictos con él, al punto de impedirle encontrarse con sus compañeros fuera del colegio. Al llegar a la mayoría de edad esta situación se revirtió; Hugo menciona llevar una vida desenfrenada, en la que lo único que le importaba era pasarla bien con sus amigos y parejas.

*Era como salir de una prisión... empecé a ver el mundo de otra manera, muy loco* (Hugo).

Se trata, pues, de contextos relacionales en los que se busca revertir carencias previas, obturando este objetivo toda otra consideración relativa a la necesidad de evitar riesgos. Las crisis personales y el sentimiento de soledad configuran situaciones de vulnerabilidad que son en general el resultado del entrecruzamiento de distintos tipos de carencias. En el caso de Rosa, la muerte de la madre, el alejamiento del padre, el vivir con abuelos ancianos en los que no podía apoyarse para dilucidar los temas de la sexualidad, el ser una "chica pobre", deslumbrada por el buen pasar de la familia del novio, son factores que concurrieron a configurar su itinerario biográfico, que la llevó a infectarse por el VIH a los 17 años.

La búsqueda amorosa como parte de la búsqueda identitaria, en sus facetas de inscripción social y de reconocimiento afectivo, son aspectos que integran los procesos de vulnerabilización. En estos procesos el imaginario del don total de uno mismo es la contrapartida de la ilusión de recibir del otro también un tributo tal que sea capaz de alejar toda incertidumbre acerca de la calidad de ser querible del propio sí mismo.

II

| secuencias | actantes | proposiciones argumentativas |
| --- | --- | --- |
| haberse infectado por asumir riesgos circunstanciales *o* infectarse por asumir riesgos regularmente | parejas circunstanciales *o* parejas estables | aducir falta de información acerca de situaciones riesgosas / experimentar una sensación de injusticia *o* tener el tema del sida cercano |

Los relatos de los entrevistados acerca de las causas de su infección por el VIH oscilan entre haber asumido riesgos de modo reiterado y haberlo hecho sólo circunstancialmente, ocasión en la que sobrevino el contagio.

El no uso del preservativo es adjudicado en los relatos de Lucía, Rosa y Claudia a la falta de información. Laura lo explica por su *"inconsciencia"*, en el sentido de ubicar el tema del sida como muy alejado de ella y perteneciente a un ámbito ajeno (se refiere especialmente a los homosexuales como grupo de riesgo).

La *"falta de información"* se refiere no a la carencia de los elementos cognitivos acerca del VIH y su transmisión, sino a la ausencia de adultos significativos con los que plantear el tema de modo tal de poder incorporarlo.

> *Yo creo que las cosas que me pasaron fueron por falta de información, de esa semilla que vos plantás y después vos te sentás con el médico, averiguás, qué sé yo. Esa semilla es la que yo no tuve, ese vení que nos sentamos y lo charlamos* (Claudia).

Ambos argumentos expresan en realidad la voluntad de la entrega total, que en estas mujeres pasa por lo afectivo más que por lo sexual. La falta de información se refiere al *"estado de nebulosa"* en el que se hallaban al vincularse sexualmente (se trataba de su primera relación de pareja), que hizo que tampoco tomaran medidas anticonceptivas.

El valorar el encuentro amoroso por encima de toda otra cuestión puede entenderse desde el estado de "extranjería" con respecto al mundo que vivían estas mujeres, gestado en relaciones familiares de las que emergieron, como vimos en la secuencia I, con un marcado sentimiento de soledad. Buscan así, en el encuentro amoroso, hacerse reconocer y de este modo vencer la angustia dada por la incertidumbre acerca de su propia identidad. Lo que persiguen es ser amadas por sí mismas, ser reconocidas en su singularidad. En este intento abdican de sí mismas, en pos del ideal de la fusión, tal como lo expresa claramente Claudia:

> *¿Quién era yo? Yo era la persona a través de la cual León respiraba* (Claudia).

En este sentido, las entrevistadas se alejan de la construcción posmoderna del amor, basada en la independencia y en la autonomía. Esto responde al modelo del amor moderno, edificado sobre el ideal de la unión fusional.

El contagio consecutivo a una conducta de riesgo circunstancial genera una sensación de injusticia dada por la impresión de *"haber pagado demasiado caro la 'metida de pata'"*. Es el caso de Rosa, quien asegura haber mantenido relaciones sin preservativo con su novio hemofílico cuatro o cinco veces, en las que él, por añadidura, *"terminaba afuera"*.

> *Porque yo pensaba ¿en tan pocas relaciones se puede contagiar? Es la lubricación y todo eso... capaz que él pensaba que si no acababa adentro no pasaba nada, qué sé yo...* (Rosa).

Lucía se plantea:

> *¿Por qué a mí, si yo nunca hice nada malo? Nunca fui con muchos hombres, sólo tuve una pareja anterior, con la que me contagié, y mi marido* (Lucía).

Para Carlos la infección también sucedió a partir de un hecho fortuito:

> *He salido con muchas mujeres y bueno, con una no me cuidé, en una oportunidad no me cuidé. Generalmente me cuidaba, pero fue un momento... los fluidos... yo en ese momento no lo sabía, pensé que era nada más por sangre o a través del semen, pero no pensé que la mujer a través de los fluidos podía llegar a contagiar, en una relación oral* (Carlos).

También para Ramón se trató de un hecho casual:

> *Yo era todo con mi señora... el sida estaba muy lejos de lo mío, calculaba que estaba muy lejos... fue una relación que tuve con una ex novia, que la vi algunas veces y no nos cuidamos en el juego previo a la penetración* (Ramón).

En el caso de Fernando la no protección se vincula con el estereotipo acerca del tipo de mujer que puede ser portadora, que no se ajustaba a una de sus parejas:

> *Yo siempre me cuidaba, pero con ésta no sé qué pasó, es como que me inspiró demasiada confianza. Y ni siquiera toqué el tema... era una chica dulce, tierna, de cultura, con mucha cultura, estudiaba medicina, por eso me inspiró más confianza todavía... al estudiar medicina,*

*pensé: debe ser una chica sana, sabe a qué atenerse. Yo me imaginé todo, pero bueno, un día ella me encaró, me dijo que tomáramos un café, que tenía que decirme algo serio. Yo le dije: ¿qué pasa? Después de eso no la vi nunca más* (Fernando).

Los hombres entrevistados explican el no uso de preservativo en las relaciones en las que se contagiaron por la búsqueda de sensaciones placenteras más plenas. Puede plantearse que se han contagiado el VIH por ser "sexualmente incansables" (Ingham y van Zessen, 1988), lo que determina que sus guiones sexuales sean unilaterales y rígidos. El juego erótico y la penetración como su culminación inexcusable son para ellos imperativos en ciertas circunstancias. Esto los torna poco competentes con respecto a la negociación en la interacción sexual, dado que sus intereses eróticos son vividos como impostergables. No existe espacio entonces para la reflexión y la adaptación al otro y a la circunstancia en la que se vive la relación sexual. Ingham y van Zessen (1988) definen la "competencia interaccional", de la que la negociación es un aspecto importante, como los niveles de habilidad que una persona tiene que alcanzar para lograr sus objetivos deseados en una interacción sexual dada.

Hay que tener en cuenta que dicha competencia está influida por modelos de género, que en este caso implican sostener una virilidad incuestionable definida como el placer circunscripto al ritual de la penetración y culturales, entre los que se cuenta la dificultad mayor en personas de extracción social baja para expresar verbalmente sus emociones y para hablar de temas sexuales.

Ninguno de los entrevistados expresa sentimientos de enojo hacia la persona que le transmitió el virus. La reacción hacia ella es más bien de tipo comprensivo, a partir de lo que ellos mismos sienten en la actualidad, en cuanto a la dificultad para informar a una pareja acerca de su diagnóstico. En consecuencia, tienden a responsabilizarse a sí mismos por no haberse cuidado.

En resumen, la "inconsciencia" que lleva al no cuidado aparece como racional desde el punto de vista existencial. La asunción de riesgos puede devenir en beneficios relacionales importantes o en reaseguros identitarios, en relación con los cuales las preocupaciones por la salud pueden parecer accesorias.

III

| secuencias | actantes | proposiciones argumentativas |
|---|---|---|
| experimentar cambios positivos en la vida a partir del sida *o* dejarse ganar por la desesperanza | ellos mismos con esperanzas *u* otras personas seropositivas desesperanzadas | valorar la vida *o* "desperdiciarla" |

La mayor parte de los entrevistados expresan que han modificado su concepción del mundo a partir de la infección por el VIH, especialmente en cuanto a valorar la vida y a dejar de lado aspectos banales. Esto implica también llevar una vida "más tranquila", en la que se descarta el contacto con el "mundo de la noche" y se privilegia el trabajo, cuando se lo tiene.

*Yo crecí un montón, no soy ésa que antes decía: no me importa nada, salgo por ahí... crecí tanto que mis propios amigos se asombran, porque yo antes no era así, a mí me gustaba joder, ahora estoy como más centrada* (Lucía).

*Esta enfermedad lo que a mí me ha dejado es un nivel humano más grande... me abrió la cabeza de otra forma, una forma más humana, lo humano no es rosa, es humano. Me di cuenta que la vida es lucha* (Carlos).

*A mí el sida me cambió la vida porque me dio fuerzas para vivir y me enseñó un montón de cosas, a valorar la vida, porque si no yo hubiera hecho cualquier cosa* (Rosa).

*A mí me cambió la óptica, me cambió mi escala de valores... no me preocupo por boludeces... es como que la vida es un valor y desperdiciarlo es inaceptable... aprendí a disfrutar las cosas que me pasan, a no hacerme mala sangre por sí... en el futuro y lo que yo quiero es estar bien hoy... me volví una persona más solidaria* (Claudia).

La mayoría de los entrevistados relata también haberse acercado más a la familia a partir de la seropositividad. Muchos recalcan haberse sentido apoyados por la familia, como si el riesgo de muerte hubiera posibilitado un encuentro afectivo largamente deseado. Se reinstala así la idea de la familia como refugio, lo que permite centrarse en el proceso de reorganización de la vida para "ocuparse de la enfermedad".

El diagnóstico ha implicado así para los entrevistados el hecho de "tocar fondo" y realizar un viraje en sus trayectorias vitales, apartándose de lo que identifican como riesgoso para su actual condición. La adopción de un estilo de vida "sano", por ejemplo, implica adherir a un criterio que valoriza ciertas conductas y censura otras, precisamente las que en general formaban parte del estilo de vida preinfección.

Es inevitable en consecuencia la crítica a dicho estilo, que se identifica con la asunción de riesgos que llevaron a la infección. La reflexión acerca del pasado puede entenderse, en términos de Giddens (1992), como el "monitoreo reflexivo de la acción", que si bien no puede modificar en este caso las consecuencias de ciertas conductas, sí puede reorientar las acciones posteriores en términos de un curso de la vida distinto. Casi todos los entrevistados han asumido esta reorientación de la vida que los ha alejado de las vulnerabilidades vividas en el pasado en relación con la infección por el VIH. Este proceso no se produce de un momento para otro, sino gradualmente y especialmente siguiendo las indicaciones médicas, que resultan en la mayoría de los casos decisivas con respecto al cambio.

IV

| secuencias | actantes | proposiciones argumentativas |
|---|---|---|
| aceptar la condición de enfermo / luchar contra la enfermedad *o* abandonarse | ellos mismos dispuestos a enfrentar la enfermedad *o* personas que no lucharon | ocuparse activamente de la enfermedad *o* dejarse estar / morir |

Todos los entrevistados han pasado por una etapa de depresión al enterarse de su diagnóstico de seropositividad, tras la cual han tomado la decisión de enfrentar la enfermedad. En este proceso media la aceptación de la condición de seropositivo y de la necesidad de tomar medicación cuando ella es indicada. Todos han logrado bajar la carga viral a partir de los tratamientos instituidos, lo que instaura una cierta ambigüedad: "haberse negativizado" representa para algunos entrevistados haberse "curado" en la medida en que es posible "controlar el virus", negándose su potencial letalidad. Esto se observa claramente en el relato de Fernando:

> *Prefiero tener el virus antes que un cáncer o estar enfermo de diabetes... sabés más o menos cómo manejar el tema, sé que me curo, que me quedo negativizado y no me afecta en nada... hoy con el tema de los cócteles y la medicación ya estás negativizado. Hay casos de gente que está cuatro, cinco años negativizados y no les han vuelto a aparecer síntomas del virus. Decís, la pucha, ya después de cuatro, cinco años, si no volvió, no aparece más. Acá hay cierto escepticismo de los médicos que plantean que tenés que tomar los remedios de por vida, qué sé yo, tendrán miedo ellos de que a vos te pueda aparecer el virus y cargar ellos con la culpa. Abiertamente no te dicen que podés negativizar definitivamente...*

Se ha cumplido así el riesgo de que el hallazgo de una medicación que convierte la enfermedad en crónica, alejando el riesgo letal, la banalice en parte, como se desprende del relato de Fernando, o se malinterprete en el caso de Carlos, quien afirma que es *"portador negativizado, curado"*. Si bien esto no significa para estos entrevistados adoptar una conducta más laxa con respecto al seguimiento de las indicaciones médicas, existe el riesgo de que el cambio de perfil del sida —de enfermedad letal a crónica— implique un relajamiento de la vigilancia preventiva. Aunque es difícil que se modifique el temor que despierta la enfermedad, se trata de un riesgo a tener en cuenta, que se vincula con el modo como se transmiten mediáticamente las noticias acerca de los avances terapéuticos.

En todos los relatos surge la idea de que la evolución de la enfermedad está vinculada con el estado de ánimo: *"bajonerase"*, deprimirse, equivale a dejarse ganar por la enfermedad e ir hacia una muerte segura.

La presunción de la importancia de los factores psicológicos se extiende también al momento en que se produce la transmisión del virus:

*Las cosas no estaban bien para mí, me estaba hundiendo cada vez más, y eso pudo tener que ver con la enfermedad: al estar deprimido las defensas bajan mucho; tenía momentos de estados depresivos bastante fuertes, y puede haber sido algo autodestructivo de mi parte. Si uno llega a una situación de riesgo es porque hay toda una situación atrás* (Carlos).

*Vos te enfermás porque te sentís mal del alma. Primero se enferma el alma y después se enferma el cuerpo* (Rosa).

La inducción a no "bajonearse" por el riesgo de provocar de este modo una evolución desfavorable de la enfermedad lleva a la necesidad de mantener la *"mente en positivo"*, vivida en ocasiones como la "tiranía de lo positivo", en la medida en que esta representación responsabiliza a las personas seropositivas de la evolución de la enfermedad.

*Yo creo que el miedo que le tenés a la enfermedad te bajonea y eso te empeora. Por eso yo pienso que no me va a pasar nada y eso me protege* (Rosa).

El grado en que los factores psicológicos pueden afectar la función inmunitaria y la progresión de la enfermedad ha sido objeto de diversas investigaciones, que han llegado a conclusiones disímiles.[1] Si bien no se puede establecer un vínculo de causalidad clara entre los factores psicológicos y la progresión de la enfermedad, es incuestionable que los factores psicosociales, como el apoyo social, contribuyen a mantener actitudes proclives al seguimiento de las indicaciones médicas, que sí es claramente determinante de la evolución de la enfermedad.

La importancia de los factores psicológicos en la evolución de la enfermedad es transmitida también por los médicos tratantes:

*El médico me dijo: en el proceso que te va a llevar a salir de esto vas a necesitar estar bien y no bajoneado, esto es*

---

1. Para una revisión de ellas puede consultarse: Catalán (1998) y Basabe *et al.* (1996).

*un 50% de medicación y un 50% de calidad de vida y si*
*hay algo que a vos te haga mal y te deprima, te va a ti-*
*rar al tacho, porque te van a bajar las defensas, entonces*
*evitalo... y yo le dije al doctor: yo vengo a luchar por es-*
*to* (Carlos).

Precisamente, la reacción favorable a la enfermedad es iden-
tificada con la *"lucha"*, con lo opuesto al darse por vencido:

*Para poder estar bien hay que luchar todos los días, hay*
*que tener proyectos, es muy difícil salir de otro modo*
(Carlos).

El planteo de algunos entrevistados en relación con la evolución de la enfermedad, reforzado por el criterio médico, es claramente voluntarista.

*Yo soy un ejemplo de la gente que quiere salir y sale... yo*
*quise estar bien. A mí el doctor me cita para mostrarme*
*a los alumnos* (Carlos).

En contraposición, se perfilan los "malos enfermos", los que
no se empeñan en *"salir adelante"*.

*Hay gente que entra y sale, se sienten bien y a los diez*
*días empiezan a tomar drogas, o a llevar una vida... y le*
*están quitando la posibilidad a otro que realmente quie-*
*re salvarse, entonces, dice el médico, son enfermos golon-*
*drinas, porque de acá los echan y se van a otro hospital,*
*de ahí a otro, y así están dando vueltas por los hospitales*
*y a los dos o tres años vuelven a caer acá... ellos se pien-*
*san que nosotros los olvidamos, pero los conocemos a to-*
*dos, los conocemos a todos* (Carlos).

Además de plantear la existencia de un control casi policial
en relación con los enfermos, se observa en el relato anterior que
existe una connotación espacial de la enfermedad, concebida como un lugar al que se entra o del que se sale voluntariamente, lo
que da la idea de la posibilidad de un control sobre ella que aleja la incertidumbre como fuente principal de malestar psíquico.

El proceso de adaptación a la enfermedad implica además un
cambio de vida que lleva a una verdadera inmersión en el rol de
enfermo. Fernando, por ejemplo, plantea que durante un tiempo
se separó de su pareja para poder ocuparse plenamente del tratamiento. Iba prácticamente todos los días al hospital e intentaba
recuperar su buen estado físico haciendo gimnasia varias horas

por día, además de las dedicadas a procurarse una buena alimentación y a complementar el método alopático con la medicina natural.

Carlos comenta que:

*El médico me dijo: a partir de ahora vas a tener que ser egoísta, porque de esto vas a salir vos solo, si no te cuidás no te va a cuidar nadie..., es complejo el tema de poder cuidarse, porque es todo un esquema, cómo tenés que organizarte desde que te levantás hasta que te acostás...* (Carlos).

En este esquema cotidiano de vida quedan atrás los que no se adaptan a él, porque no tienen "voluntad" o no tienen apoyos que los sostengan.

La aceptación de la condición de enfermo puede darse también, como en el caso de Rosa, unida a la insistencia en que la enfermedad no representó un viraje en la vida, en la medida en que, en sus palabras:

*Todo sigue igual, soy una persona normal* (Rosa).

Se evidencia aquí el esfuerzo por imponer la continuidad de las rutinas, sin dejarse afectar por la incertidumbre provocada por la enfermedad (Pierret, 1998). Este esfuerzo a menudo se realiza apelando a un recurso espiritual que puede ser religioso o de otro tipo, como el que surge de los enfoques de la medicina oriental. La búsqueda de un espacio espiritual se enlaza al intento de restablecer el lazo con uno mismo, asegurando la continuidad identitaria a través del vínculo con principios trascendentes.

El relato de Rosa ejemplifica la tensión entre, por un lado, el deseo de mantener una *"vida normal"* y de retardar lo más posible la entrada en el mundo de la enfermedad, identificado como una de las maneras de llevar adelante la gestión de la enfermedad en la vida cotidiana, y, por otro lado, la necesidad de la iniciación precoz de los tratamientos y de proseguirlos indefinidamente. Rosa es la única de los entrevistados que no toma medicación y que realiza los análisis de carga viral sólo esporádicamente. Hace un año que no se controla porque su infectóloga *"está de licencia"* y no acepta tratarse con otro profesional.

Su relato se vincula con el de Ramón, a quien el sida, a diferencia de los demás entrevistados, no ha llevado a replanteos existenciales. Para él la enfermedad adquiere el sentido de un mal que le ha dificultado más su vida laboral, que ya había sido afectada por la crisis económica. Su postura es la de la desesperanza, lo que lo lleva incluso a interrumpir el tratamiento, con consecuencias negativas sobre su carga viral.

En consecuencia, estos dos casos pueden considerarse de peor pronóstico con respecto a la evolución de la enfermedad: en el caso de Rosa, por la negación que la lleva a desestimar la importancia de los controles y la medicación; y en el caso de Ramón, por la desesperanza que le dificulta la adhesión sostenida a las indicaciones médicas.

V

| secuencias | actantes | proposiciones argumentativas |
|---|---|---|
| ocuparse de la enfermedad de la pareja / cuidar al otro *u* ocuparse de la propia enfermedad / dejarse cuidar | mujeres-madres de sus parejas *o* mujeres que se dejan cuidar | ponerse el disfraz de "supermujer" *o* aceptar ser cuidada |

El particular vínculo amoroso de algunas mujeres con sus parejas en cuanto a ofrecer todo de sí mismas en aras de la relación se pone de manifiesto en los casos de Laura y Claudia. La primera asume el riesgo de tener relaciones sexuales con su pareja sin protección, cuando se entera del diagnóstico de seropositividad de él, con el justificativo de:

*Ya hace un año y diez meses que estamos juntos, ¿justo ahora me voy a contagiar?... o ya lo tengo o justo ahora me voy a contagiar... y ésa fue mi mejor relación... en nuestra relación no existía el preservativo* (Laura).

A Claudia le transmite el VIH su novio, consumidor de drogas por vía endovenosa, con quien se casa al conocer el diagnóstico de seropositividad de ambos:

*[...] porque tenía la sensación de que me iba a quedar sola en el mundo y que me iba a morir en un año o dos. Yo fui como la mamá de mi marido, me hice cargo de todas sus internaciones, ya sea por VIH o por adicciones, desde traerlo, acompañarlo, hasta la guita... todo lo que su familia no hacía lo hacía yo. A él el sida le pegó de la peor manera... de toda la gente que yo vi fallecer de esto, él fue el peor de los cuadros. Yo me hice cargo por esta boludez mía de las causas perdidas [...] Yo me olvidé de mí durante muchos años... pero yo lo veía tan desvalido... yo le hubiera dado mi vida para que él estuviera bien... Puede ser que era una manera de demostrarle a todo el mundo que yo no era tan egoísta [...] Yo supuse que de esto no me iba a morir, mi preocupación todo el tiempo era por León, todo el tiempo. De hecho yo me empiezo a hacer cargo de mi enfermedad después del fallecimiento de León* (Claudia).

A pesar de que este tipo de vínculo se da especialmente de las mujeres hacia los hombres, también el marido de Lucía y la pareja actual de Claudia asumen ese lugar:

*Cuando no hay preservativo trato de que no tengamos relaciones. Trato, porque a él no le importa. Le hablo pero a él no le importa. Y cómo le hacés entender a una persona tan cabeza dura que no es así. Yo estoy con vos, vos estás conmigo y basta, dice, así, las cosas que nos tengan que pasar nos van a pasar a los dos juntos* (Lucía).

*A él le costó mucho entender que el VIH es algo que está y que él se tiene que proteger, y que de hecho yo me protejo porque tomo diez pastillas por día para protegerme... llevó un tiempo que él entendiera que yo no me iba a sentir ni discriminada ni ofendida por este tema, todo lo contrario. De todos modos hubo momentos en que sucedió sin profiláctico y yo lo frené, pero él insistió y qué sé yo...* (Laura).

En estos testimonios puede verse que el riesgo del sida, tanto para algunos de los entrevistados como para algunas de sus parejas, entra en una jerarquía de preocupaciones en cuyo orden no es prioritario. El primer lugar lo ocupa, en estos casos, el anhelo de fusión con la pareja, que lleva al deseo de indiferenciación frente a la enfermedad. Se trata de la búsqueda, a través de este ideal de fusión con el otro, de una completud que no puede ser más que ilusoria, pero frente a la que el riesgo del VIH es algo menor. Este tipo de experiencia amorosa ha sida calificada por Giddens (1992) como "adictiva", dado que cumple con las siguientes características:

1.  Se trata de alcanzar a través de ella el estado de "lo elevado" (Goffman, 1972), lo que se sitúa fuera de los sucesos ordinarios de la vida cotidiana. Es una sensación de exaltación que incluye un sentimiento de triunfo.

2.  Se trata de lograr algo "fijo", capaz de disminuir la ansiedad.

3.  Las dos sensaciones anteriores: lo "elevado" y lo "fijo" son formas de ponerse "fuera del tiempo"; la persona parece encontrarse en "otro mundo".

4.  Las adicciones tienden a crecer en importancia, aumentándose la dependencia y disminuyéndose el bienestar.

5.  El individuo siente que no desea nada más que aquello a lo que es adicto (ya sea una sustancia o una persona).

6.  Todas las adicciones son patologías de la autodisciplina.

7.  La experiencia adictiva implica una relajación del yo, un abandono de la preocupación reflexiva por la identidad, en aras de la sensación de liberación de la ansiedad producida por la sensación de exaltación.

En este modelo explicativo queda claro cómo, si la experiencia amorosa se da de acuerdo con estos patrones, ella ocupa el primer lugar como preocupación y como meta, de modo tal que el riesgo del VIH no puede ocupar el centro de la escena en el momento de la relación sexual, vivida como la quintaesencia del vínculo amoroso. La búsqueda de la intimidad "total" y el deseo de demostrar el carácter absoluto del amor que se tiene a la pareja son motivaciones poderosas que alejan la posibilidad del uso del preservativo.

VI

| secuencias | actantes | proposiciones argumentativas |
|---|---|---|
| sentirse discriminado socialmente / laboralmente *o* no haber sufrido discriminación | amigos / compañeros de trabajo discriminadores *o* personas tolerantes | perder el trabajo / perder amigos *o* poder conservar el trabajo / tener amigos que se interesen por ellos |

La mitad de los entrevistados se han sentido discriminados, ya sea en la vida cotidiana en el hogar, o en sus relaciones laborales o amistosas.

El testimonio de Laura da cuenta de episodios cotidianos en los que su abuela le impone conductas que ella siente que la discriminan:

> [...] *la ropa de Laura ya no se lava más en el lavarropas con la ropa de los demás, la ropa de Laura se lava separada, la ropa de Laura ya no se mete más en el canasto de la ropa para lavar... Laura tiene su cepillo de dientes separado de los de los demás, porque es un asesino en potencia ese cepillo de dientes... todo bien separado.*

El recurso discursivo de nombrarse a sí misma como si fuera otra persona la que habla de ella y no ella misma, hace pensar en una distancia entre el sujeto de la enunciación y la persona de la que se habla, como si se quisiera subrayar la distancia que se establece con ella, base de los procesos discriminatorios. En el caso que nos ocupa, ellos se fundamentan en la acusación de *"haberse buscado la enfermedad"*, al *"tener relaciones con cualquiera"*. El "castigo" de la enfermedad como algo merecido se une así al desprecio por la conducta "amoral" de Laura.

Dado que las mujeres como categoría están fuera de los grupos identificados tradicionalmente como "de riesgo", la conducta por la que se infectaron es calificada como transgresora de la normalidad social, a nivel individual (Théry, 1999).

A nivel laboral, Ramón refiere haberse sentido mal con sus

compañeros de trabajo, que le dieron la espalda cuando él les informó que era seropositivo.

En estos testimonios se pone de manifiesto la estigmatización de las personas seropositivas en el sentido de Goffman (1970), que las hace indeseables en tanto diferentes. En el relato de Laura se trata de un estigma que la desacredita en su calidad de mujer "decente", en tanto la seropositividad remite a una supuesta conducta promiscua. En el caso de Ramón, el estigma sucede a la revelación que él realiza de su seropositividad a sus compañeros de trabajo, que pensaba eran sus amigos. Por lo tanto, para él la seropositividad no lo desacredita. No es el criterio de sus compañeros, para quienes sí ella lo convierte en "desacreditado". Hay aquí una diferencia, una respuesta no prevista por Ramón y, por consiguiente, más dolorosa, dado que implica una apreciación errada de su parte acerca del afecto de sus pares, que él considera que debería haber primado por encima de su aversión al VIH. Si bien el revelamiento de su condición de seropositivo expone la frialdad de sus compañeros con respecto a él, y en esa medida cuestiona sus lazos de amistad, Ramón puede plantearse que si hubiera guardado silencio hubiera evitado el rechazo sufrido. La decisión acerca de mantener o no el secreto con respecto a la seropositividad es, pues, una parte importante de la gestión social de la enfermedad (Carricaburu y Pierret, 1992).

VII

| secuencias | actantes | proposiciones argumentativas |
|---|---|---|
| tener pánico de contagiar a los convivientes *o* no protegerse/ proteger de modo sistemático | pareja / hijos *o* personas no convivientes | tener dificultades sexuales por temor a contagiar *o* no usar protección siempre con parejas serodiscordantes |

La mayoría de los entrevistados refiere haber disminuido su vida sexual a partir del conocimiento de su seropositividad. Los argumentos que avalan esta retracción tienen que ver fundamentalmente con el temor a transmitir el VIH:

*No tengo muchas relaciones porque es un cargo de conciencia. Si llego a tener una relación es como que tengo un cargo de conciencia* (Hugo).

En el caso de Ramón el temor de contagiar a su mujer le hace usar en cada relación tres preservativos. Este temor es tan importante que llega a veces a inhibirlo sexualmente.

En todos los casos, como dice J. Pierret (1998), el momento de la relación sexual hace recordar siempre la presencia del virus, de modo que las relaciones sexuales se han convertido, para un número no despreciable de personas que viven con el VIH, en el síntoma de la enfermedad.

El deseo de abstraerse por lo menos temporalmente de ella y el de ofrecer a la pareja una vida sexual normal son las motivaciones más importantes para que Lucía y Claudia, las dos mujeres entrevistadas que conviven con una pareja serodiscordante, no mantengan una protección sistemática a nivel sexual, cediendo a la presión en ese sentido de sus maridos.

*[...] Para él es tan importante hacerlo sin preservativos...* (Claudia).

Algunos estudios (Serraino, 1994) muestran que el descubrimiento de la seropositividad en un individuo induce pocos comportamientos de protección en su pareja principal seronegativa. Esto expone la dificultad de integrar las modificaciones de conducta en la vida sexual cotidiana de las parejas, aun si existe un riesgo como el del VIH. El mantenimiento riguroso y sistemático de un comportamiento protegido/protector es muy difícil (Meystre-Agustoni, 1999). El ideal de espontaneidad, el mito de la "naturalidad" en la relación y la abolición de toda barrera entre los miembros de la pareja son aspectos que conspiran contra la conducta de protección a nivel sexual.

## TIPOLOGÍA

Los relatos de las personas que se han infectado por el VIH a través de relaciones heterosexuales pueden categorizarse según dos ejes, de acuerdo con el énfasis que ponen en la vida post-diagnóstico o en la situación que los llevó a la infección. En el primer caso se perfilan dos alternativas: se acentúa la lucha contra la enfermedad o la importancia de la integración de la seropositividad a la vida cotidiana. En el segundo caso se recalca el arrepentimiento por el "error" cometido o se reivindica como interés fundamental el brindarse totalmente al otro.

### I. La meta de vencer a la enfermedad

La "lucha" contra la enfermedad es el *leitmotiv* de la vida actual de Carlos y Fernando, empeñados en alcanzar y mantener la negativización de la carga viral. Este objetivo insume buena parte de sus energías, al punto de que la dedicación que les exige los hace suspender su actividad laboral o su relación de pareja.

### II. La integración del VIH a la vida cotidiana

En estos casos la enfermedad es tenida en cuenta sin que ocupe el centro de la vida de las personas. Se la integra en las otras esferas de la vida como un aspecto más, desdramatizándola, sin que esto implique su banalización. Se trata de un tipo de gestión de la enfermedad "racional", en el que las angustias despertadas por el diagnóstico han logrado ser canalizadas en la expectativa de poder controlar la enfermedad, si se siguen las indicaciones médicas.

Es lo que ocurre con Hugo, Rosa y Lucía, quienes han organizado la gestión de su vida con el VIH sin que la preocupación por el sida invada sus vidas. "La vida debe continuar como antes", es su lema.

### III. El sentimiento de injusticia

La sensación de "haber pagado muy caro el error" que los llevó a la infección instaura un sentimiento de desesperanza que conspira contra el seguimiento de las indicaciones médicas.

No se llega a elaborar el golpe que implica el diagnóstico, por lo que no puede existir una adecuada reacción frente a él. Es lo que ocurre con Ramón, quien pone en juego la evolución de su enfermedad al no cumplir con la prescripción médica, en momentos en que lo gana el sentimiento de desesperanza, motivado también por sus dificultades laborales.

### IV. El VIH como consecuencia de la "entrega total"

La entrega total a una pareja, situación que condicionó la infección, es una modalidad de la relación amorosa que se impone frente a otras consideraciones. La infección por el VIH, como consecuencia de dicha modalidad, es un aspecto más en la vida de estas personas, para quienes el sentido de la existencia pasa por el ideal de fusión con la pareja.

Los relatos de Claudia y de Laura, para quienes la relación amorosa es el eje de sus vidas, ilustran claramente esta postura.

# ANEXO

## ANÁLISIS LONGITUDINAL

### Entrevista a Laura

23 años, secundario completo, infectada desde hace 6 años, tiene una hija

*Síntesis de Secuencias, Actantes y Proposiciones argumentativas*

Laura nació en un pueblo de la provincia de Buenos Aires. Sus *padres* se separaron cuando ella tenía 14 años. El padre se fue a vivir a otra ciudad con su nueva pareja y Laura con su madre y hermano migraron a otra ciudad, con el tío materno.

Abandonó la escuela secundaria a los 15 años *porque repetía*. Retomó sus estudios años después, terminándolos.

A los 17 años estaba de novia hacía tres meses, y *"surgió meterle los cuernos —al* novio*— con un* pibe *que conocía hacía un tiempo. Tuvimos nuestro primer y único encuentro y obviamente* Mariela *es hija suya porque mi novio siempre usaba preservativo".* Laura reconoce que nunca usó *"ni forro ni pastillas"* con sus parejas. Del padre de su hija aclara que no ignoraba que tenía una esposa y una hija. Pero *"por esas boludeces que no pensás, no le pedí preservativo".*

Para la familia, Mariela es hija del "novio legal", sólo conocen la "verdadera historia" su madre y sus amigos. De su novio legal comenta que *era el que le había presentado a toda su familia, pe-*

*ro nunca lo quiso.* Y ahora reflexiona *"este chico es una de las tantas cosas que desaproveché y que lamento haber perdido, una conducta intachable, no tomaba, no fumaba, usaba preservativo, era un señorito inglés. No volví a tener una persona que me valorara como él me valoró, que me cuidara como él me cuidó".* Laura reconoce no haberse cuidado con ninguna de sus otras parejas: *"no entiendo cómo no quedé embarazada. A la gente no es que le falte información, para mí le falta conciencia".*

Al trasladarse a otra ciudad, Laura, que tenía una hija de un año y medio, entabla otra relación de PAREJA con alguien a quien conoce a través de un programa de radio. Ésta es la pareja de quien Laura supone haberse contagiado el virus, sin embargo, se encontraron recientemente y *"tuvimos relaciones sabiendo que dos personas con VIH se deben cuidar, igual no usamos preservativo".*

Laura cuenta que al entrar en un "protocolo" se garantiza una atención mejor: *"me sentí cuidada, están experimentando, andá a saber cómo te tratan cuando salís de un protocolo".* Por problemas con el trabajo de la MADRE se tiene que ir a vivir con su ABUELA nuevamente a su ciudad natal y allí no logra encontrar un infectólogo que pueda atenderla, incluso abandona algunos medicamentos. Actualmente viaja a otra ciudad más grande donde logró atenderse con un INFECTÓLOGO con quien entabló una buena relación y está tolerando mejor los medicamentos.

Sufre "una continua discriminación" por parte de su abuela, por lo que le preocupa morirse y no tener con quién dejar a su hija: *"la convivencia en la casa es una discriminación continua; la idea es porque vos te la buscaste, si tenés VIH es porque sos una puta".*

La abuela no entiende la situación de Laura exigiéndole una conducta que ella no puede adoptar por su estado de salud: *"no puede entender que para mí es un esfuerzo sobrehumano levantarme, me quedaba en la cama y me decía: 'pero por qué no hacés nada en la casa'".*

Actualmente está elaborando el tema de su muerte con una PSICÓLOGA: *"estamos tratando el tema de que yo no quiero sufrir, quiero elegir el día de mi muerte, lo tomo, digamos, como un último proyecto, y sin miedo, yo no quiero sufrir, cuando el médico diga ya no hay más nada que hacer voy a escribir una carta para que a mí me maten".*

| oposiciones de secuencias | oposiciones de actantes | oposiciones de proposiciones |
| --- | --- | --- |
| tener relaciones sin cuidarse ni del embarazo ni del VIH *o* tomar precauciones por el embarazo y el VIH | ella misma / sus distintas parejas *u* otras parejas | ser inconsciente / tener el tema del sida muy alejado de ella misma *o* ser consciente / tener el tema del sida cercano |
| tener padres separados / sentirse abandonada por el padre / tener un hermano lejos *o* tener una familia no desintegrada / tener una comunicación fluida con el padre | padre alejado / hermano alejado *o* familiares cercanos con quienes poder hablar | no atreverse a decirle al padre que es seropositiva *o* poder contar con el padre |
| vivir obsesionada por el VIH *o* darse cuenta de otros problemas existentes en su vida | ella misma sola *o* ella misma ayudada por un psicólogo | pensar nada más en el sufrimiento y en la muerte / tener como proyecto final la muerte *o* tener otros proyectos / ocuparse de la hija |
| sentirse discriminada en la vida cotidiana *o* sentirse aceptada | abuela / gente del pueblo donde vive *u* otras personas | ser acusada de haberse contagiado el sida por tener muchas parejas / buscarse la enfermedad *o* ser |

| oposiciones de secuencias | oposiciones de actantes | oposiciones de proposiciones |
| --- | --- | --- |
| | | aceptada |
| quedar embarazada a los 17 años por una relación circunstancial *o* tener una pareja estable con la cual cuidarse | pareja circunstancial *o* pareja estable | no pensar en tomar anticonceptivos ni usar preservativo por tontería / temor a que la madre descubriera las pastillas / preservativo *o* poder pensar / anticiparse |
| abandonar a una pareja que la cuidaba *o* cuidar una pareja que la quería | novio anterior *o* parejas posteriores | no valorar a la persona que la quería / hacerle daño *o* valorar a quien merece ser querido |
| contagiarse el VIH por falta de información *o* contagiarse el VIH por inconsciencia | algunas pocas personas sin información *o* mayoría de personas inconscientes /ella misma | no pensar en que podía contagiarse el VIH porque eso era para los homosexuales *o* pensar que no estaba exenta |
| sentir que los hombres le han arruinado la vida *o* sentir que puede ser querida | sus parejas *u* otros hombres posibles | seguir enamorada de quien le hace daño *o* respetarse y valorarse a sí misma |
| tener relaciones sin | ella / su última | pensar que ya |

| oposiciones de secuencias | oposiciones de actantes | oposiciones de proposiciones |
|---|---|---|
| cuidarse con una persona seropositiva, estando informada *o* cuidarse | pareja *u* otras parejas | debía haberse contagiado / tener la "mejor relación" en ese momento *o* cuidarse |
| no cuidarse en las relaciones sexuales con una pareja seroconcordante *o* cuidarse con ambos tipos de parejas | ella / su última pareja *u* otras parejas | hacer cosas de inconsciente / no cuidarse ni de la reinfección ni de un posible embarazo *o* cuidarse de ambos riesgos |

El relato de Laura pasa por un eje dado por **la búsqueda "a cualquier costo" de una pareja que la contenga y la quiera o la búsqueda desde un lugar de valorización personal que le permita cierto compás de espera**.

Su prematuro embarazo a los 17 años, precedido de su deserción de la escuela, inaugura una serie de sucesos en su vida, signados por el someterse a situaciones de riesgo *"por inconsciencia"*, según su argumentación. Sin embargo, esta inconsciencia lo es en relación con el cuidado, pero no lo es en relación con su urgencia por encontrar a alguien que la contenga, a quien está dispuesta a sacrificar todos sus otros intereses.

Existe en ella una sensación placentera vinculada con el darse totalmente, probablemente mayor cuando esto implica además riesgos, como ocurre en la oportunidad en que tiene relaciones con su pareja sin cuidarse, conociendo su seropositividad, encuentro que califica como sumamente placentero.

Laura lleva sobre sí el estigma del sida, más saliente en una ciudad de provincia como en la que vive, pero también el estigma de ser una mujer "fácil". Defenderse de ambos ocupa buena parte de sus preocupaciones.

Entrevista a Claudia

35 años, universitario incompleto, clase media; infectada desde hace 12 años

*Síntesis de Secuencias, Actantes y Proposiciones argumentativas*

Claudia proviene de una familia "con larga trayectoria en adicciones": dos tíos y una abuela alcohólica, y el padre y una hermana con "períodos de adicción". De los 5 a los 8 años fue abusada sexualmente por uno de los tíos, situación que "borró de su cabeza" hasta hace dos o tres años, cuando surgió en su tratamiento psicológico.

Como hija mayor, sus padres le exigían una actitud de servicio para los demás miembros de la familia: "*mis viejos pretendían todo el tiempo cosas de mí, me mandaban a que cuidara a mi abuela que vivía alcoholizada... fui educada para no protestar*". Esta actitud de servicio y sometimiento se repite en su relación con su novio y posterior marido: "yo era la persona a través de la cual León —el marido— respiraba", reflexiona.

En la escuela, que le sirvió como contención, era buena alumna pero se aburría y *tenía por eso problemas de conducta*.

Con León se conocieron cuando él aún no era adicto, después comenzó a drogarse junto con su hermano mellizo; "los dos se picaban": "*una historia familiar que nunca vi, ambos fallecieron de VIH, así como un hijo del hermano y una hija de 15 años de la hermana que murió de leucemia*".

Claudia se casó con León a los 24 años, después de 5 años de noviazgo, cuando les diagnosticaron a ambos su seropositividad, "*por la sensación de que me iba a quedar sola en el mundo y me iba a morir en un año o dos*". Admite que no se hubiera casado sin ese motivo y *fue precisamente por eso que al año se separó*, al advertir que "*te seguís levantando a la mañana, que podés laburar, que podés hacer gimnasia, que podés seguir viviendo...*". Reconoce haber querido mucho a su marido, pero que su grado de adicción hacía muy difícil la convivencia.

En el momento en que su marido se hace los análisis con resultado positivo, ella padecía un cuadro virósico recurrente y aunque el médico no indicó que se hiciera la prueba del VIH *"porque yo no daba con el tipo, era secretaria, laburaba en una empresa internacional..."*, ella se la realizó y le diagnosticaron su seropositividad.

Claudia recibe el diagnóstico casi sin darle importancia; en esos momentos sólo le preocupaba la salud de su MARIDO, que a pesar de su enfermedad continuaba drogándose. Ella se hizo cargo de él hasta que falleció: *"las angustias que yo he pasado se asemejan más a perder un hijo que a perder una pareja"*. Vivía para él hasta el límite de llegar a intentar drogarse *"porque consideraba que era la única vía de acercamiento hacia él, pero por suerte nunca llegué, sí fumé marihuana"*.

El cuadro de León fue muy angustiante y la absorbía totalmente: *"le atacó la cabeza, tenía convulsiones, no reconocía, fue el peor de los cuadros de toda la gente que vi fallecer de sida"*.

Claudia no pudo ni quiso ocultar el resultado de sus análisis *porque ya toda la familia y sus amigos estaban en el tema por la situación de León*. Su PADRE, fallecido hace cuatro años, fue para ella "como un pilar" en todo este proceso. Recientemente, en su trabajo, tuvo que declarar su estado de salud como requisito para obtener un crédito hipotecario, pero encontró "gran comprensión" por parte de COMPAÑEROS Y AUTORIDADES.

Recién cuando León falleció (hace tres años) Claudia empezó a pensar en sí misma y a preocuparse por su salud y en realidad por su vida. Actualmente, hace tres semanas que convive con su PAREJA ACTUAL. De él comenta que fue "su novio en serio"; estuvo de novia con él en la época del secundario, se separaron por desentendimientos y se volvieron a encontrar hace dos años. Claudia considera que es la primera vez que se siente "contenida", *"pude sacarme el disfraz de batichica y dejarme cuidar"*; está viviendo "una sexualidad plena" y hasta han omitido el uso del preservativo en alguna oportunidad: *"él está profundamente enamorado y lo hace para no discriminarme aunque yo le insisto"*. Incluso tienen planeado tener *hijos*, lo que han conversado con el MÉDICO que la trata. Es la primera vez que Claudia se siente querida sin que le exijan nada a cambio.

Tiene una buena relación con el médico que la atiende y una "relación de obediencia con la medicación... no me queda otra". Sufrió efectos adversos cuando se trataba con AZT, intentó incursionar en el método HANSI para elevar las defensas, con la anuencia de su médico, pero no tuvo buenos resultados.

| oposiciones de secuencias | oposiciones de actantes | oposiciones de proposiciones |
| --- | --- | --- |
| haberse contagiado por relaciones sexuales con su novio adicto *o* haberse cuidado en dichas relaciones | ella misma inconsciente / novio "drogón" *o* ella consciente / novio no adicto | cuidar su pareja / preocuparse por la enfermedad de él *o* preocuparse por su propia enfermedad |
| haberse casado al recibir el diagnóstico de seropositividad *o* haberse alejado de su novio | marido drogadicto / seropositivo *o* pareja seronegativa | casarse al recibir el diagnóstico por temor de morirse pronto / estar sola *o* no casarse y buscar otros apoyos |
| haberse casado con una pareja seroconcordante *o* haberse casado con una pareja serodiscordante | ex marido *o* pareja actual | pensar que nadie que no fuera seropositivo la iba a aceptar *o* pensar que es posible una pareja serodiscordante |
| quedar pegada a su marido enfermo *o* tener una pareja con cierta autonomía | mujer-madre / marido-hijo *o* mujer y marido ambos adultos | adoptar causas perdidas / hacer de madre del marido *o* lograr que la pareja se ocupe también de ella |
| haber sido muy exigida por los padres a ocuparse de los demás *o* haber aprendido a | padres exigentes *o* padres contenedores | haber sido educada para no protestar *o* no responder a las exigencias |

| oposiciones de secuencias | oposiciones de actantes | oposiciones de proposiciones |
|---|---|---|
| hacer que se ocupen de ella | | |
| aceptar la enfermedad *o* negarla | ella misma reflexiva *o* ella misma negadora | hacerse cargo de su enfermedad después de la muerte del marido *o* evitar pensar en la enfermedad para no entrar en crisis, por la idea de que la depresión lleva a la muerte |
| reconstruir su vida a partir del VIH *o* pensar que la única evolución posible es la muerte | ella misma con esperanzas / pareja actual *o* ella misma cuando recibió el diagnóstico / anterior pareja | dejarse cuidar por su actual pareja *o* seguir con el disfraz de la "batichica" |
| cuidarse con su pareja serodiscordante *o* no cuidarse de modo sistemático | ella misma / pareja actual *u* otras parejas | arriesgarse no cuidándose / estar en el filo del riesgo *o* ser sensata cuidándose |
| haber cambiado a partir del VIH *o* seguir como antes de la infección | ella misma antes de la infección *o* ella misma después de la infección | valorar la vida *o* desperdiciarla en tonterías |
| atribuir el contagio a la falta de información *o* | padres cerrados *o* padres abiertos | haber podido hablar en la familia de la sexualidad *o* |

| oposiciones de secuencias | oposiciones de actantes | oposiciones de proposiciones |
|---|---|---|
| atribuirlo a su vulnerabilidad personal y familiar | | no hablar por ser un tema tabú |

El eje del relato de Claudia contiene la oposición entre **el sometimiento en las relaciones personales como precio para ser querida y el sentirse merecedora de afecto sin tener que someterse**. Su relato incluye situaciones en las que asume riesgos, que repite en sus diferentes relaciones.

La historia de Claudia es atípica en relación con su contexto social. Las situaciones de vulnerabilidad vividas en su infancia la asemejan a las historias de mujeres de clase baja, en las que el medio familiar no asume el papel de protector sino que se constituye en otro espacio social generador de riesgos.

Su relato muestra una permanente asunción de su parte de riesgos, con la particularidad de asumirlos siempre en el "borde" del riesgo total. En la escuela es buena alumna, pero comete transgresiones en cuanto al cumplimiento de las normas; no es adicta pero vive entre adictos; hace el tratamiento para el VIH pero es indulgente en relación con la protección de su pareja; sus amigos son *"del palo"* pero ella está empleada como ejecutiva en un banco internacional.

Esta permanente serie de contrastes se acompaña de un sometimiento de su parte en las relaciones personales y de la transgresión de normas sociales referidas a contextos más amplios: se somete a sus padres, a su marido, pero se rebela contra las normas sociales que excluyen del sistema a los adictos.

24 años, secundario completo, clase media baja, infectada desde hace 7 años

*Síntesis de Secuencias, Actantes y Proposiciones argumentativas*

Rosa nació en una ciudad de la provincia de Buenos Aires. Cuando contaba 4 años sus padres se separaron. Cuando cumplió 10 años falleció su madre y su padre se fue a vivir a Dolores con su nueva *pareja*. La criaron sus *abuelos*, por quienes se sintió muy querida y cuidada.

A los 16 años se puso de novia con un *chico hemofílico* portador de VIH, situación que "todos en la familia sabían, pero ella ni enterada". Rosa vivía de hecho en la casa del novio *"era como otra hija, era como que yo encontraba un refugio ahí, como no tenía un papá..."*. Rosa se sintió "traicionada" por esa familia a la que consideraba suya y que no la alertó del peligro del contagio: *"en el pueblo era todo re-tapado y la* madre *ni se imaginó que pudiéramos tener relaciones"*. Cuando la madre del novio se enteró que Rosa podía haberse contagiado le recomendó que concurriera a una psicóloga. Esta profesional se encargó de ponerla en conocimiento de su situación. Rosa reaccionó muy mal *"porque lo único que sabía era que había una enfermedad que se llamaba sida que te mataba, y además sólo tuvimos cuatro o cinco relaciones sin preservativo"*; no se resigna a haberse contagiado habiéndose expuesto tan pocas veces.

A instancias de la madre del novio, Rosa se hizo los análisis en Buenos Aires *"para que nadie se enterara"*. Cuando el padre tomó conocimiento de los resultados quiso llevársela con él a donde vivía, pero ella prefirió permanecer en Buenos Aires. Al poco tiempo *"como se sentía sola y mal"* volvió a su ciudad y comenzó a compenetrarse en *el tema del yoga y en libros del espíritu.* Se considera una persona religiosa y *"trabaja mucho con la parte espiritual del cuerpo..."*. Además, practica yoga para *"energizarse y enfrentar con más ganas el día"*.

Rosa no toma ninguna medicación *porque se siente como "protegida por algo, algo que es mi fuerza y yo creo que no me va a pasar nada"*. Su concepción de la enfermedad le permite pensar que está sana: *"vos te enfermás porque te sentís mal del alma, después se te enferma el cuerpo. Yo me pongo en positiva y me saco enseguida lo que tengo que me hace sentir mal"*.

Confía en sus recursos y le resulta más difícil enfrentar una eventual situación de discriminación que la enfermedad en sí misma, a la que cree poder controlar. Cuando se enteró de que su NOVIO era portador del VIH se preocupó mucho porque pensaba que no tenía tantos recursos como ella para enfrentar la situación.

Rosa decidió separarse de su NOVIO y venir a Buenos Aires, donde vive en un departamento con DOS AMIGAS. Continuó profundizando en el tema del yoga y estudió teatro durante cuatro años. Comenta que en ese ambiente se consume mucha droga y alcohol, pero ella no se involucra en estas conductas desde que conoce su diagnóstico. Tampoco quiere implicarse afectivamente con una PAREJA que pertenezca a ese mundo: *"yo no puedo ayudar a nadie que no quiere ayudarse a sí mismo"*. Rosa reconoce que "se hizo fuerte" a partir del diagnóstico pero que en realidad quisiera encontrar a ALGUIEN "que la cuide y dejarse cuidar".

Actualmente tiene una vida sexual activa sin descuidar el uso del preservativo, siempre alerta acerca de su condición a sus COMPAÑEROS SEXUALES y no registra haber sido rechazada por ninguno: *"cuando vos sos sincero con alguien y le decís la verdad, nunca me pasó que me rechazaran por eso"*. Tampoco recuerda haber sido discriminada en ámbitos laborales.

Se trata con una MÉDICA en un hospital público que ha tomado licencia durante un año, pero Rosa no acepta ser atendida por otro profesional. Le gustaría tener un HIJO, pero no antes de siete años. No menciona su seropositividad como obstáculo para ser madre.

Es optimista respecto de su salud futura y siente que fortaleció su identidad a partir del diagnóstico de VIH.

| oposiciones de secuencias | oposiciones de actantes | oposiciones de proposiciones |
|---|---|---|
| vivir con el VIH como una persona normal *o* vivir con el VIH y hacer vida de enfermo | ella misma *u* otras personas seropositivas | dedicarse a la parte espiritual de la vida *o* dedicarse al cuerpo |
| tener proyectos para el futuro *o* vivir en el presente | ella misma *u* otras personas seropositivas | tener energías para proyectar cosas para el futuro *o* estar aplastado por la enfermedad |
| haber sido abandonada por la madre (fallecida) *o* haber vivido con la familia de origen | madre / padre abandonantes / abuelos continentes *o* padres continentes | ser rencorosa con el padre que la abandonó *o* perdonarlo |
| haber sido contagiada a los 17 años por un novio hemofílico *o* haberse iniciado sexualmente con una pareja seronegativa | pareja hemofílica / padres de su pareja que ocultaron el diagnóstico de seropositividad *u* otras parejas / otros padres | estar sola / sin los padres / encontrar un refugio en la familia del novio / haber sido engañada por el novio y su familia *o* haber sido contenida por su propia familia / haber sido informada del status serológico del novio |
| estar deprimida por el sida del novio *o* | novio débil *o* ella misma fuerte | pensar que el novio se iba a |

| oposiciones de secuencias | oposiciones de actantes | oposiciones de proposiciones |
| --- | --- | --- |
| estar deprimida por su propio diagnóstico | | morir *o* no pensar en la posibilidad de su propia muerte |
| confiar en que la mente en positivo resguarda de la enfermedad *o* aceptar la enfermedad | ella misma omnipotente *o* ella misma vulnerable | sentirse siempre protegida por algo *o* sentirse vulnerable |
| plantear el tema de su seropositividad ante cada nueva pareja *u* ocultarlo | parejas que se quedan *o* parejas que se van | plantear el que la quieran como es / que se sepan cuidar *o* que se vayan |
| sentir que el VIH cambió la vida para mejor *o* sentir la vida acabada por el VIH | ella misma *u* otras personas seropositivas | sentir que el VIH le dio fuerzas para vivir / le enseñó a valorar la vida *o* asumir conductas de riesgo / no valorar la vida |
| cuidar / contener a los demás *o* ser cuidada / contenida | amigos / parejas a quienes cuida *o* amigos / parejas que la cuidan | querer ser cuidada / querida *o* no dejar que la cuiden / ser "canchera" |

El relato de Rosa se desarrolla a lo largo de la oposición entre **la búsqueda del ser cuidada y la ilusión de autoabastecerse, cuidándose a sí misma.**

Su relato la muestra como una persona que se ha sentido

profundamente defraudada tras haber confiado en su novio seropositivo y en su familia, quienes no la previnieron acerca del riesgo de la infección por el VIH. Esta historia parece haber repetido para ella el abandono de su padre tras el fallecimiento de la madre y el traslado a otra ciudad del padre. A partir de estos hechos de su vida, Rosa parece haberse convencido de la necesidad de cuidarse sola y de no confiar en nadie, amparándose en su fe religiosa.

Su modo de gestión de la enfermedad es el de la negación de su condición de seropositiva, lo que la convierte en persona dependiente del saber y la tecnología médicos. En lugar de aceptar esta dependencia, Rosa subraya sus posibilidades de elección desde su rol de enferma, por ejemplo al negarse a tratarse con alguien a quien no conoce, lo que la coloca en el riesgo del descontrol de la infección.

La negación del riesgo no le impide, en cambio, alertar a sus parejas ocasionales con respecto a la necesidad de protegerse en las relaciones sexuales. En este aspecto recurre a una racionalidad que no emplea consigo misma, en cuanto a los controles médicos.


Entrevista a Lucía

22 años, secundario completo, clase baja, infectada desde hace 3 años


*Síntesis de Secuencias, Actantes y Proposiciones argumentativas*

Lucía se entera de su condición de seropositiva al realizarse los análisis de rutina durante su embarazo, después de haber convivido cinco años con su actual PAREJA —padre de su HIJO— a quien supone haber contagiado.

Ella contrae el virus de su PAREJA anterior, de quien conocía su condición de adicto endovenoso, aunque creía "que ella lo había sacado de eso". Estuvo relacionada con él cinco meses "aunque no convivían", y en sus encuentros sexuales nunca usaban preservativo *"porque usaba pastillas"*; nunca habían pensado en el riesgo del sida. Se separaron *"porque él estaba loco de celos, la seguía a todos lados"*. Al tiempo, Lucía se enteró de que había fallecido de sida.

Lucía nunca sospechó portar el virus *porque nunca se drogó y sus* PADRES *"son gente de bien; no la tenía como una enfermedad que me podía tocar a mí, mis viejos siempre me cuidaron... que me fijara con quiénes me juntaba"*. A pesar de eso el entorno con el que se involucra está constituido por ex convictos, borrachos, drogadictos, *"pero que nunca me hicieron nada, al contrario, me cuidaban, son buena gente"*. Incluso su marido y su anterior pareja eran adictos.

Considera a la enfermedad como un "castigo divino", y no puede aceptar que ella sin "ser mala" la haya contraído.

Su hijo está en proceso de "negativizarse". El conocimiento de la situación de salud de Lucía acercó más a su padre, separado de su madre desde hace tiempo. También mejoró las relaciones con el resto de la familia *"ahora llaman todos los días para ver cómo estamos"*.

Lucía y los MÉDICOS que la tratan suponen que ella ha transmitido el virus a su actual pareja; sin embargo, él ya se ha hecho dos análisis con resultados negativos.

Describe su relación con el MARIDO como "normal", *"lo único que pusimos ahora es el preservativo"*. Él lo rechaza porque supone que *"como yo estoy mejor, estoy sana, incluso no le importa que tengamos la enfermedad los dos"*; planifica tener otro HIJO, aunque Lucía rechaza la idea *porque no sabe cómo será su evolución*. Actualmente está sin trabajo y los PADRES de ambos los mantienen.

Se apoya en el amor que siente por su HIJO "para seguir adelante": *"me da fuerzas para seguir adelante, para todo, cuando no tengo ganas de hacer el tratamiento, o de venir a hacer los trámites para hacerme la carga viral..."*.

Para Lucía todo el proceso del tratamiento "es un calvario" *"porque nunca le gustó andar por los* HOSPITALES, *sólo había entrado a uno cuando falleció su* ABUELA. También siente aversión por la medicación, aunque sigue rigurosamente las indicaciones médicas.

| oposiciones de secuencias | oposiciones de actantes | oposiciones de proposiciones |
| --- | --- | --- |
| enterarse de la seropositividad a raíz del embarazo o conocer previamente el status de seropositividad | ella misma u otras personas seropositivas | haber sido contagiada por una pareja anterior, adicta / temor a contagiar a la actual pareja o haber sido contagiada por la actual pareja |
| pensar en no poder ver crecer al hijo o pensar en ver crecer al hijo | hijo seropositivo negativizado o hijo seropositivo no negativizado | entristecerse por saber que no va estar mucho tiempo con el hijo o pensarse siempre al lado del hijo |
| tener éxito en recuperar de la adicción a sus parejas o no lograrlo | ex novio o pareja actual | haber creído recuperado a la anterior pareja o reconocer que seguía consumiendo |
| cuidarse del embarazo o del sida | ella misma / sus parejas u otras parejas | no pensar que era una enfermedad que podía tocarla / ser de buena familia / no ser promiscua o tener en cuenta la posibilidad de ser infectada |
| rodearse de | amigos alcohólicos | no tener en cuenta |

| oposiciones de secuencias | oposiciones de actantes | oposiciones de proposiciones |
|---|---|---|
| personas con conductas de riesgo *o* rodearse de un entorno no con conductas de riesgo | / drogadictos / ex convictos *o* amigos sin conductas de riesgo | los antecedentes de los amigos *o* tenerlos en cuenta |
| haberse contagiado el sida por ser mujer *o* no haberse contagiado su marido por ser hombre | mujeres *u* hombres | contagiarse las mujeres el VIH más fácilmente por ser más débiles *o* no contagiarse el VIH los hombres por ser más fuertes |
| ser apoyado por la familia *o* ser dejado solo | padre / madre / primos *u* otros familiares | sentirse mimada por la familia *o* sentirse no tenida en cuenta |
| no querer tener otro hijo *o* querer tenerlo | ella misma *o* el marido | no querer que un hijo sufra *o* querer asumir el riesgo de tenerlo |
| querer proteger/se sexualmente *o* querer tener relaciones sin protección | ella misma *o* el marido | querer evitar la reinfección / la transmisión *o* querer compartir todo, hasta la enfermedad |
| haber crecido a partir de la experiencia del VIH *o* seguir siendo infantil | ella misma después del VIH *o* ella misma antes del VIH | cuidarse ella misma / cuidar a los demás *o* ser indiferente frente a los riesgos |

El eje del relato de Lucía pivotea entre **una familia aparentemente "normal" y un entorno de amigos y parejas implicados en conductas de riesgo**, entre los que ella se mueve con una actitud de ingenuidad que parece haberla protegido de todo menos de la infección por el VIH.

No asume compromisos en la vida hasta que se casa y se embaraza, momento en el que descubre su seropositividad. Esto, como ella misma plantea, parece haberla hecho ser más responsable y descartar ciertas banalidades de su vida anterior.

Su mundo es ahora el de su vida familiar, aunque tiene presente el riesgo de que su hijo se quede huérfano a causa de su enfermedad. En este sentido parece haber asimilado la idea de la muerte y de la gravedad de la enfermedad, sin tener demasiadas expectativas con respecto al tratamiento que sigue. Del mismo modo, insiste en que ella debe haber transmitido el VIH a su marido, aunque en las pruebas él sigue siendo seronegativo.

El destino fatal del sida, con respecto al cual parece estar resignada, ha impregnado su concepción de la enfermedad. No hay transición en ella entre la joven despreocupada que fue y un sereno enfrentamiento de la posibilidad de la muerte.


Entrevista a Carlos

41 años, secundario incompleto, clase media, infectado hace dos años


*Síntesis de Secuencias, Actantes y Proposiciones argumentativas*

Carlos se presenta a sí mismo como "portador negativizado". Se enteró de su condición de seropositivo a raíz "unas erupciones raras". Le hicieron estudios en el momento en que había nacido su primera hija. No sospechaba que pudiera ser seropositivo *porque su señora se había hecho los estudios anteriores al parto y le habían dado negativos*. Además afirma que siempre se cuidó en sus relaciones sexuales. Su HIJA "negativizó" y SU SEÑORA es seropositiva "pero con una carga muy baja".

Carlos nació en una familia "relativamente humilde" en un

partido del Gran Buenos Aires y refiere haber tenido una "infancia feliz", hasta que ocurre un hecho que marca una ruptura en su trayectoria vital, cuando tenía 15 años. Se trata del accidente que sufre su PADRE, con quien mantenía un estrecho vínculo afectivo, que lo deja desfigurado y discapacitado mentalmente durante siete años. Su discurso varía drásticamente, de una descripción de vivencias referidas a una *infancia feliz*, caracterizada principalmente por gozar de buenas relaciones familiares y por un desempeño *excepcional* en la escuela, a uno en el que hace hincapié en una *adolescencia tormentosa*. A partir del accidente las relaciones familiares sufren un creciente deterioro. Abandona la ESCUELA al empezar cuarto año del secundario. Admite haber consumido marihuana y abusado del alcohol con sus COMPAÑEROS, conductas que rechazaba explícitamente en la etapa anterior. De este período de su vida rescata una incipiente vocación por la pintura, que reconoce que le sirvió como salvaguarda de su integridad: *"lo único que me salvaba un poco fue que se me dio por empezar a estudiar pintura"*. Vivió de esa actividad la mayor parte de su vida, hasta que debió abandonarla por la eclosión de su enfermedad.

Carlos resignifica la situación sufrida con su padre, planteando que para él éste lo *"traicionó, lo abandonó cuando más lo necesitaba"*.

No admite haber tenido situaciones de riesgo en general ni particularmente con mujeres, sólo reconoce haber tenido una relación oral en la que no se cuidó *"porque no pensé que la mujer a través de los fluidos podría llegar a contagiar"*. También supone *que su contagio puede haberse dado por* "estar en un período un poco depresivo porque económicamente no podía surgir y las defensas bajan mucho".

El episodio durante el cual Carlos supone haberse contagiado ocurrió con una PAREJA a quien no frecuentaba asiduamente y a la que dejó cuando conoció a su ACTUAL PAREJA, con quien se casó cuando ella quedó embarazada. Asume la responsabilidad por haberse contagiado: *"la culpa fue mía no fue de ella, fui yo por no haberme cuidado"*. Además, no puede sustraerse al "fantasma" de haber infectado a su ACTUAL PAREJA y a su HIJA.

Actualmente tiene un BEBE de cuatro meses porque *"les falló la profilaxis, se nos rompió el preservativo, sinceramente no queríamos, habíamos sufrido mucho"*. Este hecho le provoca una recaída de la que afirma: *"estuve muy mal, prácticamente en el límite"*.

Carlos se siente muy respaldado por los médicos que lo atienden, de quienes destaca su "calidad humana". También se siente apoyado por su señora *"que es una mujer con todas las letras, que también tiene sus momentos de depresión, pero tratamos de apoyarnos mutuamente"*.

Confía en sus propios recursos y en la fuerza que le da la FE RELIGIOSA: *"he podido comprobar que me he propuesto cosas y las logro apoyándome en la fe"*. *"El* MÉDICO *que me atiende, que es profesor de la facultad, me ha invitado un par de veces a charlas con los estudiantes, como un ejemplo de la gente que quiere y sale"*.

La confianza en sus recursos personales le permite tener una actitud optimista frente a su condición de seropositivo. Comenta que la enfermedad *"le abrió la cabeza"*, le permitió entender más lo humano: *"aprendí que la vida es lucha"*.

Carlos traslada a la medicación la confianza que siente en los médicos, y aunque reconoce ciertos efectos adversos, adhiere al tratamiento prescrito. Considera que no cualquiera puede encarar un tratamiento de este tipo por razones económicas, de tiempo y básicamente de voluntad ya que *"requiere todo un esquema de vida, es otra vida la que hay que hacer"* y él decidió encararla.

| oposiciones de secuencias | oposiciones de actantes | oposiciones de proposiciones |
|---|---|---|
| tener una carga viral baja *o* tener una carga viral alta | él mismo ahora *o* él mismo durante la etapa crítica de su enfermedad | ser "portador negativizado" *o* no reaccionar bien ante la medicación |
| no imaginarse estar infectado *o* tener en cuenta la posibilidad de estar infectado | él mismo *u* otros portadores | desestimar situaciones de riesgo vividas en relación con el VIH *o* aceptar haber asumido riesgos |

| oposiciones de secuencias | oposiciones de actantes | oposiciones de proposiciones |
| --- | --- | --- |
| tener un hijo sin saber que se es portador *o* tener un hijo conociendo el riesgo a partir del conocimiento de la propia seropositividad | él mismo con su primer hija *o* él mismo con su segundo hijo | no estar preparado / angustiarse por la salud del hijo *o* estar preparado / disminuir el riesgo desde el embarazo |
| ser medicado por enfermedades marcadoras de sida / aceptar / tolerar la medicación *o* ser medicado / no tolerar la medicación por ej., por adicción a drogas | médicos / personal de salud / él mismo *o* médicos / personal de salud / adictos | informarse / interesarse / tener una actitud positiva hacia el tema de la enfermedad *o* rechazar todo lo relativo a la enfermedad |
| contagiarse de una ex pareja por una relación oral *o* contagiarse por relaciones genitales con una pareja actual | ex pareja *o* mujer actual | no guardar rencor / asumir la propia responsabilidad *u* odiar a la persona que transmitió el virus / culpar al otro |
| transmitir el virus a la pareja sin conocer el propio diagnóstico *o* transmitir el virus a la pareja conociendo el propio diagnóstico | él / su pareja *u* otras personas seropositivas / sus parejas | sentirse culpable / ser apoyado *o* ser abandonado |

| oposiciones de secuencias | oposiciones de actantes | oposiciones de proposiciones |
| --- | --- | --- |
| sentirse apoyado en la lucha contra la enfermedad *o* sentirse solo | esposa / equipo médico *o* ausencia de apoyo social | expresar reconocimiento hacia quienes lo apoyan *o* demandar atención |
| haber tenido una adolescencia tormentosa *o* haber tenido una adolescencia tranquila | él mismo *u* otros adolescentes | ausencia de padre en la adolescencia *o* tener una familia integrada |
| estar deprimido y contagiarse el VIH *o* estar bien y no contagiarse el VIH | él mismo con dificultades / deprimido *u* otras personas que están bien | contagiarse el VIH como forma de autodestrucción *o* poder cuidarse |
| querer vivir *o* querer morir | él mismo *u* otras personas seropositivas | aceptar el tratamiento / salir adelante por voluntad / ocuparse mucho de la enfermedad *o* entregarse a la enfermedad / no hacer el tratamiento |

El eje que polariza esta historia pasa por **la demostración que trata de hacer Carlos para sí mismo y para los demás de su capacidad para alcanzar las metas que se propone o, por el contrario, depender de los demás**.

Carlos es un ejemplo de la asunción total del rol de enfermo, dado que para cumplir con las indicaciones y controles médicos ha incluso dejado de trabajar. Su orgullo consiste en ser un paciente modelo, exhibido ante los alumnos de Medicina como un ejemplo de lo que puede la voluntad.

Ha emprendido la gestión de su enfermedad como una *"lucha"* entre su propia persona y el avance de la enfermedad y se vanagloria de haber logrado metas importantes, como el *"haberse negativizado"*.

Parece necesitar una figura fuerte al lado para poder cumplir con las expectativas que pesan sobre él: es buen alumno en la escuela hasta que su padre enferma, y cumple con las indicaciones médicas ante el aplauso de su médico por lo que logra. En ese esfuerzo sus otros significativos se vuelven algo borrosos para él, en la medida en que invierte todas sus energías en sí mismo y en *"ganarle"* a la enfermedad.


Entrevista a Ramón

35 años, secundario completo, dos años de estudios en electrónica, infectado hace cuatro años


*Síntesis de Secuencias, Actantes y Proposiciones argumentativas*

Ramón es hijo de una madre enfermera y un padre contador. Considera haber tenido una infancia "normal", y que lo que más le gustaba y lo convocaba con sus amigos era jugar al fútbol.

Cuando tenía 15 años su padre, con quien mantenía un fuerte vínculo afectivo, muere de cáncer: *"fue el peor momento de mi vida, verlo cómo se consumía"*. De él recuerda "su dulzura, el enseñarme cosas jugando, que es lo que estoy haciendo ahora yo con mi hijo; el hacer los juguetes en vez de comprármelos...". Ramón está casado hace siete años y tiene un hijo de siete años con quien se relaciona emulando a su padre. Le gustaría tener otro hijo pero rechaza la idea fundamentalmente por razones económicas.

Le hicieron la prueba del VIH, que dio positiva, hace cuatro años, a raíz de "moretones" que le aparecían ante cualquier mínimo golpe. Adjudica el contagio a una relación extramatrimonial mantenida "durante un tiempito" con una EX NOVIA, en la *que sólo usó preservativo en la plena relación y no en el juego anterior.* Esto ocurrió cuando ya había nacido su hijo, por lo que este último no se contagió, como tampoco su mujer.

Admite *que "por demasiado arriesgado" le han pasado cosas, riesgos de trabajo, "de salir a fletear con la moto" conduciendo a gran velocidad,* pero no reconoce ser arriesgado en el ejercicio de su sexualidad y considera que es sumamente injusto haberse contagiado el VIH: *"estaba muy lejos de lo mío, la única relación que tuve fue ésa... todo con mi señora".*

El conocimiento del diagnóstico transforma dramáticamente su biografía impregnándola de desesperanza. Su narración se colma de vivencias traumáticas en torno, principalmente, a su relación de pareja y a sus compañeros de trabajo. Relata el deterioro que sufre la relación con SU MUJER a quien no le cuenta el modo en que supone haber contraído el virus, llega prácticamente a interrumpir sus encuentros sexuales, y cuando los tiene usa triple preservativo *"uso uno en el juego, después me lo cambio y usamos otro para la relación en sí, por el pánico a contagiarla".*

En el taller donde trabajaba, después que se enteraron de su diagnóstico *"el mate ya no se veía, está todo bien pero no quieren que yo vaya más".*

Ramón tampoco adhiere a un plan terapéutico con continuidad: *"hace cuatro meses me agarró un bajón por la discriminación que hay con respecto a esto que es asquerosa, dejé todos los medicamentos, la carga viral se fue muy arriba".*

Las dificultades económicas han complicado el cuadro de Ramón, disminuyendo sus posibilidades de recuperación: *"estoy muy metido en el tema de la poca plata, me agarran bajones y empiezo a dejar de tomar la medicación... y la carga viral se me sube".*

| oposiciones de secuencias | oposiciones de actantes | oposiciones de proposiciones |
|---|---|---|
| definir la identidad por el trabajo *o* definirla de otro modo | él mismo como técnico electrónico *u* otras personas que se autodefinen de otro modo | hacer reparaciones y todo lo que tenga que ver con las manos *o* no ser hábil manualmente |
| haber sufrido reveses económicos *o* tener éxito laboralmente | él mismo frente a la crisis económica / la crisis laboral por la enfermedad *u* otras personas con ocupación plena | perder el trabajo por el tiempo que hay que dedicarle a la medicación / tener "muchos bajones" *o* haber podido conservar el trabajo |
| haber sufrido en la adolescencia la pérdida del padre *o* haber tenido padre hasta la adultez | padre enfermo *o* padre sano | haber pasado en la adolescencia por la experiencia de ver sufrir / morir al padre *o* no haber estado en contacto con la enfermedad / muerte a temprana edad |
| haberse infectado por una relación sexual extramatrimonial circunstancial *o* haberse infectado por relaciones sexuales frecuentes extramatrimoniales | pareja extramatrimonial / ex novia *o* esposa | no tener información acerca de que el juego sexual previo puede ser riesgoso sin preservativo *o* tener plena información |

| oposiciones de secuencias | oposiciones de actantes | oposiciones de proposiciones |
| --- | --- | --- |
| deprimirse por sentirse discriminado socialmente / en el trabajo *o* no haber sido descriminado | amigos / compañeros de trabajo discriminadores *o* personas tolerantes | pedirle que dejara de trabajar al enterarse de su diagnóstico / amigos que se alejaron *o* poder seguir trabajando / tener amigos que se interesen por él |
| estar arrepentido de haber tenido una relación extramatrimonial *o* reivindicar su libertad | pareja extramatrimonial *o* esposa | sentir que se equivocó pero que pagó demasiado caro por ello *o* aceptar su responsabilidad por haber asumido riesgos |
| tener pánico de contagiar a la mujer y al hijo *o* tener confianza en las medidas de protección | mujer / hijo *u* otras personas no convivientes | no poder tener relaciones con la mujer por temor a contagiarla / temer que cualquier enfermedad del hijo sea el sida *o* estar tranquilo en la convivencia con respecto a la no transmisión del VIH |
| ser arriesgado *o* ser cuidadoso | él mismo como tomador de riesgos *o* él mismo cuidándose | aceptar ser demasiado arriesgado / no tomar conciencia |

| oposiciones de secuencias | oposiciones de actantes | oposiciones de proposiciones |
| --- | --- | --- |
| | | plena de los riesgos *o* evaluar los riesgos |
| deprimirse por el temor de no ver crecer al hijo *o* confiar en acompañarlo en su crecimiento | hijo con padre *o* hijo huérfano | tener miedo de no llegar a ver al hijo adulto, como le pasó a él con su padre *o* llegar a ver al hijo adulto |

El relato de Ramón se desarrolla a lo largo del eje: **sufrir injusticias o tener una vida sin tropiezos**.

A partir de la enfermedad y la muerte del padre, acaecida en su adolescencia, relata haber tenido una vida con muchas dificultades. Actualmente el sida y las penurias económicas han invadido su vida, sumiéndolo en una actitud de desesperanza, dado que siente, por un lado, que ambos son irreversibles y, por otro, también que ambos hechos lo han golpeado injustamente.

Ramón no acepta su parte de responsabilidad en su infección por el VIH, como no acepta sus malas maniobras en el campo laboral, que lo han llevado a estar en este momento semidesocupado. Tiende a responsabilizar a la crítica situación económica de su posición, cuando de su relato surgen también errores cometidos por él a nivel laboral.

Su sensación de *"haber pagado muy caro estos errores"*, así como el desliz sexual que lo condujo a la infección por el VIH, hace que esté invadido por una desesperanza que conspira contra su buena disposición con respecto al tratamiento.


Entrevista a Hugo

29 años, secundario incompleto y estudios de hotelería, infectado desde hace 8 meses

*Síntesis de Secuencias, Actantes y Proposiciones argumentativas*

Tras la separación de sus PADRES y la formación por parte de ellos de nuevas parejas, HUGO pasó a ser criado a los siete años por sus ABUELOS, de acuerdo a pautas de suma rigidez y austeridad, lo que lo condujo a encerrarse en sí mismo: *"me dediqué al estudio, del estudio a casa y no salía... tampoco mis ABUELOS me dejaban frecuentar con chicos de mi edad o chicas, ellos tenían una cultura muy cerrada, no me permitían traer a CHICOS COMPA-ÑEROS de colegio a mi casa porque para ellos eran una mala influencia".* Esta circunstancia le fue generando un resentimiento que lo hacía valorar ese "otro" mundo cuyo acceso le estaba vedado: *"mis abuelos eran muy estrictos, te digo más, no me dejaban ir a la cancha, es como que me agarraba cierto odio".*

Cuando cumple su mayoría de edad, *"como si saliera de una prisión",* inicia una nueva vida signada por una búsqueda frenética de sensaciones placenteras prohibidas durante tanto tiempo. En este marco contrae el virus del VIH *al salir con una CHICA y tener relaciones con ella sin protección.* Hugo rechazaba el preservativo *porque lo sentía como algo plástico, "no sentía así la sensación, es como tener un pene de goma".*

Al relatar su situación de contagio también se apoya en argumentos como *"era dulce, tierna, una chica de mucha cultura, era estudiante de medicina... debía ser una chica sana".*

La última vez que la vio, café mediante, ella le comentó que portaba el virus y "desapareció". Hugo no sólo no la culpa por no haberle informado su condición y haberlo contagiado sino que justifica su proceder y afirma que si la volviera a encontrar *"le diría que ahora que yo también tengo el VIH la entiendo"* y la aceptaría nuevamente como pareja.

Hugo prioriza el valor de tener una FAMILIA, comparándose con SU HERMANA MENOR "que tiene un hijo, tiene su casa, tiene todo y yo siendo el hermano mayor *todavía no he completado nada porque estaba en la joda".* Dice sentirse un "inútil" por no poder tener hijos "en estos momentos nada más sirvo para trabajar, tener cosas materiales y nada más", aunque está agradecido por poseer esto último.

A pesar de lo anterior, Hugo asume su condición de seropositividad con optimismo, haciendo una clara alusión a un ansiado cambio de rumbo en su trayectoria de vida: *"el sida me sirvió mu-*

*cho, me ayudó mucho… si no me hubiese pasado no hubiera cambiado"*. A partir del diagnóstico reprograma su vida en torno a proyectos de viaje "que siempre le han gustado". *"Si no se da* (estar en pareja), *frecuentaré amistades, seguiré viajando, conociendo otras culturas, me dedicaré a mí…"*, actividades que puede hacer gracias al apoyo moral y económico del padre.

Se siente muy apoyado por su familia, principalmente por su PADRE, de quien esperaba "una reacción más fuerte" cuando se enterara de su condición, y sin embargo, *"lo motivó a salir adelante y a confiar más en él. Tengo el cariño que no tuve antes de parte de él"*. Por el apoyo que recibe *"le dan más ganas de seguir viviendo"*.

Hugo siente mucho temor a ser discriminado, por lo que informó a muy pocas personas acerca de su condición de infectado: "las únicas que lo saben son mis HERMANAS CASADAS, mis PADRES y un AMIGO de mucha confianza y nadie más". Admite que más adelante tal vez pueda contárselo a más personas.

El temor a ser discriminado lo condujo a buscar trabajo en Brasil *"porque es un país no discriminativo, para ellos es normal, hay más libertad con el tema de la enfermedad, en cambio acá si vos tenés VIH es muy difícil que consigas trabajo, además no me conocen y no tengo que contar nada a nadie"*.

También duda de la continuidad de la relación con su actual PAREJA: *"siento que para ella es una obligación estar a mi lado, pero ella quiere hijos…, con este tema es muy difícil que puedas formalizar una pareja a no ser que la otra persona esté en la misma situación"*. Prefiere tener una pareja seropositiva *"porque no quiero tener cargo de conciencia"* ante una eventual transmisión del virus. A pesar de ello se aferra a su actual pareja considerándola "su última oportunidad".

El conocimiento de su condición de seropositividad constituyó una ruptura en su trayectoria vital, pero la acepta con una actitud positiva que le permite abonar una postura optimista respecto al pronóstico de su enfermedad. Asume, pues, una actitud de lucha, con el convencimiento de la importancia que tienen para él los factores psicológicos en la evolución de la enfermedad, como surge de su comentario respecto a dos compañeros de internación: *"se fueron entregando, bajoneando y bueno… murieron"*. Asimismo, confía en los nuevos medicamentos y adhiere al tratamiento que le indican los médicos tratantes.

| oposiciones de secuencias | oposiciones de actantes | oposiciones de proposiciones |
|---|---|---|
| tener relaciones sexuales sin protección / enterarse después de que la pareja era portadora o tener relaciones protegidas | pareja seropositiva o pareja seronegativa | enterarse de que la pareja era seropositiva / no querer hacerse la prueba o saber de entrada que la pareja es seropositiva |
| deprimirse tras el diagnóstico o disfrutar de la vida lo que se pueda | él mismo en un primer momento o él mismo en el momento en que pudo aceptar la enfermedad | experimentar dificultad para aceptar el diagnóstico / el tratamiento / creer que se iba a morir ya / bajonearse o llevar la enfermedad con tranquilidad |
| temer ser discriminado / ocultar el diagnóstico en Argentina o viajar a Brasil / ser más abierto allí | amigos / familiares que discriminan o amigos / familiares que aceptan la enfermedad | deprimirse mucho en el caso de ser discriminado / ocultar el diagnóstico o comentarlo con más personas en Brasil, donde no hay discriminación |
| temer transmitir el virus / no tener relaciones o seguir con el ritmo de relaciones sexuales | pocas parejas o parejas ocasionales muy frecuentes | tener cargo de conciencia en una relación sexual o seguir relacionándose con |

| oposiciones de secuencias | oposiciones de actantes | oposiciones de proposiciones |
| --- | --- | --- |
| previo al diagnóstico | | mujeres como antes del diagnóstico |
| relacionarse con pocas mujeres *o* relacionarse con muchas mujeres | él mismo después del diagnóstico *o* él mismo antes del diagnóstico | llevar una vida tranquila *o* "estar en la joda" |
| confiar en una pareja a partir de su apariencia / no cuidarse *o* no confiar en las apariencias / cuidarse | pareja con perfil de bajo riesgo *o* pareja presumiblemente de riesgo | confiarse demasiado / imaginarse que la pareja no podía estar infectada *o* pensar en la posibilidad del riesgo de infección |
| tener relaciones con una pareja serodiscordante *o* tenerlas con una pareja seroconcordante | pareja serodiscordante *o* pareja seroconcordante | no querer ser una carga / no poder tener hijos por la enfermedad *o* compartir la misma carga |
| acercarse más a la familia después del diagnóstico *o* no contar con el apoyo de la familia | padres / hermanos *u* otros familiares | lograr una mejor comunicación familiar a partir del diagnóstico *o* seguir alejados |
| vivir con los abuelos / ser reprimido / destaparse en la juventud *o* haber | abuelos *o* padres | odiar que no le dejaran mayor autonomía en la pubertad *o* haber tenido más |

| oposiciones de secuencias | oposiciones de actantes | oposiciones de proposiciones |
| --- | --- | --- |
| seguido viviendo con los padres | | permisos / no haberse vuelto tan desaforado después |
| haber formado una familia *o* "seguir en la joda" | la hermana casada *o* él mismo | ser ayudado por el diagnóstico a cambiar / salir de la pavada *o* seguir en la pavada |
| saber convivir con el VIH *o* no aceptarlo | él mismo *u* otras personas que murieron de sida | tomar la vida en positivo / saber llevar el VIH *o* pensar en lo negativo / sucumbir |

El relato de Hugo se desarrolla entre el polo de **llevar una vida *"disoluta"* y llevar una vida *"tranquila"*.** Si bien se hace cargo de las consecuencias que tuvo para él el estilo de vida de los primeros años de su juventud, fundamentalmente el sida, pero también el *"no haber formado una familia"*, atribuye su entrada en dicho estilo a la represión en la que vivió durante sus años de infancia, pasados con abuelos muy rígidos.

Es importante señalar que el descuido de Hugo en relación con la falta de protección a nivel sexual se produce con una mujer con la que pensaba que "podía llegar a algo", a diferencia de las relaciones ocasionales que mantenía habitualmente. Puede pensarse, pues, que había investido esa posibilidad con una gran carga afectiva, lo que lo llevó a descuidarse.

El apoyo familiar recibido ante su enfermedad y el hecho de encontrar un espacio laboral promisorio para él en Brasil lo han ayudado a adoptar una gestión del riesgo ante la enfermedad adecuada en cuanto al seguimiento de las indicaciones médicas.

Entrevista a Fernando

38 años, secundario incompleto, dos años de estudios en electrónica, infectado hace cinco años

*Síntesis de Secuencias, Actantes y Proposiciones argumentativas*

Fernando se posiciona durante toda la entrevista como militante político a favor de los desposeídos. Estuvo detenido entre 1993 y 1997 *"por persecución ideológica, una represión como en los viejos tiempos"*, aunque fue acusado de robo calificado, si bien *"no tenía armas encima"*. Estando en la cárcel se enteró de su condición de seropositivo. Fue él quien solicitó la prueba *porque nunca se había cuidado en sus relaciones sexuales, que habían sido muchas, con distintas personas.*

Admite haber tenido una vida sexual sumamente activa *"por estar vinculado con gente para quienes el aspecto sexual no es tabú"*. Reconoce no haberse cuidado "casi nunca" con preservativo *porque supone que es estéril y por preferir las "relaciones naturales"*. El sida y las ETS no se encontraban entre sus preocupaciones: *"mi cabeza la tuve centrada en otras cosas, la lucha social uno la lleva en la sangre"*.

Debido a su militancia fue expulsado del colegio en tercer año. Terminó el secundario estando en la cárcel.

Estuvo casado seis años, después de los cuales se separó por conflictos provocados por la escasez de dinero.

Sólo una semana le llevó adaptarse a su condición de seropositivo. Se planteó que no quería morir en la cárcel, por lo que dejó de fumar, empezó a comer mejor y a hacer gimnasia. Su idea motriz fue "resistir" hasta que apareciera "algo que lo cure". En el penal lideró una huelga de hambre con lo que consiguió una mejor dieta alimentaria y *"los análisis CD4 para todos los muchachos de VIH positivo"*.

Fernando adhiere a una hipótesis optimista acerca del tratamiento por el VIH: por información "que fue rescatando" llegó a la conclusión de que los actuales medicamentos curan la enfermedad, pero los médicos los siguen administrando de por vida *"para no cargar ellos con la culpa o con una acción legal si te vuelve a aparecer el virus"*.

Hace dos años, cuando se encontraba abocado a conseguir recursos económicos para su tratamiento, conoció a su ACTUAL PAREJA, de quien luego se distanció durante dos meses cuando se enfermó y debió ser internado. Considera que esa separación temporaria le sirvió *para dedicarse a su tema: la enfermedad.*

Actualmente consiguió la cobertura del MINISTERIO DE SALUD, con lo cual subsidia su tratamiento, aunque esto no le evita tener que dedicar gran parte de su tiempo a la enfermedad. Reconoce que *"hay que tener mucha voluntad para poder afrontar la situación".*

Fernando nunca ocultó su condición de seropositivo, sino que lo toma como una bandera más de lucha: *"acá en todo EL BARRIO lo saben, era como que me divertía".* Adopta una actitud optimista ante el pronóstico: *"prefiero tener un VIH en vez de cáncer o diabetes porque sabés cómo manejar el tema, sé que me curo, que me quedo negativizado y no me afecta en nada".*

FERNANDO VALORA LA CALIDAD DE LOS PROFESIONALES DEL HOSPITAL PÚBLICO al que concurre, *porque "aunque me tengo que comer un plantón desde las 7 de la mañana hasta las 12 del mediodía, me dan una atención... me tratan como ser humano".* Esta buena disposición hacia el personal, si bien la traslada a la medicación y lucha *con tenacidad para soportarla,* no quita que también utilice medicinas paralelas, como la ingesta de un "hongo que tomaban los bávaros" y que según sus dichos *"posee un complejo vitamínico que produce múltiples beneficios".*

Fernando se siente apoyado por sus *familiares:* "MIS VIEJOS me acompañaron en todo, MIS HERMANOS... maravillosos", durante los episodios de agravamiento de la enfermedad y cuando estuvo detenido.

Con su pareja, que tiene FAMILIARES en una ciudad de la provincia de Buenos Aires, han proyectado radicarse allá: *"el trabajo mío es de temporada",* piensa ganar lo suficiente como para *"equilibrarse en el invierno".* Considera que sin una base económica no se puede planificar nada y menos aún un tratamiento.

| oposiciones de secuencias | oposiciones de actantes | oposiciones de proposiciones |
| --- | --- | --- |
| militar defendiendo los derechos de la gente *o* no tener conciencia social | personas desposeídas / militantes *o* personas adaptadas al *statu quo* | romper el orden establecido *o* someterse al sistema |
| ser objeto de represión policial por la militancia *o* no participar en las luchas sociales | policía / militares *o* compañeros presos | sufrir atropellos a causa de la militancia *o* vivir tranquilo sin intervenir en nada |
| tener relaciones promiscuas sin cuidarse *o* tener relaciones con protección | amigas del barrio / mujeres "ligeras" *o* novias | no tener conciencia de los riesgos / estar en un ambiente muy liberal *o* tener conciencia / estar en un ambiente más tradicional |
| casarse / separarse *o* tener relaciones ocasionales | esposa *o* compañeras ocasionales | tener conflictos de pareja por dificultades económicas *o* no tener problemas económicos / seguir en pareja |
| usar preservativo por prevención de ETS *o* usarlo por prevención de embarazo | parejas ocasionales *o* pareja estable | usar el preservativo por gonorrea de la pareja *o* no usarlo |

| oposiciones de secuencias | oposiciones de actantes | oposiciones de proposiciones |
|---|---|---|
| no usar preservativo con algunas mujeres *o* usarlo con otras | mujeres que parecen sanas *o* mujeres "atorrantas" | prejuzgar por la apariencia / no usar preservativo con las mujeres que parecen sanas *o* usarlo con las que parecen "atorrantas" |
| deprimirse después del diagnóstico de seropositividad *o* convencerse de intentar vencer a la enfermedad | él mismo deprimido *o* él mismo reaccionando contra la enfermedad | dejarse "devorar" poco a poco por la enfermedad *o* enfrentarse a ella / alimentarse bien / hacer gimnasia / hacer el tratamiento |
| tener proyectos económicos / de pareja / de estudio *o* estar sin esperanzas | él mismo sintiéndose bien *o* él mismo deprimido | sentirse con fuerzas para proseguir los proyectos *o* no poder continuar los proyectos empezados por dificultades económicas / de salud |
| sentirse apoyado por la familia *o* sentirse solo y abandonado | familia contenedora *o* familia indiferente | sentir que la familia lo acompañó en todos los problemas que tuvo *o* sentirse sin apoyo social |

El relato de Fernando se desarrolla entre **el polo de la militancia social y el polo de su lucha contra el sida**, encarada con el mismo entusiasmo que la primera.

Toda su vida participó en luchas político-sociales, lo que le acarreó años de cárcel. A pesar de las circunstancias penosas por las que atravesó: la cárcel, una operación en la que le extirparon un riñón, el sida, Fernando conserva un talante optimista y su espíritu de lucha. Su optimismo, sin embargo, lo lleva a la ilusión de que el sida es reversible, negando su condición de enfermedad crónica.

Del mismo modo que encara con entusiasmo sus proyectos: de trabajo, de estudio, de pareja, ha encarado la tarea de llevar adelante el tratamiento para el sida, al que dedica buena parte de sus energías.

## TABLA DE DATOS DE LOS ENTREVISTADOS

| | edad | educ. | clase social | activ. laboral | diag. se-roposi-tividad | pareja actual | tipo de pareja | trans-misión VIH a pareja | hijos | trans-misión VIH a hijos | piensa tener hijos | tipo de pareja trans. VIH | cumpl. indic. médi-cas | sits. de discrim. | ejes semánticos prevalecientes en el relato |
|---|---|---|---|---|---|---|---|---|---|---|---|---|---|---|---|
| Carlos | 41 | sec. incom. | media | desocu-pado | 1996 | sí | serocon-cordante | sí | 2 | sí (nega-tiviza-dos) | no | pareja circuns-tancial | sí | sí (ami-gos) | la demostración que trata de ha-cer de su capa-cidad para lo-grar lo que se propone o de-pender de los demás |
| Ramón | 35 | sec. incom. | baja | desoc. | 1995 | sí | serodis-cordante | no | 1 | no | no | pareja extra-marital | no | sí (ami-gos, laboral) | sufrir injusticias o tener una vida sin tropiezos |
| Hugo | 29 | sec. compl. | media | empleado en Brasil | 1997 | sí | serodis-cordante | no | no | - | no | ex pa-reja | sí | no | llevar una vid "*disoluta*" o lle-var una vida "*tranquila*" |

| | edad | educ. | clase social | activ. laboral | diag. seropositividad | pareja actual | tipo de pareja | transmisión VIH a pareja | hijos | transmisión VIH a hijos | piensa tener hijos | tipo de pareja trans. VIH | cumpl. indic. médicas | sits. de discrim. | ejes semánticos prevalecientes en el relato |
|---|---|---|---|---|---|---|---|---|---|---|---|---|---|---|---|
| Fernando | 38 | sec. compl. | media | técnico cuen. propia | 1991 | sí | serodiscordante | no | no | - | no | pareja circunstancial | sí | no | la militancia social o su lucha contra el sida |
| Laura | 23 | sec. compl. | baja | desoc. | 1994 | sí | serodiscordante | no | 1 | no | no | ex pareja | sí | sí (familia) | la búsqueda "a cualquier costo" de una pareja que la quiera o la búsqueda permitiéndose un compás de espera |
| Lucía | 22 | sec. incom. | baja | ama de casa | 1995 | sí | serodiscordante | no | 1 | sí (negativizado) | no | ex novio adicto | sí | no | una familia aparentemente "normal" o un entorno de amigos y parejas implicados en conductas de riesgo |

| | edad | educ. | clase social | activ. laboral | diag. se-roposi-tividad | pareja actual | tipo de pareja | trans-misión VIH a pareja | hijos | trans-misión VIH a hijos | piensa tener hijos | tipo de pareja trans. VIH | cumpl. indic. médi-cas | sits. de discrim. | ejes semánticos prevalecientes en el relato |
|---|---|---|---|---|---|---|---|---|---|---|---|---|---|---|---|
| Rosa | 24 | sec. compl. | baja | actriz | 1992 | no | - | - | no | - | sí | novio hemo-fílico | no | no | la búsqueda del ser cuidada o la ilusión de auto-abastecerse, cui-dándose a sí misma sola |
| Claudia | 35 | sec. compl. | media | bancaria | 1987 | sí | serodis-cordante | no | no | - | sí | ex no-vio adicto | sí | no | someterse en las relaciones per-sonales para ser querida o sentir-se merecedora de afecto sin te-ner que some-terse |

# CAPÍTULO 9

# ALGUNAS CONCLUSIONES

ANA LÍA KORNBLIT

Creemos que los capítulos sobre las personas afectadas han mostrado al lector la complejidad y al mismo tiempo la repetición de algunos aspectos relatados por los entrevistados.

En un artículo ya clásico, P. Conrad (1987) menciona siete aspectos que se han revelado como centrales en la revisión que realiza en ese momento de los estudios llevados a cabo en torno a la *experiencia de la enfermedad*:

1.  La incertidumbre despertada frente al riesgo de la enfermedad, su diagnóstico o su tratamiento.

    Carricaburu y Pierret (1992) han señalado el peso de la incertidumbre en todo lo que atañe al sida, desde el diagnóstico inicial, dado que la prueba debe ser repetida para poder asumirlo como cierto, hasta la tolerancia frente a la medicación, la posibilidad de tener hijos no afectados, la duración de la vida o la reacción social ante la enfermedad.

2.  La "carrera del enfermo crónico", en relación con ciertas secuencias más o menos esperables evolutivamente según el tipo de enfermedad.

    El concepto de "carrera" fue aplicado a las trayectorias de los enfermos crónicos por primera vez por Hughes (1971), para referirse a los aspectos secuenciales del padecimiento en este tipo de enfermos. Strauss y Glaser (1975) proponen hablar de "trayectoria de enfermedad" y no de "carrera" porque se elude así una cierta linealidad o un cierto orden implícitos en el segundo término. En el concepto de "trayectoria" se tiene en cuenta la interacción entre los itinerarios individuales y el determinismo de las estructuras, lo que se observa claramente en los casos analizados, en los que hemos señalado las diferencias existentes entre las trayectorias de las personas de clase media y las de clase baja y las establecidas en base al género.

3.   El estigma, analizado a partir de la obra de Goffman (1970), según los aspectos "desacreditados" o "desacreditables" que pueda comportar una enfermedad y el manejo de estos aspectos que realizan las personas afectadas en cuando a guardar el secreto o compartirlo, cuando el mal no es evidente.

El guardar o no el secreto con respecto a la enfermedad es, junto con la incertidumbre, uno de los dilemas más importantes que deben enfrentar las personas que viven con el VIH. Lo hemos señalado en cada uno de los tres grupos estudiados, con la particularidad de que en el caso de los homosexuales el secreto acerca de la enfermedad puede ir unido al secreto con respecto a la identidad sexual, lo que lo torna más difícil de manejar.

4.   El trabajo biográfico y la reconstitución del sí mismo a los que lleva necesariamente la irrupción de la enfermedad.

Este replanteo incluye para algunos autores como Williams (1984) una reconstrucción narrativa, en el sentido de un relato realizado para uno mismo y para los demás, que las personas afectadas y su entorno realizan acerca del proceso de la enfermedad, de la búsqueda de sus causas y de cómo ellas influyen en sus vidas cotidianas. En esta reconstruccción se unen las teorías *folk* acerca de la etiología de la enfermedad y otros aspectos para poder asignar algún sentido a la fragmentación introducida por la enfermedad crónica.

Hemos visto que la irrupción del sida, en la medida en que es caracterizado como una enfermedad que podría haber sido evitada si se hubiera modificado la conducta, conlleva en la mayoría de los casos una mirada sobre el propio pasado que, a la vez que intenta explicar por qué se adoptó un camino que fue perjudicial para la persona, implica una autocrítica que representa, en ocasiones, una gran sobrecarga emocional.

5.   El manejo de las indicaciones médicas, entendiendo por esto los controles médicos, la medicación, el régimen dietético, etcétera.

Los estudios que ponen el acento en los aspectos "objetivos" de la evolución de los enfermos crónicos analizan bajo este rubro la conducta de seguimiento (*compliance*) o no seguimiento de las indicaciones médicas. Los estudios que se centran en la perspectiva de los enfermos, en cambio, acentúan el análisis del *sentido* que dicha indicaciones pueden tener para los enfermos y cuánto ellas son o no compatibles con los estilos de vida de las personas afectadas y con los contextos sociales en los que viven.

Hay que tener en cuenta, como dice Moatti (1998), que las actuales terapias multivirales son los regímenes terapéuticos más complejos y difíciles de seguir que hayan sido nunca prescritos en una administración continua, sin claro límite de tiempo y a menudo sin signos clínicos de enfermedad, a una población tan grande de pacientes. Las vicisitudes de los pacientes en relación con la tolerancia y adopción de dichos regímenes son, por lo tanto, aspectos a tener en cuenta también desde el punto de vista social, dado que de los relatos de los entrevistados surge claramente que el apoyo social constituye un requisito ineludible en dicho proceso.

6. La información, la aceptación, el aislamiento o la participación en relación con las vicisitudes de la enfermedad.

   El tema de cuánto el enfermo debe ser informado acerca de la enfermedad y de su evolución, cuánto él quiere saber y está dispuesto a aceptar de su estado y cuánto pretende manejar solo o compartiendo con sus allegados su condición, es tratado de modos diferentes cultural e individualmente.

   En los casos como el sida, en los que la transmisión de la enfermedad depende en buena medida de la postura de las personas afectadas con respecto a algunos de estos temas, éste es un punto de vital importancia. Hemos visto que la reacción negativa de muchas personas frente a la información acerca del diagnóstico ha llevado a algunos de los entrevistados a ocultar su condición, limitándose a protegerse y proteger al otro en el plano sexual, como modo de evitar el rechazo. Aquí no se trata de cuánto el enfermo quiere saber, sino de cuánto las personas con las que se relaciona quieren saber y están dispuestas a tolerar.

7. Relaciones familiarès. Teniendo en cuenta que en las enfermedades crónicas el grupo familiar cumple por lo general el rol de cuidador y de apoyo de los enfermos, es importante analizar los efectos de la enfermedad sobre la familia y, en el

caso de que ésta no exista o no se haga cargo, quién o quiénes la reemplazan.

Los relatos de los entrevistados muestran que por lo general a partir de la enfermedad se ha producido un acercamiento con la familia, tanto en relación con el núcleo de origen como con el núcleo conyugal, si bien en algunos casos la demanda afectiva de los entrevistados es mayor de lo que la familia está dispuesta a, o en condiciones de, brindar.

Tal como lo expresa Bury (1991), pueden diferenciarse dos tipos de significados en cuanto al impacto del sida en las personas afectadas:

1.  un significado que se vincula con las consecuencias de la enfermedad sobre la vida cotidiana de los sujetos;
2.  un significado en términos de la *significación* del sida, es decir, de las connotaciones e imágenes asociadas con él.

En todos los casos se evidencia que el sida está vinculado con distintos tipos de vulnerabilidades, desde la social y económica hasta la psicológica y psicosocial.

Lo que surge de las entrevistas en su conjunto —y en esto coincidimos con lo planteado por Delor (1997) a partir de un estudio semejante realizado en Francia—, es que las personas afectadas por la enfermedad han vivido situaciones de soledad y momentos de gran tensión que los han llevado a puntos nodales en sus trayectorias vitales (en el inicio del consumo, en el momento del diagnóstico de seropositividad, frente a un límite duro como la cárcel, o en el momento de la aparición de los síntomas del sida o frente a la pérdida de un ser querido).

En casi todos ellos pueden detectarse también puntos de inflexión a partir de los cuales realizaron un replanteo vital que trajo aparejados importantes cambios en la imagen de sí mismos y en sus conductas. El autocuidado y el cuidado de los demás son conductas que corren en paralelo con el replanteo a partir de los mencionados puntos de inflexión. Carricaburu y Pierret (1992) designan estos procesos como "recomposición identitaria", en la medida en que son abarcativos de muchos aspectos, incluyendo los más íntimos.

Todas las personas entrevistadas expresan que la complejidad se ha instalado en su vida sexual a partir del diagnóstico de seropositividad. Ella sufrirá los vaivenes de los diferentes momentos y circunstancias vitales, pero con seguridad resultará imposible que sea "como antes".

Como dice Delor (1997), la adaptación a la condición, tanto de la persona seropositiva como de su pareja si la tiene, es también compleja. En esta adaptación juega un rol esencial la dimensión temporal, que adquiere un significado diferente a partir de la toma de conciencia en relación con el diagnóstico. El "tiempo perdido" y el "tiempo que queda" son modos de contabilizar un aspecto que previamente tal vez era percibido con una fluidez que ya no existe. Casi todas las personas entrevistadas también se esfuerzan por identificar el momento y la situación probable en que contrajeron el virus como un intento de arrojar cierta claridad en la incertidumbre producida por las características de la enfermedad.

Por otra parte, no puede pensarse que la vulnerabilidad frente al riesgo del sida constituya un "rasgo" de las personas, porque esto la convertiría en un aspecto "esencial" de los sujetos. Se trata, por el contrario, de asumir la vulnerabilidad en ciertas situaciones o momentos de la trayectoria individual, y estas situaciones están marcadas por contextos sociales e interaccionales específicos. Hemos pretendido a lo largo de los tres últimos capítulos identificar, a través de los relatos de los entrevistados, algunas de dichas situaciones que los han tornado vulnerables al VIH.

Este enfoque supone, en consecuencia, un desplazamiento del eje de los individuos al eje de lo psicosocial, en tanto las situaciones que concurren a que las personas no tomen en cuenta el riesgo del sida implican otros riesgos que surgen de demandas y requerimientos emanados de la vida cotidiana, en cuya jerarquización no figura el sida. A menudo estas demandas implican riesgos de distintos tipos cuyas magnitudes resultan en una inmovilización por parte del individuo, incapaz de identificar y evaluar las amenazas. "La reconstrucción del riesgo y del sentido atribuido a él en función de la situación social requiere de un verdadero trabajo de análisis porque se trata de retraducir lo que ha sido ya el objeto de un trabajo de traducción de parte del individuo" (Delor, 1997, p. 22).[1]

Para este último autor, los relatos de los entrevistados delimitan tres aspectos esenciales a tomar en cuenta en su análisis:

1. Bertaux (1997) califica a esta tarea como hermenéutica, en la medida en que implica el desciframiento del sentido a partir de los relatos.

1.  las trayectorias sociales de los individuos, que permiten identificar ciertas regularidades entre momentos específicos de vulnerabilidad;
2.  las interacciones, en la medida en que ellas permiten identificar el tipo de relaciones y encuentros que han influido en la vulnerabilidad de los individuos;
3.  ciertos elementos del contexto social, cuyo control escapa a las influencia directa de los individuos, y que pueden "fragilizar" sus recursos personales, debilitándolos.

La adaptación de las personas afectadas a la seropositividad no es más simple o unívoca que la adaptación de la persona seronegativa al riesgo del sida.

De las tres tipologías presentadas en relación con la gestión del riesgo frente a la enfermedad de las personas cuya vía de transmisión de la enfermedad fue, respectivamente, el consumo de drogas por vía endovenosa, las relaciones homosexuales y las relaciones heterosexuales, pueden extraerse dos factores que las atraviesan: el que se refiere a los cambios adoptados a partir del diagnóstico de seropositividad en relación con el estilo de vida anterior y el que se refiere al mantenimiento de dicho estilo, porque se considera que nada hay que modificar.

En el primer caso se ubican especialmente los consumidores de drogas que han decidido, en función de los cuidados impuestos por la enfermedad, dejar de lado el consumo, especialmente por vía endovenosa. Es también la situación de algunas de las personas contagiadas por relaciones homosexuales, que han limitado sus encuentros sexuales, prefiriendo la vida en pareja y de todos los que adoptan como nueva meta en sus vidas la de *vencer a la enfermedad*.

En cambio, las personas contagiadas por vía heterosexual u homosexual, que consideran que se han infectado a raíz de un encuentro casual, y que en consecuencia piensan que *"han pagado caro su error"*, viven la enfermedad como una injusticia y no están motivadas para hacer los esfuerzos que demanda en este momento el tratamiento. Esto les exigiría dirigir su atención al presente con vistas al futuro, lo que resulta dificultado por su implicación con un pasado que no terminan de aceptar.

Los resultados del presente estudio confirman lo señalado por Pierret (1998) en cuanto a que todos los entrevistados han mantenido en algún momento relaciones sexuales no protegidas. Las situaciones en las que se ha producido la ausencia de prevención se vinculan especialmente con momentos de soledad y depresión, pero también con el hecho de poner entre paréntesis el virus bajo los efectos de la urgencia de sensaciones placenteras, ya sea a través del consumo de drogas o sexuales. Las relaciones sexuales constituyen, tal como lo plantea la autora mencionada, el momento clave en el que se impone la presencia del virus, lo que, como hemos dicho, hace que sea muy difícil para las personas afectadas vivir la sexualidad postconocimiento de la seropositividad como en la etapa en la que ella no estaba presente. Sin embargo, en ocasiones lo intentan, apelando a poner su condición de seropositividad entre paréntesis.

La mayoría de la conducta no preventiva de las personas seropositivas se da en parejas seroconcordantes (Marks *et al.*, 1991), por lo que es importante en términos preventivos diferenciar las situaciones de riesgo en parejas serodiscordantes y seroconcordantes, teniendo en cuenta que en ambos casos las estrategias de prevención de recaídas pueden aportar importantes elementos. Ellas incluyen la identificación de situaciones de riesgo, el desarrollo de estrategias de enfrentamiento en relación con ellas y la práctica de habilidades específicas para manejar tales situaciones.

Los datos recogidos muestran también la importancia de trabajar preventivamente con las personas afectadas, iniciativa que se ha visto frenada muchas veces por la preocupación ante la posibilidad de culpabilizar de este modo a las víctimas y de estigmatizar a las personas afectadas. No obstante, es evidente a partir de los relatos recogidos la necesidad de brindar apoyo a estas personas, dada la complejidad de las situaciones que deben enfrentar. La prevención secundaria y terciaria debe encararse en el contexto de dicho apoyo social.

Para terminar, podemos decir, siguiendo las conclusiones de un estudio llevado a cabo en Francia,[2] que en la evolución futura de la epidemia juega un rol fundamental la evolución de la teconología médica, pero también la evolución de los valores de la sociedad en su conjunto, de lo que depende que la solidari-

2. ANRS (1997): Prospective SIDA 2010. Le SIDA en France. Des scénarios du futur pour préparer les stratégies de demain.

dad sea un valor dominante o que el individualismo sea la regla. Estas condiciones hacen que la vida de las personas afectadas por el VIH/sida pueda cambiar drásticamente, según cuál prevalezca.

# PREVENCIÓN Y DERECHOS HUMANOS

CAPÍTULO 10

# INFLUENCIAS MEDIÁTICAS Y PERSONALES SOBRE LA DECISIÓN DE PROTEGERSE DEL VIH/SIDA[1]

ANA LÍA KORNBLIT Y MÓNICA PETRACCI

1. Una versión de este trabajo se publicó en la Revista *ZER*, mayo de 2000. La investigación que dio lugar al capítulo fue financiada por la Agencia Nacional de Investigaciones Científicas y Técnicas (Proyecto BID 802-OC/AR-PICT 00021). La Lic. Liliana Giménez colaboró en el trabajo de campo.

El tema de la influencia de *los otros* sobre la conducta de las personas ha sido profusamente investigado, entendiéndoselo en términos de la dicotomía entre diferentes tipos de fuentes de influencia. Moscovici y Lage (1976), por ejemplo, plantearon una distinción entre la influencia de las mayorías y de las minorías. Las primeras poseen el poder de influir nuestro pensamiento a través del peso de los números y de los aspectos estructurales de los grupos sociales. Las minorías, en cambio, basan su influencia en los mecanismos del cambio cognitivo. Para ser influyente, una minoría debe emplear un estilo particular, especialmente ser consistente en su argumentación. Frente a una minoría "consistente", aunque no dogmática, las personas se inclinan más a examinar las bases de sus creencias, y es este examen el que, a su vez, motiva la aparición del "pensamiento divergente" y del cambio de los propios juicios.

Pensamos que la influencia mayoritaria es recibida por los individuos desde múltiples fuentes, pero una de ellas es sin duda, la ejercida a través de los medios, teniendo en cuenta que ellos se hacen eco las más de las veces de los puntos de vista de los factores de poder. Por el contrario, si bien no puede equipararse la influencia minoritaria con la comunicación vía contactos personales, ambas están más cercanas, en la medida en que se trata de circuitos comunicacionales que se dan en general en contextos alejados de los poderes públicos.

Teniendo en cuenta estas diferencias enfocaremos el tipo de influencias recibidas por los individuos en relación con la conducta preventiva frente al VIH/sida.

## FUENTES DE INFORMACIÓN SOBRE VIH/SIDA

Un estudio reciente[2] examinó los niveles de exposición a las fuentes de información sobre el VIH/sida, partiendo de la hipótesis —que fue corroborada— de la coexistencia de los macromedios, especialmente la televisión, con un circuito comunicacional no mediático (Petracci y Muraro, 1999). Dicho estudio partió de la distinción entre "fuentes mediáticas" y "comunicaciones cara a cara". Las primeras fueron divididas en macromedios (es decir, medios de gran cobertura poblacional como la *radio* y la *televisión*) y micromedios (a saber, medios de circulación más restringida como *libros* y *folletos*). La comunicación "cara a cara", a su vez, fue dividida en dos categorías: las conversaciones mantenidas por los sujetos con integrantes de su círculo íntimo como los *familiares* y los *amigos* y, por otro lado, las conversaciones con personas ajenas a ese núcleo que, *a priori,* pueden ser consideradas como posibles expertos o líderes de opinión con relación a esta enfermedad: *docentes, profesionales de la salud, sacerdotes* y *voceros de ONGs.* Esta distinción fue estructurada tomando como referencia algunas de las categorías básicas de la teoría funcionalista de la comunicación, especialmente en cuanto al viejo y conocido debate que esa escuela se planteara acerca de la coexistencia de ambos tipos de comunicación: si la comunicación mediática tiende a sustituir los intercambios cara a cara o, por el contrario, si ambos tipos de comunicación se refuerzan mutuamente, de tal manera que la exposición a uno de ellos estimula la exposición a los otros. En el mencionado estudio se concluye:

- Tanto las fuentes mediáticas como las no mediáticas tienen una función informativa en el caso del VIH/sida. Si bien el 84% de los casos consultados hizo referencia a la *televisión* —el macromedio por excelencia— como fuente informativa, el 77% mencionó las *conversaciones con familiares* y el 75% las *conversaciones con amigos.*
- Aproximadamente la mitad de los entrevistados (52%) se refirió a la lectura de *folletos de divulgación.* Este dato com-

2. Se entrevistó telefónicamente a una muestra probabilística (N=101) de residentes en la ciudad de Buenos Aires.

prueba que no sólo los macromedios sino también los micro-medios tienen un papel relevante en el VIH/sida.

- Otro tanto cabe decir a propósito de los *expertos* o posibles líderes de opinión, especialmente de los *médicos*, quienes fueron citados por el 48% de los encuestados.
- El porcentaje de los *maestros* (27%) debe ser ponderado teniendo en cuenta que sólo el 4% de los entrevistados eran estudiantes. Por lo tanto, es obvio que los docentes son consultados también por otras personas —normalmente padres de niños y adolescentes— que no cursan estudios pero que tienen la oportunidad de interactuar con ellos. Al leer la distribución de los resultados según edad encontramos que este tipo de consulta crece entre las personas menores de 30 (38.7%) y las mayores de 46 años (30,8%), probablemente los padres a los que hacíamos referencia previamente.
- El bajo porcentaje de los *sacerdotes* está probablemente determinado por la reducida proporción de residentes en la ciudad de Buenos Aires que concurre a oficios religiosos o porque muchos de los habitantes de esta ciudad desestiman las opiniones que pueden formular al respecto los sacerdotes.
- El peso de las conversaciones con *voceros de las ONGs* es, a simple vista, considerable (21%). Aún así, resulta difícil ponderarlas con relación a otras fuentes alternativas debido a la carencia de información sistematizada acerca de sus actividades extramediáticas. Debe tenerse en cuenta que una gran parte de la producción gráfica con mensajes preventivos que circula en la Argentina —como folletería, trípticos, etcétera— es armada por estas entidades y, también, que muchos mensajes emitidos acerca del VIH/sida en los programas de televisión incluyen reportajes a sus voceros, algunos de los cuales son ampliamente conocidos por el público.
- Por último, llama la atención la menor penetración de la *radio* con respecto a *diarios* o *revistas,* a pesar de que ese medio tiene una mayor cobertura que los otros dos.

La aplicación del análisis factorial a los datos recogidos demostró la presencia de dos factores principales, que refuerzan la hipótesis de partida. Una primera dimensión básica del uso de fuentes acerca del VIH/sida corresponde al circuito que integran el conjunto de los macromedios junto con las conversaciones con *amigos*. Esta configuración, no excluyente de la que se examinará en el ítem siguiente, arranca inicialmente con la exposición a los medios masivos. Así lo demuestra el resultado obtenido en este estudio al preguntar por la primera fuente de conocimiento sobre el VIH/sida: ocho de cada diez entrevistados mencionó a los medios masivos de comunicación. Corresponde a la forma usual, no sofisticada, de enterarse acerca de esta enfermedad, de sus formas de contagio y de prevención, que es continuada a través de la interacción en conversaciones cara a cara con *amigos*. Dicho circuito ha sido el proveedor de lo que se ha definido como un "conocimiento mínimo indispensable" acerca del VIH/sida (Petracci, 1995). El segundo factor corresponde al circuito micromedios y expertos y comprende el uso de *folletos* o de fuentes más sofisticadas como *artículos* y *libros científicos* y la consulta a expertos, ya sean *profesionales de la medicina* y/o *docentes*.


## INFLUENCIAS EN LA PREVENCIÓN DEL VIH/SIDA

En este capítulo se presentan una parte de los datos recogidos en una investigación acerca de la gestión del riesgo en relación con el VIH en la población general, ya analizada en parte en el capítulo 2.[3] Nos referiremos a los tipos de influencias posibles con respecto al tema de la prevención de la infección por el VIH según su lejanía/cercanía con la enfermedad: influencias "mediáticas" e influencias debidas al "conocimiento personal de personas infectadas o muertas".


### Las influencias mediáticas

Entre las influencias mediáticas los entrevistados mencionan en primer lugar a la televisión. Su papel en este tema es delineado de dos modos. Para algunas personas ella actúa como "recordatorio", a través de exponer el tema de modo tal de tenerlo presente.

3. Remitimos al lector a dicho capítulo para las precisiones muestrales de los datos.

Para otros, en cambio, el papel de la televisión es el de acercar el tema a través de relatos testimoniales que objetivan lo que de otro modo es calificado como *"el fantasma del sida"*.

La información acerca de la enfermedad aparece así concretizada en imágenes, a las que se otorga mayor verosimilitud que a las palabras:

*La imagen llega porque uno escucha que hay una enfermedad, pero nadie la ve* (mujer, 28 años, educación primaria).

Los testimonios de enfermos son vistos como verosímiles, y esta cualidad es lo que algunos entrevistados consideran como lo que *"les llega"*. Lo que los entrevistados describen como el "llegar" de las imágenes equivale a que ellas les generan sentimientos de temor.

Sin embargo, se observan reacciones ambivalentes frente a la verosimilitud de los testimonios: por un lado, se afirma que provocan temor, lo que es valorado como positivo, a diferencia de los mensajes verbales, *"a los que les falta fuerza"*. Por otro lado, las mismas personas que valoran los testimonios expresan que rechazan el temor que ellos provocan, lo que lleva a un repliegue, ante la negativa a reflexionar sobre lo que provoca tal temor.

Una opinión contraria merecen en ocasiones los mensajes preventivos a los que algunas personas no dan crédito, en la medida en que son subsumidos en el discurso no creíble de la televisión, en el que aparecen coexistiendo con otros mensajes que, por ejemplo, alientan el consumo de drogas.

Esta apelación a lo afectivo dada por los testimonios se contrapone al valor otorgado a la televisión como fuente de información, lo que no necesariamente es identificado como un factor de influencia sobre la conducta.

Algunos entrevistados expresan que han recibido información especialmente de sus lecturas. Mencionan folletos y revistas de divulgación general.


*El conocer personalmente a afectados por la enfermedad*


Para algunas de las personas entrevistadas lo que les ha producido el "click" que los hace estar conscientes del riesgo, más allá de estar informados, es el conocer *personalmente* a una persona afectada, lo que implica una cercanía con la enfermedad que no podría ser reemplazada por la mediatización de las noticias sobre la enfermedad, ni aun por las imágenes de personas afectadas.

Así, para muchos de los entrevistados, la influencia más importante recibida en relación con el cuidado frente al riesgo de infección por el VIH proviene de los amigos y conocidos enfermos o muertos de sida. Esta influencia, derivada de la personificación de la enfermedad en sujetos de carne y hueso, es referida también a los enfermos de sida que piden ayuda en la vía pública.

*Me llegan más los que suben al colectivo a pedir que todas las propagandas* (mujer, 38 años, educación secundaria).

*Yo incorporé el preservativo a partir de la muerte de amigos; eran bombas que caían a los costados... era un entierro, y otro y... ahí caí, me di cuenta* (hombre, 28 años, educación universitaria).

## El sistema de salud

Los *profesionales de la salud* son mencionados de modo especial por buena parte de los entrevistados como fuentes directas de influencia en relación con la conducta preventiva. Importa de un modo especial en la aceptación de sus indicaciones el confiar en el criterio científico que las valida, en la medida en que ellas surgen del conocimiento profesional y no lego sobre el tema.

## La influencia de la familia

En cuanto a las influencias familiares, las *madres* son mencionadas especialmente como las personas que intentan aconsejar el usar preservativos, pero este consejo es tomado como uno más entre los planteados por ellas, sin que en la mayoría de los casos se profundice el tema.

*La escucho por respeto, por decirle, bueno, ya está, ya sé lo que tengo que hacer, lo tomo pero no le doy tanta importancia* (hombre, 20 años, educación secundaria).

En efecto, la comunicación que por lo general se menciona tener con los padres acerca de los temas sexuales parece tener un límite, tal como lo ejemplifica la siguiente frase de una entrevistada:

*En mi casa siempre fue muy abierta la comunicación, pero mi madre conoce a las personas que entraron a mi casa como novios, no a mis relaciones pasajeras* (mujer, 27 años, educación universitaria).

Los consejos paternos son vertidos con una cierta dosis culpógena, en el sentido de reforzar la responsabilidad de los hijos en cuanto a no cometer *"tonterías"* que puedan traer consecuencias graves para ellos y por ende también para los padres, al modo de:

*No vayas a hacer eso de enfermarte de esa enfermedad tan terrible* (hombre, 27 años, educación secundaria).

En relación con los hermanos ocurre algo semejante: el tema se toca pero existe un cierto tabú que impide que se lo profundice, como se observa en el siguiente testimonio:

*Mi hermana salía con un chico que yo me di cuenta que era riesgoso. Tardé mucho en darme cuenta de eso, pasaron un par de meses; traté de conversar con mi hermana, le dije: ¿Vos usás forro? Y mi hermana me dijo: "No, la verdad que no". ¡Qué c....!, dije yo, y quedó ahí* (mujer, 22 años, educación secundaria).

En otras ocasiones parece existir una comunicación más fluida entre hermanos, especialmente cuando los varones asumen el rol de protectores de sus hermanas:

*Mi hermano siempre me dice: si no se cuida el tipo, no* (mujer, 32 años, educación primaria).


*Los amigos*


La posibilidad de romper la barrera del pudor que impide profundizar los temas en torno a la sexualidad se da en mayor medida con los amigos.

Los entrevistados informan que con respecto a ellos, cuando se toca el tema, lo que se hace es transmitir el miedo con respecto al sida, intercambiar información, contarse experiencias o ejercer un control mutuo sobre la conducta. Más allá de que este control pueda ser efectivo, es indudable que su presencia es importante, especialmente en los casos en que se adoptan conductas de riesgo.

> *Mis amigos me concientizan y yo no hago caso. Si hago la vista gorda me lo marcan como un pecado* (hombre, 26 años, educación secundaria).
>
> *Algunos me dicen: "pará, vamos a hablar de esto", y tengo que escuchar* (hombre, 43 años, educación primaria).


*La pareja*

El advenimiento del sida incorporó una nueva situación en el contexto de los conflictos de pareja. En algunos casos los entrevistados mencionan que el temor a la transmisión del VIH por infidelidades de la pareja precipitó la decisión de la separación. En estos casos, más que el dolor por la infidelidad parece haber pesado el temor del contagio, imponiéndose un criterio pragmático del cuidado de la salud a las razones de tipo afectivo.

El tema de la posible infidelidad está presente en muchas parejas, connotándosela también en términos de cuidado mutuo.

> *Entendemos la fidelidad como un compromiso mutuo y llegamos al acuerdo que de última si no podés sostener el compromiso, cuidate y cuidame* (mujer, 42 años, educación universitaria).

En estos casos existe, pues, un acuerdo pragmático, por lo menos a nivel de las intenciones, que surge ante la eventualidad de la aparición de un tercero. Es más difícil que surja esta dimensión pragmática cuando se trata del horizonte mismo de la pareja, en el que no se admite más que la confianza mutua, que no puede ser ensombrecida por la apelación racional a un pasado desconocido o a un presente dudoso. Es interesante señalar que se apela a esta confianza aun a costa de desestimar otras relaciones posibles, como se ve en las siguientes frases:

> *Nosotros nos tenemos confianza mutuamente. Estamos seguros de que no nos va a pasar nada. Primero que fuera de casa no tenemos muchas relaciones, ni mi mujer ni yo, como para decir que corremos riesgos. Ahora...pue-*

*den ocurrir tantas cosas que...* (hombre, 46 años, educación secundaria).

*Nosotros estamos convencidos de que tanto ella como yo estamos sanos totalmente y no tenemos ninguna infección de VIH, porque pasamos de una relación normal, estable, de no haber tenido... por lo menos en lo que a mí respecta y a mi ex esposa, por lo menos hasta donde puedo saber, sé que me era fiel, como yo, y como también creo que mi pareja tenía el mismo tipo de relación* (hombre, 39 años, educación universitaria).

En estas frases se observa que se parte de la pretensión de confianza basada en una seguridad que se descuenta *a priori,* aunque luego se especifica que existen grietas en tal seguridad, a partir del reconocimiento de la imposibilidad de la certeza con respecto a las posibles conductas sexuales de los otros.

Llama la atención que este reconocimiento, al que se llega por un procedimiento de análisis racional, no conduce a poner en tela de juicio la premisa de la confianza, basada en cuestiones que parten más del plano de los afectos que de juicios sobre cuestiones prácticas.

La diferenciación entre parejas estables y circunstanciales y el riesgo asociado exclusivamente a estas últimas lleva a poner entre paréntesis las dudas con respecto a la pareja estable, aun cuando se sabe positivamente que ella mantiene relaciones con otra persona, tal como se evidencia en el siguiente testimonio:

*Si salgo con un muchacho extra de mi pareja, que se puede dar, porque mi pareja es casado, ahí sí, compro dos Prime con espermicida, es la mejor manera de cuidarse* (mujer, 47 años, educación primaria).

El aura de confianza otorgada a la pareja es justificada muchas veces por el medio de donde ella procede, el conocimiento previo, el conocimiento familiar, el hecho de que se tengan hijos, etcétera.

*A esta altura de mi vida yo salgo con mujeres que son confiables, de su casa* (hombre, 46 años, educación secundaria).

Se toma así un elemento y se lo carga de significaciones positivas, poniéndose entre paréntesis otros aspectos que se desconocen y se dan por supuesto. Este proceso de categorización social se lleva a cabo desconociéndose que no se trata de categorías inmutables, sino cambiantes y arbitrarias, a las que se atribuyen propiedades esencialistas: por ejemplo, una persona *es* "sana" porque se la ha conocido a través de amigos comunes. Según Rothbart y Taylor (1992) este esencialismo psicológico, es decir, este fenómeno de atribución de una propiedad subyacente a las categorías, opaca su naturaleza construida y variable, conduciendo a un proceso de homogeneización dentro de las categorías y de heterogeneización entre ellas. La caracterización del *endogrupo* como confiable, en este caso, y su extensión por carácter transitivo a las personas que arbitrariamente se considera pertenecientes a él, está en la base del proceso de constitución de la identidad, que, según Tajfel (1981), se edifica a partir de una diferencia, de un contraste o una alteridad: el *exogrupo*.

## La negación de la influencia de los otros

Un grupo importante de entrevistados manifiesta que *"no escuchan a nadie"* más que a sí mismos, en el sentido de rechazar activamente posibles interferencias de otras personas sobre sus propios análisis de la situación. Este rechazo a la influencia de otros puede adoptar el tenor de rechazar lo que se sabe que dichos otros aconsejarían, aun reconociendo que es lo que *se debería hacer*, como se ve en la siguiente frase:

*Nadie influye sobre mí. Como no hago lo que sé que tengo que hacer, por eso te digo que no influye nadie* (hombre, 26 años, educación secundaria).

En otros casos se trata de una autoafirmación que lleva a reivindicar el cuidarse a partir de la propia decisión:

*No le llevo el apunte a nadie, me llevo el apunte a mí; nadie me puede aconsejar sobre lo que voy a hacer con mi vida. En esto no hay consejos, hay conciencia. Soy independiente totalmente* (mujer, 30 años, educación universitaria).

## LA SECUENCIA DE LAS DISTINTAS
## INFLUENCIAS RECIBIDAS

Llamados a reflexionar acerca de las distintas influencias recibidas con respecto a la prevención de la infección por el VIH, algunos entrevistados reconocen que se dio para ellos una secuencia en la que fueron informados primeramente por los profesionales, actualizados en cuanto a nuevas informaciones por la prensa, y llevados a asimilar la información a partir de conversaciones con personas cercanas (familiares, amigos, pareja). En esta afirmación se obvia el hecho de que probablemente la primera etapa, mencionada como la información aportada por los profesionales durante la consulta médica, se llevó a cabo sobre la base de información previa aportada por los medios. Se cumple así la hipótesis de los dos pasos en la incorporación de la información (primero influencia mediática y luego influencia a través de comunicaciones personales), en la que estas últimas se postulan como elementos reforzadores que permiten la asimilación de los mensajes transmitidos por los medios.

Se da en este caso una doble secuencia medios-comunicaciones personales, de modo tal que ella sería:

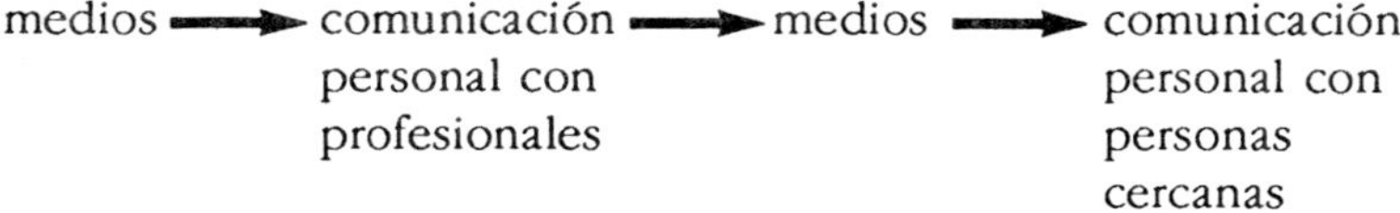


En los casos en que la accesibilidad al sistema de salud no es fluida, la secuencia se reduce a los últimos dos pasos. La siguiente frase de uno de los entrevistados muestra dichas dificultades, referidas a la calidad de los servicios de salud:

*No veo en los médicos una cosa de cuidado o de enseñanza con respecto al sida, pero tal vez porque veo a médicos de obras sociales, que están siempre apurados* (mujer, 24 años, educación universitaria).

Si consideramos la adopción de la conducta de prevención con respecto a la infección por el VIH como un comportamiento innovador, en la medida en que exige una serie de cambios, desde cognitivos hasta conductales, en los patrones cotidianos de las

personas, especialmente sexuales, puede pensarse que, tal como
lo plantean Moscovici y Lage (1976), es difícil que dichos cambios
puedan lograrse a partir de las influencias de las mayorías, representadas por los mensajes a través de los medios masivos de comunicación. Esto no implica negar su gran importancia en cuanto
a la instalación del tema en la opinión pública, paso sin el cual no
puede pensarse que se inicie el proceso que lleve a la innovación
a nivel del comportamiento. Sin embargo, cuando se afirma que
las personas de "carne y hueso" llegan más que los mensajes, se
está diciendo que es necesario, por lo menos en este tema, lograr
traspasar la barrera de lo público percibido como lo no-propio, o
por lo menos lo no-particular, para revisar los supuestos que subyacen a las creencias y eventualmente a las prácticas. Esta "parti-
cularización" adquiere la forma de "personalización", tal como se
ve en la doble secuencia medios ——> comunicaciones personales planteada más arriba. ¿Obedece esta necesidad de "traducción"
de los mensajes masivos en mensajes personalizados a la desconfianza generada por lo que trasciende la intimidad o se trata de la
necesidad de acercar el tema de modo tal de incorporarlo en el
circuito de los procesos constitutivos y siempre activos de la identidad personal y grupal? Nos inclinamos por esta segunda posibilidad, en la medida que ellos derivan, según los desarrollos psicosociales de Tajfel y Turner (1986), de los procesos intergrupales
que conducen a la delimitación de un *nosotros* y un *ellos*. Siguiendo con este modelo, los medios proveen el "paraguas" de la información con respecto al sida, bajo el cual ella debe procesarse
de modo tal de diferenciar lo que de ella me/nos incumbe y lo
que le/les incumbe (a ellos, a los otros).

En este procesamiento juega un rol fundamental la comunicación persona a persona, dado que permite identificar aspectos
a incorporar como propios (por ejemplo, en cuanto a riesgos posibles) y aspectos a expulsar como ajenos. La orientación de esta
suerte de "Martín Pescador" es errática. En algunos grupos de jóvenes, por ejemplo, el desmenuzamiento de la información por el
grupo de pares llevó a incorporar la innovación en la conducta,
en el sentido de la protección, como propia del endogrupo.

Sin embargo, no es lo que ha ocurrido en la mayor parte de
los procesamientos personales, especialmente de adultos, que
tienden a expulsar la información atribuyéndola a problemas que

atañen al exogrupo. Lo que es indudable es que las políticas preventivas han pasado por alto la importancia de los "traductores" de la información, que, cuando se ofrece, se limita a la que puede ser transmitida por los medios masivos, a excepción de la tarea desarrollada por las ONGs que trabajan en el campo del sida, que sí se ofrecen como espacios "traductores", si bien no está claro aún cuál es su potencial para oficiar como tales para el grueso de la población. El 21% de personas que mencionan como fuente de su información acerca del VIH/sida a voceros de dichas ONGs en la muestra estudiada es un importante indicio a tener en cuenta, si bien cabe plantearse la pregunta si es posible identificar la mención de la fuente con la legitimización que puede o no acordársele. Creemos que ésta es una interesante pregunta a responder en futuras investigaciones.

CAPÍTULO 11

# LAS ONGS QUE TRABAJAN EN EL CAMPO DEL VIH/SIDA: UNA TIPOLOGÍA[1]

ANA LÍA KORNBLIT Y MÓNICA PETRACCI

1. Una versión de este trabajo se publicó en DESIDAMOS, 8, 1-2, 2000. La investigación que dio lugar al capítulo fue financiada por UBACyT (programación 1998-2000). El Lic. Antonio Bruno Nahum colaboró en el trabajo de campo.

Durante la última década, la sociedad argentina ha asistido al proceso de redefinición del papel del Estado en sus relaciones con la sociedad civil y el sistema económico. Las experiencias en ese sentido, tanto las locales como las impulsadas por los países de mayor desarrollo relativo, evidencian que dicho proceso comprende dos etapas.[2] En primer lugar, una respuesta a la crisis fiscal del sector público basada en la transferencia de actividades de la órbita pública a la privada, la contención del gasto y la reducción de personal. La segunda etapa, sin abandonar las consideraciones de índole fiscal, enfatiza el logro de la modernización sobre la base de la eficiencia.

Una de las derivaciones de ese proceso es la presencia de organizaciones de la sociedad civil haciéndose cargo de ciertas funciones —por ejemplo, los servicios sociales, especialmente los que implican un alto costo por beneficiario, como es el caso de los enfermos crónicos— cumplidas con anterioridad por el Estado pero que, actualmente, no son absorbidas por los organismos gubernamentales ni solucionadas por el mercado.


2. En el caso argentino, las reglamentaciones y medidas que dieron forma a la reforma del Estado y la administración pública fueron, básicamente, las siguientes: en 1989 un paquete concentrado de dos leyes (Nº 23.696, de Reforma del Estado y Nº 23.697 de Emergencia Económica) y posteriormente, varios decretos de necesidad y urgencia: en 1990, Nº 435 de Reordenamiento del Estado, Nº 1.457 denominado ómnibus para acelerar la reforma estatal y Nº 2.476 de Racionalización del Estado, principales disposiciones relativas a la situación del personal; en 1991, Nº 992 sobre el Sistema Nacional de la Profesión Administrativa (SINAPA).

Las organizaciones no gubernamentales que se ocupan de los enfermos de sida, cuyo tratamiento es especialmente costoso y prolongado en el tiempo, representan un caso paradigmático de dicha tendencia a nivel mundial. Muchas veces las respuestas comunitarias fueron más productivas e innovadoras que las acciones originadas por los gobiernos o por la medicina tradicional.

En la mayoría de los países industrializados, la primera respuesta no gubernamental significativa partió de grupos de voluntarios y activistas que crearon sus propias organizaciones, con el objetivo de ofrecer asistencia a personas de su conocimiento, informar a los profesionales y reivindicar la necesidad de la atención y de recursos económicos para los afectados. En 1991 la Organización Mundial de la Salud había identificado más de doscientas ONGs actuando en cuestiones relacionadas al sida en África; la Organización Panamericana de la Salud había identificado quinientas en América latina y la entidad norteamericana *National AIDS Information Clearinhouse* encontró —si bien incluyendo algunas agencias gubernamentales— cerca de 16.000 en los Estados Unidos.

La relación entre el Estado y las organizaciones de la sociedad civil no es fácil, debido a la inexistencia de patrones que las regulen. En un estudio sobre la tematización del sida en la prensa escrita durante 1991-93 (Petracci y Vacchieri, 1997), la comunicación pública entre el Estado y las ONGs queda definida como "un diálogo de sordos o la imposibilidad de la interlocución".


EL VIH/SIDA, EL ESTADO Y LAS ONGS A NIVEL LOCAL


En el caso del sida, el Estado, si bien cumple funciones asistenciales, haciéndose cargo del tratamiento, ha resignado casi en su totalidad la función preventiva y la de contención de los enfermos, delegándolas en las organizaciones civiles. Ello se ha producido en un Estado, como el actual en la Argentina, erosionado en su patrimonio y en su capacidad de gestión, por lo que frente al sida, desde el comienzo mismo de la epidemia, fueron fundamentalmente los actores no-gubernamentales quienes tomaron la iniciativa de encarar respuestas frente a ella.

Así, numerosas asociaciones y militantes individuales impulsaron campañas de prevención, constituyeron movimientos de autoayuda que gestionaron asistencia médica, psicológica y farmacológica, promovieron acciones legales y políticas contra la discriminación, encabezaron los reclamos frente a la inercia estatal, contribuyeron a la instalación del tema y de sus propias organizaciones en la agenda pública, etcétera. Estas asociaciones fueron evolucionando, constituyendo redes, realizando actividades a veces en colaboración y muchas veces en confrontación con las instituciones gubernamentales y de salud. En ciertos casos se especializaron en algún aspecto puntual y en otros, por el contrario, diversificaron sus actividades.

Asimismo, la labor de las asociaciones de lucha contra el sida contribuyó a disminuir la discriminación social y política en materia de sida, gracias a la tarea de información y de visibilización de la cuestión.

La fuerte presión de la Iglesia católica, renuente a hablar públicamente del preservativo en los mensajes preventivos, es otra de las razones de la ausencia del Estado en las políticas preventivas de la infección por el VIH y del traspaso de las mismas a las ONGs. Por otra parte, los bajos presupuestos destinados a salud hacen que la asistencia psicológica sea todavía muy escasa a nivel público.

Desde una perspectiva crítica puede plantearse que se ha producido una suerte de división del trabajo que implica reservar el mercado para los sectores más acaudalados y el Estado y las ONGs para la asistencia social a los pobres. Desde una perspectiva más optimista puede plantearse que el reforzamiento de las organizaciones de la sociedad civil entraña la posibilidad de alcanzar un tipo de relaciones sociales más solidarias y cooperativas, y de expandir la ciudadanía (Bustelo, 1997). Esto se lograría a partir de la constitución de las ONGs como actores sociales que tendrían la capacidad de movilizar a los grupos sociales más postergados, lo que implica la posibilidad de plantear en y desde cada organización un funcionamiento democrático, con participación plena de los convocados, que gozarían del poder de decisión sobre su política y sus estrategias de acción, eligiendo la forma de distribución de los servicios ofrecidos. Esta idea lleva implícita la existencia de instituciones civiles fuertes, con tradición de funcionamiento democrático, habituadas a manejarse en la búsqueda de consensos. Como sabemos, ésta no es la característica de las instituciones en Latinoamérica, y dentro de ella, en nuestro país. Lo característico en la región es la vigencia de un modelo autoritario y vertical, tanto en las organizaciones de la sociedad civil como en el ámbito gubernamental, aun cuando se trate de regímenes elegidos democráticamente.

Hay que tener en cuenta también que la retirada del Estado de las funciones de asistencia social, como dice Bustelo, corre el riesgo de producir una pérdida de centralidad de los ideales comunes y la proliferación de organismos y formas asociativas que reproduzcan modelos tradicionales y que sirvan a los fines particulares de sus organizadores.

Al altruismo en los fines, caracterizado como la capacidad de asumir intereses de otros como propios, se sobreponen en algunos casos los intereses particulares de los directivos de las ONGs. Si bien estos intereses no pasan siempre por lo económico, el proyecto individual de los directivos encuentra en ocasiones en las organizaciones civiles un espacio para el desarrollo profesional, no exento de cierta dosis de poder. Esta modalidad aleja la posibilidad de lograr la promoción de ciudadanía para las personas a las que se dirigen las acciones de las ONGs, conservándose el modelo tradicional del asistencialismo.

De acuerdo con el Centro Nacional de Organizaciones de la Comunidad (CENOC, 1997), pueden diferenciarse dos tipos de ONGs:

❑ Las organizaciones de base: son aquellas en las que sus acciones tienen como destinatarios principalmente a sus propios miembros (pueden incluir como beneficiarios a otros vecinos de la comunidad). Su radio de acción es básicamente local y su creación como organización responde principalmente a la necesidad por parte de sus integrantes de resolver un problema puntual que los convoca. Su capacidad de gestión institucional es generalmente deficitaria y es común que no estén profesionalizadas. Tienden a equilibrar en sus actividades la asistencia y la promoción de sus objetivos.

❑ Las organizaciones de apoyo: en general quienes las componen no son los beneficiarios de sus acciones, su radio de acción generalmente no se limita a lo local y cuentan con recursos humanos profesionalizados y con una estructura organizacional que les permite desarrollar su capacidad de gestión institucional a niveles aceptables. Se dedican especialmente a la asistencia y a la capacitación.

La escasa cantidad de organizaciones de base en el caso de las ONGs que trabajan en el campo del sida, puede interpretarse como una falta de motivación a autoconvocarse por parte de las personas seropositivas y por el hecho de que, por el contrario, los profesionales y voluntarios interesados en ocuparse de ellos han encontrado, fuera de los lugares asistenciales tradicionales, desde dónde hacerlo.

En cuanto a cómo llevar adelante esta tarea, las ONGs que trabajan en el campo del sida se dividen en dos tipos: uno de ellos, al que llamaremos *ONGs que trabajan con el modelo asistencialista tradicional*, pone el énfasis en responder a las demandas y necesidades de las personas afectadas, a través de un enfoque fundamentalmente individual y descontextualizado de lo social. El otro, al que denominaremos *ONGs que trascienden el modelo asistencialista tradicional*, se propone definir el sida como una construcción social, para lo que toma en cuenta ciertos patrones culturales que influyen en el modo como se ha configurado la enfermedad socialmente: el rol subordinado de la mujer, la relación de la enfermedad con grupos estigmatizados, la negación del riesgo y/o la atracción del riesgo, etcétera. El tipo de intervención coherente con este enfoque es el de la medicina y la psicología comunitarias, que procuran reconstruir el tejido comunitario a partir de la participación grupal, contextualizando la demanda en términos de un nosotros en el que sin embargo se reconocen las diferencias. Un ejemplo de este paradigma es la frase de uno de los dirigentes entrevistados:

> *[...] qué le pasa con el sida a un maestro, qué le pasa a un cura, qué le pasa a la secta, qué me pasa a mí, qué le pasa a un paciente, qué te pasa a vos, médico. Hicimos un mapeo de qué nos pasa como sociedad, en función del tema* (hombre, profesional, 40 años).

Según datos del CENOC, existen 52 ONGs en la ciudad de Buenos Aires y 31 en el Gran Buenos Aires entre cuyos objetivos figura la lucha contra el sida. La mayoría de estas 83 ONGs contemplan también entre sus objetivos el accionar en temas vinculados, como drogadependencia, sexualidad, discriminación, etcétera.

Para el presente estudio se entrevistaron directivos de 27 organizaciones de la sociedad civil que trabajan en el campo del sida en la ciudad de Buenos Aires y en el Gran Buenos Aires. Se realizaron entrevistas con las instituciones con las que pudimos efectivizar contactos. Las razones por las que no se pudo contactar en los restantes casos fueron: no encontrar la sede de la ONG por haberse mudado, haber cesado en sus funciones, haber cesado de dedicarse al sida o trabajar en el tema de modo indirecto (por ejemplo, dedicándose a educación sexual) o no contestar al llamado. Es de destacar que mientras que las personas que accedieron a la entrevista nos abrieron las puertas, siendo generosas con su tiempo y su interés, tres directivos de ONGs se mostraron reticentes y hasta despectivos en relación con nuestro cometido. Pudimos detectar en esos casos razones de celo profesional y de desconfianza en relación con nuestra filiación como Universidad de Buenos Aires. La pobreza de los datos recogidos en esas oportunidades llevó a que dichas ONGs no se incluyeran en la muestra.

Todas las ONGs que entrevistamos, con excepción de las que se ocupaban con anterioridad de las ETS y la sexualidad, y en consecuencia, encaran tareas vinculadas al sida como extensión de sus objetivos principales, se crearon a partir de 1989,[3] con un pico en 1992, año en el que vieron la luz 13 de ellas. Esto puede pensarse como un índice de que ciertos núcleos de personas, en general profesionales, advirtieron por un lado el avance de la epidemia y por otro la insuficiencia de la acción gubernamental en relación con ella, ya evidente después de tres años de asunción del gobierno del presidente Menem.

El análisis de los *propósitos* con que fueron fundadas las ONGs entrevistadas muestra que en la mayor parte de los casos se trata de objetivos que no son cumplidos por las políticas oficiales. La utilización del video como herramienta en la medicina comunitaria;[4] las políticas de reducción del daño referidas a los con-

---

3. En Brasil, la primera ONG —Grupo de Apoio e Prevencao à AIDS (GAPA)— fue creada en 1985 en San Pablo (Ministerio de Saúde, 1997).

4. El video alternativo, como lo denominan los integrantes de una de las ONGs estudiadas, se basa en una creación colectiva, cuyo interés fundamental es la participación activa de los actores involucrados en un tema, tendiente a recrear el tejido social atomizado.

sumidores de drogas;[5] el concientizar a la población sobre las ETS,[6] son objetivos con que se fundaron algunas de las ONGs estudiadas, que revelan el abordaje de temáticas no encaradas por las instituciones existentes.

En otros casos los propósitos con que estas organizaciones fueron creadas abarcaron la reivindicación de los derechos de ciertas minorías (por ejemplo, homosexuales) o de grupos desplazados de las esferas del poder público (por ejemplo, mujeres).

Las ONGs cuyos objetivos mencionamos hasta aquí fueron creadas con fines más amplios que la preocupación acerca del sida, aunque las actividades en torno a su prevención, la asistencia de los afectados o la reivindicación de sus derechos constituye una parte sustancial de sus programas.

Alrededor de la mitad de las ONGs que fueron analizadas se formaron teniendo como referente la infección por el VIH/sida. De éstas, algunas trabajan de un modo directo con las personas afectadas, en general a veces y de modo específico, otras. En este último caso se dirigen a mujeres que viven con el VIH, a familiares de enfermos, a niños huérfanos de padres muertos por el sida. Algunas organizaciones se constituyeron a raíz de implicaciones personales de los miembros fundadores en el tema: hijos o amigos afectados. Otras, por el imperativo del *hacer* frente a la sensación de carencia de recursos para enfrentar situaciones conflictivas derivadas de la epidemia.

Así como las ONGs mencionadas hasta ahora se constituyeron poniendo el énfasis en actores que se visualizan como desprotegidos frente a la enfermedad, en dos casos el propósito que guió su creación fue el apoyo a los profesionales que trabajan en

5. Las políticas de reducción del daño, que se desarrollaron con éxito en los países en los que se adoptaron —europeos en su mayoría—, consisten en focalizar la prevención del contagio por el VIH en los casos de consumidores abusivos de drogas, en las prácticas riesgosas mismas, y no en el hábito de consumir, del que los sujetos pueden no desear apartarse.

6. Se parte en este caso del hecho del recrudecimiento de las ETS en la década del 70, que no se vio acompañado por un énfasis correlativo en la información acerca de ellas a la población, ni por la necesaria capacitación de los profesionales involucrados en su atención.

ámbitos hospitalarios en servicios de infectología. En estos casos puede pensarse que la creación de estas ONGs estuvo también guiada por la urgencia de paliar necesidades que no llegan a ser cubiertas por el aporte estatal, dado que ellas se plantearon como complementarias de la labor realizada en el ámbito hospitalario.

Los *públicos* a los que se dirige el accionar de las ONGs entrevistadas son por lo general múltiples, dado que, como veremos en el tipo de actividades que realizan, comprenden población general y jóvenes, por ejemplo en las tareas de prevención primaria que encaran la mayor parte de ellas. Algunas, sin embargo, focalizan su accionar en públicos específicos, en especial las que realizan actividades de prevención secundaria y terciaria, dirigiéndose a personas que viven con el VIH, familiares de enfermos o huérfanos de padres muertos por el sida. Otras se centran en grupos especialmente vulnerables, como homosexuales, trabajadoras/es del sexo, presos y ex presos o adictos.

Las *actividades* más frecuentes realizadas por las ONGs en relación con las personas afectadas por el VIH/sida son la asistencia psicológica y la defensa de sus derechos como ciudadanos, en especial a través del servicio de asesoría legal que ofrecen. Otro tipo de servicio, ofrecido por menos instituciones, es el de consultoría y acompañamiento, que va más allá de la atención psicológica en consultorio, dado que implica el estar junto a la persona que lo demanda en momentos críticos, como el abrir el sobre que contiene el informe de la prueba del VIH o de la carga viral.

Algunas de las ONGs cuentan con un servicio de atención telefónica permanente, lo que es de especial interés en un país como la Argentina, en el que sólo a partir del 2000 comenzó a funcionar una línea sida ofrecida por una institución pública.

Las *tareas* más frecuentes abordadas en el campo de la prevención primaria son la realización de talleres, especialmente en escuelas, dirigidos a los alumnos o a toda la comunidad educativa, incluyendo padres, docentes y otro personal que trabaje en ellas.

Las tareas de capacitación dirigidas a profesionales o líderes de la comunidad son también abordadas por algunas ONGs, empeñadas en la formación de agentes multiplicadores de la prevención.

El *promedio de personas que trabajan* en las ONGs es de 12 personas. La mayor parte tienen entre 10 y 20 personas trabajando, si bien existen algunas que cuentan con 6 miembros y otras con 70. El grueso del trabajo es realizado por voluntarios, si bien en muchos casos los profesionales que prestan servicios reciben honorarios. La mayor parte de los profesionales son médicos y psicólogos, y en menor proporción asistentes sociales y abogados.

El rango de personas a las que las ONGs manifiestan *haber llegado con sus intervenciones*[7] a lo largo de su historia está entre 2.000 y 4.000, si bien en un caso los directivos de una de ellas refieren haber realizado más de 1.200 talleres, alcanzando a alrededor de 40.000 personas. Haciendo un cálculo muy *grosso modo* podría pensarse que las ONGs entrevistadas han realizado tareas preventivas con alrededor de 100.000 personas a partir de su creación, lo que no es poco pensando que en muchos casos de trata de personas especialmente vulnerables, y en otros de personas que fueron capacitadas, las que a su vez pueden haber multiplicado la tarea preventiva.

Casi las dos terceras partes de las ONGs entrevistadas *trabajan en red*, vale decir, están vinculadas entre sí para fines cooperativos. El paradigma de la situación manejada colectivamente que mencionan es la presión que llevaron a cabo frente al Ministerio de Salud en la lucha por lograr la continuidad de la provisión de medicamentos en forma gratuita, en 1996.

Si bien en algunos casos los entrevistados se quejan por los conflictos que pueden darse en esas instancias colectivas en la lucha por ganar espacios o más recursos, en general todos reivindican la posibilidad de la mayor fuerza de presión que confieren las alianzas.

Los *recursos* para el funcionamiento de las ONGs se obtienen en la mayor parte de los casos de subsidios locales[8] y extranjeros. Algunas recaudan también a través de cuotas de afiliados y otras de eventos (tipo espectáculos), realizados con fines benéficos. El vínculo con empresas como entidades que realicen el patronazgo de las ONGs es logrado sólo por muy pocas.


7. Se incluyen los contactos personales, individuales y grupales, excluyéndose las influencias ejercidas a través de folletería o de mensajes por los medios masivos.

8. En el caso del sida, ello se vehiculiza a partir del programa LUSIDA, que distribuye fondos provenientes del Banco Mundial.

La *modalidad de trabajo* privilegiada por las ONGs entrevistadas en las actividades de prevención primaria es la realización de talleres, que implican para la mayoría no sólo el transmitir información sino el trabajar vivencialmente con los participantes.

En la atención psicológica a personas que viven con el VIH, según el modelo de trabajo que adoptan, se hacen tratamientos de psicoterapia individual o tareas de *counseling*. Los grupos de personas seropositivas, ya sea de autoayuda o coordinados por profesionales, experimentan la dificultad de tener que remontar las pérdidas producidas por el empeoramiento o la muerte de alguno de los miembros, por lo que en algunas ONGs se han discontinuado.

En relación con la *atención médica*, en las pocas ONGs en las que se realiza, se hacen especialmente análisis y derivaciones a profesionales.

Sólo en dos de las ONGs entrevistadas se trabaja en *investigación* biomédica, con protocolos de enfermos. En otras dos se llevan a cabo investigaciones sociales.

El compromiso personal es el motor más importante de la pertenencia a las ONGs, y esta dedicación otorga el beneficio de la consolidación de la propia autoestima, a partir de la identificación con el bien común, tal como lo expresa uno de los entrevistados:

> *...se va uno fanatizando cada vez más para pelear contra la adversidad, y uno dice yo de acá no me voy porque me necesitan, y tiene una sensación emocional y de respeto humano muy particular que hace que uno se quede* (hombre, 45 años, voluntario).

Los datos relevados acerca de las ONGs estudiadas nos permitieron construir sobre ellas la siguiente tipología:

| Tipo de ONG | Tipo de ONG según clasificación CENOC | Objetivos | Público al que se dirigen | Actividades | Modelo de acción | Cant. |
|---|---|---|---|---|---|---|
| ONGs que siguen el modelo asistencialista profesional | De apoyo | Brindar información; Concientizar, Contener psicológicamente a afectados; Brindar asistencia | Personas que viven con el VIH Población general | *Atención psicológica,* Atención médica en pocos casos, Prevención primaria y secundaria, Capacitación | Asistencia individual, Actividades comunitarias en prevención primaria | 12 |
| ONGs que trascienden el modelo asistencialista | De apoyo | Reivindicación de derechos de minorías o grupos desplazados del poder público | Población general. Personas que viven con el VIH, Grupos específicos de personas más vulnerables | *Prevención primaria,* Atención psicológica, Difusión de información, Consultoría legal, Reivindicación de derechos, Capacitación | Fundamentalmente medicina y psicología comunitarias | 9 |

| Tipo de ONG | Tipo de ONG según clasificación CENOC | Objetivos | Público al que se dirigen | Actividades | Modelo de acción | Cant. |
| --- | --- | --- | --- | --- | --- | --- |
| ONGs de autoayuda | De base | Reunir a personas seropositivas | Personas que viven con el VIH, Población general | Consultoría legal, Contención psicológica, Reivindicación de derechos, Prevención primaria, Gestión de medicamentos | Acciones comunes, defensa de derechos, Counseling | 4 |
| ONGs que apoyan a servicios hospitalarios | De apoyo | Apoyar a profesionales de servicios hospitalarios de infectología | Personas que viven con el VIH, Población general | Atención médica, Atención psicológica, Prevención primaria, Investigación clínica | Recaudar fondos para apoyo de programas científicos | 2 |

Como se ve en el cuadro, la mayor parte de las ONGs que trabajan en el campo del sida en Buenos Aires entran en el tipo: *ONGs que siguen el modelo asistencialista profesional,* si bien un número también importante trasciende dicho modelo. Teniendo en cuenta la diversidad de actividades que despliegan y su crecimiento numérico, puede verificarse la importante delegación que el Estado ha realizado en ellas, especialmente en los aspectos de contención psicológica de los enfermos de sida y de prevención de la transmisión del VIH a través de la vía sexual.

Pensamos que el cumplimiento de estas actividades es esencial y, también, que la respuesta de las ONGs ha sido y sigue siendo crucial ante el vacío dejado por el Estado. No obstante, una parte minoritaria de las instituciones entrevistadas en este estudio cumple con la función política de reciudadanizar a las personas de las que se ocupan. En esta medida, las que no lo hacen, ocupan el lugar cedido por el Estado, sin redefinirlo como un espacio que permita, además de ayudar a los enfermos, contribuir al logro de una mayor equidad social, y —como dice Rosanvallon (1997)—, a reivindicar sus derechos como ciudadanos. Ello no se logra tratándolos sólo como asistidos, postura que han asumido aquellas ONGs que, de acuerdo con nuestra definición, trascienden el modelo asistencialista.

Por otra parte, la dependencia financiera que se crea en muchos casos de las organizaciones con respecto al gobierno, hace que ellas corran el riesgo de convertirse de organismos no gubernamentales en *organismos neogubernamentales* (Bustelo, 1997). Este autor, citando a N. Bobbio (1988), afirma que el abrazo entre el mercado y la democracia puede resultar vital o mortal para esta última. Lo mismo podría decirse con respecto a la relación entre el Estado y las ONGs: se tratará de un abrazo mortal para las ONGs si, a través del desarrollo de una política clientelística, en la que los asistidos sean simplemente tales, se conviertan en organismos neogubernamentales, llenando un espacio cedido por el Estado, sin redefinirlo. Se tratará de un abrazo vivificador si, con la ayuda del Estado, las ONGs se dedican a posibilitar el acceso a la ciudadanía de los actores sociales relegados a los que se dirige su accionar. El trascender el enfoque filantrópico tradicional encarado por la antigua Sociedad de Beneficencia implica reconocer a los individuos como sujetos de derechos y no sólo proveerlos de contención afectiva y relacional.[9]

Por otra parte, el análisis realizado puso de manifiesto las consecuencias de la ausencia del rol del Estado como entidad reguladora en este campo. Ellas comprenden fallas tales como: falta de capacitación continua de los operadores; falta de evaluación de la tarea realizada; falta de coherencia en los mensajes preventivos; superposición en las acciones con respecto a algunos sectores poblacionales y vacío con respecto a otros; baja efectividad global. Todas estas consecuencias negativas pueden resumirse diciendo que estamos en presencia de un desaprovechamiento de los recursos humanos y materiales invertidos en el sector.

En resumen, si bien las ONGs han tenido en este campo, y lo siguen teniendo, un rol esencial en cuanto a la denuncia de las necesidades de las personas alcanzadas por la enfermedad y de los riesgos para la población en general de la infección por el VIH, sus caminos pueden diversificarse. Algunas de ellas, al reproducir las normas, valores y estructuras de los sectores sociales hegemónicos pueden rutinizarse en cuanto a sus prácticas y a su organización, perdiendo el carácter innovador con que en general fueron creadas. Otras, en cambio, pueden conservar el lugar de la innovación, bregando por los derechos de los actores sociales relegados y desarrollando sus funciones con una genuina idea de la participación comunitaria.

Este análisis preliminar, por cierto no exhaustivo, esboza algunos elementos fundamentales del debate contemporáneo sobre las potencialidades de las ONGs en la implementación de las políticas sociales y sobre la naturaleza y los límites de sus relaciones con el Estado.

9. La lucha por el reconocimiento de la dignidad de los enfermos y no sólo por su derecho a la asistencia ha sido el lema de algunas organizaciones que actúan en el campo del sida en Europa y en Estados Unidos. El paradigma de ellas es ACT-UP, originada primeramente en Estados Unidos y luego expandida a gran parte de los países europeos.

CAPÍTULO 12

## PREVENCIÓN DE LA INFECCIÓN POR EL VIH: LOS MENSAJES DE PEQUEÑO FORMATO EN LA ARGENTINA[1]

Ana Lía Kornblit, Malena Verardi y Fabián Beltramino

1. Una versión de este trabajo se presentó en el encuentro *Comunicar las instituciones,* organizado por las Fundaciones W. Benjamin y K. Adenauer, Buenos Aires, octubre de 1999. La investigación que dio lugar al capítulo fue financiada por UBACyT (programación 1998-2000). El Lic. Antonio Bruno Nahum y los alumnos del Taller sobre "Aspectos sociales del sida", de la carrera de Sociología de la Facultad de Ciencias Sociales de la Universidad de Buenos Aires colaboraron en el trabajo de campo.

En este capítulo se presentan los datos recogidos en una investigación acerca de los mensajes preventivos contenidos en la producción gráfica en pequeño formato de las ONGs que actúan en el campo del sida en el área metropolitana de Buenos Aires.

El objetivo del trabajo es analizar los tipos de mensajes preventivos difundidos por las ONGs, teniendo en cuenta la delegación que el gobierno ha realizado en ellas de la tarea preventiva del sida.

Según datos del CENOC, existen 52 ONGs en la ciudad de Buenos Aires y 31 en el Gran Buenos Aires entre cuyos objetivos figura la lucha contra el sida. La mayoría de estas 83 ONGs contempla también entre sus objetivos el accionar en temas vinculados, como drogadependencia, sexualidad, discriminación, etcétera.

Para el presente estudio se contactaron 27 organizaciones de la sociedad civil que trabajan en el campo del sida en la ciudad de Buenos Aires y en el Gran Buenos Aires. A través de estos contactos pudimos recoger 42 piezas comunicacionales (volantes, trípticos y folletos), que constituyen el corpus con el que trabajamos. No pretendemos que se trata de una muestra que sea representativa de toda la producción de los mensajes de pequeño formato producidos por las ONGs que actúan en el campo, pero pensamos que hemos reunido una cantidad de piezas comunicacionales que permite realizar un análisis tentativo de dicha producción.

Para llevar a cabo el análisis tuvimos en cuenta las siguientes dimensiones:

## 1. POBLACIÓN A LA QUE SE DIRIGE EL MENSAJE

La mayoría de los mensajes analizados se dirigen a la población general. La minoría, en cambio, está dirigida a grupos poblacionales específicos. Entre ellos a jóvenes (3 mensajes), niños (1), mujeres (4), personas que viven con el VIH (3), travestis (1), homosexuales masculinos (1).

Si bien es importante que existan mensajes dirigidos a la población en general, se ha visto que la eficacia preventiva es mayor cuando se dirigen a públicos específicos, en la medida en que esto genera una mayor empatía con lo que se intenta transmitir, a partir de una apelación a un universo particularizado. Esto disminuye la posibilidad de que el mensaje sea rechazado al poner en juego el mecanismo de negación de la propia inclusión y la proyección del riesgo en los "otros". Los mensajes de pequeño formato deberían así focalizarse en grupos específicos, mientras que los transmitidos a través de los medios de comunicación de masas podrían dirigirse a la población general.

Dos mensajes dirigidos a públicos específicos son, por ejemplo, un folleto que indica en su primera página a quiénes apunta: *"Sólo para travestis"* y un volante que se dirige exclusivamente a jóvenes y para ello incorpora las palabras *"fiesta"*, *"rock"* e imágenes que connotan música, diversión y juventud.

## 2. OBJETIVOS DE LA COMUNICACIÓN

Más de la mitad de los mensajes explicitan en su contenido la necesidad del uso de preservativos. Varios de ellos se refieren además detalladamente a cómo usarlos. En este sentido puede decirse que cumplen con uno de los propósitos del traspaso de las actividades preventivas a las ONGs por parte del Estado, renuente a hablar públicamente del preservativo, ante la fuerte presión en contra de ello por parte de la Iglesia católica.

El objetivo de la mayor parte de los mensajes es transmitir información. Brindan información en general sobre las formas de transmisión y de protección del VIH y en pocos casos abordan más detalladamente aspectos específicos, como la transmisión vertical (madre-hijo), la relación del consumo de drogas con el sida, o la prueba del VIH.

Aunque en muchos de los mensajes se menciona el tema de la necesidad de ser solidarios con las personas que viven con el VIH, sólo en seis el objetivo global del mensaje es promover la solidaridad.

Algunos mensajes (5) se centran en los derechos de grupos poblacionales específicos (portadores del VIH, mujeres, jóvenes) en relación con el acceder a la información sobre la enfermedad, su tratamiento, o los derechos humanos en general.

Sólo tres mensajes tienen como objetivo apelar a la participación comunitaria en la lucha contra el sida. Otros tres promueven la comunicación familiar en torno al tema como medio de generar la protección frente al VIH.

Como vemos, el objetivo encontrado más comúnmente en los mensajes es la transmisión de información. El conocimiento sobre los modos de transmisión del sida es, obviamente, una variable de importancia a tener en cuenta a la hora de investigar la adopción por parte de la población de medidas preventivas. Sin embargo, a pesar de que las encuestas desarrolladas hasta ahora en diferentes países muestran un nivel alto de conocimientos acerca de este tema en la población, se ha visto que la información probablemente crea una condición necesaria pero no suficiente para producir los cambios de conducta necesarios.

Pueden plantearse varios interrogantes acerca de esta cuestión: ¿ha llegado el nivel de conocimientos en la población a un techo, de modo de producir modificaciones de conducta a partir de esa información en quienes estaban dispuestos a hacerlo, pero no en otras personas?, ¿es insuficiente el nivel de información con que cuenta la población en general con respecto al que sería necesario para cambiar la conducta?, ¿cuál es el manejo de la información que hace la población, vale decir, cuál es el mecanismo que hace que aun conociendo las conductas de riesgo no las evite?

No existen hasta ahora respuestas que cuenten con el consenso de la comunidad científica a estas preguntas, pero sí se reconoce la necesidad de trabajar con las actitudes tendiendo a la modificación de estereotipos y prejuicios muchas veces asociados al género, como un modo de instalar la posibilidad del cambio que lleve a la incorporación del cuidado como práctica habitual. Si bien no puede pensarse que este tipo de tarea sea cumplido difundiendo mensajes a través del pequeño formato, sí es posible pensar que los mensajes de este tipo podrían incitar en públicos específicos la inquietud por el desarrollo y la profundización de ciertos aspectos planteados a través de ellos.

## 3. ESTRATEGIAS DE LA COMUNICACIÓN

Coherentemente con el predominio del objetivo de transmitir información, en la mayor parte de los mensajes prevalece la función referencial. En una cuarta parte de ellos se privilegia la función conativa del lenguaje, de modo tal de indicar lo que se "debe" hacer. Para esto se usan los modos verbales imperativo e infinitivo (*reflexionar, aprender, revalorizar, ser humano, usá, tené cuidado*, etcétera).

En pocos casos el mensaje se transmite como sugerencia a seguir, como alternativa o como opción, mostrando que la decisión es de cada uno. Esto se observa por ejemplo en dos piezas (parte de una serie) en las que aparecen las siguientes frases: "*Con sólo $0,33 podés cuidar tu vida*" y "*El preservativo puede resultar divertido*".

En algunos mensajes se observa una tendencia a implicar al destinatario, intentando acercar el locutor al alocutario mediante la supresión de la distancia entre la autoridad de quien emite el mensaje y quien lo recibe, pero esto ocurre en una minoría. En la mayor parte el mensaje es emitido desde un lugar de autoridad que no se cuestiona pero tampoco se explicita.

En algunos casos se intenta establecer nexos entre el saber popular y el científico, llevando al receptor desde los presupuestos erróneos a los enunciados verdaderos. Esto cumple a la vez la función de partir de los conocimientos vigentes a nivel popular para introducir a partir de ellos información más precisa y adecuada, y de combatir los errores que han aparecido en distintos países como constantes en cuanto a las ideas que la población se ha forjado respecto del sida (la transmisión a partir de la donación de sangre, a través de los mosquitos, etcétera).

En muy pocos casos la apelación a la conducta preventiva se realiza introduciendo elementos de humor que aligeran el mensaje sin quitarle credibilidad, como por ejemplo:

Tenelos siempre a mano...
en la cartera de la dama y el bolsillo del caballero

## 4. LEXICALIZACIÓN

El tipo de palabras elegido para transmitir el mensaje, salvo muy pocas excepciones, corresponde al lenguaje de las clases medias y a la población adulta, como se observa en los siguientes ejemplos:

*Para evitar efectos colaterales antes de iniciar el tratamiento se realiza un chequeo general de la mujer gestante, descartándose contraindicaciones.*

*El sentido que cada ser humano encuentre a cada situación (por ejemplo, ser portador del VIH) va a derivar fundamentalmente de una serie de elementos del orden de lo hereditario y personal y de la ayuda, comprensión y reconocimiento que podamos brindarles.*

En pocos casos se adopta un lenguaje más acorde con códigos juveniles, como por ejemplo:
*El SIDA no te pide el documento ni la cédula.*

O con códigos de grupos específicos, como por ejemplo:

*Para un teje seguro, usá preservativo* (en un mensaje para travestis).

## 5. ESTILO

El estilo de los mensajes es en general formal. En 27 de ellos se incluye sólo texto. El ejemplo máximo de esto es el siguiente:

Con el final del siglo se supuso que venía el final de las enfermedades transmisibles. Esto no fue así, por el año 1982 se descubrió el SIDA como un nuevo síndrome.

**¿Cómo surgió?**

Hay varias teorías acerca del origen, los científicos sostienen que se debería a mutaciones de otros virus que han desembocado en el HIV, pero aun hoy no se puede precisar ninguna.

1979: aparece el primer caso en los Estados Unidos.

1981: se descubre en Los Ángeles algunos casos de neumonía grave (pneumocistis carinii). En Nueva York y California una ventana con sarcoma de Kaposi (cáncer de piel). En estos primeros años lo único que se sabía era que en todos los casos el sistema inmunológico se deterioraba y que los enfermos afectados eran homosexuales.

1982: se define en qué consiste la enfermedad.

1983: Luc Montagnier, del Instituto Pasteur de París, aísla el virus de la inmunodeficiencia humana (HIV)

En el transcurso de estos años mucho ha sido lo que se ha investigado y lo que se ha avanzado en los descubrimientos acerca de esta enfermedad, pero hoy con la única vacuna que contamos es la prevención. ¡Usémosla!

**¿Qué es el SIDA?**

Es una enfermedad infecciosa causada por el HIV (virus de inmunodeficiencia humana). SIDA significa Síndrome: conjunto de enfermedades o síntomas. Inmunodeficiencia: el sistema inmune se debilita a causa de la infección del HIV. Adquirida: al ser una enfermedad transmisible CUALQUIER PERSONA que esté en contacto con el virus puede adquirirlo.

**¿Cómo se contagia el virus que produce el SIDA?**

El HIV puede ser transmitido a través de:

* Relaciones sexuales SIN PROTECCIÓN (oral, anal, vaginal) a través del semen o fluidos vaginales.
* Contacto sanguíneo directo.
* De madre a hijo (antes o durante el nacimiento o por medio de la leche materna)

**¿Existen otras formas de contagio?**

No, está comprobado que las únicas vías de contagio son las ya mencionadas. El HIV es un virus que afecta al humano, no hay posibilidades de contagio por la mordedura de un perro, por la picadura de un mosquito o de otro insecto.

**¿Quiénes pueden contagiarse con el HIV?**

TODA PERSONA que se exponga a cualquiera de las formas de transmisión

**¿Cómo saber si alguien se ha infectado?**

La única manera de saberlo es, haciendo las pruebas de detección que determinarán la presencia o no de virus.

Test Elisa: requiere la consideración del denominado Período de Ventana, dura de 3 a 6 meses aproximadamente. En este lapso el virus no aparece en los análisis. Esta es una prueba de detección por marcadores indirectos (anticuerpos).

PCR HIV: Reacción en cadena de la polimerasa. Es una poderosa técnica que detecta virus directamente. Sin período ventana.

**¿Estar infectado por el HIV y tener SIDA es lo mismo?**

Cuando alguien ha comprobado a través de los análisis su condición de portador de HIV y no ha desarrollado ninguna enfermedad se lo denomina portador asintomático. El enfermo de SIDA es aquella persona que habiéndose infectado ya presenta signos de alguna enfermedad oportunista a causa del deterioro que sufre el sistema inmune. Ambos pueden transmitir el virus a otras personas.

**¿Qué puede hacer para combatir el SIDA?**

* ¡¡Estar siempre informado!!
* En lo que a sexualidad se refiere, se recomienda pareja estable, evitando las relaciones ocasionales. En caso de experimentar estas últimas, siempre se deberá usar preservativos desde el inicio del contacto hasta concluir (preferentemente con espermicida). Verificar fecha de vencimiento, normas de seguridad (tram, iso) y seguir las instrucciones para su correcto uso. Para evitar su deterioro, mantenerlo en lugar fresco y no usar lubricantes o cremas derivadas del petróleo.
* Evitar compartir elementos punzantes o cortantes sean éstos de higiene o de uso particular.
* Si deseas tener un hijo y tenés dudas de estar infectada, es recomendable que acudas a un Centro de Salud donde te puedas realizar la prueba (Test Elisa o PCR HIV)
* Si consumís drogas podés pedir ayuda, la pérdida de control que generan las drogas te podrían llevar a practicar conductas de riesgo, con una alta probabilidad de contagio

La falta de educación en el tema a mediados de 1991, determinaron que un grupo de profesionales y amigos, se abocaran a la creación de una Fundación para la Prevención del Sida y la Drogadicción, dado que ambos males constituyen un duro desafío para la ciencia, y motivo de preocupación de la comunidad, y sabiendo que la salud es un Bien Público, y derecho fundamental de todo ser humano, ya que sin ella no es posible el desarrollo biológico y social del hombre, teniendo como premisa fundamental

**"PREVENCIÓN Y EDUCACIÓN, ÚNICA FORMA DE ENFRENTAR EL MAL."**

OBJETIVOS. Cumplidos: Las siguientes obras que nuestra Entidad desarrolló, no hubieran sido posibles sin el aporte voluntario de la comunidad y empresas que interpretan nuestra lucha, que nada está exento de contraer el mal y de la necesidad imperiosa de frenar estos males.

Prevención (en 7 años): Más de 2,9 millón de folletos en vía pública, mediante campaña permanente con promotores sociales y realizados por alumnos, docentes y particulares en nuestra sede, en forma gratuita.

Cientos de miles de preservativos en vía pública, eventos sociales, deportivos, musicales, culturales, etc., y también simultáneamente en centros de verano.

Más de 2 mil charlas debates gratuitas con entrega de folletería en diversas instituciones educacionales de Cap. Fed., Pcia. de Bs. As. e interior del país.

Aproximadamente 29 mil llamadas a nuestra línea SIDA canalizadas por profesionales (40% sobre medidas de prevención).

8.300 análisis HIV, 42% por rutina preventiva, resto por actos de riesgo, análisis en igual área gratuitas y de valores reducidos.

51 eventos sociales, deportivos y culturales, como charlas-debate, seminarios, congresos, maratones, concursos, etc.

Presentaciones de proyectos de ley en materia de profilaxis y discriminación al Congreso de la Nación.

Asistencia: Abastecimiento material, económico y de recursos humanos al servicio de infectología del Hospital Cosme Argerich (mobiliario, papelería, becas, análisis, descartables, medicamentos, personal administrativo, etc.)

En Sede Central: Atención psicológica, psiquiátrica, nutricional, legal, asesoramiento en subsidios, becas de información, adquisición de medicamentos a 13.500 pers aprox. en 7 años, mediante atención y tratamiento gratuitos.

3 mil análisis: Western Blot, PCR-HIV, CD4/CD8 y otros en gral., incluyendo 2 CD4/CD8 gratuitos donados al servicio de infectología del Hospital Argerich en forma semanal para ser distribuidos entre enfermos sin recursos (por valor de $15600)

Inserción laboral y asistencia a enfermos y drogadependientes marginados del mercado.

En los restantes se combinan imágenes y discurso textual. Por lo general las imágenes apoyan el texto, ilustrando lo que en él se dice, con lo que ayudan a vehiculizar la información. Sólo en un mensaje la imagen es suficientemente fuerte (y atractiva) como para concentrar la atención en ella. Se trata de un folleto impreso a todo color, en el que aparece una figura humana inmersa en la naturaleza, rodeada de árboles y animales. La imagen es acompañada de una pregunta: *"El sexo, ¿cómo lo hacés?"*

La mayoría de los mensajes emplean esquemas para rubricar o aclarar los contenidos transmitidos. Sin embargo, en ocasiones se observa en esto cierta confusión, como en el siguiente ejemplo:

Texto: *No permitas que la droga y el alcohol te conduzcan al sida.*

Esquema: VIH-SIDA  el alcohol y la droga

En pocos mensajes se incorpora la función poética, en el sentido de comunicar no sólo a partir de lo que se dice sino enfatizando también cómo se lo dice. Ejemplo de esto es un mensaje en el que el contenido se transmite a la vez por lo textual y por la imagen; así, la figura de una joven dando un salto se corresponde con un diseño circular que remite al movimiento. El texto ("*amar, exigir, cuidar. Vos podés*") presenta una tipografía igualmente connotadora de juventud.

En pocos mensajes se apela a la función emotiva. En estos casos el enunciador es un niño, como si a partir de lo infantil pudiera darse un encuentro más fluido con lo emocional, como se ve en este mensaje:

En algunos casos en los que los contenidos se expresan a través de la función emotiva se apela al miedo como inductor de las conductas preventivas, sin tener en cuenta que este recurso puede llegar a ser contrapreventivo, como surge de distintos trabajos al respecto (por ejemplo, Verón, 1988):

> *Recuerde que las personas pueden lucir sanas y estar infectadas por el VIH.*
>
> *Ud. mañana sufre un accidente imprevisto, lo tienen que intervenir quirúrgicamente de urgencia y recibe una transfusión de sangre sin chequeo que puede estar contaminada.*

También es claro en algunos casos el intento de disciplinamiento moral que se pretende ejercer a través de los mensajes:

> *Tenga relaciones sexuales estables, con una persona fiel.*
>
> *En relación con el sida lo seguro es abstenerse de las relaciones sexuales.*
>
> *La familia sabe, puede y debe educar para la vida.*

## 6. PRINCIPALES FUNCIONES RETÓRICAS EMPLEADAS

Las principales funciones retóricas empleadas para enfatizar contenidos son la macrotipografía, la vinculación/oposición de elementos y la enumeración. La escasa utilización de metáforas y metonimias configura un discurso plano, poco evocador de las emociones ligadas a lo que se transmite.

A menudo la información acerca del sida se presenta bajo la forma de una enumeración, por ejemplo de las conductas más seguras a las menos seguras, o se habla de la enfermedad como un mal progresivo, desde la fase de portador hasta la etapa letal. Estas enumeraciones dan una idea de fijeza de los contenidos, que parecen así encadenados causalmente o determinados de antemano.

De la consideración de todos estos aspectos puede concluirse que los mensajes preventivos en pequeño formato transmitidos por las ONGs que actúan en el campo del sida cumplen sólo parcialmente las funciones para las que supuestamente están diseñados: llegar a que la población, en general, y los grupos más vulnerables, en particular, se cuestionen sus modalidades de gestión del riesgo frente a la infección por el VIH.

Esta afirmación se basa en que:

1. existen pocos mensajes dirigidos a públicos específicos, lo que debería ser el grueso de la acción preventiva diseñada en pequeño formato;

2. la mayor parte transmite información sin que se privilegie la función de apelación al compromiso con el tema y a la solidaridad con las personas que viven con el VIH;

3. existen pocos mensajes en los que se busque acortar la distancia entre emisor y receptor, tratando de implicar a este último a través, por ejemplo, de la mención a un nosotros y no a un ustedes;

4. la mayor parte de los mensajes están elaborados en un léxico que corresponde a las clases medias y a la edad adulta;

5. el estilo de los mensajes es en muchos casos formal, con lo que no resulta atractivo; en algunos casos se apela a despertar temor, lo que se reconoce como un elemento que puede llegar a ser contrapreventivo; en otros casos se intenta ejercer un disciplinamiento moral;

6. la falta de figuras retóricas configura la mayor parte de las veces un lenguaje plano y sin matices.

En consecuencia, pensamos que el análisis realizado pone de manifiesto que si bien es importante que en muchos de los mensajes analizados se destrabe el tema del preservativo, gran ausente en las campañas estatales, se evidencian también las consecuencias de la ausencia del rol del Estado como entidad reguladora en este campo. Esto comprende fallas e incluso discordancias en el contenido de lo que se comunica y poca incorporación del lenguaje icónico y su tecnología, lo que puede llevar a una baja efectividad global. Estas consecuencias negativas pueden resumirse diciendo que estamos en presencia de un desaprovechamiento de los recursos invertidos en el sector. Esto, agravado por el hecho de que parte de dichos recursos provengan de fondos públicos, impone un cambio en la política del Estado en relación a las ONGs, tendiente a la capacitación de recursos y a la evaluación de lo actuado.

CAPÍTULO 13

# LOS JÓVENES, EL VIH/SIDA Y LOS DERECHOS HUMANOS: UNA REFLEXIÓN SOBRE LAS EXPERIENCIAS EN ARGENTINA Y EN AMÉRICA LATINA[1]

Mario Pecheny

1. Este trabajo fue presentado en el encuentro: "HIV/AIDS and youth. Human rights for social development", organizado por UNESCO en París, 10 al 13/IV/2000.

# LA EPIDEMIA DE SIDA
# EN AMÉRICA LATINA Y EN ARGENTINA

A pesar de los esfuerzos preventivos, la epidemia de sida sigue progresando en el mundo. Casi 6 millones de personas contrajeron el VIH durante 1999, lo que hace un total de más de 33 millones de personas viviendo con el VIH/sida. Además, hasta fines de ese año, 16 millones de personas fallecieron a causa de la infección (Onusida y OMS, 2000).

En América latina y el Caribe, la epidemia se inicia a comienzos de los años 1980. Onusida calcula que en la región hay un total de 1.660.000 adultos y niños que viven con el VIH/sida, de los cuales 207.000 se infectaron durante 1999. La prevalencia entre adultos (de 15 a 49 años de edad) se calcula en 0,57% para América latina y 1,96% para el Caribe. Respectivamente, la relación hombre / mujer es de 4 a 1 y de 2 a 1. Para América latina, las vías principales de transmisión son el sexo entre hombres, el consumo inyectable de drogas y el sexo heterosexual, mientras que en la región caribeña los casos son atribuidos en primer lugar al sexo heterosexual y luego al homosexual.

El patrón epidemiológico de América latina es similar al de los países desarrollados. Los hombres que tienen sexo con otros hombres (HSH), sin protegerse, y los usuarios de drogas por vía intravenosa (UDIV), que comparten los equipos de inyección, constituyen las dos categorías principalmente afectadas, seguidas de cerca por la transmisión heterosexual.

El sexo sin protección entre hombres es una causa importante de transmisión del VIH en todas las subregiones del continente. Al 31 de agosto de 1998 (OPS 1998), dicha vía representa el 40,8% de los casos en el área andina, el 32,1% en Brasil, 14,2% en el Caribe latino, 19,7% en Centroamérica, 33,1% en el Cono Sur y 40,0% en México (9,3% en el Caribe no-latino y 55,7% en América del Norte). El uso compartido del material de inyección durante el consumo de drogas es responsable del 0,4% de los casos en el área andina, el 21,0% en Brasil, 37,4 % en el Caribe latino, 0,9% en Centroamérica, 34,6% en el Cono Sur y 0,7% en México (0,3% en el Caribe no-latino y 26,5% en América del Norte). La transmisión heterosexual, si bien es —salvo excepciones, como Haití y República Dominicana— algo menos importante numéricamente, es la que progresa a mayor velocidad. Es necesario tener en cuenta estos datos epidemiológicos para encarar campañas de prevención y políticas de asistencia que sean efectivas.

En México, se calcula que la prevalencia del VIH entre los HSH alcanza un 30%; en Argentina y Brasil, la prevalencia del VIH entre los UDIV alcanza hasta un 50%. La propagación heterosexual del VIH es importante en el Caribe: en Haití y la República Dominicana se han registrado tasas de hasta 8% entre mujeres embarazadas (Onusida y OMS, 2000).

## Cuadro N° 1
## Distribución del VIH entre ciertas poblaciones de América latina

| Subregión / país de 1998 | Total de casos al 31 de agosto | Usuarios de drogas inyectables | Hombres que tienen relaciones sexuales con otros hombres | Parejas heterosexuales |
|---|---|---|---|---|
| **Área Andina** | 23.846 | | | |
| Bolivia | 179 | 0 | + | + |
| Colombia | 8.433 | 0 | ++ | + |
| Ecuador | 625 | 0 | + | + |
| Perú | 7.331 | 0 | +++ | + |
| Venezuela | 7.278 | 0 | +++ | + |
| **Brasil** | 128.821 | +++ | +++ | ++ |
| **América Central** | 16.337 | | | |
| Belice | 198 | 0 | ++ | ++ |
| Costa Rica | 1.383 | 0 | +++ | ++ |
| El Salvador | 2.344 | 0 | ++ | ++ |
| Guatemala | 2.395 | 0 | +++ | ++ |
| Honduras | 8.217 | 0 | ++ | ++ |
| Nicaragua | 180 | 0 | +++ | + |
| Panamá | 1.620 | + | +++ | ++ |
| **Caribe Latino** | 9.940 | | | |
| Cuba | 743 | + | + | + |
| R. Dominicana | 4.230 | ++ | ++ | ++ |
| Haití | 4.967 | 0 | ++ | +++ |
| **México** | 35.069 | + | +++ | ++ |
| **Cono Sur** | 17.087 | | | |
| Argentina | 13.113 | +++ | +++ | ++ |
| Chile | 2.431 | + | ++ | + |
| Paraguay | 424 | + | + | + |
| Uruguay | 1.119 | ++ | ++ | + |

*Código:*
+++ Alta o creciendo rápidamente
++ Relativamente baja o entrando en una planicie
+ No es un componente importante
0 No tiene ninguna relevancia
Fuente: MAP (1997:17) y OPS (1998:5).

## LA EPIDEMIA EN LOS JÓVENES:
## EL CONCEPTO DE VULNERABILIDAD

Los jóvenes constituyen el grupo etario principalmente afectado por el VIH/sida. La mayoría de las personas seropositivas contrajeron el virus durante la adolescencia o la juventud temprana, ya sea por vía sexual o por vía sanguínea (compartiendo el material de inyección).

Según cifras de 1998, la franja etaria comprendida entre los 15 y 34 años representa más del 60% del total de casos de Argentina y más del 50% en Chile, 60% de los casos con edad conocida en Colombia y Perú, y 55% de los casos con edad conocida en Costa Rica (Onusida y OMS, 1999). Recordemos que los "casos de sida" que resumen las estadísticas corresponden al sida declarado. Esto implica que la infección tuvo lugar varios años antes.

Además, aproximadamente la mitad de las nuevas infecciones se producen en personas de 15 a 24 años, es decir, en el período de inicio de la vida sexual. Los jóvenes son más vulnerables al VIH cuando no tienen información sobre los medios de transmisión y de prevención, y/o no tienen acceso a los recursos necesarios para poner en práctica la información de la que disponen. Las dificultades de acceso son socioeconómicas, y también culturales, como las que tienen que ver con la construcción social de las relaciones entre varones y mujeres (las relaciones de género) y con la discriminación.

## LOS JÓVENES Y LAS VÍAS DE TRANSMISIÓN DEL VIH

Los jóvenes son vulnerables al VIH/sida a través de la vía sexual y sanguínea. En la medida que las personas carecen de buena información sobre los modos de transmisión y de prevención, aumenta tal vulnerabilidad. Las dificultades en cuanto a la información, como también en cuanto a los medios de llevar a cabo prácticas menos riesgosas, se agravan en contextos de discriminación.

Esto se verifica en las distintas vías de transmisión del virus. La transmisión heterosexual se potencia a partir de las desigualdades de género; la transmisión sexual entre hombres se da en un contexto de estigmatización e incluso clandestinidad de la homo-sexualidad, lo que fomenta los riesgos y eventualmente una baja autoestima; la transmisión por consumo inyectable de drogas se potencia por la exclusión casi total del sistema de salud y las dificultades de acceso a material estéril, dificultades acentuadas en un contexto represivo.

En este sentido, las investigaciones sobre la vulnerabilidad en materia de sida pusieron sobre el tapete la necesidad de tomar en cuenta los derechos de varias categorías de personas: de los jóvenes y su derecho a la sexualidad y a tener una buena educación sexual y reproductiva, de las mujeres y su derecho a la igualdad entre los géneros (que supone el reconocimiento de sus derechos sexuales y reproductivos), de las personas homosexuales y de los consumidores de drogas (no necesariamente "a consumir drogas", sino a la aceptación de que este hecho no debe implicar, bajo ningún punto de vista, la anulación de sus derechos personales fundamentales, por ejemplo, a la salud).

Por otra parte, las investigaciones comprobaron las dificultades que tienen las personas, en su vida cotidiana, para ejercer sus derechos. La discriminación es a veces tan fuerte —en tanto realidad o en tanto percepción de la realidad— que los derechos de los jóvenes que viven con el VIH/sida deben ser garantizados positivamente: el derecho a la vida y a la salud, por supuesto, pero también el derecho de todo ciudadano a tener derechos, en condiciones de igualdad. Muchas veces el conocimiento de la seropositividad implica la pérdida de los derechos más básicos de la persona, como al trabajo y a la "búsqueda de la felicidad", según reza la fórmula de la Independencia norteamericana. La exclusión y estigmatización de las personas seropositivas atentan, además, contra el auto-cuidado y contra la prevención de reinfecciones, así como contra la posibilidad misma de comportarse responsablemente respecto de sus parejas sexuales.


## LA PREVENCIÓN

Históricamente, los debates políticos sobre la prevención de epidemias se han establecido en torno a la oposición entre la defensa de la salud de la comunidad y la garantía de las libertades individuales. Sin embargo, por primera vez en la historia, la política epidemiológica que predomina actualmente pone el acento en la noción de manejo personal del riesgo, reconciliando así las ideas de prevención colectiva y de derechos individuales. En este sentido, la novedad de la epidemia del sida reside en el hecho de que los imperativos de salud pública parecen requerir el respeto de los derechos humanos (Herzlich y Adam, 1997:9).

Quizá por primera vez una acción global reúne tan estrechamente los aspectos epidemiológicos y humanitarios. En 1996, Peter Piot, director de Onusida, explica:

"La salud pública aparece cada vez más como una nueva razón imperativa de proteger los derechos humanos, incluso si la naturaleza de tales derechos ya justifica de por sí su respeto, protección y realización. En el contexto del VIH/sida, un medio ambiente en el cual los derechos humanos son tomados en cuenta reduce la vulnerabilidad a la pandemia, permite a las personas afectadas por la infección o por el sida vivir dignamente, sin sufrir discriminación, y atenúa las consecuencias de la infección por el virus en los individuos y la sociedad" (Nations-Unies, 1998:v).

La lucha contra el sida dio origen a distintos debates sobre la mejor manera de llevarla a cabo. Un primer debate opone los enfoques "curativo" y "preventivo". La perspectiva "curativa" encara la epidemia tratando de responder a la infección y la enfermedad en términos individuales, mientras que la perspectiva "preventiva" intenta influir sobre los comportamientos (individuales y sociales) que permiten la propagación del virus. En muchos casos, los gobiernos han privilegiado un solo enfoque, lo que trae graves consecuencias: por ejemplo, el gobierno argentino, durante muchos años privilegió el tratamiento de las personas infectadas, diciendo que la población estaba suficientemente informada sobre los modos de transmisión del VIH y que, en un contexto de recursos escasos, éstos debían destinarse a atender a las personas ya afectadas; otros gobiernos de la región desconocieron durante años la realidad de la epidemia y acordaron la prioridad a campañas generales de prevención, suponiendo muchas veces que el sida es una enfermedad de "los otros".

Gracias a una evolución de las conciencias y a las presiones internas y externas, los gobiernos de la región comprendieron que los aspectos curativos y preventivos son inseparables. Ahora bien, la prevención puede adoptar diferentes modalidades, en cuanto a su contenido, su público-objeto y sus implementadores.

A grandes rasgos, podemos distinguir dos tipos de políticas públicas dirigidas a la prevención del sida. Por un lado, una posición "abstencionista", que prioriza la disminución o anulación de los comportamientos de riesgo. Por otro lado, una posición "de reducción de daños", que prioriza la disminución de los riesgos y de las consecuencias negativas de dichos comportamientos (Touzé y Rossi,1993:11).

La postura abstencionista orienta su discurso hacia la abstención de aquellas conductas consideradas de riesgo. Respecto de la transmisión por vía sexual, se propone la castidad y la pareja estable monogámica, y respecto de la transmisión ligada al UDIV, el objetivo es la suspensión total y la represión del consumo de cualquier droga ilegal.

Quienes proponen la reducción de los daños, parten de la base de que las conductas en cuestión a menudo siguen siendo practicadas por los sujetos no obstante la represión y los discursos preventivos. En lugar de plantear como único objetivo la abstinencia, apuntan a disminuir o anular los riesgos y las consecuencias negativas para la salud de conductas que son potencialmente riesgosas. En materia de sida, su discurso se centra en el uso del preservativo para las relaciones sexuales y en el empleo no compartido de los equipos de inyección para el uso de drogas. Medidas en esta dirección van desde la venta libre de jeringas hasta los programas de entrega controlada de drogas.

La postura de la reducción de riesgos y daños supone que los sujetos son autónomos, es decir, capaces de tomar sus propias decisiones. Esto implica, políticamente hablando, el reconocimiento de que los jóvenes —y los individuos en general— son sujeto de derechos, y no incapaces *a priori*.

Si la prevención se basa en la responsabilidad de cada uno, esta última no puede ser impuesta de manera coercitiva, sino como síntesis de un conjunto de obligaciones y de derechos.

## EL ESTADO Y LAS ONG:
## REDES CONFLICTIVAS DE POLÍTICAS PÚBLICAS

La lucha contra el sida dio lugar a la formación de redes de intervención, formadas por actores gubernamentales y no-gubernamentales. Tales redes vienen llevando a cabo políticas públicas de prevención y asistencia en materia de sida, a partir de esquemas tanto de cooperación como de conflicto.

Durante los años 80, las personas que viven con el VIH/sida se encontraban desprotegidas, desde un punto de vista legal, frente a los actos de discriminación. El Estado se mantenía al margen, y fue el incipiente movimiento asociativo de lucha contra el sida, junto al movimiento gay y algunos profesionales de la salud, quienes tomaron las primeras iniciativas. Las asociaciones de lucha contra el sida no sólo fueron pioneras en la asistencia de las personas afectadas y en el lanzamiento de campañas de prevención, sino que fueron también las primeras en denunciar las actitudes discriminatorias (incluyendo al propio gobierno y al Ministerio de Salud) y en impulsar campañas antidiscriminatorias (Biagini y Sánchez, 1995).

A mediados de la década del 80 se constituyen las primeras asociaciones de lucha contra el sida. Algunas de ellas surgen en círculos de amigos afectados por la enfermedad y convencidos de que había que "hacer algo"; otras surgen en las incipientes organizaciones homosexuales y otras por la iniciativa de profesionales de la salud, que se veían enfrentados a la hostilidad de las autoridades sanitarias del Estado y de las propias instituciones hospitalarias. En los años 90, en varios países de la región, se forma un verdadero movimiento no gubernamental de lucha contra el sida, integrado fundamentalmente por dos tipos de ONGs. Por un lado, las ONGs o fundaciones vinculadas a instituciones de salud, centralizadas en el aspecto asistencial y preventivo. Por otro lado, las ONGs pequeñas, los grupos de solidaridad y autoayuda, más abocadas a la prevención localizada, el acompañamiento de pacientes y la lucha antidiscriminatoria. Las ONGs han formado redes, que en muchas oportunidades han cuestionado severamente la acción (e inacción) gubernamental.

A pesar de la falta de recursos y las dificultades para entrar en contacto con las personas afectadas, las asociaciones de lucha contra el sida han contribuido a mejorar considerablemente las respuestas sociales respecto del sida. La mayoría de las asociaciones se ocupan tanto de la cuestión "salud" como de la cuestión "derechos humanos". En particular, dichas asociaciones lograron redefinir el contexto social, político y jurídico en materia de sida; ayudan a las personas afectadas en sus trámites y quehaceres sanitarios, administrativos y judiciales; contribuyen a una mejor asistencia médica y a mejorar la infraestructura hospitalaria; controlan al Estado, las instituciones sanitarias y los médicos; crean espacios que ayudan a los seropositivos y enfermos a no caer en el aislamiento y la soledad; dieron una visibilidad social a personas respecto de las cuales la sociedad, al mismo tiempo, había dramatizado la situación y negado la tragedia; y, por último, favorecieron la adopción de actitudes menos negativas hacia la enfermedad.

En general, los gobiernos tuvieron una respuesta más tardía y ambigua. Ante la presión nacional e internacional, en muchos países se aprobaron leyes destinadas a garantizar el respeto de los derechos individuales, por encima de las supuestas consideraciones hechas en nombre de la salud pública. La prioridad acordada a los derechos individuales pone el acento de la prevención en la responsabilidad de los individuos infectados y de cada uno de los miembros de la comunidad. Por ejemplo, en 1990, el Parlamento argentino aprueba una Ley Nacional de Lucha contra el Sida (N° 23.798), cuyos principios fundamentales son (Puccinelli, 1995):

a)   El respeto de la autonomía de la voluntad, es decir, que cada individuo tiene el derecho de tomar sus decisiones vitales. Para ello, la ley garantiza el consentimiento informado para la realización de los tests y los tratamientos.

b)   La confidencialidad, que se traduce en el secreto médico y en la codificación de los resultados de los tests.

c)   La no-discriminación del portador.

d)   La información y la educación sobre todos los aspectos concernientes a la enfermedad y a su transmisión.

El Ministerio de Salud de la Argentina ha desarrollado desde entonces muy pocas campañas de prevención, siguiendo en general una orientación "abstencionista". Hasta la mitad de los años 90, no se recomienda claramente el uso del preservativo ni se advierte sobre el peligro derivado del uso compartido del material de inyección, durante el consumo de drogas. Las campañas tienen un tono moralizante. Recién a partir de 1997/1998, el Ministerio (con fondos del Banco Mundial) comienza a financiar campañas de prevención de sida a través de ONGs. Entre dichas organizaciones figuran algunas organizaciones gays. El Ministerio de Educación argentino, como sus pares latinoamericanos, no implementó hasta ahora ningún tipo de campaña a nivel del sistema educativo.

En Argentina, dos leyes obligan a las obras sociales de los sindicatos (desde 1994) y a las compañías de medicina prepaga (desde 1996) a cubrir los tratamientos del sida. Las leyes sobre obras sociales y prepagas, justificadas desde el punto de vista de la nodiscriminación, manifiestan asimismo la voluntad estatal de transferir la responsabilidad y los costos de la atención del sida a los otros sectores del sistema de salud, en el marco de la descentralización y el ajuste (Belmartino, 1995).

Sin embargo, en Argentina como en Brasil, el Ministerio de Salud se hace cargo de los medicamentos de aquellos que demuestren no poder afrontarlos. El suministro de medicamentos, incluyendo las terapias combinadas, si bien es una de las pocas cosas que el Ministerio realiza en términos efectivos, se ha visto periódicamente interrumpido, según sus propios responsables, a causa de la negligencia de funcionarios y/o de proveedores. La interrupción de los tratamientos, como se sabe, trae consecuencias nefastas tanto para la salud de los pacientes como para la lucha contra el VIH en general, dado el peligro de que los virus se vuelvan resistentes a las nuevas drogas.

En términos puramente económicos, aunque los tratamientos son caros, los ahorros en hospitalizaciones y asistencia médica, así como en costos indirectos, justifican la decisión de afrontar los medicamentos que retrasan la progresión de la infección por el VIH (Beloqui, 1998).

Hasta mediados de los años 90, los gobiernos de la región han mostrado reticencias a implementar programas de prevención del VIH destinados a HSH y a UDIV, por varias razones (UNAIDS, 1997): la negación de la existencia de prácticas sexuales entre hombres o del consumo inyectable de drogas, la estigmatización e incluso la criminalización de tales prácticas, las dificultades por determinar información epidemiológica confiable, la dificultad de acceder a muchos HSH y UDIV, las carencias de infraestructura en los servicios de salud y la falta de conciencia de los profesionales sobre las particularidades de tales categorías vulnerables, la ausencia de incentivos económicos para solventar programas de prevención focalizados y la prioridad de la población general, por parte de la gran mayoría de los Programas Nacionales de Lucha contra el Sida.

A partir de un esfuerzo combinado, tanto en el frente interno —impulsado por un incipiente movimiento organizativo de lucha contra el sida, muchas veces ligado al movimiento gay (Pecheny, 1998)— como externo —siguiendo el *"boomerang pattern"* del que hablan Keck y Sikkink (1998)—, los gobiernos comienzan a tomar en serio los datos epidemiológicos que proveen los propios ministerios de salud en cada país. En consecuencia, tímidamente comienzan a proyectarse políticas focalizadas en HSH y UDIV, apuntando, además, a disminuir la discriminación y la estigmatización.

En el marco general de ajuste y reforma del Estado, las organizaciones de la sociedad civil se han hecho cargo de numerosas funciones antes desempeñadas por el sector público. En este sentido, las organizaciones no gubernamentales que se ocupan del sida representan un caso paradigmático de dicha tendencia a nivel latinoamericano y mundial. En muchos casos, las respuestas comunitarias fueron más productivas e innovadoras que las acciones originadas por los propios gobiernos.

El reconocimiento de la necesidad de la prevención, como modo principal de lucha contra la epidemia, plantea el debate sobre las modalidades y contenidos de las campañas: generalistas o focalizadas, y abstencionistas o apuntando a la reducción de los riesgos. Durante los primeros años de epidemia, dos factores llevan a los gobiernos a preferir las campañas generalistas. Por un lado, el temor de que la epidemia se desarrolle muy rápidamente en la población general, a través de la vía heterosexual y de la transmisión perinatal. Por el otro, el objetivo de responder no sólo al riesgo de transmisión del VIH, sino al "pánico social", y de mostrar a la opinión pública que "el gobierno hace algo" al respecto.

Como lo señalan las ONGs, las campañas generalistas no alcanzan para modificar los comportamientos de riesgo, ya que presuponen un público social y culturalmente homogéneo. Por el contrario, las campañas focalizadas y de proximidad se justifican por argumentos sanitarios y éticos: son más eficaces en cuanto a la prevención, en la medida en que reconocen mejor la diversidad de la vulnerabilidad frente al riesgo de contraer el VIH.

La proximidad y la focalización permiten tomar en cuenta los riesgos específicos de ciertas categorías: los usuarios de drogas, sus parejas sexuales, los homosexuales y bisexuales masculinos, los jóvenes que se inician a la vida sexual, las mujeres embarazadas, la población carcelaria, el personal penitenciario, el personal de salud, las mujeres, hombres, usuarios de drogas y travestis en situación de prostitución, sus clientes, etcétera. Además, las campañas de proximidad pueden ocuparse de la prevención secundaria y terciaria, como también estimular la inclusión social de individuos marginados del sistema de salud.

Las campañas focalizadas son más eficaces no sólo para llegar a las categorías más vulnerables, sino también para persuadir a los diferentes sectores de la población general, la cual no es homogénea en cuanto a edad, cultura, recursos económicos, género, etcétera. Al mismo tiempo, la división del trabajo alienta la formación y el desarrollo de nuevos actores de la prevención, surgidos de la sociedad civil.

Numerosas asociaciones y militantes individuales impulsaron campañas de prevención, constituyeron movimientos de autoayuda que gestionaron asistencia médica, psicológica y farmacológica, promovieron acciones legales y políticas contra la discriminación, encabezaron los reclamos frente a la inercia estatal, ayudaron a instalar el tema en la agenda pública, etcétera. Asimismo, la labor de las asociaciones de lucha contra el sida contribuyó a disminuir la discriminación social y política en materia de sida, gracias a la tarea de información y de visibilización de la cuestión.

Las actividades más frecuentes realizadas por las ONGs en relación con las personas afectadas por el VIH/sida son la asistencia médica y psicológica, así como la defensa legal de sus derechos. Algunas de las ONGs cuentan con un servicio de atención telefónica permanente, lo que es de especial interés en los países donde no existen líneas de ayuda oficiales.

## LOS ALIADOS DE LA SOCIEDAD CIVIL: ARTISTAS Y DEPORTISTAS

Según las experiencias de las asociaciones, una manera eficaz de hacer pasar los mensajes es encontrar "aliados" entre las figuras que sirven de referencia para los jóvenes, en particular músicos y deportistas. La idea no es buscar una figura sentenciosa o paternal, sino alguien que ya posea el respeto de los jóvenes y al mismo tiempo sea considerado como un par.

Por ejemplo, la organización no gubernamental RED, de la Argentina, realiza programas de prevención destinados a jóvenes, como "*El rock previene el sida*", que incluye la orientación y distribución de preservativos y folletos en cientos de conciertos de rock. También es interesante señalar las campañas en los lugares de vacaciones, en la vía pública y especialmente la campaña de graffiti: "*por amor, usá preservativo*", impulsada desde una emisora de radio.

## LA PREVENCIÓN PRIMARIA: UNA CUESTIÓN DE SALUD PÚBLICA Y DE DERECHOS HUMANOS

Una de las tareas que realizan las asociaciones de lucha contra el sida es la prevención primaria —es decir, destinada a la población no-infectada por el virus— a través de las acciones cara a cara. Éstas se revelan como las más eficaces, no sólo en cuanto a la transmisión de información, sino también en lo que se refiere al cambio de comportamientos.

Durante varios años, se realizaron en América latina investigaciones destinadas a conocer los conocimientos, actitudes, prácticas y creencias en cuanto al VIH/sida. Tales investigaciones recibieron, a partir de las iniciales en inglés, el nombre de KAPB ("*knowldege, attitudes, practices and beliefs*"). En todos lados, tales investigaciones mostraron la existencia de una brecha ("*gap*") entre los conocimientos y las prácticas, lo que se denominó el "KAPB-gap". Para explicar tal brecha, y reducirla, se lanzaron investigaciones de tipo cualitativo e intervenciones focalizadas. El objetivo de las mismas era conocer en qué medida las diferentes categorías de población, en particular los jóvenes, llegan a concebir u ocultar la propia situación de vulnerabilidad al VIH.

Como dijimos, la prevención concierne dos aspectos íntimamente relacionados: el aspecto sanitario (los comportamientos de riesgo y los modos de evitar la transmisión del VIH) y el aspecto humanitario (la buena información está en la base de una actitud solidaria y no-discriminatoria frente a las personas que viven con el virus).

## LA PREVENCIÓN DESTINADA
## A LAS PERSONAS QUE VIVEN CON VIH/SIDA

La prevención destinada a las personas seropositivas o enfermas de sida (prevención secundaria y terciaria) constituye el aspecto sin duda más descuidado de la prevención. Este tipo de prevención es importante tanto para preservar la calidad de vida de las personas afectadas —evitando reinfecciones, enfermedades oportunistas, depresiones y bajas inmunitarias— como para incentivar actitudes responsables frente a terceros.

En este sentido, las ONGs cumplen un papel muy importante. Por ejemplo, las organizaciones de autoayuda como Seropositivos Anónimos o las Redes Nacionales de personas viviendo con el VIH/sida. Las ONGs desarrollan políticas hacia las personas afectadas: proveen información, asistencia médica, farmacológica, psicológica y legal. Hay una clara conciencia de que los aspectos biomédicos, psicológicos y jurídicos son indisociables: la propia evolución de la vida con la enfermedad está determinada por las reacciones emocionales —que se traducen en reacciones inmunitarias— ante el rechazo real o potencial, por un lado, o ante la solidaridad y la contención afectiva, por el otro.

Las ONGs dan a conocer a la opinión pública los avances científicos en los tratamientos y medicamentos, y contribuyen a reclamar al Estado la garantía del acceso universal a los mismos. Como señala un folleto de la Fundación RED (Argentina):

*"Las nuevas drogas y técnicas están en Argentina y todas las personas que viven con VIH tienen derecho a ellas".*

Además, las ONGs se convierten en interlocutores frente al Estado, para que adopte y/o cumpla las leyes que protegen a las personas afectadas: la cobertura social de los tratamientos y medicamentos, la no-discriminación laboral y educativa, etcétera. En tanto actores políticos, su rol es crucial para que el Estado reconozca la prioridad de la lucha contra el sida y la existencia misma de personas viviendo con la enfermedad.

La prevención secundaria incluye también aspectos sanitarios y humanitarios, ya que los comportamientos cuidadosos tanto para sí mismos como para los demás dependen de la buena información, la autoestima, el apoyo entre pares y el reconocimiento de derechos.

## LOS DERECHOS DE LOS JÓVENES
## QUE VIVEN CON VIH/SIDA

Los términos "inocencia" y "culpabilidad" no deberían ser utilizados en el ámbito de la salud y la enfermedad. Sin embargo, el sida es un problema de salud con fuertes connotaciones morales: en las representaciones sociales aparece una distinción entre enfermos "inocentes" (los niños y los transfundidos) y enfermos "culpables", que "se la buscaron" (aquellos contaminados por vía sexual o por compartir jeringas).

La estigmatización (Goffman, 1970) es una forma particular de discriminación social. El estigma es un determinado rasgo físico, comportamental y/o identitario de un individuo, que lo marca y lo desvaloriza socialmente. A partir del estigma, la sociedad y el entorno de un individuo lo consideran de algún modo inferior, despreciable, deshonorable o peligroso. Ahora bien, es la propia sociedad la que crea el estigma, la que otorga a un rasgo determinado el carácter de marca desvalorizante. La estigmatización conduce al cuestionamiento de la dignidad de la persona estigmatizada y a la pérdida parcial o total de sus derechos. El sida representa, aún hoy, un poderoso estigma social. Dada la confusión entre el registro sanitario y el registro sociomoral (incluso penal), el sida constituye a la vez un problema de salud pública y una cuestión de derechos humanos. Los estudios sobre el sida en diversas partes del mundo han mostrado hasta qué punto las personas que viven con el VIH/sida pierden sus derechos o la posibilidad de ejercerlos a raíz de su status seropositivo.

Las reivindicaciones de derechos de las personas que viven con el VIH/sida tienen que ver con tres aspectos:

a)   El derecho a la salud y a la vida, que implica el acceso a tratamientos y medicamentos. El sida puso sobre el tapete, además, una reformulación de los derechos de los pacientes y de la relación paciente-médico-institución de salud.

b)   Ligado al tema de la privacidad, que influye en la casi totalidad de aspectos de la vida de las personas afectadas, se encuentra el derecho a la confidencialidad de los resultados de los tests y de los tratamientos, así como al respeto del consentimiento informado para la realización de los mismos.

c)   Ligado al tema de la igualdad, el status serológico positivo parece determinar que el individuo pierde su "derecho a tener derechos". Según testimonios provenientes de países de toda la región, muchas veces los individuos seropositivos o enfermos pierden sus derechos fundamentales, desde el derecho al trabajo, a la dignidad, al matrimonio o a la vivienda.

En materia de sida, el problema principal no reside en la discriminación legal de las personas seropositivas, ya que las medidas formalmente coercitivas son excepcionales en la región (Cuba). El tema pasa sobre todo por las condiciones sociales y los recursos para el ejercicio de los derechos.

Cuando un joven seropositivo es víctima de un acto de discriminación, por ejemplo un despido arbitrario, la ley lo protege, pero las condiciones de aplicación y de uso de la ley se tornan imposibles debido a la discriminación social y familiar del sida. Esta discriminación puede ser real, o percibida como tal (lo que se llama discriminación anticipada o temida) (Green, 1995). En cualquier caso, la percepción de la discriminación, el temor del rechazo por parte de la familia o del entorno afectivo opera como un factor eficiente de autoexclusión. La situación se vuelve doblemente difícil cuando la revelación de la seropositividad lleva consigo la revelación de prácticas realizadas de manera no-pública, particularmente la homosexualidad o el consumo de drogas.

Si, en los años 80, tales situaciones eran vividas en el aislamiento y la soledad, a partir de los años 90 se constituyeron en la región numerosas asociaciones de autoayuda y de reivindicación integradas por personas viviendo con el VIH/sida. Estas asociaciones sirven de marco de contención psicológica y legal para las víctimas de discriminación, así como para afrontar la vida cotidiana: conseguir medicamentos, asumir la nueva situación, etcétera. En varios casos, se constituyeron redes y encuentros, como las Redes Nacionales o Globales de Personas Viviendo con VIH/sida: Argentina, Brasil (desde 1995, integrada por casi mil personas), Costa Rica (desde 1997, hay dos), México (1995), Venezuela (1997).


LOS EJES DE CAMPAÑA

Los jóvenes constituyen el blanco preferido de las campañas de prevención. Esto puede ser interpretado de dos maneras. Por un lado, el aspecto positivo reside en que los jóvenes reciben mensajes desde el Estado con información y consejos para evitar la transmisión del VIH. Por el otro, el aspecto negativo reside en el hecho de que muchas veces los mensajes preventivos ratifican la idea de la juventud como categoría *a priori* sospechosa. En este sentido, los mensajes de tono paternalista y moralizante son en general mal recibidos por los destinatarios.

Según los distintos estudios, los mensajes más eficaces son aquellos transmitidos por pares o por personas reconocidas por los destinatarios, con un contenido concreto y directo. Sin embargo, muchas veces los mensajes transmitidos son elípticos. Las resistencias a transmitir contenidos concretos para adoptar comportamientos preventivos se explican, entre otros factores, por el hecho de que la prevención exige hablar públicamente de sexo —en toda su diversidad— y de drogas. Tal expresión pública implica el reconocimiento, por ejemplo, del sexo prematrimonial y homosexual. Además, si los mensajes preventivos pretenden ser consecuentes, el Estado debe garantizar a los individuos el acceso a los recursos necesarios para poner en práctica los comportamientos más seguros. De este modo, estrictamente hablando, el Estado sería efectivamente garante de la diversidad sexual y del consumo de drogas (Sontag, 1991).

El sida puso en evidencia la pertinencia del género como categoría analítica y política respecto de la prevención de la transmisión del VIH. En este sentido, nos parece interesante señalar el mensaje de un volante de la ONG argentina FEIM, dirigido a mujeres adolescentes y jóvenes:

*"Lleva en tu mochila lo imprescindible: tus derechos sexuales y reproductivos.*

*Vos tenés derechos a decidir libremente acerca de tu sexualidad y elección de vida, sin tener que depender de las decisiones de los mayores o de tu pareja.*

*Tenés derecho a acceder a información y servicios de salud sexual y reproductiva que protejan tu privacidad, confidencialidad y consentimiento.*

*Tenés derecho a participar en el diseño y desarrollo de los programas de salud sexual y reproductiva para jóvenes, incluyendo la capacitación entre pares.*

*Ejercé tus derechos y evitarás:*

*Las enfermedades de transmisión sexual, como el VIH/sida.*

*Los embarazos no deseados, o precoces.*

*La violencia sexual en la pareja y en la familia, con sus graves consecuencias para tu salud física y mental.*

*La falta de información y campañas sobre salud sexual y reproductiva para la juventud, que no ayudan a vivir la sexualidad sin problemas.*

*Haciendo valer tus derechos podrás gozar plenamente de tu sexualidad sin correr riesgos innecesarios para tu salud".*

La construcción social de las relaciones entre los géneros, en América latina, ha adoptado históricamente una forma "patriarcal", que implica la subordinación social de las mujeres. Como resultado, por ejemplo, las jóvenes y adolescentes se ven en dificultades para proponer el "sexo más seguro" a sus compañeros. Por ello, como lo señala el volante mencionado, la prevención del sida pasa en gran medida por el reconocimiento de los derechos sexuales y reproductivos de los jóvenes, particularmente de sexo femenino.

En materia de sexo, la prevención implica reconocer la diversidad de prácticas sexuales, así como la heterogeneidad existente, por ejemplo, en cuanto a la edad y la orientación sexual.

En materia de drogas, se plantea una jerarquía de objetivos y mensajes:

❑ *No comience a usar drogas*

❑ *Si comenzó a usar drogas, acuda a un tratamientos antidrogas para dejar de hacerlo o para reducir el uso*

❑ *Si no puede reducir el consumo de drogas, sustituya el uso inyectable por el uso no inyectable*
❑ *Si se inyecta, utilice material esterilizado para cada inyección*
❑ *Si no puede usar material esterilizado, no comparta las jeringas y agujas*
❑ *Si comparte el material, desinféctelo con lavandina (aunque, según P. Lurie, no se ha demostrado completamente la eficacia preventiva de esta última medida)*

Según Rossi y Touzé (1997), este tipo de programas implica tres líneas principales de acción:

a) Facilitar el acceso al material de inyección estéril, a técnicas de esterilización y a prácticas más seguras de inyección. Acciones en asociación con los farmacéuticos, programas de entrega e intercambios de jeringas, programas de esterilización del material de inyección, centros de inyección.

b) Facilitar el acceso a los servicios de salud. El acceso a los servicios a menudo es difícil o imposible para los usuarios de drogas, dada la desinformación y el temor a la penalización, por un lado, y dadas las resistencias de los profesionales de la salud a atender a una población considerada "complicada" e incluso "peligrosa", por otro. Las tasas de abandono de los tratamientos antidrogas son, según varios estudios, muy elevadas. Los programas entonces privilegian el trabajo de contacto en la calle y la oferta de un espacio sin condicionamientos.

c) Promover la participación de los usuarios de drogas en acciones de prevención.

## UNA POLÍTICA INTEGRAL DE PREVENCIÓN, INCLUYENDO LOS ASPECTOS SANITARIOS Y HUMANITARIOS DE LA EPIDEMIA

En síntesis: progresivamente, los Estados se hicieron cargo del sida, pero en su aspecto menos conflictivo desde un punto de vista ideológico (la provisión de medicamentos). Las campañas públicas han sido y siguen siendo vagas, erráticas y pecan por omisión: pocas veces se menciona el uso del preservativo y menos aún el tema de la reducción de daños en el consumo de drogas. La educación sexual en los colegios sigue siendo una materia pendiente. A pesar de ello, y gracias a la activa participación de las ONGs y de los propios medios de comunicación, la población tiene un nivel aceptable de información sobre la enfermedad. Las leyes protegen a las personas seropositivas o enfermas: esto representa un avance indudable respecto de la década pasada. Sin embargo, las leyes son mal aplicadas en muchos casos, por ejemplo, en lo que se refiere a los tests preocupacionales y ocupacionales. Las empresas, incluso las estatales, siguen despidiendo o no tomando a personas con resultado positivo al test del VIH.

En nuestro continente, el difícil acceso a la justicia en general, y su lentitud e ineficacia, desalientan el ejercicio de los derechos por parte de cualquier ciudadano. Sin embargo, en el caso de un individuo que vive con el VIH/sida, dicho ejercicio se ve fundamentalmente coartado por las condiciones de estigmatización y discriminación, real o percibida como tal, ante aquellas personas que cuentan afectivamente para él. Estas condiciones se agravan cuando el conocimiento de la vía de transmisión implica la revelación de una identidad o de una práctica no públicamente reconocida (en particular, la homosexualidad o el consumo de drogas). Muchas veces, no obstante, llegado el momento de la revelación de la homosexualidad y/o de la seropositividad, esta discriminación temida (por parte de familiares, amigos, pareja, colegas) no se verifica en absoluto; sin embargo, el temor de la discriminación opera en el sentido de que el individuo prefiera utilizar el secreto como recurso de protección, quizá hasta que la situación se vuelva insostenible, en lugar de "visibilizarse" y compartir sus vivencias.

## LAS PRIORIDADES
## DE LA INVESTIGACIÓN EN CIENCIAS SOCIALES

Durante los años 90, las investigaciones sociales en materia de sida se han orientado según las siguientes grandes categorías de objetivos (Cáceres, 1999):

1.  CAP: Las encuestas CAP (conocimientos, actitudes y prácticas respecto del VIH/sida), uso del preservativo, los trabajos sobre sexualidad, comportamientos de riesgo y preventivos; estudios biomédicos y de seroprevalencia del VIH.
2.  VIDA COTIDIANA: Los trabajos sobre la vida cotidiana de las per-

sonas viviendo con el VIH/sida, como también de HSH, usuarios de drogas y otras categorías vulnerables, incluyendo el tema de la política y los derechos humanos, identidades culturales, construcción de las imágenes de género, etcétera.

3. TRABAJO SEXUAL: Los trabajos sobre personas en situación de prostitución, sexo por dinero, etcétera. Travestismo y trabajo sexual.

4. INTERVENCIÓN: Los trabajos directamente ligados a la intervención, a la prevención, a la asistencia psicológica, etcétera. Educación entre pares, evaluación de programas y de impacto de campañas, etcétera.

El conocimiento de las prácticas sexuales constituye uno de los objetos privilegiados por las investigaciones en cuestión. Dicho objeto puede ser encarado en relación con el VIH/sida, en el marco de los conocimientos sobre los modos de transmisión del VIH y sobre los modos de prevención, de las actitudes y creencias, y de los comportamientos relativos al VIH/sida. Este tipo de enfoque fue el preponderante en las encuestas CAP, en su mayoría descriptivas, y algunas de ellas explicativas de la brecha existente entre la buena información y las prácticas riesgosas (lo que se denomina el "*CAP-gap*"). La sexualidad también es estudiada en el marco más general de la vida cotidiana y de las construcciones de género. Un capítulo particular corresponde al trabajo sexual, considerado un camino posible de transmisión del VIH entre categorías sociodemográficas con diferentes tipos y grados de vulnerabilidad. Finalmente, el conocimiento de las prácticas sexuales es tanto insumo como resultado de las intervenciones sociales tendientes a modificar comportamientos en pos de la prevención.

Tanto a nivel de las disciplinas como de las metodologías empleadas, se comprueba que la regla es el trabajo transdisciplinario y multimetodológico. Esto se aplica tanto a las perspectivas teóricas como al trabajo práctico y de campo. Por ejemplo, los estudios epidemiológicos demostraron ser "vacíos" si no incorporaban las dimensiones provistas por la sociología cualitativa y el trabajo etnográfico; asimismo, los estudios sociodemográficos sobre comportamientos sexuales debieron incorporar las dimensiones de subjetividad que proveen las perspectivas psicológicas o psicosociales. Desde un punto de vista más general, además, la mayor parte de los estudios, incluso los universitarios y académicos, están vinculados directamente o indirectamente con la intervención preventiva y asistencial, en lo que se refiere a la elaboración de programas, su implementación y evaluación.

Para investigar sobre temas "sensibles", como la sexualidad, las técnicas cualitativas aparecen como las más eficientes para sobrepasar la estigmatización y ganar la confianza de los participantes (Lee, 1993). Por otra parte, la combinación de técnicas cualitativas y cuantitativas apunta a la vez a dar cuenta de la diversidad cultural de prácticas e identidades que existen detrás de las categorías y definiciones, y a intentar determinar el grado de representatividad social (y geográfica) de los rasgos que se quieren conocer.

Si se toma en cuenta la institución que sirve de sede para la investigación, comprobamos que en materia de VIH/sida la colaboración entre actores parece ser la regla: universidades y otros centros académicos, organizaciones no gubernamentales y actores gubernamentales han conformado —luego de más de una década de cooperación y conflictos— redes de intervención e investigación. Quizá la deuda pendiente sea la de integrar estas redes en un nivel regional latinoamericano, como lo han hecho, por ejemplo, los estudios sobre mujeres y de género, sobre derechos sexuales y reproductivos, y sobre salud reproductiva.

La colaboración entre actores gubernamentales y no gubernamentales, académicos y comunitarios, a menudo tuvo su origen en la necesidad de complementación de saberes y recursos (por ejemplo, la necesidad de los investigadores y de los programas gubernamentales de llegar a poblaciones más o menos ocultas, mediante la técnica de la "bola de nieve", los llevó a contactarse y requerir el apoyo de las organizaciones de personas viviendo con VIH/sida y gays, así como de las redes informales de usuarios de drogas; inversamente, la necesidad de contar con recursos financieros y técnicos llevaron a estas últimas a vincularse con universitarios y funcionarios). Como resultado, no sin recelos, desconfianzas y conflictos, diferentes modelos de investigación-acción y/o de intervención-evaluación fueron siendo ensayados por redes institucionales mixtas (Pecheny, 2000).

Luego de veinte años de epidemia de sida, y otro tanto de trabajo en ciencias sociales al respecto, podemos señalar los siguientes ejes actuales de investigación:

a)  El pasaje del conocimiento e información a la adopción de comportamientos preventivos: factores que contribuyen u obstaculizan dicho pasaje, en términos de recursos materiales, institucionales, culturales y simbólicos.

b)  Los obstáculos jurídico-políticos a la prevención: en materia de educación sexual, legislación en materia de sexualidad y reproducción (planificación familiar, aborto, homosexualidad) y en materia de toxicomanía.

c)  A partir del reconocimiento de que los jóvenes constituyen una categoría heterogénea, se propone conocer:
La especificidad de las relaciones de género entre jóvenes
La especificidad de los jóvenes HSH
La especificidad de los jóvenes UDIV

d)  La vida cotidiana con el VIH/sida: desde el punto de vista de las representaciones sociales y en términos concretos de gestión del tiempo, reacciones emocionales, seguimiento de los tratamientos, etcétera.

e)  Los análisis del impacto económico-político de la epidemia, particularmente en materia de salud pública.

A pesar de las dificultades sobre todo presupuestarias, investigaciones en torno a estos ejes comenzaron a desarrollarse en América latina, sobre todo en Brasil, pero también —por ejemplo— en Argentina, Perú y México. La formación de redes internacionales de investigación permite aprovechar el conocimiento ya desarrollado en otras partes del continente y el análisis comparado, así como potenciar la búsqueda de fondos y el mejor aprovechamiento de los recursos.


A MODO DE CONCLUSIÓN

Las diferentes investigaciones en ciencias sociales realizadas muestran que la discriminación constituye a la vez un obstáculo a la prevención y un factor de riesgo. Recordemos aquí algunos hechos:

En cuanto a la transmisión heterosexual, la estigmatización de ciertos roles, actitudes y comportamientos relativos a la construcción de las relaciones entre los géneros dificulta el uso del preservativo. Por ejemplo, según muchas investigaciones, como está "mal visto" que las jóvenes adolescentes tomen la iniciativa de una relación sexual, es poco frecuente que ellas dispongan de preservativos o que puedan negociar su utilización con el compañero.

En cuanto a la homosexualidad, los estudios muestran que la represión y la estigmatización instauran contextos de interacción sexual de mayor riesgo, contextos caracterizados por el anonimato, la disociación entre sexo y afecto, la inestabilidad de las parejas, las parejas múltiples, e incluso "el odio de sí".

La represión y la exclusión de los usuarios de drogas impiden el acceso al material de inyección, lo que incita a seguir comportamientos peligrosos, incluso por parte de individuos informados y conscientes de los riesgos que corren y hacen correr. La exclusión favorece también los "rituales de pertenencia" a un grupo, incluyendo los rituales que implican riesgos de contaminación.

Finalmente, la discriminación de las personas que viven con VIH/sida hace más difícil el acceso y el cumplimiento sistemático de los tests diagnósticos y de los tratamientos, así como la prevención de las reinfecciones. Según los testimonios, por el solo hecho de develar su seropositividad, muchos individuos pierden la capacidad de ejercer sus derechos fundamentales. Así, las personas que viven con el VIH/sida parecen sufrir una muerte civil que tiene lugar mucho antes que la muerte clínica. Al miedo del ostracismo social, se agrega el de perder el empleo y la protección social.

Para terminar, queremos señalar simplemente que la invitación a la responsabilidad individual como base fundamental de la prevención de la transmisión del VIH, y por ende de la lucha contra el sida, presupone individuos autónomos. De acuerdo con el principio clásico de la ciudadanía, si el Estado exige de parte de los individuos que asuman responsabilidades y obligaciones hacia la comunidad, esto se hace como contrapartida de la garantía de los derechos y de las libertades de cada uno. En este sentido, la no-discriminación y el reconocimiento de derechos son una condición necesaria de la política sanitaria.

# CAPÍTULO 14

# ALGUNAS CONCLUSIONES

Ana Lía Kornblit

Se ha dicho (Berquó y de Souza, 1994) que cuanto más tardíamente un país adopta una política de prevención a nivel nacional, mayor es la tasa de prevalencia de la enfermedad y más difícil será influir en la evolución de la epidemia. En la Argentina estamos atrasados en la adopción de programas sostenidos de educación para la salud en este sentido, y es por eso que las intervenciones cara a cara adquieren una doble importancia: ellas son ineludibles en relación con la posibilidad de adoptar conductas protectoras de la salud y tienen también que paliar la ausencia de esfuerzos preventivos sostenidos en el tiempo, a través de campañas masivas.

Por otra parte, las intervenciones preventivas del sida deben enmarcarse en un modelo de educación para la salud.

Existen en éste sentido tres modelos básicos:

El *modelo informativo*: tiene por objetivo reducir la incidencia de la enfermedad produciendo cambios en la conducta individual, a través de presentar "datos" e información sobre la enfermedad.

El *modelo del "empoderamiento"*: intenta reducir la incidencia de la enfermedad alentando la capacidad de las personas para actuar sobre sus circunstancias, a través de técnicas de aprendizaje participativo para ayudarlas a identificar las elecciones que pueden hacer.

El *modelo comunitario*: propone enfocar la salud a través de cambios comunitarios alcanzados a través de la acción colectiva. Se sirve de experiencias compartidas sobre las que se reflexiona grupalmente, identificando necesidades colectivas y planificando cómo satisfacerlas.

Entre las técnicas de trabajo comunitario se privilegian las que llevan a encontrar a los sujetos en sus propios ámbitos, sin crear escenarios preventivos artificiales y las que parten de las ONGs que trabajan en el tema en la localidad.

Se ha comprobado que la difusión de información es útil para cambiar la actitud de la población hacia los enfermos de sida y los grupos estigmatizados.

En cambio, el trabajo cara a cara destinado a aumentar las habilidades de las personas para manejarse en situaciones difíciles puede conducir a cambios de conducta, en el sentido de una mayor adopción de conductas de protección.

Se ha planteado también que, con respecto al cambio de conductas, existen factores predisponentes, facilitadores y reforzadores.

Los factores predisponentes son las habilidades de las personas y la existencia de recursos personales para enfrentar las situaciones de riesgo.

Los factores reforzadores son las actitudes y las normas de su entorno (pareja, familia, amigos, grupo de pares, etcétera).

La promoción de la salud, que forma parte de una nueva concepción de la salud pública, plantea la necesidad de moverse más allá del modelo biomédico, para englobar las influencias sociales y ambientales sobre la salud y la conducta vinculada con ella. En este contexto, la promoción de la salud es redefinida como una actividad intersectorial que apunta a que los individuos y las comunidades aumenten su capacidad de control sobre los factores que influyen sobre su salud.

La Carta de Ottawa, suscripta por la OMS en 1986, establece cinco principios como marco para las actividades de promoción de la salud: desarrollar habilidades en los individuos en relación con el mantenimiento de la salud; reorientar los servicios de salud hacia actividades preventivas; fomentar la participación de la comunidad en dichas actividades; crear medio ambientes saludables y promover políticas públicas de apoyo a la salud.

Teóricamente se propone, pues, la integración de los recursos relacionados con la promoción de la salud.

El gran tema pendiente, cuando han pasado ya más de diez años de esta propuesta, es su aplicabilidad. Esta dificultad ha alcanzado, como es lógico, a los servicios que se ocupan de la prevención del sida, para los que también existe el desafío de desplazarse desde *proponer* la promoción de la salud hasta su *aplicación*. Esto es más candente cuando se trata, como en el caso de la infección por el VIH, de individuos difíciles de alcanzar a través de las modalidades preventivas más comunes, y de comunidades que tienen menor accesibilidad al sistema de salud que el promedio.

En los países latinoamericanos, por ejemplo, el modelo de reducción del daño en drogadicción, que plantea objetivos de mínima, como por ejemplo lograr la reducción del número de adictos que comparten jeringas, no se ha asumido como política pública, ante un marco legal que pena el consumo y la tenencia de drogas.

En la Argentina en particular, no han existido hasta ahora mensajes oficiales sostenidos que promovieran el uso de preservativos, por la presión en su contra de la Iglesia católica.

La reducción del gasto público ha hecho también que no se cuente con presupuesto para actividades de prevención de la infección por el VIH, que recaen entonces en las ONGs. Ellas están lejos de poder desarrollar técnicas de trabajo que lleguen a las personas más vulnerables en sus mismos ambientes (*outreach*), como se ha preconizado en los países desarrollados.

El concepto de "empoderamiento" y las ideas vinculadas a él de "autoestima" y "autoeficacia" son también herramientas que forman parte de recursos planteados teóricamente, de difícil aplicación cuando se intentan dirigir a nivel individual, sin tomar en cuenta las situaciones y las normas grupales.

La idea del "empoderamiento" comunitario, planteado como la puesta en marcha de los recursos comunitarios en actividades preventivas, a partir de una modalidad lo más autogestiva posible, debería ser el norte de las políticas preventivas. En este enfoque es clave la capacitación de pares que llevan a cabo actividades con participación comunitaria en las que el grupo se plantea sus propios objetivos, metas y modos de alcanzarlos.

La lucha contra el sida, tal como lo plantea Parker (1994), no puede dejar de enmarcarse en las desigualdades que atraviesan nuestras sociedades, que comprenden la miseria, la opresión de las mujeres y los prejuicios contra las minorías sexuales. Y su marcha dependerá de nuestra capacidad para construir una política de solidaridad en una sociedad democrática pero con bajos niveles de participación.

Se ha criticado el modelo del "empoderamiento", entendido como lograr que los individuos tengan un mayor control sobre sus actos, en este caso sexuales, a partir del desarrollo de sus habilidades y capacidades de negociación en la relación con la pareja, señalando su raigambre individualista, a pesar de que enfoca situaciones interpersonales. Esto implica que además de ponerse como meta aumentar la asertividad de las personas en la dirección del autocuidado, deberían tomarse en cuenta la diversidad de los escenarios en los que se juegan las posibilidades de ser o no asertivos de los individuos. En este sentido, restan por construirse tipologías posibles de encuentros de parejas y los guiones (*scripts*) sexuales típicos en ellos. Una excepción a esto es el trabajo de Richard Parker en Brasil sobre el modo como se desarrolla lo que denomina la "ideología de lo erótico" en diversos escenarios sexuales.

Los aspectos que no pueden estar ausentes de intervenciones preventivas del sida son:

- la información sobre transmisión del VIH
- la información sobre modos de protección del VIH
- las apelaciones a la tolerancia y la no discriminación de las personas que conviven con el VIH y también de los grupos percibidos como más vulnerables la infección
- las direcciones con respecto a dónde dirigirse para realizar la prueba del VIH y obtener más información sobre las ONGs que trabajan en la problemática en la comunidad

Las tres modalidades tradicionales para vehiculizar lo anterior son:

- los medios de comunicación de masas, especialmente la televisión (más adecuados para transmitir mensajes informativos simples)
- los "pequeños" medios (pósters, folletos, mariposas, videos)
- los contactos "cara a cara", especialmente a través del trabajo grupal (más adecuados para transmitir habilidades específicas)

Se ha dicho reiteradamente que las intervenciones preventivas no deben difundir sólo información, sino también poner el énfasis en la difusión del saber hacer para prevenir.

Dichas intervenciones deberían enmarcarse en la meta de transformar las normas colectivas de la comunidad de pertenencia de los individuos, en un sentido favorable a la prevención.

Las intervenciones cara a cara deben apoyarse lo más posible en los pares y en los líderes no profesionales de las comunidades sobre las que se trabaja.

Ferrand *et al.* (1995) plantean que existen "normas prácticas" de gestión del riesgo que actualizan a escala interpersonal las prescripciones mediáticas, pero ellas no han sido adquiridas por toda la población.

Estas "normas prácticas", vehiculizadas, por ejemplo, a través de la "confidencia", serían uno de los elementos que el trabajo preventivo cara a cara puede intentar desarrollar.

Así, paralelamente a la "prescripción normativa" que emana de una autoridad social, transmitida por los medios, es importante el desarrollo y afianzamiento, cuando existen, de redes interpersonales que vehiculicen dichas "normas prácticas".

En las intervenciones preventivas "cara a cara" la preparación de las personas para enfrentar situaciones que se les pueden presentar es una importante ayuda. Las técnicas desarrolladas en pequeños grupos, que favorecen la interacción a través, por ejemplo, del juego de roles, son una estrategia válida tendiente a la producción de cambios en las actitudes y en la intención de la conducta.

Tal como lo sintetiza D. Ludwig (1994), la modificación de las conductas no se logra sólo a través de comunicaciones persuasivas sino que requiere la participación de los sujetos en el proceso de cambio. Solamente la interacción social es capaz de vencer la resistencia comportamental, a través del cuestionamiento y la transformación de normas vigentes. Es esto lo que puede favorecer la adaptación de la racionalidad de los actores a las razones de la prevención.

No es ésta una tarea fácil, en la medida en que pretendemos que se entrelacen dos ámbitos que desde la lógica de la prevención se ven relacionados pero que para muchas personas permanecen disociados: la sexualidad y la salud. Éste ha sido uno de los principales obstáculos con que se han enfrentado los investigadores en este campo para comprender la conducta no preventiva en relación con el VIH. Un caso emblemático de esta disociación está dado por los consumidores de drogas por vía endovenosa, para muchos de los cuales, tanto en sus hábitos de consumo, como en su vida sexual, salud y goce, son ámbitos que permanecen separados.

                                                        

Sin embargo, todo parece conducir al convencimiento de que una estrategia preventiva eficaz depende de la capacidad que tengamos de instalar en las personas la evocación del sida como un gesto normal, que sea visto como reconocimiento del otro, formando parte de los códigos de autocuidado y de la relación amorosa. De nuestros datos surge que en parte esto se ha conseguido en la población más joven, iniciada en la vida sexual en la "era del sida".

Para terminar, y concordando con las conclusiones del grupo de trabajo francés sobre "las ciencias sociales y las estrategias de comunicación sobre la prevención del sida" (1994), podemos afirmar que:

- Es importante mantener la continuidad de los esfuerzos preventivos dirigidos tanto a la población general como a los grupos más amenazados por la epidemia, teniendo en cuenta el ingreso de nuevas cohortes en posibles conductas de riesgo, y el hecho de que la interrupción de los mensajes preventivos puede echar por tierra los avances alcanzados.

- En un campo tan íntimo como el de la sexualidad, la acción preventiva debe fundarse no sobre mensajes que induzcan conductas, sino sobre la apropiación por parte de los individuos de recursos que les permitan enfrentar los riesgos.

- A pesar de las pocas intervenciones preventivas sistemáticas realizadas en la Argentina, la presente investigación, así como las realizadas en otras partes del mundo, permiten asegurar que la prevención es eficaz. Cabría preguntarse, por ejemplo, qué cifras en cuanto a cantidad de enfermos tendríamos si la población no hubiera recibido mensajes preventivos. Creemos que ellas serían aún mucho más importantes que las que tenemos en la actualidad.

- Se ha comprobado que existe un aumento de la utilización del preservativo entre las generaciones más jóvenes y entre algunos de los grupos más expuestos a la infección (homosexuales y trabajadoras del sexo). Existe, sin embargo, un hiato entre la información con que cuenta la población con respecto al sida, y la conducta preventiva.

- Es utópico plantearse como meta alcanzar en la población un riesgo nulo. La estrategia preventiva debe plantearse como objetivo reducir los riesgos, y para ello deben tenerse en cuenta las prácticas de gestión de riesgo en la cultura sexual, desarrolladas espontáneamente por la población, tratando de que ella reconozca en dichas prácticas los diferentes grados de seguridad que ellas implican.

- Debería tenderse a que las personas se interroguen sobre sus prácticas sexuales, cuestionándose los riesgos que están dispuestos a asumir.

- Es importante tomar en cuenta los diversos escenarios sexuales en los que pueden llevarse a cabo distintas estrategias de gestión de riesgos, en función de las normas sociales que prevalecen para cada uno de ellos, teniendo en cuenta también las distintas etapas del ciclo vital de los individuos.

- Se ha comprobado que las mujeres son más sensibles a las preocupaciones relacionadas con la salud, lo que sumado al hecho de que ellas han sido históricamente las encargadas de la anticoncepción, las torna potenciales agentes preventivos en relación con el sida. Es importante, pues, desarrollar estrategias que las involucren en esta tarea.

- Se ha comprobado también que es pertinente estimular a las personas a que tomen posición con respecto a las cuestiones relativas a la prevención del sida en el marco de sus redes sociales de pertenencia. Se puede plantear, por ejemplo, a través del juego de roles, una situación en la que una persona se rehúsa a adoptar una conducta de protección, lo que es cuestionado, con los argumentos que el grupo considere pertinentes. Se abre así un espacio de discusión, sin que se imponga desde afuera un marco normativo.

- Teniendo en cuenta que las estrategias de protección tienden a ser abandonadas en una relación cuando ella se considera "estable", es importante transmitir la idea de que la sexualidad no es algo estático, sino una trayectoria en la que se suceden períodos de estabilidad sexual y afectiva con fases de ruptura y de exploración de nuevas relaciones.

- La gestión de los riesgos será más fácil de llevar a cabo si los individuos pueden tratar verbalmente con fluidez los temas relativos a la sexualidad. Se debería también tender a una mayor aceptación por parte de la población de la diversidad sexual, lo que permitiría que las personas que desarrollen modalidades de relación sexual que se apartan de las normas dominantes puedan plantear sus dudas y necesidades, sin tener que encerrarse en círculos que actúen como guetos.

- Debería plantearse el riesgo de la infección por el VIH como parte del conjunto de riesgos ligados a la pérdida de la salud y a los ligados a la actividad sexual (embarazo no deseado, enfermedades de transmisión sexual).

Digamos, para terminar, que hay que recordar que las actividades de educación para la salud deben encarar, con respecto al sida, no únicamente la epidemia de la infección por el VIH, sino también la epidemia del miedo y del prejuicio frente a él. Solamente así se podrá construir una prevención más eficaz y la solidaridad necesaria para que grupos percibidos actualmente como marginales sean tratados con mayor tolerancia.

## PROPUESTAS GENERALES EN TORNO A LA PREVENCIÓN

- Seguir informando de modo sistemático a la población acerca del sida, dado que nuevas generaciones se van sumando a la necesidad de contar con información y que por otra parte el nivel de información en la población en general no es óptimo.
- Es necesario dirigirse con mensajes preventivos a la población general y a grupos específicos, a través de distintas modalidades comunicacionales: medios masivos, mensajes de pequeño formato e intervenciones cara a cara.
- Desdramatizar el contenido de los mensajes preventivos en torno al sida, alejándolo de los significados de muerte y enfermedad terminal, para enfatizar el cuidado de sí mismo y del otro, así como el perseguir una mejor calidad de vida en los portadores del virus.
- Amalgamar los mensajes preventivos con los referidos a la búsqueda de un clima de tolerancia hacia las personas alcanzadas por la enfermedad y hacia los grupos más amenazados por la epidemia.
- Fundar las intervenciones preventivas en el convencimiento de que se debe lograr que las personas hagan suyos recursos que les permitan hacer frente al riesgo y no sólo brindar información.

- Crear espacios de expresión que permitan hablar de la sexualidad, preparando a distintos actores sociales para entender la diversidad de las experiencias sexuales y para responder a ellas de manera abierta y tolerante.
- Reubicar el riesgo sobre el sida en el conjunto de riesgos ligados a la actividad sexual: enfermedades de transmisión sexual, embarazo no deseado, soledad afectiva, etcétera.
- Tender a que el tema del sida pueda ser introducido en la relación de pareja como parte del cuidado de uno mismo, del otro y de la relación, y no como desconfianza hacia el otro.
- Teniendo en cuenta los resultados de las investigaciones realizadas, los mensajes que apunten a elevar la conciencia con respecto a esta enfermedad deberían estar dirigidos fundamentalmente a las personas de menores recursos económicos y educativos.
- Los resultados alcanzados sobre el conocimiento de la enfermedad indican que los mensajes destinados a la información deberían seguir reforzándose de acuerdo con los siguientes objetivos:

  a) dirigirse a las personas más jóvenes que van ingresando a la sexualidad para aumentar sus niveles de información, o sea, centrarse en la relación "información para el conocimiento de una enfermedad epidémica";

  b) dirigirse a toda la población centrándose en la relación "información para disminuir el riesgo de contagio a partir de un diagnóstico de baja percepción de riesgo en la población". El tema de los mensajes centrados en la información ha sido una discusión entre organismos gubernamentales y no gubernamentales que, a nuestro entender, partía de una premisa equivocada con respecto al conocimiento. La cuestión no pasa por convertir al ciudadano común en un experto ni por creer que la información tiene una relación directa y causal con la adopción de comportamientos preventivos. La cuestión pasa por saber, desde el punto de vista comunicacional, qué se quiere informar y para qué;

  c) otro aspecto primordial es el medio utilizado para difundir esta información: si bien la cobertura massmediática debería incrementarse, aún más y con mejores recursos

debería fomentarse la comunicación personal (especialmente a través de los docentes). Estas dos dimensiones
de la comunicación deberían estar presentes en el inicio
mismo de la elaboración de una estrategia comunicacional con relación al sida.

- En relación con los resultados referidos a la adopción de conductas preventivas y a la percepción de riesgo, los mensajes
deberían apuntar e insistir con respecto al uso del preservativo en general y en distintas situaciones sexuales. La cuestión
sería no sólo instar al uso, sino hablar más sobre el sexo, ya
que la discusión preservativo sí o no esconde la verdadera
discusión que está presente en la prevención: la sexualidad.
Las líneas de trabajo deberían tener presente:

1. que la pareja estable implica un límite al uso del preservativo en personas de todas las edades;

2. que la aceptación del uso es mayor entre los jóvenes, lo que
no quiere decir que siempre lo usen; también entre ellos está muy presente la idea del cuidado en la elección de la pareja como método de prevención; es necesario reforzar la
educación sexual en las escuelas, y estimular la conversación
directa y cara a cara sobre temas sexuales.

# BIBLIOGRAFÍA


Abbott S. (1988) "AIDS and young women". *The Bulletin of the National Clearinghouse for Youth Studies*, 7: 38-41.

Adam Ph. y Schultz M-A. (1996) "Relapse et cantonnement du risque aux marges de la 'communauté': deux idées reVues à l'épreuve de l'enquête 'presse gaie'". En M. Calvez, M. A. Schiltz e Y. Souteyrand, *op. cit.*

Aggleton P. y Homans H. (eds.) (1988) *Social aspects of Aids.* Londres: The Falmer Press.

Aggleton P., Hart G. y Davies P. (eds.) (1989) *Aids: Social representations, social practices.* Londres: The Falmer Press.

——————— (1991) *Aids: Responses, interventions and care.* Londres: The Falmer Press.

——————— (1993) *Aids: Facing the second decade.* Londres: The Falmer Press.

——————— (1994) *Aids: Foundations for the future.* Londres, Taylor & Francis.

Ahlemeyer H. y Ludwig D. (1997) "Norms as communication and communication as a norm in the intimate social system". En L. Van Campenhound, M. Cohen, G. Guizzardi y D. Hausser (eds.) *Sexual interactions and VIH risk.* Londres: Taylor & Francis, 1997.

Ajzen I. y Fishbein M. (1980) *Understanding attitudes and predicting social behavior.* Englewood Cliffs, N. J.: Prentice Hall.

Ajzen I. y Madden T. (1986) "Prediction of goal-directed behaviour: Attitudes, intentions and perceived behavioral control". *Journal of Experimental Social Psychology*, 22:453-474.

Alcorn K. (1988) "Illness, metaphor and AIDS". En: P. Aggleton y H. Homans, *op. cit.*

Altman D. (1986) *Aids and the new puritanism*. Londres: Pluto Press.

—————— (1994) *Power and community: Organizational and cultural responses to Aids*. Londres: Taylor & Francis.

Allane S., Garita E., N'Gandu N. y Tichacek A. (1999) "The evolution of voluntary testing and counseling as an VIH prevention strategy". En L. Gibney, R. DiClemente y S. Vermund: *Preventing VIH in developing countries*. Nueva York: Kluwer Academic/Plenum Pub.

Ariès Ph. (1960; traducción española: 1990) *El niño y la vida familiar en el antiguo régimen*. Madrid: Taurus.

Aucremanne J. (1992) *Traitement des toxicomanes: de l'impuissance à l'impossible*. Bruselas: Actas del Coloquio organizado por la Asociación Enaden.

Augé M. (1984) "Ordre biologique, ordre social: la maladie, forme élémentaire de l'évenement". En M. Augé y C. Herzolich *Le sens du mal. Anthropologie, histoire, sociologie de la maladie*. París: Éd. des ArcVIHes Contemporaines.

Auvergnon Ph. (1992) *Le droit social à l'epreuve du sida*. Bordeaux: Ed. de la Maison des Sciences de l'Homme d'Aquitaine/DELSA.

Bagozzi R. P., Yi, I. y Baumgartner J. (1990) "The level of effort required for behavior as a moderator of the attitude-behavior relation" *European Journal of Social Psychology*, 20:45-59.

Bajos N. y Ludwig D (1995) "Risque construit et objectivation du risque: deux approches de l'adaptation au risque de transmision sexuelle du sida". En: N. Bajos, M. Boxon y A. Giami, *op. cit.*

Bajos N., Bozon M. y Giami A. (1995) *Sexualité et Sida*. París: ANRS.

Bajos N., Lert F., Bastard B., Ben Slama F., Calvez M., Giraud M., Paicheler G., Schiltz M. A., Souteyrand Y., Spira A. y de Vicenzi I. (1994) "Contribution de la recherche en sciences sociales et en santé publique à la définition des stratégies de communication sur la prévention de la transmission sexuelle du VIH". *Information ANRS*, 12:31-35.

Bakhtine M. (1929; traducción francesa: 1977) *Marxisme et philosophie du langage*. París: Éd. du Minuit.

Baldwin J., Whiteley S. y Baldwin J. (1990) Changing AIDS and fertility related behaviour: The effectiveness of sexual education. *Journal of Sex Research*, 27:245-262.

Bandura A. (1986) *Social foundations of thought and action: A social cognitive theory*. Englewoods Cliffs, N. J.: Prentice-Hall.

————— (1989) "Perceived self-efficacy in the exercise of control over AIDS infection" En V. M. Mays, G. W. Albee y S. F. Schneider (eds.): *Primary prevention of AIDS: Psychological approaches*. Newbury Park: Sage.

Barthes R. (1966) "Introduction à l'analyse structurale du récit". *Communications*, 8:1-27.

Bartlett F. (1973) "Los factores sociales del recuerdo". En H. Prohansky y B. Seidenberg: *Estudios básicos de Psicología Social*. Madrid: Tecnos.

Basabe N., Irarurgi, Páez D. e Insúa P. (1996) "Psicoinmunología, factores psicosociales e infección por el VIH". En N. Basabe, D. Páez, R. Usieto, H. Paicheler y J.-C. Deschamps: *El desafío social del sida*, Madrid: Fundamentos.

Bastard B. y Cardia-Vonèche L. (1995) "Choix et comportements affectifs et sexuels face au sida: une étude auprès des personne séparées ou divorcées". En N. Bajos, M. Bozon y A. Giami, *op. cit.*

Bateson G. (1976) *Pasos hacia una ecología de la mente*. Buenos Aires: C. Lohlé.

Becker H. (1970) *Los extraños. Sociología de la desviación*. Buenos Aires: Amorrortu.

Becker M. (1974) "The health belief model and personal health behavior". *Health Educational Monographs*, 2:324-508.

Becker M. y Joseph J.G. (1988) "AIDS and behavioral change to reduce risk: A review". *American Jounal of Public Health*, 78: 394-410.

Belmartino S. (1995) "Transformaciones internas al sector salud: la ruptura del pacto corporativo". *Desarrollo Económico*, 137:83-103.

Beloqui J. A. (1998) "Acceso a Tratamento para VIH/AIDS: Questoes Políticas e Econômicas", Río de Janeiro: ABIA - Associaçao Brasileira Interdisciplinar de AIDS et GIV, Série Idéias et Açoes.

Beltzer N., Moatti J. P. y Souteyrand Y. (1994) *Les jeunes face au sida: de la recherche à la action*. París: ANRS.

Bentler P. M. y Speckart G. (1979) "Models of attitude-behavior relations". *Psychological Review*, 86:452-464.

Berger P. y Luckman T. (1967) *The social construction of reality*. Nueva York: Anchor/Doubleday.

Berquó E. y de Souza M. (1994) "Homens adultos: conhecimento do uso do condom". En M. A. Loyola: *Aids e sexualidades*. Río de Janeiro: Relumé du Mará/UERJ.

Berridge V. (1992) "The early years of Aids in the United Kingdom, 1981-86: Historical perspectives". En T. Ranger y P. Slack: *Epidemics and ideas. Essays on the historical perception of pestilence*. Cambridge: Cambridge University Press.

Bertaux D. (1997) *Les récits de vie*. París: Nathan.

Biagi E. (1988) *Sida. Viaje por el horror*. Madrid: Ómnibus Mondadori.

Biagini G. y Sánchez M. (1995) *Actores sociales y SIDA*. Buenos Aires: Espacios.

Bianco M., Re M. I. y Pagani L. (1998) "Género y sexualidad adolescente: problemas frente a la reproducción y la prevención del VIH/SIDA". En *Avances en la investigación social en salud reproductiva y sexualidad*. Buenos Aires: AEPA-CEDES-CENEP.

Bobbio N. (1998) "La democracia realista de Giovanni Sartori". *Teoría Política*, 4,1:149-158.

Boulton M. (ed.) (1994) *Challenge and innovation. Methodological advances in social research on VIH/AIDS*. Londres: Taylor & Francis.

Bourdieu P. (1972) "Les stratégies matrimoniales dans le système de reproduction". *Annales*, 4-5:1105-1126.

———————— (1980) *Le sens pratique*. París: Éd. du Minuit.

———————— (1987) *Choses dites*. París: Minuit.

———————— (1999) *La miseria del mundo*. Buenos Aires: FCE.

Bozon M. y Leridon H. (1993) "Sexualité et sciences sociales". Número especial de *Population*, 5.

Bratebbo G. Wisbord T. y Sjursen H. (1990) "Health workers and the human immunodeficiency virus. Knowledge, ignorance and behaviour". *Public Health*, 104:123-130.

Budd R. y Spencer C. (1985) "Exploring the role of personal normative beliefs in the theory of reasoned action: The problem of discriminating between alternative path models". *European Journal of Social Psychology*, 15:299-313.

Bury M. (1991) "The sociology of chronic illness: A review of research and prospects". *Sociology of Health and Illness*, 13:451-468.

Bustelo E. (1997) "El abrazo. Reflexiones sobre las relaciones entre el Estado y los Organismos No Gubernamentales" (mimeo).

Cáceres C. (1999) Final Report. Project: Constitution of a Research Network on VIH/AIDS among populations of Men who have Sex with other Men in Latin America, Lima.

Cahn P. (1992) *Psida*. Buenos Aires: Paidós.

Calvez M. (1992) *La selection culturelle des risques du sida*. París: ANRS/IRTS.

——————— (1995) "La selection culturelle des risques du sida". En N. Bajos, M. Bozon y A. Giami, *op. cit.*

Calvez M., Schiltz M. A. y Souteyrand Y. (1996). "Présentation". En *Les homosexuels face au sida. Racionalités et gestion de risques*. París: ANRS.

Carricaburu D. y Pierret J. (1994) "Vivre au quotidien en étant séropositif asymptomatique: une enquête auprès d'hommes hémophiles et homosexuels". En M. Duroussy, *op. cit.*

——————— (1992) *Vie qutotidienne et recompositions identitaires autour de la séropositivité*. París: CERMES-ANRS (mimeo).

Catalán J. (1998) "Facteurs psychologiques et histoire naturelle de l'infection par le VIH". En Collection Sciences Sociales et Sida: *Le sida en Europe*. París: ANRS.

CENOC (1997) *Hacia la constitución del tercer sector en Argentina*. Secretaría de Desarrollo Social. Buenos Aires.

Chapman S. y Hodson J. (1988) "Showers in raincoats: Attitudinal barriers to condom use in high-risk heterosexuals". *Community Health Studies*, 12:97-105.

Clegg S. "Narrativa, poder y teoría social". En D. Mumby (comp.) *Narrativa y control social*. Buenos Aires: Amorrortu.

Clemente Díaz M. (coordinador) (1992) *Psicología social. Métodos y técnicas de investigación*. Madrid: Eudema.

Clemente M. y Santalla Z. (1991) *El documento persuasivo*. Bilbao: Deusto.

Cloward R. y Ohlin L (1960) *Delinquency and opportunity: A theory of delinquent gangs*. Chicago: Free Pres.

Cohen Ph. (1972) "Subcultural conflict and working class community. Working Papers in Cultural Studies". *University of Birmingham*, 2:5-51.

Connor M. (1992) "Risk perception, risk taking and risk management among intravenous drugusers: Implications for Aids prevention". *Social Science and Medicine*, 34, 6:591-601.

Conrad P. (1987) "The experience of illness: Recent and new directions". *Research in the Sociology of Health Care*, 6:1-31.

Cros M. (1994) "Les apports de la linguistique: langage des jeunes et sida". En N. Beltzer, J. P. Moatti e Y. Souteyrand, *op. cit.*

DeLamater J. (1987) "A sociological approach". En J. Greer y W. O`Donohue (eds.): *Theories of human sexuality*. Nueva York: Plenum.

Delor F. (1997) *Séropositifs. Trajectoires identitaires et rencontres de risque*. París: L'Harmattan.

Demazière D. y Dubar C. (1997) *Analyser les entretiens biographiques. L'example des récits d'insertion*. París: L'Harmattan.

De Singly F. (1993, 2ª edición) *Sociologie de la famille contemporaine*. París: Nathan.

———————— (1995) "Le vizir et le sultan ou les deux amours". En N. Bajos, M. Bozon y A. Giami, *op. cit.*

De Vinzenci I. (1994) "A longitudinal study of VIH transmission by heterosexual parterns". *The New England Journal of Medicine*, 331, 6:341-346.

Des Jarlais D. (1989) "VIH prevention programs for intravenous drug users: Diversity and evolution". *International Review of Psychiatry*, 1:101-108.

DiClemente R. (1993) "Confronting the challenge of AIDS among adolescents: directions for future research". *Journal of Adolescent Research*, 8, 2:156-167.

DiClemente R. (ed.) (1992) *Adolescents and AIDS: A generation in jeopardy*. Newbury Park: Sage.

DiClemente R. y Peterson J. (1994) *Preventing Aids. Theories and methods of behavioral interventions*. Nueva York y Londres: Plenum Press.

Donzelot J. (1977) *La police des familles*. Paris: Éd. de Minuit.

Douglas M. (1992) *Risk and blame: Essays in cultural theories*. Londres y Nueva York: Routledge.

Douglas M. y Calvez M. (1990) "The self as risk-taker: A cultural theory of contagion in relation to Aids". *Sociological Review*, 38, 3:445-464.

Dubar C. (1991) *La socialization. Construction des identités sociales et professionnelles*. París: A. Colin.

——————— (1996) "Usages sociaux et sociologiques de la notion de identité". *Éducation permanente*, 128:37-44.

Durkheim E. (1888) *Introduction a la sociologie de la famille. Annales*. Bordeaux: Faculté des Lettres.

Duroussy M. (1994) *Les personnes atteintes: des recherches sur leur vie quotidienne et sociale*. París: ANRS.

Echebarría Echabe A. y Páez Rovira D. (1989) "Social representations and memory: The case of AIDS". *European Journal of Social Psychology*, 19:543-551.

Elford J., Bolding G., Maguire M. y Sherr L. (1999) "Negociated safety as a risk reduction strategy among VIH positive men". Trabajo presentado en París, diciembre de 1999.

Estebanez P., Rua-Figueroa M., Aguilar M., Fitch K., Palacios V., Pelez L. y Najera R. (1992) "VIH prevalence and risk factors in Spanish prostitutes". VII Conferencia Internacional sobre sida. Amsterdam, PoC 4189.

Feather N. T. (1982) *Expectations and actions: Expectancy-value models in Psychology*. Hillsdale, N. J.: Lawrence Erlbaum.

Feixa C. (1999, 2ª edición) *De jóvenes, bandas y tribus*. Barcelona: Ariel

Ferrand A., Mounier L. y Degenne A. (1995) "Relations sexuelles et relations de confidence". En N. Bajos, M. Bozon y A. Giami, *op. cit.*

Fishbein M. (1990) "AIDS an behavior change: An analysis based on the theory of reasoned action". *Revista Interamericana de Psicología*, 24, 1:37-56.

Fishbein M. y Ajzen Y. (1975) *Belief, attitude, intention and behavior: An introduction to theory and research*. Reading, M. A.: Addison-Wesley.

Fishbein M. y Middlestadt S. E. (1989) "Using the theory of reasoned action as a framework for understanding and changing AIDS-related behaviors". En V. M. Mays, G. W. Albee y S. F. Scneider (eds.). *Primary prevention of AIDS: Psychological approaches*. Newbury Park: Sage.

Fisher J. D. y Fisher W. A. (1992) "Changing AIDS-risk behavior". *Psychologcial Bulletin*, III:455-474.

Fitzpatrick R., Boulton M. y Hart G. (1989) "Gay men's sexual behavior in response to Aids: Insight and problems". En P. Aggleton, G. Hart y P. Davies, *op. cit.*

Foucault M. (1978) *The history of sexuality,* vol. 1: *An introduction.* Nueva York: Random House.

———————— (1990) *Vigilar y castigar.* Madrid: Siglo XXI.

Gagnon J. (1988) "Sex research and sexual conduct in the era of AIDS". *Journal of Acquired Immune Deficiency Syndroms,* 1: 593-601.

———————— (1990) "The explicit and implicit use of the scripting perspective in sex research". *Annual Review of Sex Research,* 1:1-43.

Gallois C., Kashima Y., Terry D. y Chavin A. (1992) "Safe and unsafe sexual intentions and behavior: The effects of norms and attitudes". *Journal of Applied Social Psychology,* 22:1521-1545.

Gamella J. (1990) *La historia de Julián.* Madrid: Ed. Popular.

Gatter Ph. (1993) "Anthropology and the culture of VIH/AIDS voluntary organizations". En P. Aggleton, P. Davies y G. Hart, *op. cit.*

Giami A. (1995) "Représentations de la sexualité et représentations des partenaires à l'époque du sida". En N. Bajos, M. Bozon y A. Giami, *op. cit.*

Giami A., Bajos N. y Bozon M. (1993) "Sexualité et sciences sociales: les apports d'une enquête". En: M. Bozon y H. Leridon, *op. cit.*

Giddens A. (1991) *La transformación de la intimidad.* Madrid: Ed. Cátedra.

———————— (1992) *The consequences of modernity.* California: Stanford University Press.

———————— (1994) *Modernidad e identidad del yo. El yo y la sociedad en la época contemporánea.* Madrid: Península.

———————— (1999) *La tercera vía.* Madrid: Taurus.

Glaser B. y Strauss A. (1967) *The discovery of grounded theory. Strategies for qualitative research.* Chicago: Aldine.

Gloss D. y Adam-Smith D. (1995) *Organizing Aids.* Londres: Taylor & Francis.

Goffman E. (1970) *Estigma.* Buenos Aires: Amorrortu.

———————— (1972) *Interaction rituals.* Londres: Allen Lane.

Gogna M. (1994) *Factores psicosociales y culturales en la prevención del VIH/sida entre la población heterosexual: ¿qué aprendimos y cómo seguir?* (mimeo).

Gogna M., Pantelides E. A. y Ramos S. (1997) *Las enfermedades de transmisión sexual: género, salud y sexualidad*. Buenos Aires: Cuadernos del CENEP, Nº 52.

Gold R. (1993) "On the need to mind the gap: On-line versus off-line cognitions underlying sexual risk taking". En D. Terry *et al., op. cit.*

Gómez A. (1996) "Mujer y sida. Del riesgo a la prevención". *Mujer y salud*, 2:32-40.

González Bombal I. (1996) *La visibilidad pública de las asociaciones civiles*. Buenos Aires: CEDES, Documento 116.

Gramsci A. (1975; 1ª ed.: 1949) "La questione dei giovani". En *Quaderni del carcere*. Turín: Einaudi.

Green G. (1994) "Positive sex: Sexual relationships following an VIH-positive diagnosis". En P. Aggleton, P. Davies y G. Hart, *op. cit.*

————— (1995) "Attitudes toward people with VIH : Are they as stigmatizing as people with VIH perceive them to be ?" *Social Science and Medicine*, 4:557-568.

————— (1995) "Process of stigmatization and impact of employment of people with VIH". En D. Fitz Simmons, V. Hardy y K. Tolley (eds.): *Socioeconomic impact of Aids in Europe*. Londres: Cassell.

Greimas A. (1970) *Du sens*. París: Éd. du Seuil.

Guimaraes C. (1996) "Percepción de riesgo: estudio etnográfico de mujeres de bajos recursos en Río de Janeiro". *DESIDAMOS*, IV, 3/4:9-10.

Halbwachs M. (1950) *La memoire collective*. París: PUF.

Hall S. y Jefferson T. (eds.) (1983) *Resistance through rituals. Youth subcultures in post-war Britain*. Londres: Hutchinson.

Hareven T. (1991) "The history of the family and the complexity of social change". *The American Historical Review*, 96, 1:95-124.

Hart G. y Boulton M. (1996) "Sexual behaviour in gay men: towards a sociology of risk". En P. Aggleton, P. Davies y G. Hart: *Aids: safety, sexuality and risk*. Londres: Taylor & Francis.

Harvey D. (1998) *La condición de la posmodernidad*. Buenos Aires: Amorrortu.

Hendrick S. y Hendrick C. (1992) *Romantic love*. Newbury Park: Sage.

Herek (1991) "Stigma, prejudice and violence against lesbians and gay men". En J. Gonsiorek y J. Weinrich: *Homosexuality: Research implications for public policy*. Newbury Park: Sage.

Herek G. y Glunt E. (1991) "Aids related attitudes in the US". *Journal of Sex Research*, 28, 1:91-123.

Herzlich C. y Adam Ph. (1997) "Urgence sanitaire et liens sociaux: L'exceptionnalité du sida?". *Cahiers internationaux de Sociologie*, 102:5-28.

Herzlich C. y Pierret J. (1988) "Une maladie dans l'espace public. Le sida dans six quotidiens français". *Annales E.S.C.*, 5:1109-1134.

Higson R. y Strunin L. (1992) "Monitoring adolescents' respones to the AIDS epidemic". En R. DiClemente (ed.), *op. cit.*

Hobfoll S., Jackson A., Lavin J., Britton P. y Sheperd J. (1993) "Safer sex knowledge, behavior and attitudes of inner-city women". *Health Psychology*, 12, 6:481-486.

Hughes E. (1971) *The sociological eye. Selected papers*. Londres: Transactions Books.

Ingham R. y van Zessen G. (1988) "From cultural contexts to interactional competencies: A european comparative study". Trabajo presentado en *AIDS in Europe: Social and Behavioral Dimensions*, París, 12-16 de enero de 1988.

Ingold F. e Ingold S. (1992) *La transmission du VIH chez les toxicomanes. Pratiques, attitudes et représentations: situations et tendances*. París: IREP.

Ingold R. y Toussirt M. (1995) Le travail sexuel, la consommation des drogues et le VIH. Investigations ethnographiques de la prostitution à Paris, 1989-1993. En N. Bajos *et al.*, *op. cit.*

Jameson F. (1985) "Prefacio" a J. F. Lyotard, *The postmodern condition*. Minneapolis: University of Minessota Press.

Jodelet D. (1989) "Représentations sociales: un domaine en expansion". En D. Jodelet: *Les représentations sociales*. París: PUF.

Keck M. y Sikkink K. (1998) *Activists beyond Borders: Advocacy Networks in International Politics*. Ithaca y Londres: Cornell University Press.

Kegeles S. M., Adler N. E. e Irwin C. E. (1988) "Sexually active adolescents and condoms: Changes over one year in knowledge, attitudes and use". *American Journal of Public Health*, 78: 460-461.

Kelly J. (1995) *Changing VIH risk behavior.* Nueva York/Londres: The Guilford Press.

Kinnel H. (1991) "Prostitutes perception of risk and factors related to risk taking". En P. Aggleton, G. Hart y P. Davies, *op. cit.*

Kitzinger J. (1994) "Focus groups: Methods or madness?" En M. Boulton, *op. cit.*

Kline A., Kline E. y Oken E. (1990) "Minority women and sexual choice in the age of AIDS". *Social Science and Medicine,* 34, 4:447-457.

Kornblit A. L. (1997b) *Sida y sociedad.* Buenos Aires: Espacio Editorial.

Kornblit A., Giménez L., Mendes Diz A., Petracci M. y Vujosevich J. (1997a) *Y el sida está entre nosotros.* Buenos Aires: Corregidor.

Kornblit A. y Mendes Diz A. (1994) *Modelos sexuales en jóvenes y adultos.* Buenos Aires: CEAL.

Kornblit A. L. y Mendes Diz A. M. (1994) "Representaciones sociales sobre el sida en estudiantes secundarios". *Medicina y Sociedad,* 17, 1-2:12-18.

——————— (1995) *Los trabajadores de la salud en los tiempos del sida.* Buenos Aires: CEA.

Kornblit A., Pecheny M. y Vujosevich J. (1998) *Gays y lesbianas: formación de la identidad y derechos humanos.* Buenos Aires: La Colmena.

Kornblit A. L., Petracci M. y Mendes Diz A. M. *Ser hombre, ser padre* Buenos Aires: Editorial Espacio (en prensa).

Laclau E. (1991) *New reflections on the revolution of our time.* Londres: Verso.

Laclau E. y Mouffe C. (1985) *Hegemony and socialist strategy: Towards a radical democratic politics.* Londres: Verso

Lagrange H. y Lhomond B. (1995) *Les comportements sexuels des jeunes de 15 à 18 ans* (mimeo). París: ACSJ.

Langellier K. y Peterson E. (1997) "Las historias de la familia como estrategia de control social". En D. Mumby (comp.) *Narrativa y control social.* Buenos Aires: Amorrortu.

Langer L., Zimmerman R. y Katz J. (1994) "Which is more important to high school students: Preventing pregnancy or preventing Aids?" *Family Planning Perspectives,* 26:154-159.

Laurindo da Silva L., Bibal S. y Rebillon M. (1995) "Recherche-action: prostitution masculine et prévention du VIH à Paris". En N. Bajos, M. Bozon y A. Giami, *op. cit.*

Laurindo da Silva, L. (1999) *Vivre avec le Sida en phase avancée.* París: Éditions L´Harmattan.

Lee R. (1993) *Doing Research on Sensitive Topics.* Londres: Sage.

Leigh B., Temple M. y Trocki K. (1993) "The sexual behavior of US adults: Results from a national survey". *American Journal of Public Health,* 83, 10:1400-1408.

Lemert E. (1951) *Social pathology.* Nueva York: McGraw Hill.

León Canelón M., Ubillos S., Pizarrol M., Páez D., Sánchez F. y Sastre J. (1993) *Creencias y actitudes hacia el preservativo. Una investigación transcultural.* (mimeo).

Lewis V. y Kashima Y. (1993) "Applying the theory of reasoned action to the prediction of AIDS-preventive behaviour". En D. Terry *et al., op. cit.*

Loyola M.A. (1994) (ed.) *AIDS e sexualidade.* Río de Janeiro: Relume/Dumará/UERJ.

Ludwig D. (1994) "La persuasion en psychologie sociale". En N. Beltzer, J. P. Moatti y Souteyrand, Y., *op. cit.*

Ludwig D. y Touzard N. (1990) "Sida et transitions individuelles. Revue de question". *Revue Internationale de Psychologie Sociale,* 3:127-139.

Lupton D., McCarthy S. y Chapman S. (1995) Doing the right thing: The symbolic meanings and experience of having an VIH antibody test". *Social Science and Medicine,* 41, 2: 173-180.

Lyotard J. F. (1985) *The postmodern condition.* Manchester: Manchester University Press.

Maffesoli M. (1990) *El tiempo de las tribus.* Barcelona: Icaria.

Mann J., Tarantola, D., Netter T. W., Parker R. *et al.* (organizadores de la publicación brasilera) (1993) *A AIDS no mundo.* Río de Janeiro: ABIA e IMS/UERJ.

MAP (Monitoring the AIDS Pandemic) (1997) *Estado y tendencias de las epidemias del VIH/SIDA en América latina y el Caribe. Informe final,* XI Congreso Latinoamericano de ETS y V Conferencia Panamericana sobre SIDA, Lima, 3-6 de diciembre de 1997.

Marks G., Richardson J. y Maldonado B. (1991) "Self-disclosure of VIH infection to sexual partners". *American Journal of Public Health,* 81:1321-1322.

Maticka-Tyndale E. (1991) "Sexual scripts and AIDS prevention: Variations in adhrence to safer-sex guidelines by heterosexual adolescents". *Journal of Sex Research*, 28, 1:45-66.

Matza D. (1969) *Becoming deviant*. Nueva York: Prentice Hall.

McKeganey N. y Barnard M. (1992) "Selling sex: Female street prostitution and VIH risk behaviour in Glasgow". *Aids Care*, 4, 4:395-407.

McLaws M.L., Oldenburg B. y Ross M. (1993) "Application of the theory of reasoned action to the measurement of condom use among gay men". En D. Terry *et al.*, *op. cit.*

Mead G. (1936; traducción en español: 1960) *Espíritu, persona y sociedad*. Buenos Aires: Paidós.

Mendes Leite R. (1995) "Comentario". En N. Bajos, M. Bozon y A. Giami, *op. cit.*

Messiah A., Blin P. y Fiche V. (1995) "Les répertoires des pratiques sexuelles chez les hétérosexuels. Conséquences pour la prévention de l'infection à VIH". En N. Bajos, M. Bozon y A. Giami, *op. cit.*

Messiah A., Mowret-Fourme E. y Grupo ACSF (1995) "Sociodemographic characteristics and sexual behaviors of bisexual men: implications for VIH/STD transmission and prevention". *American Journal of Public Health*, 85:1543-1546.

Meystre-Agustoni G. (1999) "Prises de risques chez les personnes vivant avec le VIH/sida". En Collection Sciences Sociales et Sida: *Séropositivité, vie sexuelle et risque de transmission du VIH*. París: ANRS.

Ministerio de Salud y Acción Social de la Nación. Programa Nacional de Lucha contra los Retrovirus del Humano, SIDA y ETS, año VI, Nº 18, 1999.

Ministério de Saúde. Secretaria de Projetos Especiais de Saúde (1997) *Sobre valores e fatos. A experiencia de ONG que trabalham com Aids no Brasil*. Brasilia: Ministerio de Saúde.

Moatti J. C. "Les nouveaux enjeux pour les sciences socio-comportamentales face à l'épidémie de sida". En: Collection Sciences Sociales et Sida: *Le sida en Europe*. París: ANRS: 1998.

Modan B., Goldschmitdt R., Rubenstein E., Vonsover A. y Zinn M. (1992) "Prevalence of VIH antibodies in transsexual and female prostitutes". *American Journal of Public Health*, 82:590-592.

Monod J. (1971) *Los barjots. Ensayo de etnología de bandas de jóvenes*. Barcelona: Seix Barral.

Moore S. y Rosenthal D. (1991) "Condoms and coitus: Adolescent attitudes to AIDS and safe sex behaviour". *Journal of Adolescence*, 14:211-227.

Moreno S. (1987) "40% think Aids can be caught by giving blood", *Newsday*, 16 de Junio.

Morin M. (1994) "Entre représentations et pratiques: le sida, la prévention et les jeunes". En J. C. Abric (ed..): *Représentations et pratiques sociales*. París: PUF.

Morin M. y Moatti J. P. (1996) "Observance et essais thérapeutiques: obstacles psychosociaux dans la recherche sur le traitement de l'infection par le VIH". *Nature, Sciences, Societés*, 4, 3:228-240.

Morin M. y Verges P. (1992) "Enquête sur une représentation en voie d'émancipation: le sida pour les jeunes". *Les Cahiers Internationaux de Psychologie Sociale*, 15:46-75.

Morin S. F. y Batchelor W. (1984) "Responding to the psychological crisis of AIDS". *Public Health Report*, 99:4-9.

Moscovici S. (1961/76) *La psychanalyse, son image et son public*. París: PUF.

——————— (1981) "On social representations". En J. O. Forgas (ed.) *Social congnition. Perspectives on everyday understanding*". Londres: Academy Press.

——————— (1996, 2ª edición) *Psicología de las minorías activas*. Madrid: Morata

Moscovici S. y Lage E. (1976) "Studies in social influence: III. Majority and minority influence in a group". *European Journal of Social Psychology*, 6:149-174.

Mumby D. (1997) (comp.) *Narrativa y control social*. Buenos Aires: Amorrortu.

Myers T. (1998) *The VIH test experience study: an analysis of test providers' and test recipients'. Descriptions and critical appraisals of the XIV antibody test experience*. Ottawa, Canadá: Canadian VIH Aids Clearinhouse.

Nations-Unies (1998) *Le VIH/SIDA et les droits de l'homme. Directives internationales*, Deuxième Consultation internationale sur le VIH/SIDA et les droits de l'homme, Genève, 23-25 septembre 1996, Nueva York y Ginebra.

Newman L., Zierler S. y Cheung D. (1991) "Epidemiological and ethnographic methods for research in high-risk behavior integrated approaches to acceptability and intervention". En J. N. Wasserheit (ed.): *Research issues in human behavior and sexually transmitted diseases in the Aids Era*. Washington: American Society for Neurobiology.

Nicolas A. CH. (1995) "Comentario" en En N. Bajos, M. Bozon y A. Giami, *op. cit.*

Nucifora J., Gallois C. y Kashima Y. (1993) "Influences of condom use among undergraduates: Testing the theories of reasoned action and planned behavior". En D. Terry *et al, op. cit.*

O'Reilly K. y Higgins D. (1991) "AIDS community projects for VIH protection among hard-to-reach groups". *Public Health Reports*, 106, 6: 714-720.

Onusida *et al.* (1999) "Escucha, aprende y vive. Campaña Mundial contra el SIDA 1999 con los Niños y los Jóvenes". En Ministerio de Salud y Acción Social de la Nación. Programa Nacional de Lucha contra los Retrovirus del Humano, Sida y ETS. (Argentina), *Boletín sobre el sida en la Argentina*, N° 17:3-8.

Onusida y OMS (1999) *La epidemia de SIDA: situación en diciembre de 1998.*

——————— (2000) *La epidemia de SIDA: situación en diciembre de 1999.*

OPS (1998) *Casos de SIDA septiembre de 1998*, Boletín Internet.

Páez D., San Juan C., Romo I. y Vergara A. (1991a) *Sida: imagen y prevención*. Madrid: Fundamentos.

Páez D., Echebarría A., Valencia J., Romo I., San Juan C. y Vergara A. (1991b) "AIDS Social representations: Contents and processes". *Journal of Community and Applied Social Psychology*, 1:89-104.

Páez D., Romo I., San Juan C. y Vergara A. (1992a) "Actitudes, representaciones sociales y prevención en el caso del sida". *Papeles del psicólogo*, 3:29-34.

Páez D., Insúa P. y Vergara A. (1992b) "Relations sociales, représentations sociales y mémoire". *Bulletin de Psychologie*, XLV, 405:257-263.

Páez D., Ubillos S., Romo I., Insúa P. y San Juan C. (1994a) "Actitudes, creencias y prevención de la transmisión heterosexual del sida". En R. Usieto, R. de Andrés y F. Cuberta (eds.): *Sida: transmisión heterosexual del VIH*. Madrid: CESA.

Páez D., Ubillos S., Pizarro M. y León M. (1994b) "Actitudes y comportamientos preventivos: modelos de creencias de salud y de la acción razonada aplicados al caso del sida". *Psicología Social y Aplicada*, 47:141-150. .

Páez D., Ubillos S., Sánchez F. y Sastre J. (1994c) *El amor en los tiempos del sida: representaciones sociales de la enfermedad, del amor, del sexo y de la prevención* (mimeo).

Páez D., Ubillos S. y Paicheler H. (1994d) *Representaciones sociales del sida: una revisión empírica y teórica* (Mimeo).

Pagel M.D. y Davidson A.R. (1984) "A comparison of three social-psychological models of attitudes and behavioral planning: Prediction of contraceptive behavior". *Journal of Personality and Social Psychology*, 47:517-533.

Paicheler G. (1994/96) *Le public face à la menace du sida*, vol. I y II. París: ANRS.

——————— (1995) "Normes et représentations comme déterminants sociaux de la sexualité". En N. Bajos, M. Bozon y A. Giami, *op. cit*

Paiva V. (1993) *Sexualidade e genero num trabalho com adolescents para prevençao do VIH/AIDS e negociaçao da camisinha* (mimeo).

Pantelides E. A., Geldstein R. e Infesta Domínguez G. (1995) *Imágenes de género*. Buenos Aires: Cuadernos del CENEP, Nº 51.

Parker R. (1994) "Sexual cultures, VIH transmission and AIDS prevention". *AIDS*, 8,1.

——————— (1994b) *A construção da solidariédade. Aids, sexualidade e politica no Brasil*. Río de Janeiro: Abia-Ims-Uerj, Relume Dumará.

Parker R., Herdt G. y Carballo M. (1991) "Sexual culture, VIH transmission and AIDS research". *Journal of Sex Research*, 28: 77-98.

Passerini L. "La juventud, metáfora del cambio social". En Levi y Schmitt (eds.) *Historia de los jóvenes*, vol. II:381-451.

Passeron J.-C. (1990) "Biographies, flux, itinéraires, trajectoires". *Revue Française de Sociologie*, XXXI:3-22.

——————— (1991) *Le raisonnement sociologique. L'espace non poppérien du raisonnement naturel*. París: Nathan.

Patton C. (1989) "Resistance and the erotic". En P. Aggleton, G. Hart y P. Davies, *op. cit.*

——————— (1990) *Inventing Aids.* Nueva York: Routledge.

Patton W. y Mannison M. (1994) "Investigating attitudes towards sexuality: two methodologies". *Journal of Sex Education and Therapy,* 20, 3:185-197.

Pecheny M. (1998) "Discriminación por orientación sexual y sida en Argentina". Chicago: XXI Congreso de LASA.

——————— (2000) "La investigación sobre sida y HSH en América latina y el Caribe: políticas públicas y derechos humanos". Miami: XXII Congreso de LASA.

Percheron A. (1980) "Se faire entendre: morale quotidienne et attitudes politiques des jeunes". En H. Mendras: *La sagesse et le désordre.* París: Gallimard.

Peto D., Remy J., Van Campenhoudt L. y Hubert M. (1997) *Sida. L'amour face à la peur.* París: L'Harmattan.

Petracci M. (1995) *Feliz posteridad. Estudios de opinión pública sobre el sida.* Buenos Aires: Ediciones Letra Buena.

——————— (1998) "SIDA: opinión pública y medios de comunicación" (mimeo).

Petracci M. y Muraro H. (1999) "Los circuitos comunicacionales de información sobre el contagio y la prevención del VIH/sida" (mimeo).

Petracci M. y Vacchieri A. (1997) "La tematización del sida en la prensa escrita de Buenos Aires: 1991-93". En A. Kornblit, *op. cit.* (1997b).

Pierret J. (1994) "Dites leur ce qu'il ne m'est possible de dire: Je suis homosexuel et séropositif". *Discours Social,* 6, 3-4:33-45.

——————— (1998) *Vivre longtemps avec le VIH: récits sur la longue durée de vie et reconstruction du temps.* París: CERMES (mimeo).

——————— (1999) "Vie sexuelle et affective des personnes asymptomatiques de longue durée". En *Séropositivité, vie sexuelle et risque de transmision du VIH.* París: ANRS, Collection Sciences Sociales et Sida.

Plummer K. (1988) "Organizing Aids". En P. Aggleton y H. Homans, *op. cit.*

Pollak M. (1988) *Les homosexuels et le sida. Sociologie d'une épidémie.* París: Métailié.

————————— (1991) "Gais et sida: restons vigilants". *Gai Pied Hebdo*, 496:54-60.

————————— (1992) "Understanding sexual behaviour and its change". En M. Pollak, H. Paicheler y J. Pierret (eds.): *AIDS: A problem for Sociological Research*. London: Sage.

Pollak M. y Schiltz M. A. (1991) *Six années d'enquête sur les homos et bisexuels masculins face au sida*. París: ANRS.

Power R. (1989) "Methods of drug use: Inyecting and sharing". En P. Aggleton *et al.*, *op. cit.*

Prochaska J. O., DiClemente C. C. y Norcross J. C. (1992) "In search of how people change". *American Psychologist*, 47, 9:1102-114.

Puccinelli O. (1995) *Derechos humanos y sida*, vol.1, Buenos Aires: Depalma.

Remafedi G. (1994) "Cognitive and behavioral adaptations to VIH/AIDS among gay and bisexual adolescents". *Journal of Adolescent Health*, 15:142-148.

Ricœur P. (1986) *Du texte á l'action. Essai d'herméneutique, II*. París: Éd. du Seuil.

Richard R. y van der Pligt J. (1991) "Factors affecting condom use among adolescents". *Journal of Community and Applied Social Psychology*, 1:105-116.

Richardson D. (1994) "Inclusions and exclusiones: Lesbians, VIH and AIDS". En L. Doyal, J. Naidoo y T. Wilton (eds.): *Aids: Setting a feminist agenda*. Londres: Taylor & Francis.

Rodden P., Crawford J. y Kippax S. (1994) "Project male-call: Class differences in sexual practice". En P. Aggleton, P. Davies y G. Hart, *op. cit.*

Romaní O. (1983) *A tumba abierta. Autobiografía de un grifota*. Barcelona: Anagrama.

Rosanvallon P. (1997) *La nouvelle question sociale*. París: Éd. du Seuil.

Rosenstock I. M. (1975) "The health belief model and preventive health behavior". *Health Eduction Monographs*, 2: 354-386.

Rossi D. y Touzé G. (1997) "Prevención del SIDA en consumidores de drogas". En *Seminario: SIDA. Investigación y Teoría Social*, Buenos Aires, Ed. Carrera de Trabajo Social, Universidad de Buenos Aires: pp. 70-93.

Rothbart M. y Taylor M. (1992) "Category labels and social reality: Do we view social categories as natural kinds?". En G. Semin y K. Fieldler (eds.) *Language, interaction and social cognition*. Londres: Sage.

Sautú R. (1999) *El enfoque biográfico*. Buenos Aires: Editorial de Belgrano.

Segalen M. (1996, 4ª edición) *Sociologie de la famille*. París: A. Colin.

Serraino D., Franceschi S. y Vaccher E. (1994) "Human inmunodeficiency virus infection among heterosexuals in the northern part of Italy", *EIPH*, 4:98-102.

Sheppart B. A., Hatwick J., Warshaw P. R. (1988) "The theory of reasoned action: A meta-analysis of past research with recommendations for modifications and future research". *Journal of Consumer Research*, 15:325-343.

Shiltz M. A. (1994) "Les homosexuels séropositifs: trois années d'enquêtes". En M. Duroussy, *op. cit.*

Shiltz M. A. y Adam Ph. (1995) "Gestes préventifs, stratégies d'évitement de l'épidémie de sida et perception du risque". En N. Bajos, M. Bozon y A. Giami, *op. cit.*

Shotter J. (1984) *Social accountability of selfhood*. Oxford: Basil Blackwell.

Sim J. (1992) "Aids, nursing and occupational risk: An ethical analysis". *Journal of Advanced Nursery*, 17:569-575.

Sontag S. (1977) *La enfermedad y sus metáforas*. Madrid: Muchnik Editores.

——————— (1991) *Aids and its metaphors*. Londres: Penguin.

Spink M. J. (1994) *Can social representation theory be useful in the prevention of VIH/AIDS?* Trabajo presentado en la Segunda Conferencia Internacional sobre Representaciones Sociales, Río de Janeiro.

——————— (ed.) (1999) *Práticas discursivas e produção de sentidos no cotidiano*. San Pablo: Cortez Editora.

Stone E. (1988) *Black sheep and kissing cousins: How our family stories shape us*. Nueva York: Time Books.

Strauss A. y Glaser B. (1975) *Chronic illness and the quality of life*. San Luis: Mosby Co.

Tajfel H. (1981) *Human groups and social categories*. Cambridge: Cambridge University Press.

Tajfel H. y Turner J. (1986) "The social identity theory of intergroup behavior". En S. Worchel y W. Austin (eds.) *Psychology of intergroup relations*. Chicago: Nelson-Hall.

Taylor Y., Walton P. y Young J. (1997, 2ª reimpresión) *La nueva criminología*. Buenos Aires: Amorrortu.

Terry D., Gallois C. y McCamism M. (1993) *The theory of reasoned action*. Oxford: Pergamon Press.

Théry I. (1999) "'Une femme comme les autres'; seropositivité, sexualité et feminité". En Collection Sciences Sociales et Sida: *Séropositivité, vie sexuelle et risque de transmission du VIH*. París: ANRS.

Thomas W. y Znaniecki F. (1918; 1974, reimpresión) *The polish peasant in Europe and America*. Boston: R. Badger; reimpresión: Nueva York: Octagon Books, 2 vol.

Thompson A. (1995) *El "tercer sector" en la historia argentina*. Buenos Aires: CEDES, Documento 109.

Time (1991) "*Teens. The rising risk of Aids*", 138, sept. 2.

Timmins P., Gallois C., Terry D., McCamish M. y Kashima Y. (1993) "The theory of reasoned action and the role of perceived risk in the study of safer sex". En D. Terry *et al.*, *op. cit.*

Touzé G. y Rossi D. (1993) *Sida y droga. ¿Abstención o reducción del daño?* Buenos Aires: Ed. Fondo de Ayuda Toxicológica.

Turtle A. M., Ford B., Habgood R., Grant M., Bekiaris J., Constantinou C., Meeks M. y Polyziodis H. (1989) "AIDS related beliefs and behaviors of Australian university students". *The Medical Journal of Australia*, 150:371-376.

Ubillos S. (1994a) *Problemas de la evaluación de los programas preventivos ante el sida* (mimeo).

——————— (1994b) "Programas de educación sanitaria afectados a jóvenes no escolarizados". En A. Vega (ed.) *Educación y sida: problemática y respuestas*. San Sebastián: XI Curso de Verano de la Universidad del País Vasco.

UNAIDS (1997) *AIDS and Men who have Sex with Men: UNAIDS Technical Update*, UNAIDS Best Practices materials.

Usieto R. (1990) *Perspectivas sociológicas*. En R. Nájera (ed.): *Sida: de la biomedicina a la sociedad*. Madrid: Eudema.

——————— (1992) "Conductas sexuales de riesgo. Sociogénesis heterosexual del sida en España". En R. Usieto, R. de Andrés y F. Cuberta (eds.): *Transmisión heterosexual del VIH*. Madrid: CESA-PENSA.

Van Campenhoundt L, Cohen M., Guizzardi G. y Hausser D. (1997) *Sexual interactions and VIH risk*. Londres, Taylor & Francis.

van der Velde F. W. y van der Pligt J. (1991) "AIDS-related health behavior: Coping, protection motivation and previous behavior". *Journal of Behavioral Medicine*, 14:429-451.

Verón E. (1988) *Le Sida, une malaise d'actualité*. París: Causa Rerum.

Walker K. (1966) *Historia de la Medicina*. Barcelona: Credsa Ediciones.

Watney S. (1988) "Aids, 'moral panic' theory and homophobia". En P. Aggleton y H. Homans, *op. cit.*

——————— (1993) "Emergent sexual identities and VIH/AIDS". En P. Aggleton, H. Hart y P. Davies, *op. cit.*

Weeks J. (1988) "Love in a cold climate". En P. Aggleton y H. Homans, *op. cit.*

Weeks J. (1989) "AIDS: The intellectual agenda". En P. Aggleton, G. Hart y P. Davies, *op. cit.*

Weinstein N. D. (1982) "Unrealistic optimism about suceptibility to health problems". *Journal of Behavioral Medicine*, 5:441-460.

——————— (1984) "Why it won't happen to me: Perceptions of risk factors and illness susceptibility". *Health Psychology*, 3: 431-457.

Welzer-Lang D. (1995) "Penser l'articulation entre recherches et prévention. La expérience lyonnaise". En N. Bajos *et al.*, *op. cit.*

Welzer-Lang D., Barbosa O. y Mathieu L. (1994) *Prostitution: les uns, les unes et les autres*. París: Métailié.

WHO (1994) "Women and Aids. Agenda for action". Ginebra.

WHO Global Programme on AIDS (1993). *Sexual negotiation, the empowerment of women and the female condom* (mimeo) Ginebra.

Williams G. (1984) "The genesis of chronic illness: Narrative reconstruction". *Sociology of Health and Illness*, 6:175-200.

Willig C. (1994) "Marital discourse and condom use". En P. Aggleton, P. Davies y G. Hart, *op. cit.*

Willis (1988) *Aprendiendo a trabajar. Cómo los chicos de clase obrera consiguen trabajos de clase obrera*. Madrid: Akal.

Wingood G. y DiClemente R. (1996) "VIH sexual risk reduction interventions for women: A review". *American Journal of Preventive Medicine*, 12, 3:209-217.

Worchel S. y Austin W. (1986) (eds.) *Psychology of intergroup relations*. Chicago: Nelson Hall.

# BREVE RESEÑA CURRICULAR DE LOS AUTORES

Ana Lía Kornblit
Médica, psicóloga y socióloga, egresada de la Universidad de Buenos Aires, donde ha obtenido también el doctorado en Antropología. Se desempeña como investigadora del Consejo Nacional de Investigaciones Científicas y Técnicas y como docente de grado y de posgrado en la Universidad de Buenos Aires. Ha sido directora del Instituto de Investigaciones Gino Germani de la Facultad de Ciencias Sociales de la Universidad de Buenos Aires y coordinadora del Área Población, Salud y Sociedad en dicho Instituto. Ha publicado numerosos trabajos (libros y artículos) sobre psicología social y sociología de la salud.

Ana María Mendes Diz
Socióloga, egresada de la Universidad Católica, doctora en Sociología por la misma Universidad. Investigadora del Consejo Nacional de Investigaciones Científicas y Técnicas. Docente de grado y de posgrado en la Universidad del Salvador. Ha sido coordinadora del Área Salud, Población y Sociedad del Instituto de Investigaciones Gino Germani de la Facultad de Ciencias Sociales de la Universidad de Buenos Aires. Ha publicado numerosos trabajos (libros y artículos) sobre psicología social y sociología de la salud.

Mónica Petracci
Socióloga. Docente de Metodología de la Investigación en la carrera de Ciencias de la Comunicación de la Facultad de Ciencias Sociales de la Universidad de Buenos Aires y de posgrado en la

Facultad Latinoamericana de Ciencias Sociales. Ha investigado especialmente aspectos comunicacionales relacionados con la salud y publicado libros sobre dicho tema.

MARIO PECHENY
Licenciado en Ciencia Política por la Facultad de Ciencias Sociales de la Universidad de Buenos Aires. Ha obtenido el doctorado en Ciencias Políticas de la Universidad de París III. Se ha especializado en derechos humanos de las minorías sexuales y ha publicado varios trabajos sobre dicha temática.

JORGE VUJOSEVICH
Licenciado en Sociología de la Facultad de Ciencias Sociales de la Universidad de Buenos Aires. Docente de Metodología de la Investigación en la Universidad de Buenos Aires. Se ha desempeñado como coordinador académico en la Universidad de Luján.

LILIANA GIMÉNEZ
Licenciada en Sociología de la Facultad de Ciencias Sociales de la Universidad de Buenos Aires. Es docente en la carrera de Sociología de dicha Facultad y ha trabajado en numerosos proyectos vinculados con la sociología de la salud. Se desempeña como ayudante de investigación en el Área de Salud y Población del Instituto Gino Germani.

MALENA VERARDI
Egresada de la Escuela Prilidiano Pueyrredón. Estudiante de la Licenciatura en Artes de la Facultad de Filosofía y Letras de la Universidad de Buenos Aires. Se desempeña como ayudante de investigación en el Área de Salud y Población del Instituto Gino Germani. Ha trabajado en el diseño de materiales usados en investigaciones y de ilustraciones para publicaciones.

FABIÁN BELTRAMINO
Es licenciado en Artes, egresado de la Facultad de Filosofía y Letras de la Universidad de Buenos Aires. Actualmente es becario del CONICET. Ha colaborado como ayudante de investigación en el Área de Salud y Población del Instituto Gino Germani.

# ALIANZA ESTUDIO

Se terminó de imprimir en el mes de
agosto de 2000 en Imprenta de los
Buenos Ayres S.A.I.C., Carlos Berg 3449
Buenos Aires - Argentina